Los seres más Crueles y Siniestros DE LA HISTORIA

Los seres más Crueles y Siniestros DE LA HISTORIA

José María López Ruiz

LIBSA

© 2007, Editorial LIBSA
San Rafael, 4
28108. Alcobendas. Madrid
Tel. (34) 91 657 25 80
Fax (34) 91 657 25 83
e-mail: libsa@libsa.es
www.libsa.es

Textos: José María López Ruiz
Edición: Azucena Merino

ISBN: 978-84-662-0829-1
Depósito legal: M-514-07

Impreso en España/*Printed in Spain*

Contenido

Introducción

JUSTIFICACIÓN PRELIMINAR

El haber escogido el título de *Los seres más crueles y siniestros de la Historia* y no cualquier otro, es de no fácil respuesta ya que, en efecto, este libro podría llamarse de cualquier otra forma aunque, al final, iríamos a confluir en lo mismo: lo perverso de sus protagonistas. Pero creemos que es preferible la claridad desde el primer momento, y en las páginas que siguen sólo aparecerán los que el juicio –¿inapelable?– de la Historia consideró, al menos, durante un tiempo, como merecedores de la sanción universal. De cualquier forma, si el lector curiosea los títulos de la bibliografía que figura al final, tendrá en parte de sus epígrafes, toda una colección de sinónimos que, a la postre, igualan en la descalificación a sus poseedores. Así, *dolor, malos, estupidez, libertinos, enfermos, monstruos, sangre, sangrienta, sensual, insaciable* o *bandolerismo* podrían ser una mínima muestra de adjetivos aplicables a todos o a parte de la nómina de individuos detestables reunidos en el índice onomástico y que, ya antes que nosotros, merecieron de otros autores las consabidas descalificaciones morales.

En el índice onomástico que figura al final, es innegable que existe un cierto desequilibrio entre hombres y mujeres, discriminación no buscada por nosotros y que se nos ha impuesto por el devenir histórico, toda vez que, como en casi todos los órdenes de ese devenir, la mujer siempre ha estado preterida, incluso en este apartado, por otro lado, tan poco apetecible. Puede que en esta ocasión, el arrinconamiento de las malvadas sea un tanto que deberían apuntarse en su haber nuestras compañeras sin exigir aquí sus, en otras ocasiones, legítimos derechos a la igualdad. Claro, que no todo es tan ideal, y aunque han sido muchas menos que los hombres, la minoría femenina ha solido compensar con creces su rareza, destacando por una imaginación, despierta y volcánica, apta para el delito y absolutamente desbordada, además de insistir en el mal con una tenacidad desconocida en muchos varones.

Como ocurre con el caso de las hembras, los malvados españoles de este libro son muy pocos y reunidos, sobre todo, en los siglos pasados. Como en el caso anterior, no ha sido un capricho nuestro. ¿Quiere ello decir que nuestros antepasados fueron unos tipos encantadores? Desde luego que no. Sencillamente ocurre que, al oponer un país a todos los demás, éstos ganan por acumulación. Además, si aquí se ha tenido en cuenta la desmesura en el mal como timbre de *honor* que obligue a contar las vidas de los menos dudosos en cuanto a los responsables de tantos cataclismos históricos, hay que reconocer que esa desmesura entre nosotros (al menos a título individual) parece haber sido algo menor.

Para terminar, intentaremos aclarar el baremo que se ha utilizado para que se incluyan unos nombres y otros se desechen. Aparte de la imposibilidad de incluir a todos (dado, además, lo elástico de su hipotética maldad), al elegir a los que al final se quedaron, se han tenido en cuenta factores como su responsabilidad, directa o indirecta, en la muerte, en el sufrimiento, en la persecución o en la crueldad que todos ellos, en algún momento o durante todo el transcurso de sus vidas, impusieron a los demás. Aunque esto ha contado, no siempre el *simple* número de víctimas hace que su hacedor sea más malo que otro u otros. Algunos no han superado una respetable cantidad de masacrados o ejecutados de forma más o menos directa, sin embargo contribuyeron a implantar un régimen o un poder absolutamente terrorífico o nefasto, provocando con ello, incluso en el futuro y por sus decisiones, futuros males.

Nuestra nómina de malvados

La Biblia, el «libro de libros» para nuestra civilización, es un apasionante recorrido por toda clase de aventuras, muchas de ellas, curiosamente, *non sanctas,* pero al igual que el resto, apasionantes y a veces bellísimas, incluso en su más que dudosa ejemplaridad. Y maldad, a raudales, destilan muchos de sus personajes, como esta Jezabel que no dudó en dedicarse al oficio de la guerra y a despojarse, como los varones, de la piedad y la bondad, adjudicadas ambas *raras avis* normalmente a las de su sexo. También aparece en el Antiguo Testamento, aunque más de pasada, Dalila, cortesana sensual y ambiciosa que, por dinero disfrazado de patriotismo, acaba con su amante, el gigantesco juez de Israel Sansón cuya fuerza, al parecer, radicaba en la longitud de sus cabellos.

De los tiempos bíblicos pasamos a los primeros de la república de Roma, cuando el Imperio aún estaba por nacer. Pero ya apuntaban maneras los generales del Latio que anunciaban sus conquistas futuras sin pararse en excesivas consideraciones morales. Uno de estos militares, Sila, casi inventó las guerras civiles. A partir de Sila, ya no abandonaremos a Roma y su posterior Imperio, hasta la desmembración y acabamiento del mismo. Entre tando, en el transcurso de todos esos siglos, se suceden en el trono de la ciudad de Rómulo y Remo, hombres y mujeres enfermos del mal de la inhumanidad casi siempre gratuita y humillante. Nombres como el de Tiberio, Calígula, Mesalina, Agripina, Popea, Nerón, Cómodo y Locusta tiñeron de sangre y miseria los, por otro lado, luminosos y cultos horizontes de aquella sociedad. Ellos fueron emperadores, emperatrices, y la envenenadora Locusta, eslabón casi necesario que ponía las cosas en su sitio cuando tardaba en llegar la muerte natural. El acento había que ponerlo en Calígula o Nerón, paradigmas absolutos de la disolución de las costumbres de una sociedad enferma.

Muy pronto, sin embargo, los *bárbaros* iban a darle la puntilla a los restos putrefactos de la Roma imperial. Y, sin embargo, estos mismos regeneradores no estuvieron limpios de polvo y paja, precisamente, a empezar por su personaje más emblemático, el caudillo de los hunos, Atila. Sería un adelantado de los pueblos bárbaros que, después de él, irían ocupando las antiguas provincias romanas, dando nacimiento a los nuevos reinos que irían apareciendo por toda Europa. Algunos de aquellos reyezuelos se convirtieron al cristianismo, otros no; algunos fueron monarcas electos, otros simplemente guerreros y asesinos. Pero todos empezaron a conformar lo que sería la baja Edad Media, con unas tinieblas más o menos legendarias que nos dejaron nombres como los de dos mujeres, Fredegunda y Brunhilda; dos traidores absolutos, Ruy Velázquez y Bellido Dolfos; y un conquistador asiático, en cierta forma continuador de la labor de Atila: Gengis Khan (literalmente *poderoso señor*), sin olvidarnos de unos monarcas que llagaron a simbolizar la ambición de poder en estado puro como fueron el rey Macbeth de Escocia pero, sobre todo, su esposa, la inductora del rey en sus graves desvaríos criminales, Lady Macbeth.

Todavía en la Edad Media, aparecen dos personajes tan dispares como Juana de Arco y Gilles de Rais: una, Juana, acabaría en los altares como santa de la Iglesia Católica, mientras el otro, sin solución de continuidad, figurará para siempre entre los más odiosos asesinos: aquellos que mancharon antes de martirizarlos y matarlos cruelmente, la inocencia de los niños. No sería la primera vez, ni iba a ser la última, en la que, desgraciadamente, la santidad y lo demoníaco fuesen de la mano.

Para despedir las tinieblas del medievo, el personaje más llamativo fue, sin duda, Vlad IV el Empalador, aquel déspota de un pequeño país, Transilvania, grande, sin embargo, en su odio para con su propio pueblo. Sádico irredento antes de Sade, el pavor que sembró pobló de leyendas espantosas las tierras en las que ejerció Vlad su terrible tiranía. Y esas leyendas serían las que, sabiamente condimentadas por un novelista, Bram Stocker, darían lugar muchos años después al personaje literario de Drácula, el vampiro, venero inagotable para el nuevo arte del cinematógrafo, que lo exprimiría hasta la saciedad. Y, junto a Vlad el Empalador, su contemporáneo, el fraile dominico español Tomás de Torquemada, responsable del funcionamiento sin desmayo de las hogueras inquisitoriales.

Tras la *oscura* Edad Media, el *luminoso* Renacimiento. Una nueva etapa en la que el crimen no sólo no desaparece sino que se encuentra vestido con las más lujuriosas galas.

Los protagonistas absolutos de este período son los mismos que conforman también una familia de origen español aunque afincados en Italia: los Borja. Italianizando este apellido por Borgia, tanto Rodrigo, el padre (Alejandro VI, pontífice de Roma) como dos de sus hijos, Lucrecia y César, pasarían a engrosar la lista de personajes absolutamente deleznables. Sin embargo, y a pesar del regusto por ensañarse con la *débil* Lucrecia, en realidad el individuo más peligroso de la familia, después del padre, fue aquel César que oponía a su nombre y a su poder omnímodo, la «nada» («O César o nada»). También figura en este capítulo renacentista el filósofo y político florentino Nicolás Maquiavelo. En este caso, este gran estadista aparece aquí por no contradecir a toda una historiografía que así lo quiso, aunque es, sin duda, el que más injustamente se ha colado en estas páginas, ya que toda su *maldad* consistió en escribir aquel manual de políticos titulado *El Príncipe*.

Tras solazarnos brevemente en el colorista mundo de la piratería, con uno de sus protagonistas más legendarios, el filibustero griego Barbarroja, precisamente a bordo de un barco de Su Majestad, cruzamos el Canal de la Mancha y asistimos, horrorizados, a la podredumbre de una monarquía, la inglesa, que se debate entre la lujuria, el crimen y la religión.

Muy lejos de Britania, en las estepas rusas, se desarrollaba casi por los mismos años, el despótico reinado del que sería primer zar de todas las Rusias, Iván IV, que el futuro tildaría de *Terrible*. Dueño de una cruel energía, acabó sus días perdiendo la razón. Como en tantas ocasiones, para unos fue, en efecto, terrorífico y cruel, mientras que para otros se le debe nada menos que el haber conseguido doblegar y humillar a los nobles (los boyardos) cuya insaciabilidad de poder no conocía límites.

Francia es ahora nuestra meta. Una Francia que empieza a despegar y a iniciar el ascenso que confluirá en la cima del poder que, como gran potencia europea, adquiriría *gracias* a los sistemas de gobierno nada aconsejables, de dos hombres de Iglesia: los cardenales Richelieu y Mazarino. Aunque siempre habían influido en la gobernación de las naciones, nunca hasta este momento, los dignatarios eclesiásticos habían ejercido el poder más absoluto y tiránico como los citados primeros ministros. Para ellos, la diginidad cardenalicia era un camino, y una lanza, por el que transitar, primero, y derribar después, las puertas del poder real en su bineficio. Y sería en los años en los que ambos hombres de Iglesia (y, por supuesto, de Estado) gobernaron en Francia, cuando el ambiente de intrigas malsanas, propició la aparición de dos alumnas aventajadas de la legendaria Locusta, la envenadora romana. Porque tanto la Brinvilliers como La Voisin, no tenían nada que envidiar a su maestra, gozando en la corte del Rey Sol (Luis XIV) de un poder y una respetabilidad absolutamente increíbles.

Barbanegra pertenecía a la segunda generación de piratas capaces de aterrorizar todas las rutas marítimas con sus saqueos y abordajes. Edward Teach (que ese era su nombre) trabajaba, sin embargo, por cuenta de la monarquía inglesa, iniciando una era de confusiones en la que ya no se sabía si la piratería iba por libre o, por el contrario, estaba subvencionada por algún monarca contra otro monarca. O viceversa.

El siglo XVIII, en su último tercio, sería el Siglo de las Luces, entendiendo por *luces* las del entendimiento (por otro nombre, la Ilustración). En ese tiempo se cocinó, primero, y se consumió, después, el gran festín de la Revolución Francesa. Los teóricos de la Ilustración prepararon el terreno para que, llegada la madurez, el *viejo régimen* se desmoronara con estruendo. Pero los precursores del gran cataclismo político, además, exportaron fuera de Francia el germen del cambio, llegando con su influencia a lugares tan alejados como la Rusia del zar Pedro I, autoritario y hercúleo, constructor de la ciudad de San Petersburgo. Primero él y después Catalina II (que eliminó a su marido, el Zar, para erigirse con el poder absoluto), ambos, aun gobernando en el día a día con el mismo despotismo que sus antecesores, compaginaron esta actividad cotidiana con el embeleso para con los autores antimonárquicos, sobre todo Voltaire y Diderot.

Aquel siglo se despediría *a lo grande*. Era Maximiliano Robespierre, paradigma de la *pureza* revolucionaria. Ya se sabe que los *puros* suelen ser personajes absolutamente peligrosos que, desde sus mundos ideales (e irrealizables), imponen por la fuerza y despiadadamente.

El siglo XIX lo inauguró (aunque también finalizó el anterior) otro *hijo de la Revolución* llamado Napoleón Bonaparte. Ha sido, sin duda, una de las figuras históricas más controvertidas. Para sus panegiristas, Napoleón sólo fue un excelente militar y estratega que quiso llevar a toda Europa los *bineficios* de la Revolución. Admitiendo esto, dicen, el precio que se pagó en miles de muertos, lo fueron dentro de las múltiples guerras impuestas por el corso.

Contemporáneo y compatriota del Emperador fue el marqués de Sade. Inspirador del término *sadismo*, sus nunca probadas aberraciones y crueldades lo harían un autor maldito, hasta el punto de no ver publicadas, mientras vivió, la mayoría de sus obras. Aquí, como en el caso de Maquiavelo, habría que decir que la perversidad exclusivamente imaginada del personaje no lo debería hacer formar entre las filas de los asesinos, puesto que sus *crímenes* tan sólo existieron en el papel.

En la primera parte del siglo XIX, nos topamos con el rey Fernando VII. A pesar de no tener muy buena prensa la mayoría de los monarcas, entre todos destaca la figura odiosa y odiada de este individuo, hasta tal punto deleznable, que concitó, y sigue concitando, tanto entre los monárquicos como entre sus contrarios, toda clase de descalificaciones y denuestos.

En el otro extremo del continente, en Rusia, también ejercía un poder férreo y absoluto, el igualmente *no deseado* zar Nicolás I, que no sólo sería azote de los liberales rusos, sino que se creyó con credenciales para hacer lo propio con los de las demás naciones europeas, a los que combatió con saña en absurdas *cruzadas* organizadas por el zar en ayuda de sus colegas en peligro del resto del continente europeo.

Como en el otro continente –el americano– la Historia era reciente (todavía más en el Norte), los personajes negativos tardaron en hacer su aparición aunque, el tiempo lo iba a demostrar, muy pronto se desquitarían, protagonizando ya, en los años siguientes, el gran carnaval de la muerte y de la violencia impuesta a la mayor gloria de un nuevo imperialismo mercantilista. Uno de los pioneros de la intrínseca violencia del país del dólar se llamó George Custer, y fue un mal militar al que cegó, y ahogó, una ambición sin límites que le hizo despreciar no sólo su propia vida sino, y sobre todo, las vidas de sus soldados, la mayoría de las veces sin necesidad y gratuitamente. En cuanto a los marginales de la República Norteamericana, ellos fueron incontables, aunque destacó en aquel tiempo Billy el Niño, prototipo del joven amoral sólo obediente a sus bajos instintos que, además, en todo momento, estarán estimulados por la facilidad con la que aprieta el gatillo de su revólver.

Hijo de la potencia colonizadora de aquellos Estados Unidos, a este lado del Atlántico trajeron a mal traer a policías, periodistas y gentes del más variado pelaje, los crímenes espantables de un desconocido al que se empezó a denominar Jack el Destripador. El asesino tenía fijación por las mujeres de vida libre y licenciosa, mejor. Nunca fue descubierto.

El siglo XIX, enlazando y prolongándose en el XX, tuvo un nombre: Dreyfus. El caso Dreyfus (en esta ocasión, como víctima y no como verdugo) ocupó casi una década de injusticias, escándalos, racismo y golpes bajos. Las caras más siniestras del militarismo y del racismo se unieron para ensañarse con un oficial judío hasta que consiguieron enterrarlo en vida en el dantesco islote de la Isla del Diablo al ser acusado de espionaje. Allí consumió varios años de denigrante encierro Alfred Dreyfus hasta que, reabierto el caso, se demostraría su inocencia. El malvado, en este caso, por omisión y mentira clamorosa, se llamaba Esterhazy. Por otro lado, muy cerca de la frontera sur de Francia, en España, las gentes comentaban y exageraban la vida y hazañas del último (sería falso: todavía habría algunos más) bandido del sur: El Pernales. Tras una corta, pero agitadísima vida de robos y violencias, la Guardia Civil acabó con él cuando pretendía rehacer su vida en América.

Los primeros lustros del siglo XX nos hacen volver a la Rusia que, en el pasado, había prodigado personajes tan siniestros como Iván IV o Catalina II. Ahora, en pleno siglo XX, el monje Rasputin no les iba a ir a la zaga, manejando a su antojo los hilos del poder de esta otra autocracia zarista de Nicolás II, el último Romanov.

Enseguida, poco más tarde, aparece la figura de Landrú. Era este asesino un ejemplo de malvado no *cortesano* ni perteneciente a los círculos de poder, como era lo habitual. Por el contrario, este hombrecillo era un parado, o trabajador inestable, que se angustiaba por allegar recursos a su familia. Puede que el pavoroso fantasma de la miseria le empujara a desarrollar su inteligencia en una dirección inconveniente. Muy distintos eran, aunque también de origen humildísimo, los bandidos del otro lado del Atlántico, Bonnie Parker y Clyde Barrow, gangsters como los que se prodigaban en Estados Unidos, con la única sorprendente diferencia de la presencia de una mujer en un mundo, en principio, viril. Claro, que todo lo anterior carece de importancia ante la presencia de Adolfo Hitler, un personaje que ha determinado el rumbo de la Historia de Europa y Occidente y que es paradigma de horrísona crueldad. Junto a él aparecen la plana mayor de aquellos que propiciaron este horror y encontraron en el juicio de Nuremberg su justo castigo y final.

Pero, aunque pareciera imposible, tras la hecatombe que supuso la II Guerra Mundial, el Mal, si no absoluto, sí bastante cercano a la totalidad, continuó su secular aparición en la Historia. Así, los nombres de Al Capone, el rey de los gangsters, podía ir del brazo de José Stalin, el *zar rojo*, al que no tenían nada que envidiar los zares del pasado. En efecto, no sólo acabó con los contrarrevolucionarios sino que, como si ya no pudiera pasar sin ejecutar a gente, Stalin inició una despiadada persecución de los propios camaradas de su partido.

Más cercanos a nosotros, a Idi Amín, versión descolonizadora de todas las aberraciones criminales sembradas por las potencias colonizadoras previas, siguió muy de cerca Nicolae Ceausescu, alumno aventajado del estalinismo que parecía estar ya olvidado. En fin, el siglo XX (tan lejano ya al parecer) cerraba su historia maldita de nombres a olvidar (aunque no su horror ni sus víctimas) con un trío de cuidado: Pol Pot, Slobodan Milosevic y Osama Bin Laden. Los tres están tan cercanos a nosotros que creo inútil decir nada de ellos, salvo que, en la noria irritante de la Historia, tampoco iban a ser los últimos, ni los peores, ya que la guerra, y sus inductores (también sus eternas víctimas inocentes), los tiranos de todo pelaje, continúan como siempre haciendo de las suyas, en este casi a estrenar siglo XXI.

LOS EXCLUIDOS
·······················

Manteniendo el mismo orden cronológico, podemos iniciar la lista de los ausentes con Tulia, la princesa romana del siglo VI antes de Cristo que, siendo hija de Servio Tulio, aplaudió la muerte de su padre por su marido, Tarquinio el Soberbio, haciendo pasar su carro por encima del cuerpo de su progenitor. Por desgracia, éste no fue sino el primero de innumerables crímenes igualmente odiosos y, sin duda, Tulia debería compartir honor con otros nombres que sí los podrá conocer el lector en las páginas que siguen.

Del siglo primero antes de nuestra era fue Qin Shi Huang-Di considerado el primer emperador chino, y como tal, responsable de auténticas deportaciones en masa para doblar la resistencia de los que no aceptaban los hechos consumados. Además, a Zheng (que así se llamaba en realidad) se le debe la *hazaña* de haber ordenado destruir todos los libros basados en Confucio con la idea (por supuesto, fracasada) de que la gente olvidara para siempre las enseñanzas del maestro. Más cerca de nosotros, era toda una buena pieza, conocida por su intimidad con el Bautista, aquella hermosísima Salomé, hija de Herodías, y peticionaria a Herodes Antipas de la más célebre de las cabezas. Fue una caprichosa criatura que vengó con la decapitación de un hombre su fracaso amoroso ante aquel, el que sería precursor del Nazareno. También se ganó a pulso la deshonra, incluso de su propio padre el emperador Augusto, la liviana Julia, hasta el punto de ser desterrada por éste a la isla de Pandataria para, después, y siendo esposa de Tiberio, éste (que no era un ángel, precisamente), escandalizado con sus liviandades, se viera obligado a matarla de hambre.

Abandonamos con la hija del primer emperador romano aquella civilización y, ya en el siglo XIV, aparece en las negras páginas históricas el Gran Tamerlán (su nombre era Lenk Timur), el temible conquistador tártaro que fue dueño de Asia sin duda como consecuencia de su sobrenombre de *Príncipe de la destrucción*. Un siglo más tarde, otra mujer renacentista, la princesa Catalina Sforza, acaso quiso igualarse con Lucrecia Borgia en dulces y violentas perversidades. Más tarde, en el siglo XVI, la reina Isabel I de Inglaterra, lograría empalidecer el sangriento reinado de su hermanastra, la reina María I, imponiendo por el terror la nueva religión de Estado, el anglicanismo. Autoritaria y sin haberse casado nunca, su larguísimo reinado sería el último de la dinastía Tudor. Su poderío y su violencia para con enemigos y amigos que dejaban de serlo hizo llevar a María Estuardo, reina de Escocia, a Londres y, tras mantenerla encerrada, ordenar su decapitación. En el XVII, y en la senda de las legendarias Brinvilliers y Voisin, podríamos haber incluido también a una tercera envenenadora, también francesa, llamada Vigoureux, que fue contemporánea de otra mujer de armas tomar conocida popularmente como la mariscala d'Ancre, camarista de María de Médicis. De nombre Leonora Galigai, se casó con un aventurero llamado Concini. Acusada de hechicería (aunque lo que sí denotaba era una insaciable ambición), fue ejecutada.

En el siglo XVIII se nos escapó del listado Cartouche (sobrenombre de Louis Bourguignon), auténtico bandido galo que, a pesar de haber recibido una esmeradísima educación, de adulto salió bastante conflictivo, convirtiéndose en el célebre aventurero francés que traspasaría fronteras con su fama de golpeador terrible de los poderosos de su tiempo. En la misma centuria hizo de las suyas (anticipándose a Custer) un general norteamericano llamado Binedict Arnold. Prototipo de traidor clásico, tras ser compañero de Washington e independentista, al ser acusado por éste de sustraer grandes cantidades de dinero destinadas a la guerra contra Inglaterra, se fue con los ingleses tras entregarles, bajo pago de 30.000 libras, la plaza de West-Point, yéndose después a vivir a Londres. Contemporáneo de este fue un mariscal, el francés Joaquín Murat, obediente y apasionado seguidor del emperador y con la guerra de conquista al servicio de su ídolo. Como Bonaparte, logró dar el gran salto desde la Revolución hasta la monarquía, llegando a ceñir la corona del reino de Nápoles.

Así, casi sin darnos cuenta, hemos entrado en un siglo XIX convulso y violento, con figuras tan poco entrañables como José María Hinojosa, el popularísimo *Tempranillo,* terror de las sierras andaluzas y prototipo del bandido generoso que, sin embargo, acabará de traidor de los suyos, y estos, en justa correspondencia, acabarían por herirlo mortalmente, cumpliendo en el antiguo camarada su *justicia* para quien los vendió. Hinojosa tuvo muchos compañeros de oficio que acabaron sus vidas tan mal como las habían vivido, como el célebre Luis Candelas Cagigal, que llegaba a desdoblarse desde un caballero presumido y a la moda, en el aventurero cuya prestancia llegó hasta la leyenda. Aunque hasta donde llegó Candelas fue, ciertamente, al patíbulo. Claro, que la maldad y el desprecio por el pueblo se situaron en esta centuria, sobre todo, en los aledaños del poder. Luis González Brabo o el general Ramón María Narváez fueron dos temibles espadones (aunque el militar era el segundo y destacó como el primer dictador moderno de la historia española) que no dudaron en intentar el exterminio de sus enemigos políticos, siempre al servicio de un poder monárquico corrupto y minado por la clerecía y los poderosos como lo era el de la reina castiza doña Isabel II.

Mientras tanto, en la convulsa Norteamérica que continuba haciéndose hacia el oeste, pululaban los bandidos de la más fea calaña, como el célebre Jesse James, salteador de caminos y asesino yanqui. De nuevo en España, Higinia Balaguer ocupó con su célebre crimen de la calle de Fuencarral, en Madrid, el último tercio del siglo, consiguiendo una popularidad clamorosa a la que, a pesar de su situación, no le hacía ascos. Claro que Higinia estuvo acompañada, aunque en estratos diferentes, en las altísimas esferas del poder cívico-religioso (o viceversa) por la inefable *monja de las llagas,* conocida como Sor Patrocinio, auténtica inspiradora de las políticas más reaccionarias del convulso reinado de la misma soberana, ya citada, una Isabel II apodada después la de *los tristes destinos.*

El siglo XX nos lleva hasta el México enfervorecido de la época, con el poder dictatorial del general-presidente Porfirio Díaz, por mucho que vendiera su tiranía como ilustrada y progresista, un auténtico azote para los aztecas. Tras saltar sobre la gran hecatombe de la Gran Guerra, y puede que como consecuencia de la misma, aparecieron tipos desequilibrados y enfermos que imprimieron a sus vidas en la sociedad civil, actitudes propias de la enorme manga ancha de la guerra. Así, el *vampiro de Düsseldorf,* de verdadero nombre Peter Kurten, debería haberse sumado a los que ocupan página en este libro. Y lo mismo habría que decir de los alemanes nazis que no llegaron a sentarse en Nurenberg por haber fallecido anteriormente como, entre otros, Reinhart Heydrich (lugarteniente de Himmler y *protector* de Bohemia y Moravia) o Josef Goebbels, el efímero sucesor de Hitler que no esperó a la muerte y fue a su encuentro poco antes que su jefe. Incluso merecería su momento de gloria como maldito de la Historia, el otro dictador fascista, el inspirador de todo esto, el *Duce* de Italia

Binito Mussolini. Socialista expulsado del partido, creó los *fascios* en un afán pueril (pero que se demostraría muy peligroso) de resucitar los fastos y el poderío del Imperio Romano. Sus veinte años de dictadura totalitaria acabarían violentamente, no sólo con su país, sino con él mismo colgado de una plaza de Milán, junto a su amante, Clara Petacci.

En la última entrega del siglo xx, y acumulados (por no decir amontonados), deberían aparecer gentes que, incluso, aún viven o a los que, si ya han fallecido, la mayoría de nosotros los recordamos fácilmente. Así, podemos notar las ausencias de, por ejemplo, Anastasio Somoza (llamado Tachito, déspótico dictador nicaragüense), quien junto a Rafael Leónidas Trujillo (*generalísimo* dominicano), Françoise Duvalier o Papa Doc (el autoproclamado «presidente vitalicio» de su desgraciado país, Haití), o Fulgencio Batista (tiranuelo que provocaría una de las revoluciones más legendarias del siglo, la de Fidel Castro), componen el *cuadro de honor* de la maldad latinoamericana del siglo. En cuanto a los Estados Unidos, y descontados los gangsters (entre otros Lucky Luciano), también podría colgarse nuestra etiqueta de indeseable, aquel senador filofascista norteamericano llamado Joseph MacCarthy, terror de la gente de Hollywood y provocador de delaciones inmorales en su busca enfermiza de comunistas hasta debajo de las alfombras en lo más álgido de la *guerra fría*.

Aunque el desmontaje de su régimen fue rápido, el imperio personal y casi religioso (en su acérrimo ateísmo) de Mao Zedong, también hubiera sido digno de figurar en nuestro libro. Porque, aunque, como todas las revoluciones, éstas siempre están justificadas por un poder odioso previo, también como ha ocurrido siempre, en nombre de los nuevos modos, se arrasa con todo el pasado, sin hacer excesivos distingos, si es que se hace alguno. Tras el señuelo de su celebérrimo Libro Rojo, Mao arrastró tras de sí, no sólo a su inmenso pueblo, sino a millones de personas de todo el planeta, deslumbrados por las proclamas liberadoras del pensamiento maoísta y aparcando el componente tiránico del mismo.

También habría que pensar en Adof Eichmann, el último criminal nazi, el coronel de las S.S. responsable último de la persecución de los judíos. O, en fin, Augusto Pinochet, Jean Bedel Bokassa (un ridículo émulo de Bonaparte, quien tuvo la audacia de proclamarse *emperador* centroafricano) o el mismo Francisco Franco, para muchos, un dictador comparable a los aquí relacionados. Por último, y en un final provisional siempre, cerrarían el siglo xx de los *más malvados,* Ruholá Jomeini, el ayatolá que nos hizo conocer la fea cara del integrismo islámico, y Kim II Sung, el tiranuelo de Corea del Norte que, desde su régimen estalinista, se permite amenazar al mundo con la exhibición obscena de sus armas atómicas mientras diezma a su pueblo de hambre y terror.

Todos los nombres anteriores podrían ser intercambiables con los que figuran al final de este libro en orden nominal. Ellos, y otros muchos, pues la gran mayoría de los que han detentado el poder acabaron siendo malvados y nefastos, al menos para una parte (a veces grande, otras pequeña) de sus poblaciones. Y, especialmente, casi todos, al margen de sus proclamas, cercenaron sus países y sus gentes (a veces, también otros países y otras gentes) el santo nombre de la Libertad, la Justicia y de la Fraternidad. A partir de aquí, y según simpatías o antipatías, todos justificaremos o salvaremos a alguien o, por el contrario, nos ensañaremos con otros sin posibilidad de excluirlos de su rincón en la Historia de ninguna de las maneras. Y punto.

Reinas bíblicas

Capítulo I

Dalila

(siglo X a.C.)

El nombre de Dalila (*rizos ondeados*) ya avisaba de la peligrosísima hermosura de esta mujer filistea que, siendo amante de Sansón, lo traicionó al precio de una sustanciosa suma de dinero, descubriendo el secreto de su enorme fuerza, radicada en su larga cabellera. Dispuesta a hacerse rica, una noche en que dormía el gigante junto a ella, le cortó aquella cabellera mágica y el juez de Israel perdió al instante su extraordinario poder. Pero ni Dalila ni sus filisteos contaron con que los cabellos vuelven a crecer. Cuando esto ocurrió, el israelita recuperó su fuerza prodigiosa y, empujando las columnas del templo de Dagón, pereció junto a sus enemigos.

Pero eso ocurriría después. Mucho antes, y siendo ya enemigo odiado por los filisteos, el llamado *León de Israel* fue atraído con engaño a la población de Gaza, y una vez allí, fue encerrado por los filisteos dentro de las murallas de esta ciudad. Una enorme puerta, único acceso, fue apuntalada para que el gigante no pudiese escapar. Pero con su gran fuerza se cuenta que Sansón acabó derribándola, la cargó sobre sus hombros, y se marchó de Gaza en libertad.

Pero en esta historia tenía que aparecer una mujer, y esa mujer fue Dalila. Dalila es personaje importante en el Libro de los Jueces. Gracias a sus encantos, el temible jefe israelita cae preso de amor por la bellísima mujer que le oye decir un día unas palabras que son toda una confesión sobre el secreto de su fuerza hercúlea. «Si me cortaran la cabellera –dice Sansón–, sería tan débil como los demás hombres.» Los mil cien siclos de plata ofrecidos por los filisteos para que Dalila descubriera el secreto de aquella fuerza pasaron así a su faltriquera. Antes, y tras una agotadora noche de amor que empuja al sueño a Sansón, su compañera de lecho le corta la cabellera, avisa a sus amigos, y el juez es encadenado tras serle arrancados los ojos.

La historia de Sansón y Dalila lleva en sí el germen de cierto antifeminismo general en tantos textos bíblicos en los que la mujer siempre está revestida de una maldad más refinada y perversa que la del hombre.

En realidad, la anterior sería la historia más o menos edulcorada de estos amantes terribles. Porque esa Dalila al servicio del enemigo (precursora de todas las *mataharis* que la seguirían) no es sino una conocida prostituta que llega a intimar con Sansón tras un viaje de éste a Gaza, en el que abandona a su esposa. En su viaje a esta población, según el Libro, «vio una mujer, ramera, y entró en ella». Esa mujer se llamaba Dalila, y se encontró con ella en el valle del Sorec. Era una cortesana muy relacionada con los magnates de la ciudad. Sansón no pudo escapar al hechizo de la meretriz y, tras yacer con ella, quiso prolongar su relación. Entonces, los filisteos, al descubrir la debilidad del gran gigante israelita por Dalila, encargaron a ésta que descubriera el secreto de sus músculos, le adelantaron unas monedas y le anunciaron un pago posterior, además de hacer aflorar su patriotismo de filistea contra el gran enemigo de todos ellos.

Más pormenorizadamente, la escena de la caída de Sansón pudo ser así: cierta noche, cuando el gigante yace, saciado de las caricias de su amada, ésta, juguetona, le exige que le comunique el secreto de su fuerza. Lo hace riéndose, con lo que el juez israelita, al seguirle el juego, empieza a perderse. Sin embargo, al principio, le cuenta un cuento: el de que su fuerza permanecerá con él mientras no sea atado con siete mimbres verdes, y que si es neutralizado de esta forma, será entonces como los demás hombres. Enseguida Dalila, que lo ha creído, avisa a los filisteos, que le facilitan aquellos mimbres, con los que procede a neutralizar al amante, el cual, sonriendo de nuevo (¡todo había sido una broma!), se libera con facilidad de sus ligaduras. Dalila, despechada, se enfada y le reprocha el que la haya engañado. Sansón finge rectificar y le comunica que, en realidad, lo que acabará con su fuerza será una cuerda nueva, nunca antes utilizada, atada alrededor de su cuerpo. De nuevo, Dalila consigue la cuerda a estrenar y lo ata. Y, otra vez, el juez se ríe en su cara y se libera.

Entonces, furiosa, la meretriz abandona la estancia advirtiendo a su pareja que, de no decirle la verdad, nunca más sentirá sus caricias. Ante tan terrible amenaza, Sansón se dispone a contarle la verdad.

A medias enfadada por no poder cobrar el dinero ofrecido por los filisteos, y a medias por su soberbia de mujer hermosa y caprichosa de la que se han burlado en dos ocasiones, exige a Sansón la verdad, a lo que al fin éste accede creyendo que se trata de un vulgar capricho de mujer enamorada y sensual a quien le gustan ciertos juegos excitantes y placenteros. «Si fuere rapado –accede, por fin–, mi fuerza se apartará de mí, y seré debilitado, y como todos los hombres». (Libro de los Jueces, 16, 17.) A partir de ese momento, la furia de Dalila se torna en sensualidad y entrega al amante, que paladea su vuelta a los brazos de la cortesana. Ella recibe su cabeza en su regazo, mientras lo acaricia y logra que se duerma. Entonces, llama a un guardia que le cercena siete guedejas al amante israelita. Toda su fuerza extraordinaria había desaparecido con la pérdida de aquellas guedejas de su cabellera.

Una vez en manos de los filisteos, éstos le vaciaron los ojos y lo uncieron al molino de la cárcel. Mientras, Dalila, que había cobrado su dinero, se olvidó de aquel buen hombre para siempre.

Por lo demás, esta historia fue en el siglo xx pasto de guionistas cinematográficos que entraron a degüello con la historia de Sansón y Dalila en, por ejemplo, una madrugadora versión de 1914 titulada *Samson*, y la muy posterior *Sansón y Dalila* del especialista Cecil B. De Mille, con una hermosísima Hedy Lamarr en la mejor Dalila y un increíble Victor Mature en el papel del forzudo juez bíblico.

Capítulo II

Jezabel

(siglo IX a.C.)

Según el Apocalipsis, era reina de Israel, hija de Etbaal, rey de Tiro, y esposa de Acab, rey de Israel. Apasionada y rebelde, introdujo en Israel el culto pagano de Baal y Astarté, mereciendo por este hecho la animadversión y el odio de los judíos ya que, además, fue una activa y batalladora rebelde contra el *yhavismo* (o culto a Yhavé). Obligó a su esposo Acab a que erigiera un gran templo en honor de Baal en la región de Samaria, ante el escándalo de los sacerdotes de Jehová.

El rey Acab era un hombre pusilánime y muy manejable, hecho importante para una mujer, Jezabel, en las antípodas de su esposo, al que utilizó a su antojo. Incluso le empujó a unirse a ella en su adoración a los dioses malditos (para Jehová) en honor de los cuales presidía, y participaba, en orgías desenfrenadas en las que se hacía acompañar de lo mejor de las prostitutas y prostitutos de la ciudad. Llena de sensualidad, Jezabel imitaba a las más hermosas rameras en sus afeites, sus pinturas, sus máscaras diabólicas y sus desnudeces. Estaba poseída de una gran ambición de bienes materiales, hasta el punto de mandar matar a los profetas Elías y Nabot para apoderarse de sus posesiones. Pero no sólo a ellos, pues Jezabel ordenó la eliminación de otros profetas, aunque algunos pudieron ponerse a salvo gracias a la ayuda de un tal Obedías. Empezaba a deslizarse Jezabel por el tobogán de la hipérbole que generaba en ella una gran audacia desconocida en las de su sexo. Se hallaba, además, inmersa en un mundo no sólo masculino, sino compulsivamente machista, y que empujaba en aquellos tiempos a las hembras al más bajo escalón de la sociedad.

Sin embargo, antes Jehová había enviado a Elías, precisamente, a que censurara la pérfida conducta de Jezabel, y también la cobardía del rey Acab, quien se hallaba tan dominado por su esposa, que no hizo caso de la advertencia. El insistente profeta retó, entonces, a Jezabel y Acab para que se reunieran en el monte Carmelo, junto con todos los profetas de Israel y los sacerdotes de Baal. En ese encuentro, insinuaba Elías, se demostraría quiénes eran los que servían al dios verdadero y quiénes a los falsos. Una vez reunidos en el monte, el profeta de Jehová mandó degollar a los sacerdotes de Jezabel, y ésta, iracunda, inició la persecución de Elías, que huye rápidamente.

La guerra entre los profetas y Jezabel, o entre Jehová y Baal, continuaría sin descanso. Así, el tímido Acab, como un niño caprichoso, se había propuesto poseer una hermosa viña propiedad de Nabot, a quien le había exigido que se la vendiera. Ante su negativa, el Rey se lo cuenta a su amada esposa, y Jezabel, sin dudarlo un momento, denuncia a Nabot a los ancianos para que éstos, siguiendo sus órdenes, lo condenen a morir lapidado. Los ancianos cumplen el mandato de su reina y, tras la muerte de Nabot, Acab toma posesión, por fin, de la amada viña del difunto.

Jehová, cada vez más enfadado con el Rey y, sobre todo, con la Reina, ordena a su fiel Elías que elimine de una vez al Rey, pero Elías advierte que además de Acab, también Jezabel morirá, y después, será devorada por los perros, que, como hicieran con Nabot muerto, acabarán lamiendo la sangre de Acab y Jezabel, los reyes malditos. Sin embargo, y pese a las amenazas del profeta, Jezabel continúa su particular guerra con ese dios al que tanto odia, un Jehová, piensa ella, aburrido, triste y vengativo, al que opone la sensualidad y el libertinaje que, al parecer, consentían, e incluso estimulaban, Baal y Astarté. En una de estas *batallas*, Jehová se venga de su enemiga matando a su hijo, Ocazías, que reina ahora en Israel. Tras la muerte de éste, accede al trono Joram, bajo cuyo reinado Jezabel no ceja en sus escándalos y ofensas al dios de los judíos. Sus reuniones orgiásticas llenan de consternación a los fieles y a los profetas, a cuyos oídos llegan, quizá exagerados, los cuadros sicalípticos organizados por Jezabel: cópulas de jovencitas con perros amaestrados, esclavos abrazando apasionadamente a prostitutos, cohabitaciones bestiales de hombres y ovejas y, en el colmo de la ofensa a Jehová, la Reina manda orinar en la vajilla de plata de sus banquetes y, burlonamente, obliga a todos a ofrecer sus micciones al cada vez más iracundo dios de Israel.

En la búsqueda incesante de nuevas sensaciones, Jezabel ensayó un nuevo divertimento consistente en, una vez elegidas algunas de aquellas jóvenes que se habían unido a los perros, apuñalarlas hasta morir y, después, colocar sus cadáveres sobre una pira hasta convertirlos en cenizas. Mientras todo este horror tenía lugar, Jezabel invocaba a Baal, aquel dios, según ella, voluptuoso, defensor del pecado y lleno de interés para sus adoradores. Al menos, pensaría la ex Reina, sus divinidades no hacían gala de una seriedad, sadismo y menosprecio por la vida que ejercía, impasible, ese Jehová, macho dominante e incontestable en el que se veían reflejados la mayoría de los judíos.

Cuando el rebelde Jehú se posesionó del trono israelita tras el reinado gris de Joram, llevaba el encargo principal de Jehová de acabar de una vez por todas con aquella maldita mujer que tantos dolores de cabeza le producía. La ex Reina estaba informada de todo esto, y de las intenciones del nuevo rey de Israel para con ella. Pero siempre optimista y confiada, estaba segura de que con sus encantos e inteligencia acabaría por dominar, también, al nuevo Monarca. Esperó su llegada sin dejar un solo día de rendir sus ofrendas de placeres a su dios. Por ejemplo, además de amar a la vista de todos a su favorito Huzai, también admitía las caricias de una prostituta llamada Josaba, con la que estaba bañándose desnuda en el estanque cuando se le avisó de la proximidad de Jehú.

Estando ya el Rey avistando la ciudad, Jezabel se asomó a verlo llegar, convencida de que no se atrevería a atacarla. Junto a ella estaba su amante, Huzai, que, a una señal convenida del Rey, lanzó a Jezabel al vacío desde la ventana en la que se encontraban. Todavía con el cuerpo caliente de Jezabel estrellado contra el suelo, Jehú lo pisoteó con rabia, tras lo cual se alejó para celebrar con sus generales el fin de aquella mujer que, increíblemente, había sido reina de los judíos. Mientras tanto, el cadáver abandonado de Jezabel era pisoteado también por los caballos para, posteriormente, ser devorado por los perros. Por fin, y como estaba mandado, se había cumplido, una vez más, la profecía de Elías y la voluntad de Jehová.

También sería voluntad del dios de Israel el que Jezabel pasara a la posteridad como el paradigma de la maldad y la perversidad femeninas, naturalmente desde un punto de vista de todo un ejército de hombres encabezados por el propio Señor de los judíos, siguiendo por sus profetas, y acabando en los sacerdotes y el pueblo, para quienes la mujer, las mujeres, tenían un oscuro lugar en la gobernación del mundo, acaso algo más relevante por sus hechos notables, naturalmente descalificables y abominables puesto que, como en el caso de Jezabel, pretendían subvertir la jerarquía secular del hombre con la mujer como sombra apenas perceptible. Puede que ésa sea la razón de la fama de Jezabel: primero por su maldad según sus enemigos; y después, por ser precursora y adelantada a una genuina liberación femenina incomprensible e inadmisible entonces y durante siglos.

El Imperio Romano

Capítulo III

Sila

(137-78 a. C.)

Sila irá siempre unido al nombre de Mario, su mortal enemigo no sólo político sino de clase. En efecto, las guerras civiles de las que ambos fueron protagonistas, podrían considerarse como un lejanísimo antecedente de la pugna entre los privilegios de los nobles y la exigencia de los pobres para dejar de serlo. Encabezados los primeros por uno de los suyos, Lucio Cornelio Sila, sus contrarios elevaron al poder a su contrincante Cayo Mario.

Nacido en el seno de una familia patricia, con apenas 30 años de edad ocupó el puesto de cuestor, al que siguieron los de pretor y propretor. Poseedor de una vasta cultura helenística, como ya se ha apuntado, pertenecía a la nobleza, aunque no necesariamente por su riqueza.

Contrajo matrimonio con Cecilia Metela, la que le aseguraría el apoyo aún más evidente de la clase aristocrática frente a los plebeyos mandados por Cayo Mario. Tras vencer a Mitrídates, rey del Ponto (que había matado a 80.000 romanos en las sangrientas *vísperas de Éfeso*), en su haber como guerrero ya se podía contabilizar la toma y destrucción de la ciudad de Atenas. Antes, ya había saqueado los templos de Delfos, Epidauro y Olimpia, y fundido sus tesoros para acuñar moneda. Sus victorias en Grecia le proporcionaron la entrega de más de 70 barcos y 2.000 talentos.

Ya cónsul, Sila se empeñó en que se le encargara una guerra que fuese lo suficientemente lucrativa para sus intereses personales y la de los suyos. Fue entonces cuando el Senado, escuchando sus peticiones, lo mandó a la cabeza de la expedición contra Mitrídates VI de Ponto, que había empujado a la sublevación contra Roma aprovechando el descontento por la política de los oligarcas en la capital de la República. Tras esta victoria, regresó urgentemente a Roma donde reanudó e intensificó la lucha contra Mario, aunque también presionó a los ciudadanos más ricos de la ciudad en un afán no disimulado de conseguir ingresos elevados, a los que, tras exponer sus nombres en las calles acompañados de sus cuantiosos bienes, les obligó a que los entregaran sin excusas. En cuanto a las luchas políticas, la revuelta en la ciudad alcanzó a más de 3.000 víctimas caídas en la represión del jefe de los oligarcas contra los seguidores del caudillo popular Mario.

Sila consiguió que le nombraran primer dictador de la República Romana en el año 82 antes de Cristo, basándose en la Ley Valeria y haciéndose llamar con el sobrenombre de *Félix* (Feliz). A partir de ese momento, introdujo formas monárquicas en la gobernación de Roma, asumiendo todo el boato de los reyes y paseando por la ciudad acompañado siempre de 24 *lictores* y una guardia personal inspirada en los reinos de Oriente. También acuñó moneda con su efigie y, como ya se ha señalado, se hizo adorar como el dios Félix. Apoyándose en el ejército, utilizó a éste para vencer a sus adversarios, sobre todo a Mario, su eterno rival como líder de los plebeyos, al que acabó por aplastar en nombre de la aristocracia de la que se consideraba defensor. Para imponerse en el gobierno de Roma, el victorioso Sila hizo degollar a 6.000 prisioneros en el circo, tras lo cual, y como todos se sintieran horrorizados por éste y otros excesos, convocó a los senadores para advertirles que ninguno de sus enemigos sería perdonado y que se atuvieran a las consecuencias (a la vista) si osaban oponérsele.

Era todo un programa de gobierno del que todos tomaron buena nota para no rechistar. Lucio Cornelio Sila se impuso por el miedo y la arbitrariedad ya que, por ejemplo, amenazaba con retirarles sus derechos civiles a todos aquellos que, fuese por la causa que fuese, iniciaran o protagonizaran cualquier protesta. Así consiguió que en Roma todo fuese como una balsa de aceite. Al igual que tantos dictadores y tiranos, quiso imponer su propia moral a los ciudadanos, castigando severamente lo que él entendía por inmoralidad y lo que asimismo consideraba lujos excesivos. En cuanto a su propio ejemplo, resultó desairado con el escándalo del actor Roscio, que murió en circunstancias extrañas y en el que se vieron involucrados personajes próximos a Sila y él mismo de forma indirecta. Ahí se inició el principio del fin del que sería uno de los primeros dictadores de la Historia.

Además de las *guerras sociales* libradas con su eterno enemigo Cayo Mario, entre sus triunfos también hay que contabilizar su victoria sobre Yugurta, rey de Numidia que se rindió al invencible romano. Pero tras cada guerra exterior, siempre volvía a su eterno enemigo al que, por fin, venció. El jefe de los plebeyos había dejado de ser un problema para un ambicioso Sila, un dictador precursor de tantos otros que, en el futuro, iban a despreciar a sus pueblos. Como todos ellos, también Lucio Cornelio Sila prometió que su tiranía sería temporal, a pesar de que se aferraría al puesto con la idea de no abandonarlo. Por el contrario, afirmó tener la pretensión de entregar de nuevo el poder, pasados tres años, a la clase aristocrática y al Senado.

No fue así, y aunque acabó abdicando de sus cargos totalitarios en el 79, tampoco los devolvió en los anunciados tres años. No se sintió obligado a dejar el poder porque el pueblo romano, en cualquiera de sus clases, apenas osaba levantar alguna voz de protesta por la dictadura. Y fue ese mismo silencio, y aquella aquiescencia con sus despotismos, paradójicamente, la que le decidió a dejar el poder. Lo hizo, llegó a afirmar, por su desprecio para aquellos romanos que soportaban callados todas sus arbitrariedades. Curiosa personalidad la de este general y bastante descriptiva de la deslavazada conducta de los gobernantes en cualquier época. Prueba de ello fue su conducta tras el abandono del poder. En efecto, y hasta su fallecimiento en Cumas (Campania) al año siguiente, se dedicó a la práctica y ejecución de todos los excesos, como si su *jubilación* le hubiera abierto las posibilidades de practicar toda clase de crueldades acumuladas en todos sus años anteriores.

Sila fue un general y hombre de Estado intelectualmente muy por encima de la mayoría de sus contemporáneos, pero con la desgracia de que también ejercía el poder. En contra de lo habitual, Lucio Cornelio Sila, buen gobernante en activo, sin embargo –como se ha dicho anteriormente– rebasó todos los excesos una vez retirado de la vida pública y cuando era de esperar que llevara una existencia plácida y apacible. Sus vicios llegaron a ser legendarios, y sería un no, precisamente, honesto Tiberio el que dijera, años más tarde, al futuro Calígula estas palabras: «Yo te aseguro que has de tener todos los vicios de Sila y ninguna de sus virtudes».

Capítulo IV

Tiberio

(41 a.C.-37 d.C.)

Tiberio Julio César, nombre adoptado por este Emperador desde antes de serlo, o sea, desde que fue adoptado como Augusto para sucederle, puede que no hubiera pasado a la posteridad con el protagonismo con que lo hizo a no ser por, entre otras razones ganadas a pulso, ser el dueño del Imperio Romano en la época en que será ejecutado Jesús de Nazareth en la cruz. También contribuyó a ser conocido por su morbosa conducta sobre todo tras su retiro en la isla de Capri, con su vida de crápula que, quizá hiperbólicamente, tan bien describió el historiador Suetonio. Además, Tiberio, que antes que emperador fue un excelente militar que luchó y ganó territorios para el principado de Augusto primero, y para el Imperio después, será en realidad el primer Emperador que lo fue de principio a fin, a diferencia de su padrino Octavio Augusto, que había empezado su mandato bajo el Principado, que era un régimen-puente entre lo anterior, la República Romana, y lo que será, muy pronto, el Imperio.

Nacido en Fondi (Palatino), como ya se ha dicho, Tiberio fue el segundo mandatario que usó el título de emperador de Roma tras Octavio Augusto. Alguien dijo que con Tiberio se inauguraba la serie de los *emperadores monstruos*, cuyos extravíos, en particular los de Tiberio, serían conocidos y, de alguna manera, aceptados e imitados por el propio pueblo.

Tiberio Claudio era hijo de Tiberio Nerón y de Livia Drusila, después mujer de Octavio Augusto, siendo adoptado por éste, al que sucedió ya en plena madurez (contaba 55 años) el año 14 en el trono imperial, con el nombre de Tiberio Julio César. Al nacer se presentaron algunos signos que el astrólogo Escribonio interpretó en el sentido de que aquel niño tenía al destino de su parte y que llegaría a ser todopoderoso en la gobernación de Roma.

Fue adoptado por el senador M. Galio, quedando huérfano de padre a los 9 años. A diferencia de los astros, según los cuales el destino le reservaba un porvenir espléndido y triunfal, su profesor de retórica Teodoro de Gadara, vio en su pupilo algo muy distinto. Con sus propias palabras, su alumno era «lodo amasado con sangre».

Dueño de una robusta juventud y una belleza serena, Tiberio gozaba de una excelente forma física, que le hacía despreciar a los médicos y sus consejos. Era vegetariano, costumbre que no consideraba incompatible con la afición de excelente bebedor, que llegaría a límites extraordinarios a partir de su autoexilio en la isla de Capri.

Como se apuntó, Tiberio fue adoptado por Octavio Augusto y nombrado heredero junto a Marco Agripa Póstumo. Ambos eran buenos guerreros que lucharon juntos y sometieron a los panonios, después de lo cual, algún tiempo más tarde, Tiberio deportó y mandó asesinar a Marco y quedaba como único sucesor del primer emperador de Roma.

Se había casado en primeras nupcias con Vipsania Agripina, con quien tuvo un hijo, Druso. Pero Octavio le fuerza al abandono de aquella primera esposa y le obliga a casarse con su propia hija, Julia. Sin embargo su nueva esposa tampoco le duraría mucho ya que, debido a su vida disoluta y libertina, de acuerdo con Octavio, el esposo ultrajado agravará el destierro que le había impuesto el Emperador, prohibiéndole salir de su casa y –castigo particularmente muy cruel para el temperamento de Julia–, mantener bajo ningún concepto relaciones sexuales, y menos con aquel su último amante que no tenía empacho en exhibir en público, Sempronio Graco. Además, y aprovechando la oportunidad de la ausencia de la hija de Octavio, Tiberio acabó apropiándose del dinero y de las rentas de su segunda esposa a la que posteriormente también ordenará matar junto a su amante.

Tiberio había iniciado su carrera militar a las órdenes del que sería su suegro y protector, Octavio Augusto, combatiendo a los rebeldes cántabros en España, y a los armenios en el otro extremo del Mediterráneo. En este tiempo de servicio a Octavio, gobernó la Galia y guerreó en Germania. Tras estas campañas militares, en las que descolló como excelente estratega, regresó a Roma, donde fue recibido multitudinariamente enarbolando las insignias del triunfo, nueva clase de trofeo y de premio inexistentes antes de él. Contra todo pronóstico, el general victorioso no se dejó llevar por el ambiente de euforia y decide abandonar la ciudad dirigiéndose, primero a Ostia y después a Rodas, llevando allí una existencia modesta y tranquila durante siete años. En su autoexilio recibió la noticia de que su suegro lo había *divorciado* en su nombre de su hija, legalizando así la separación de hecho que ya existía entre los esposos. Después será nombrado tribuno por un lustro y, a su regreso a Roma, coronado de laurel, podrá tomar asiento junto al Emperador. Cuando Octavio Augusto muera, Tiberio estará junto a él, retardando el tiempo de dar la noticia al resto de la gente para poder desembarazarse de Agripa, su co-heredero según deseo del Emperador fallecido. Una vez cometido el crimen, entonces sí, Tiberio asumirá que es el nuevo amo de Roma.

Tiberio, a pesar del primer crimen de su reinado, fingió no desear el ejercicio del poder, hasta el punto de sentirse verdaderamente presionado para que tomara el mando del Imperio, lo que aceptó, aparentemente, de mala gana. Una vez ante el hecho consumado, prosiguió su etapa de abulia personal aunque compaginó su aburrimiento con certeras medidas de gobierno tendentes a sanear la vida romana y, al mismo tiempo, pareció evidenciar su deseo de hacer feliz a su pueblo. En este sentido son paradigmáticas algunas decisiones como, por ejemplo, la que prohíbe terminantemente que se levanten templos en su honor, o que se cincelen estatuas con su figura, o que se reproduzca su rostro en retratos, entre otras en esta dirección. Además, evita también que se le coloque junto a los dioses como una más de las divinidades. Admite las críticas y suyas son estas palabras: «En un Estado libre, la palabra y el pensamiento debían ser libres». Poco adicto a las religiones, prohibió todas las foráneas, incluso la de Isis y la de los judíos, a los que sumó la persecución de los astrólogos, que con sus artes adivinatorias, sin duda pudieron *ver* la llegada de malos tiempos para sus lucrativas predicciones.

En consecuencia, y a tenor de lo anterior, y aunque al principio demostró ser bastante hábil y prudente (de hecho, hay historiadores que intentan rescatar su lado positivo, y lo presentan como el más inteligente de los emperadores, gran trabajador y buen administrador, sin olvidarse de su buena disposición como guerrero), lo cierto fue que muy pronto se volvió un desconfiado patológico, lo que le convirtió en un ser de crueldad manifiesta. También se entregó desde el primer momento, a la consecución de todo aquello que excitara y aumentara sus placeres, sobre todo los relacionados con el sexo, sin diferenciar el género de estos. Incluso llegó a crear el cargo de *intendente de los placeres*, con la tarea única de buscarle carne joven y dispuesta que satisficiera su gula sadopatológica. Patología que se extendía a su crueldad incluso para con personas de su familia. Así, dejó morir a su propia madre y, una vez muerta, prohibió absolutamente que fuese recordada con cariño. Más tarde, y perdido ya el norte, impidió a los familiares de los que mandaba matar que exteriorizaran su dolor llevando luto, al mismo tiempo que premiaba espléndidamente a toda clase de delatores, sin comprobar la veracidad de las delaciones.

Persiguió con ensañamiento a los políticos más importantes que le rodeaban, apoderándose sistemáticamente, tras la defenestración de los mismos, de sus posesiones y riquezas. Para ello le fue muy útil la promulgación de la *Lex Majestatis* (Ley de Majestad) que le otorgaba plenos poderes y que, bajo la más mínima sospecha, le permitía acabar con la vida y los bienes de cualquiera. Muy influido por el prefecto Sejano (que en realidad era el que llevaba las riendas del Imperio), las continuas delaciones de éste provocaban, indefectiblemente, la más dura represión del Emperador, que no sólo conseguía ejecutar y eliminar a cientos de personas acusadas de lesa majestad, sino que sólo con el terror que se respiraba en el ambiente provocó gran número de suicidios entre sus enemigos. Por ejemplo, ordenó la muerte de la madre de Fusio Gemino (al que acababa de matar) porque aquella lloró desconsoladamente el trágico fin de su hijo. Mató también al hijo adoptivo de Agripina, Germánico, muy querido por los romanos, haciendo que la gente le gritara con desesperación y rabia: «¡Devuélvenos a Germánico!». Incluso llegó a azotar de forma humillante a la misma Agripina, convertida en su nueva esposa, que, a consecuencia de la terrible paliza, acabó perdiendo uno de sus ojos. No contento, la encerrará y la irá matando de hambre poco a poco. Pero tardaba tanto en morir que, impaciente, mandó que la estrangulasen. Su vesania no conocía límites, y también llegaría hasta el propio ejecutor de sus maldades, aquel ministro cómplice, Sejano. No sólo ordenó la muerte de su hasta hacía poco brazo ejecutor, sino el de toda su familia, incluida una niña de once años. Como las leyes prohibían condenar a muerte a las vírgenes, Tiberio ordenó al verdugo que antes de cumplir la sentencia, la violara y desvirgara. Una mujer de la corte, Malona, anunció su suicidio antes que yacer con «ese viejo sucio y repugnante». Era ésta la hija de un senador llamado Marco Sexto, hombre honrado que se sentía orgulloso de aquella hermosa hija que guardaba con celo en su mansión ante los peligros de la corte imperial y, en especial, deseaba que Tiberio no supiera de su existencia. Pero al cabo el Emperador se enteró y, jugándoselo todo para conseguir aquella virgen, acusó a la hija y al padre de incesto, condenando a ambos según las leyes. Una vez con el camino más despejado, Tiberio quiso abusar de su prisionera quien, ante el ataque del César, se resistió violentamente, cediendo tan sólo a un cunilinguo de Tiberio. Fue después de esta humillación cuando Malonia regresó a su casa y se atravesó el corazón con un puñal, no sin antes maldecir al viejo de Capri.

Ese *viejo sucio y repugnante* no lo era tanto cuando decidió retirarse a Capri (ya nunca más regresará a Roma), idílica isla donde se entregará, libre de cualquier atadura, a dar rienda suelta a todos sus vicios hasta entonces más o menos controlados y ocultos. Así se desarrollaría su estancia en tan paradisíaco lugar hasta el último momento de su existencia, instalando una escandalosa *corte* en la que tenían lugar desenfrenadas orgías durante las que los protagonistas –y las víctimas también– eran niños y adolescentes con los que el senecto emperador practicaba y ensayaba todas las sevicias de las que su imaginación era capaz. También disfrutaba con jóvenes y adultos de ambos sexos, con los que se solazaba asistiendo a un espectáculo llamado *spintries,* que consistía en una unión sexual a tres (muchachas y jóvenes libertinos, revueltos), que tenían que actuar hasta que el tirano se desahogaba. Para excitarse él y los que actuaban para él, tenía una apropiada biblioteca con obras de una célebre poetisa llamada Elefántide de Mileto, y de otros autores como Hermógenes de Tarsia o Filene, todas ellas hijas de un mismo motivo y un estilo especialmente dirigido a la excitación de los sentidos.

Pero si los textos sicalípticos ocupaban la biblioteca de Tiberio en Capri, también necesitaba, y buscaba, cuadros de la misma temática que acompañaran a sus escenas orgiásticas. A precio de oro compró una ya entonces célebre pintura de un artista llamado Parrasio que representaba con todo detalle una felación de Atalanta a Meleagro, obsequio que prefirió Tiberio a la entrega por el propietario del cuadro de un millón de sestercios si la escena representada la consideraba excesivamente obscena. Tiberio prefirió la imagen lasciva al oro y la colocó en la parte más excitante de su alcoba, de manera que siempre la tuviera a la vista en sus encuentros íntimos. Todo ello redundaba en una inacabable y continua prueba de nuevas hazañas sexuales que ocuparan las veinticuatro horas del día del Emperador, que, si bien prefería a niños y mancebos, también llamaba a mujeres a su lado, como la referida Malonia.

En la bellísima isla, Tiberio era el dueño y señor de una docena de villas y palacios donde organizaba aquellas bacanales de sexo y sangre. En la hermosa *Gruta Azul,* por ejemplo, se bañaba desnudo junto a pequeñuelos (ya se ha apuntado antes) a los que llamaba «mis pececitos», y que previamente habían sido aleccionados en el *arte* de succionar el miembro del Emperador bajo el agua. Si bien la mayoría de estas pequeñas víctimas les eran *compradas* a padres miserables, también provenían de algunos patricios y de ciertas familias nobles a las que, como compensación, el emperador hacía espléndidos regalos. El escándalo llegó a alcanzar cotas demasiado peligrosas incluso para la época, y a pesar de la lejanía de Tiberio de Roma, hasta la ciudad llegaban las noticias terribles del viejo decrépito y asesino. Empezaron a aparecer por la ciudad pasquines ofensivos para el déspota y hasta los senadores no se privaban de insultarlo en público. Insatisfecho siempre, pero cansado de sus propios excesos, Tiberio llegó a desear morir puesto que ya nada le atraía ni interesaba, mucho menos le divertía.

Por fin, un día murió estrangulado en Miseno (año 37), en la casa de un amigo llamado Lúculo, y en su propio lecho, a manos de Macrón, capitán de los pretorianos. Contaba 78 años y había sido emperador de los romanos durante 23. Entre las causas de su muerte (obvia, si nos apuntamos a la del estrangulamiento con su propia almohada) se añadía, además, la del posible veneno suministrado por Cayo (el, después, emperador Calígula), o el de haberle dejado que se consumiera por hambre para que su sufrimiento fuese mayor. Sea como fuere, con el cuerpo aún caliente, en las calles la gente ya pedía a gritos «¡Tiberio al Tíber!», desahogando así su odio para con un emperador maldito.

En casi todos los casos, indagar sobre las causas, razones o porqués de la maldad de los poderosos, suele resultar inútil e, incluso, engorroso. Y esto es lo que se suele intentar cuando el tirano de turno muere. En el caso de Tiberio no fue diferente, y tras su muerte, los juicios de sus contemporáneos y la de los que le juzgaron en los siglos futuros dieron ocasión para satisfacer todas las opiniones. Parece que, como gratuita justificación de los excesos de este segundo emperador romano, se afirmó que Tiberio estaba convencido, por aquella profecía emitida al nacer por la que se adelantaba su unión con el poder, de que contra el Destino nada se podía, lo que le permitía dejarse llevar muellemente por la senda más agradable para él, aunque, al mismo tiempo, fuese la más insufrible para los demás.

El déspota murió rodeado de riquezas que, un tanto avaro, había atesorado durante su reinado. Había exigido también a los demás que fuesen buenos administradores, siendo premiados aquellos que lograban exprimir mejor al pueblo con descomunales impuestos. Sin embargo, y dado que no era tonto, precisamente, como algunos se extralimitaran en exprimir a los ciudadanos, les amonestó con la sabia frase de que «a las ovejas se las puede esquilar pero no depellejar». En contra de lo habitual, el anciano de 78 años que murió en Capri (sus enemigos le llamaron el Caprineo, palabra que significaba natural o habitante de Capri, pero también cabrón), era la estampa contraria a la bondad que, en general, el paso de los años refleja en los rostros de los que se van.

Por último, el Emperador ha sido premiado por adaptaciones cinematográficas, si bien nunca como personaje central y sí como secundario. De manera casi ineludible, Tiberio estará en los numerosos *films* relacionados con la vida de Jesús como, entre muchos otros, *Rey de Reyes* (Cecil B. De Mille, 1927, y en la segunda versión de Nicholas Ray de 1961); *La historia más grande jamás contada* (George Stevens, 1965), sin olvidar la precursora *Intolerancia* (David Griffith, 1916) y otros cientos de títulos presentes en todas las cinematografías.

Capítulo V

Calígula
(12-41 d.C.)

Calígula tendrá, en el futuro, un lugar de dudoso honor en la sangrienta lista de los emperadores romanos, sin que esto quiera decir que fue intrínsecamente peor que otros. Y es que la fama de algunos malvados de la Historia suele depender de un cúmulo de circunstancias presentes y futuras a partir de las cuales, los historiadores hacen su trabajo. En el caso de Cayo César Germánico llovía sobre mojado tras su antecesor, el impresentable Tiberio. Con su mandato, el Imperio Romano alcanzará su plenitud tras la época puente del Principado que había iniciado Augusto y proseguido Tiberio, ya con el título de Imperio. Calígula añadiría a la nueva simbología imperial elementos helenístico-orientales que intentarían embellecer lo que, bajo su reinado, no sería otra cosa que una durísima monarquía teocrática a merced de sus caprichos.

Sobrino y sucesor de Tiberio (quien lo había adoptado), hijo de Germánico y de Agripina, y tercer Emperador romano, nació en Antium (hoy Porto D'Anzio). Será conocido como Calígula (diminutivo de *caliga,* sandalia militar). Antes de ser elevado al trono, debió dar señales alarmantes, ya que el propio Tiberio, a quien acompañaba en su retiro de la isla de Capri, comentó: «Educo una serpiente para el Imperio». La *serpiente* lanzó muy pronto el veneno, pues con ocasión de la muerte de Tiberio, y cuando todos creyeron que el viejo crápula había dejado de vivir, con el cuerpo aún caliente, Calígula arrancó el anillo del dedo del Emperador, y se lo puso para hacerse proclamar por los presentes nuevo César. No obstante, en pleno *juramento*, Tiberio, el pretendido cadáver, pidió un vaso de agua, y el terror se enseñoreó de todos, y muy en especial de Calígula, que lucía ya el anillo imperial y se relamía de gusto ante la perspectiva inmediata de asumir el poder. Aunque Macro, allí presente, ante lo violento y peligroso de la situación, se abalanzó sobre el moribundo y, con su propia almohada, lo asfixió. Calígula, el nuevo Emperador, por fin pudo respirar tranquilo...

Calígula era un hombre sin atractivos, de aspecto aterrador que acentuaba con su costumbre de ensayar continuamente las más diversas muecas con las que deseaba asustar, aún más, a los que le rodeaban. Su escasa cabellera era muy encrespada, lo que le acomplejaba doblemente. Muy pronto haría prácticas de sadismo en especial sobre las mujeres que tenía más próximas, con las que se ensañaba, según contaba Séneca. Este sadismo, según el filósofo cordobés, además de por la utilización de castigos y martirios físicos, se presentaba bajo otras formas de tortura provocadas por el mismo emperador, exactamente a través de sus ojos, cuya mirada nadie era capaz de resistir sin empezar a temblar. Bien lo sabía el filósofo cordobés pues, odiado por el emperador, a punto estuvo de perecer por orden de Calígula. Fue salvado *in extremis* por una concubina del tirano, y no por humanidad sino porque, sabedor de que Séneca sufría una grave tuberculosis, pensó que no valía la pena adelantar por poco tiempo un final que parecía próximo.

En el día a día de Calígula todo valía para llevar a la realidad uno de sus más pregonados deseos: «Que me odien, mientras me teman». No obstante, y llegado el momento, parece ser que Calígula era consciente de su patología mental, o sea, esquizoide, de origen genético. Tanto es así que, consciente de su inestabilidad psíquica, pensó seriamente en retirarse del poder imperial y ponerse en manos de quienes pudieran curarlo, pues su enfermedad no era original, sino consecuencia de unas altísimas fiebres que padeció en sus primeros años. Un defenestrado (quitado de la circulación) y asustado Séneca, por ejemplo, no dudó en dar salida a su odio hacia Calígula escribiendo (aunque, por supuesto, sin publicarlo entonces) un libro titulado *De la cólera*, que era un ataque en toda regla, y sin perdón, hacia el odiado personaje que dirigía el Imperio.

Con ocasión de su acceso al trono a los 23 años, Calígula sacrificó 160.000 animales como acción de gracias por tan importante suceso, e inició desde aquel instante, su ascensión imparable hacia el poder máximo y caprichoso que culminará en su inclusión en la no muy ejemplar historia de los emperadores romanos en un destacado primerísimo puesto de crueldad y arbitrariedad, a pesar de que, sorprendentemente, inauguró su reinado ejerciendo una política de tolerancia como reacción al despotismo y maldad de su antecesor, su protector Tiberio. Incluso suspendió los odiosos procesos por lesa majestad de su antecesor, además de volver a los comicios en los que se elegía a los magistrados (con Tiberio lo había hecho el Senado). Además, nadie le negó su amor por los desfavorecidos y su odio por los ricos, conducta esta última que, al final, sería su perdición. En correspondencia, en estos primeros tiempos el pueblo romano lo adoraba, quizá por ver en él al hijo de aquel Germánico desgraciado y bueno y deduciendo, erróneamente, que sería como su progenitor.

Todo empezó a torcerse cuando, en apenas un año, gastó todo el tesoro que había heredado de Tiberio, unos 2.700 millones de sestercios, teniendo que tapar aquel enorme agujero con nuevos y gravosos impuestos de los que no se salvaba nadie. Por ejemplo, impuso un canon a los alimentos, otro por los juicios, a los mozos de cuerda, a las cortesanas e incluso a todos los que tenían la feliz idea de contraer matrimonio. Pero todo este *atraco* no era suficiente y, tras insistir una y otra vez en esta actitud de pedigüeño, en el transcurso de sus muchos delirios, aseguraría sentirse en la más absoluta ruina, llegando en su sicopatía a pedir *limosna* en las calles romanas además de obligar a testar en su bineficio a sectores de la población bastante ricos, poniéndose muy nervioso si éstos, los llamados a cederles sus riquezas, no se morían pronto. Durante esta fiebre de miseria más o menos imaginaria, pero no menos obsesiva, llegó a confiscar las posesiones de sus propias hermanas, Julia y Agripina, y acusarlas de conspirar contra él.

Pero volviendo atrás, a los primeros tiempos de su poder absoluto, aquellas primeras bondades del inicio de su reinado las olvidó Calígula apenas medio año más tarde, superando enseguida las atrocidades de su predecesor, acaso por sufrir un conjunto de enfermedades mentales que le provocaban noches interminables presididas por el insomnio, además de sufrir de continuo espantosos ataques de epilepsia, que nunca le abandonaron. Precisamente sería tras un agravamiento de sus enfermedades, y después de una inesperada recuperación cuando todos le daban por perdido, cuando se evidenciaría aún más toda su crueldad, puede que como secuela de su enfermedad anterior. Según se levantara de un humor que siempre era variable y caprichoso, demostraba manía persecutoria, delirios y quimeras relacionadas, de nuevo, con el dinero como, por ejemplo, la necesidad que tenía de pisar físicamente un montón de monedas de oro con sus pies descalzos. También formaba parte de su esquizofrenia su desinterés, convertido en odio, por los más famosos autores contemporáneos, ordenando la destrucción (aunque, a la postre, no lo consiguió) de todas las obras de Homero, Virgilio, Tito Livio y otros.

Tuvo una pasión incestuosa por una de sus hermanas, Julia Drusila. Muy jóvenes ambos, Calígula la había poseído por primera vez, siendo sorprendidos los dos adolescentes en el lecho por la abuela Antonia, en cuya casa vivían. Nunca renunciaría a ella, sino que, años después, y a pesar de que la habían casado con un tal Lucio Casio Longino, Calígula la compartió y fue Drusila, al mismo tiempo, esposa legítima de su hermano. Incluso durante una grave enfermedad que parecía iba a ser definitiva y con un fatal desenlace, Calígula nombró como heredera a su misma adorada hermana y esposa. Justificaba esta atípica relación en que, en las dinastías de los Ptolomeos, en su adorado Egipto, esto –la unión de dos hermanos– era considerado una relación incluso sagrada. Su amor hacia Drusila le llevó a sentarla junto a él en el Olimpo que había creado con su misma persona como dios principal, divinizándola también. Cuando ella murió, Calígula no tuvo consuelo, y muy afectado, ordenó e impuso un luto general, dictando durísimos castigos para los que, en ese período de duelo, se bañaran, se rieran aunque fuese poco o, en fin, hubieran comido en familia de forma distendida o agradable. A continuación huyó de Roma y no paró hasta Siracusa. A su regreso, volvió desaliñado, con los cabellos enredados y obligando a que, en adelante, todos juraran por la divinidad de la difunta Julia Drusila.

Desde el primer momento imprimió a su reinado de una pompa desconocida, asumiendo de hecho una teocracia en lo externo, deudora de lo helenístico-oriental entre lo que incluyó actos como el de acostarse, además de con Drusila –que siempre sería su preferida–, con sus otras hermanas, las cuales, después de yacer en el lecho del emperador, fueron entregadas por éste a varios amigos como auténticas prostitutas que estos podían utilizar y explotar a su antojo. En otra ocasión, habiendo sido invitado a la boda de un patricio llamado Pisón, durante el banquete decidió robarle la esposa (Livia Orestila) al atónito flamante marido, llevándosela a sus aposentos y poseyéndola. Justificó este rapto y posesión en que, realmente, Livia era su *esposa,* y amenazó a Pisón si tenía la audacia de tocar a su *mujer.* Y es que las caricias impacientes de los desposados habían enardecido a Calígula, que quiso adelantarse al marido en el disfrute de la todavía virgen esposa.

Esta conducta indigna del Emperador no era excepcional, ya que en los banquetes solía examinar detenidamente a las damas asistentes, y no evitaba levantarles los vestidos y comparar sus intimidades, escogiendo a alguna y retirándose para gozarla, como hiciera con la desgraciada Livia Orestila. Después regresaba con evidencias del *encuentro* y se deleitaba ante los asistentes con confidencias sexuales sobre la arrebatada de turno. Fue también amante de Enia Nevia, esposa de Macron, y entre las cortesanas, su favorita fue Piralis. Asimismo, se divertía mucho *divorciando,* en ausencia de sus maridos, a damas de alta alcurnia, con las que también se acostaba. No obstante, y por medios legales, Calígula tuvo otras esposas: Junia Claudila (que falleció tras su primer parto), la misma esposa de Pisón, Livia Orestila, Lolia Paulina y Cesonia. Esta última fue la que más le duró, al parecer por sus artes libertinas, que excitaban al Emperador de manera especial y lo hacían deudor de sus caricias.

La pasión por Cesonia y la manera cómo la consiguió, son dignas del carácter del Emperador. Era Cesonia una bella matrona llena de sabiduría a quien Calígula conoció el mismo día que ella paría en palacio (de donde era habitante como una más de las muchas personas al servicio del emperador) una hermosa niña. Encariñado desde ese momento con la madre y con la niña, puso a ésta el nombre de Drusila, en honor de su hermana y amante, y se proclamó padre de la criatura. Y, puesto que era el padre por su propia decisión, automáticamente obligó a que se le reconociera también como esposo de la madre, Cesonia. Momentáneamente metamorfoseado en ilusionado padre de familia, condujo a su esposa e hija a todos los templos de Roma, presentando a la pequeña a la diosa Minerva para que le insuflara saber y discreción. Sin embargo Cesonia ya había parido tres hijos de su matrimonio anterior con un funcionario de palacio, además era una mujer con la juventud ya perdida y no excesivamente hermosa. Por lo que se rumoreaba que aquella locura de Calígula por ella se debía a que Cesonia le había dado algún brebaje afrodisíaco, como por ejemplo, uno muy conocido extraído del sexo de las yeguas.

Perdido el norte, Calígula empezó a practicar toda una serie de conductas absurdas y crueles como, por ejemplo, entre las primeras, el nombrar cónsul a su caballo favorito, *Incitatus* (Impetuoso), al que puso un pesebre de marfil y dotó de abundante servidumbre a su disposición. Y, entre las segundas, su deseo, expresado a gritos, de que «el pueblo sólo tuviera una cabeza para cortársela de un solo tajo», producto de una rabieta imperial al oponerse el público del circo a la muerte de un gladiador contra lo decidido por Calígula. También se distraía llevando *sus cuentas* personalmente, unas cuentas consistentes en redactar la lista de los prisioneros que, cada diez días, debían ser ejecutados. Otra contabilidad llevada personalmente fue la de su propio gran prostíbulo, que había hecho construir dentro del recinto de su palacio y que resultó un negocio redondo.

En otro orden de cosas, y para producir aún más terror, todas estas *distracciones* las vivía disfrazándose y maquillándose de forma que sus actos, de por sí ya terribles, contaran con el añadido de lo siniestro, de manera que sus caprichos resultaran implacables haciendo temblar a sus víctimas aún más. Las ejecuciones eran tan numerosas que, a veces, no había una razón medianamente comprensiva para tan definitivo castigo, como en el caso del poeta Aletto, que fue quemado vivo porque el Emperador creyó toparse con cierta falta retórica en unos versos compuestos, precisamente, a la mayor gloria de Calígula, por el desgraciado vate. La crueldad de Calígula podría resumirse en una frase que se trataba, en realidad, de una orden dada a sus matarifes respecto a cómo tenían que acabar con sus víctimas. Era ésta: «Heridlos de tal forma que se den cuenta de que mueren».

La lista de sus desafueros sería interminable. A modo de muestreo, podemos decir que el Emperador, imbuido muy pronto de su carácter divino, hizo traer de Grecia algunas estatuas, entre ellas la de *Júpiter Olímpico,* escultura a la que ordenó arrancar la cabeza y sustituirla por una suya, y desde ese momento rebautizada como *Júpiter Lacial* (él mismo, transformado en el dios de dioses del Lacio). El siguiente paso será la elevación de un templo en honor de ese *nuevo* dios y la presencia en el mismo de otra escultura, ésta de oro, y que cada día era vestida como el propio Calígula, en una especie de simbiosis y travestismo entre aquel artista llamado Pigmalión y su modelo, y que evidenciara de manera inequívoca, la naturaleza celestial del Emperador. También, y sin duda todavía en las alturas de su particular Olimpo, invitaba a la Luna (Selene) en su plenilunio, a que se acostara con él. Ya en terrenos más próximos a lo cotidiano, y en su afán por complicarle la vida a sus súbditos, se divertía, por ejemplo, regalando localidades a la plebe que, en principio, estaban destinadas a la aristocracia. Lo divertido para Calígula venía cuando, estos últimos, al encontrar ocupadas sus localidades, iniciaban un altercado con la chusma, espectáculo este mucho más divertido para Calígula que las propias representaciones teatrales.

Calígula había sido un emperador que siempre había sorprendido y puesto a prueba a la gente. Como se quejara amargamente de que su reinado transcurría sin grandes cataclismos y, por tanto –según él–, su nombre y su tiempo apenas serían recordados por los historiadores, intentó suplir esta falta de terremotos, inundaciones, pestes o guerras auténticas, con la puesta en escena de batallas de ficción. Así, en una de sus incursiones por Germania y ante la nula presencia real de escaramuzas, decidió que parte de sus legiones pasaran al otro lado del río Rhin, desde donde se encontraban, e hiciesen como si pertenecieran a un ejército bárbaro. Una vez en la otra ribera, Calígula cayó sobre *el enemigo* con sus soldados, a los que venció sin paliativos. Escribió, entonces, a Roma anunciando su triunfo al tiempo que se quejaba de que, mientras él exponía su preciosa existencia luchando, en la metrópoli el pueblo y los senadores se divertían en inacabable holganza. También humilló a sus legiones en las Galias obligando a los soldados a recoger, en el transcurso de jornadas agotadoras, toda clase de moluscos y otras especies de productos marinos.

Tras agotar el tesoro imperial en su favor y mandar asesinar (como ya queda dicho) a destacados miembros de la aristocracia para quitarles el dinero, acabó siendo asesinado en una estancia de su palacio por el jefe de los pretorianos, Casio Quereas, en el pasillo que comunicaba aquél con el circo, al que volvía el Emperador tras un descanso en uno de los espectáculos de los Juegos Palatinos. Se vengaba así, de camino, Quereas del trato vejatorio que siempre le infligió el Emperador, tratándole de afeminado e impotente. Ahora había llegado su hora, y ya pudo empezar a alegrarse con la primera herida producida en el cuerpo de un Calígula medroso (un hachazo en el imperial cuello), que, sin embargo, no lo mató inmediatamente, aunque sí provocara en el sádico personaje gritos de dolor y desesperación. Inmediatamente acudieron el resto de los conjurados (hasta treinta de ellos con sus espadas desenvainadas) quienes, tras una estocada en el pecho propiciada por Cornelio Sabino, se ensañaron en la faena de acabar, definitivamente, con la vida del Emperador, su esposa Cesonia e, incluso, con la de la hija de ambos, una niña que fue estrellada sin piedad contra un muro.

Se ponía fin, con la misma violencia sufrida, al sangriento y violento reinado de un loco que había torturado a su pueblo durante tres años y diez meses de pesadilla. Cruelísimo incluso después de su muerte, se encontraron abundantes listas de nombres destinados a ser ejecutados. Incluso, junto a estas, fueron hallados gran cantidad de venenos destinados a cumplir de ejecutores de aquéllos, tan abundantes que, al ser arrojados al mar, envenenaron las aguas marinas, que devolvieron a las playas miles de peces muertos. Calígula (que contaba 29 años al morir) fue borrado por el Senado de la lista de los emperadores de Roma. Había sido un hombre tan malvado y despiadado con los demás como cobarde él mismo. Por ejemplo, en vida sentía un terror patológico por las tormentas, que le arrastraba debajo de las camas cuando empezaban los relámpagos. Murió, como ya se ha dicho, muy joven, y nadie sabría nunca lo que hubiera podido ser su reinado de vivir más años.

Como en el caso de tantos personajes polémicos o indeseables, el cine no lo dejaría escapar, siendo uno de los films más conocidos uno seudoporno del escandaloso director Tinto Brass titulado *Calígula*.

Capítulo VI

Mesalina
(15-48)

Con Mesalina el *reinado de las mujeres* se iniciaría con una fuerza inaudita en el tiempo de la dinastía Julia-Claudia. Aunque otras harían ostentación de su poder (Agripina, Popea), será Mesalina la llamada a perdurar en el *recuerdo* colectivo aunque unida a la maldad y el escándalo sexual. Mesalina será en la Historia, paradigma de sexo y maldad, dos palabras, durante siglos, unidas en un mismo destino de pecado y condenación por las religiones monoteístas posteriores. Junto a otras mujeres perversas bíblicas, Mesalina constituirá piedra de escándalo y excusa para arrepentimiento de las seguidoras en el primer caso, y excitación y explotación de poder y lujuria, para las segundas.

Descendiente de Julio César a través de la familia de los Mesala, Mesalina será la tercera esposa del emperador Claudio y madre de dos hijos, Británico y Octavia. Hija, a su vez, de Valerio Mesala y Domicia Lépida, se casó con Claudio cuando contaba tan sólo 22 años. Tras su temprana maternidad, Mesalina se dedicó por entero a lo que le pedía su naturaleza ninfómana: una vida sin freno, disipada y voluptuosa. Sin embargo, y de forma aleatoria, en algún momento llevará las riendas del Gobierno contribuyendo positivamente, por ejemplo, en la elaboración de los censos o administrando el negociado de los libertos. También ajustó algunas cuentas, como cuando mandó al destierro en la isla de Córcega a Lucio Anneo Séneca por haber cometido adulterio con Julia Livila, una de las hermanas de Calígula.

La actitud licenciosa de Mesalina, su vida activa, de mujer abierta a todas las sensaciones y emociones de la existencia, podría tener su punto de partida el día en el que, apenas cumplidos los trece años, y de la mano de su madre, Lépida, accedió al templo de Príapo (divinidad extranjera que en Roma llevaba el nombre de Miphileseth), del que su progenitora era sacerdotisa. Una vez allí, el sacerdote Chillón cumplió con su ministerio acabando con la virginidad de la jovencísima hija de Lépida que, sin saber exactamente la causa, presintió que a partir de aquella ceremonia, y en el futuro, una nueva vida iba a dar comienzo para ella. Una vida que, todo hay que decirlo, dirigió con sabiduría Lépida, empeñada en que se cumplieran los augurios que anunciaban un gran futuro para su hija. Éstos se confirmaron a partir de cierta suntuosa cena, cuando Mesalina había cumplido veinte años, en la que lo más influyente de Roma se encontraba presente, y entre estos personajes, uno especialísimo. Se decía que a su nombre de Simón, sus prodigios lo habían apellidado *el Mago,* y tanto la madre como la hija, procuraron situarse cerca de tan célebre personaje en aquel banquete. Para algunos, Simón *el Mago* era una representación del mismo Júpiter, y para otros un vulgar charlatán que, procedente de Asia, se unía a tantos otros que pululaban por la ciudad embaucando a los ignorantes. Lo cierto fue que, al menos en aquella ocasión, tan sólo pudieron intercambiar algunas palabras con el mago, aunque éste les daría cita para visitarlo en su casa. Ese día, madre e hija (como siempre, inseparables), acudieron a la casa de Simón, además de para conocer mejor a tan interesante personaje, para que su sapiencia o brujería, les aclarara qué decisión tomar ante la posibilidad de la boda entre Mesalina y aquel achacoso Claudio, el tío de Calígula, que la había pedido en matrimonio.

Mientras esperaban a ser recibidas entre otras muchas personas en la misma situación, Mesalina vería por primera vez a un hombre que, en el futuro, tendría un gran peso en su vida. Ella no lo sabía todavía, pero se llamaba Cayo Silo. Y, al menos en aquella primera ocasión, la mirada que le devolvió aquel hombre fue de desprecio o, cuando menos, de indiferencia. Enseguida, y sin solución de continuidad, un rencor absoluto hacia él había dejado paso al inicial interés. El transcurso del tiempo volvería, en el futuro, otra vez las tornas, y la pasión encendería de nuevo ambos corazones.

También estaba allí aquel día otro hombre por el que se obsesionaría durante muchos años: Valerio Asiático, un conocido general que, éste sí, llevaría su desinterés para con Mesalina hasta el final de sus días.

Al fin, les llegó la hora de hablar con Simón, que pronosticó la llegada a la cabeza del Imperio de aquel mismo achacoso Claudio, ante la sorpresa de Lépida y de su hija. Respecto a ésta, el mago pronosticó fríamente que la veía envuelta, mitad y mitad, en púrpura y en sangre. Además –y aquí frunció el ceño– le advirtió que «serás fatal para quien ames y el amor te será fatal». Después regresaron a su casa.

Cuando amaneció el día señalado para su matrimonio con Claudio, una insegura Mesalina dudaba aún de las profecías de Simón *el Mago* y, mirando aquel desecho humano que iba a ser su esposo, no estaba segura de que, de veras, pudiera convertirse en Emperador. ¿No se habría equivocado el gran taumaturgo? Muy pronto tuvo que olvidarse de estos pensamientos ante la entrada en su alcoba de su madre Lépida y su vieja nodriza Trifena, que la condujeron al lugar de la ceremonia donde ya se encontraban los diez testigos y el gran pontífice. Al estrechar la mano ante éste de Claudio, la notó blanda y pegajosa. La mirada desconfiada de la ya esposa, apenas se cruzó con la del futuro Emperador, que lo hacía lanzándole un mensaje intraducible con sus ojos glaucos y sin brillo. Después, llegado el momento de la intimidad, la joven esposa descubriría el resto de fealdades de su esposo: su prominente cabeza calva o su enorme barriga adiposa, entre otras. Y, no pudiendo evitarlo, cerró los ojos al sentirse abrazada.

Muy pronto Claudio cayó en brazos de Morfeo, lo que permitió a Mesalina abandonar el lecho y salir al exterior a respirar el aire de la noche. Allí pudo descubrir una sombra que también disfrutaba del jardín. Se acercó a él. Era un joven esclavo llamado Ithamar, de origen sirio. Sin dudarlo, se aproximó a él, desabrochó su túnica, y se ofreció a las caricias del muchacho. Su noche de bodas había tenido, al final, algún sentido.

Todavía antes de que se cumplieran los augurios y Claudio alcanzara la suprema magistratura del Imperio, Mesalina aguantó su proximidad y hasta le dio dos hijos. Pero, una vez cumplidos los pronósticos y convertida en Emperatriz, ese nuevo lugar privilegiado, Mesalina decidió utilizarlo absolutamente en darse todos los placeres y caprichos que hasta entonces sólo había soñado. Desde el primer momento de su matrimonio ejerció una absoluta tiranía sobre el apocado Emperador. Éste, débil y deslumbrado por la belleza de su nueva esposa, no era dueño de sus actos ya que Mesalina lo mimaba hasta la extenuación, sin que ninguno de sus deseos le fueran negados en una política muy inteligente que le dio buenos resultados. A su vez, Claudio tampoco le negaba nada, atrapado sin remisión en su extraordinaria belleza, se diría que paralela a su maldad.

Además de extraordinariamente hermosa, la joven Emperatriz (tenía 25 años cuando accedió al trono junto a Claudio) poseía una muy despierta inteligencia y una inacabable ambición que compaginaba sin inmutarse con sus desvelos para con Claudio, ignorante por cierto de la otra vida paralela absolutamente inmoral de su esposa. Desde el primer amante conocido (un tal Mnéster, que había sido también amante de Calígula), ya no se privó en ningún momento de apurar todos los placeres del sexo, destacando en sus correrías su predilección por lo que, después, se llamaría masoquismo. En efecto, en el mismo palacio imperial, además de recibir y disfrutar de sus amantes del momento, gozaba con los azotes que recibía (y a veces propinaba) como estímulo para conseguir un aún más alto grado de culmen sensual.

No obstante, algunos nombres de sus numerosos compañeros de lecho han llegado hasta nosotros. Sin intentar hacer una lista exhaustiva, he aquí algunos: Narciso, por ejemplo, fue el amante de una sola noche, pero esas horas serían suficientes para que la Emperatriz se burlara de él y propagara ante todos su desdicha como macho, lo que provocaría en el aludido un odio casi eterno que tendría importancia en el futuro. También se dio a Lucio Vitelio, y tampoco le satisfizo por la excesiva humillación de éste ante ella, idolatría que evidenciaba constantemente exhibiendo ante todo el mundo una sandalia usada por Mesalina colgada de su cuello que nunca se quitaba porque aquel calzado había ceñido uno de los pies de la emperatriz. Se interesó asimismo por Palas (y se acostó con él) por una razón tan simple y evidente como la de que era administrador de las arcas del Imperio, puesto en el que había robado tanto, que era una de las mayores fortunas de Roma. Ya en tromba, pasaron por sus brazos un forzudo jefe de gladiadores cuyo nombre no ha quedado en los anales; Vinicio, sobrino de su marido, el Emperador; Sabino, al que se aficionó por su hermosísima cabellera y sus penetrantes perfumes; además de vàrios desconocidos que gozaron de la Emperatriz por hechos tan inefables como tener unos ojos de un color irresistible, porque tenían las manos calientes, por estar cubiertos de vello en todo el cuerpo o, en fin, porque eran dueños de una piel lisa y suave como el terciopelo.

Como si de un concurso ser tratara, la Emperatriz llevaba una curiosa *contabilidad* de amantes que calculaba con una cadena griega de oro que colgaba de su cuello, provista de un eslabón que se movía cada vez que un nuevo hombre entraba en ella. Su criada Livia reía con ella y juntas veían cómo se achicaba aquella cadena. Mesalina, observándola, comentó con su camarera: «¡Cuán poca cosa es el placer!». Claro que eso debió pensar un atractivo joven llamado Tito, un absoluto capricho de la Emperatriz que se aficionó a sus encantos y su vigor de casi adolescente. Tenía quince años, pero el favorecido de Mesalina poseía a tan tierna edad un desparpajo impropio de la misma. Tito, jactancioso, se puso a propalar por todos los lugares sus aventuras amatorias con Mesalina. La Emperatriz, que era evidente que carecía de mojigatería, sí que le gustaba gozar de sus placeres en la intimidad, siempre que ello fuese posible (y cuando a ella le convenía, pues en otras ocasiones no se ocultaba precisamente). De ahí que la incontinencia verbal de aquel imberbe Tito, la enfureciera. Avisada su amiga la envenenadora Locusta, ésta preparó la pócima que impediría al quinceañero llegar a la madurez.

Deseando rodear sus aventuras galantes de una más palpable discreción, recibía a sus visitantes en una casita de las afueras que aparentemente pertenecía a su sirvienta Livia. Fue allí donde entró en contacto con aquel primer Mnéster, que ahora descubrió que no sentía una atracción excesiva por el sexo opuesto. Sin embargo, a Mesalina no le importó compartir con el la inauguración de la casita, asumiendo el desinterés que despertaba en su visitante pero sonsacándole noticias y chismes sobre el sexo de los romanos, de lo cual estaba a la última el actor. Aunque en una dirección diferente, Mnéster tenía fama de ser maestro en lascivias, y sería este compartido interés el que provocaría que dos seres opuestos y diferentes llegaran a ser grandes amigos y confidentes. Y, sobre todo, su nuevo amigo se convirtió muy pronto en proveedor exclusivo de carne joven para la Emperatriz. Ésta tenía la seguridad de que los *envíos* de Mnéster tenían garantías suficientes para satisfacer el apetito venéreo de Mesalina.

Para la Historia, quedaría el recuerdo extraordinario de esta mujer maltratada, también extraordinariamente, por historiadores tanto contemporáneos como futuros. Para unos y otros, en general, el paso por esta vida de aquella mujer fuera de lo común había sido ejemplo de costumbres disolutas. El más evidente de sus pecados será presentado a través de sus visitas a la Suburra (el barrio más miserable y peligroso de Roma), excursiones y estancias en aquel lugar que escandalizaron incluso a sus contemporáneos y que fue una idea brillante más de su *consejero de placeres*, Mnéster, el actor. También sería recordada en sus correrías como prostituta, ya en el escandaloso barrio romano, lugar en el que usaba en sus transacciones carnales el nombre de guerra de *Lysisca*. En realidad, según Juvenal, el sobrenombre de *Lysisca* correspondía al de una prostituta dueña del cuarto en el que se coló la Emperatriz, que al ver la tablilla con este nombre sobre la puerta, quiso hacerse pasar por la titular del mismo.

En efecto, al caer la noche, la Emperatriz abandonaba el palacio y se dirigía, oculta por una peluca y los senos apenas cubiertos por panes de oro, a un conocido lupanar donde ocupaba un aposento y recibía a los clientes. Éstos la preferían, además de por su belleza, porque no exigía juventud ni apariencia, y sí tan sólo potencia viril allá donde se encontrara, aunque fuese en sucios mozos de caballos. Por allí desfilaría toda la tropa clientelar de la hembra original, creyendo todos que poseían a su meretriz habitual. No dejó de recibir Mesalina a ninguno, y según el mismo Juvenal, cuando hubo de regresar a palacio se entristeció, al marcharse al lecho imperial aún insatisfecha.

Las noches de la Suburra eran para Mesalina un continuo ajetreo que, no obstante –como queda apuntado–, no satisfacía sus necesidades, a pesar de que alguna vez fue asaltada por más de una docena de fornidos atletas a los que, ellos sí, dejó bastante satisfechos. Agradecida por este triunfo sobre el otro sexo, se dirigió a obsequiar con otras tantas coronas de mirto a Príapo, su dios tutelar, con las que fue premiada por sus compañeros de cama. Al fin y al cabo, la Emperatriz era, al caer la noche, una de las más de 35.000 cortesanas que pagaban al municipio un tributo conocido como *licencia sturpi*, y que también como una más de sus compañeras, vestía de forma similar al resto de meretrices: túnica corta y un tocado en forma de bonete frigio.

No se ponen de acuerdo los historiadores sobre si la prostitución de la Emperatriz fue continuada o excepcional. Juvenal, Tácito y Josefo se apuntan a la primera, y Dion a la segunda. Pero sea una u otra, parece que Mesalina recibió con agrado la idea de Mnéster porque ello le iba a proporcionar el honor de imitar a una reina que era su ídolo: Cleopatra. La Reina egipcia, durante su estancia en Roma, había visitado también aquel barrio del vicio, adonde solía trasladarse, eso sí, del brazo de Marco Antonio, al que parecía gustarle el juego. Orgullosa de su belleza y de su dominio total sobre el hombre, la esposa de Claudio decidió superar con creces a la desgraciada faraona, y saciar así de una vez el apetito voraz de su carne.

Así había empezado su juego, empezado por casualidad, haciéndose pasar por aquella Lysisca con la que llegó a descubrir que tenía un gran parecido. Parecido que la auténtica dueña del cuarto explotaba al mismo tiempo, al hacer creer –y soñar– a sus clientes que se acostaban con la Emperatriz, y que también supo explotar Mesalina, que hacía de la tal Lysisca una de las prostitutas más caras de la Suburra.

Paradójicamente, y como suele ocurrir con los personajes ricos en matices, Mesalina también fue lo que después conoceríamos como una romántica. Así, en un amanecer en el que regresaba de sus aventuras de meretriz, saludó al entrar en palacio a un soldado de la guardia pretoriana que estaba de centinela preguntándole si sabía quién era ella. El interrogado, despistadísimo, contestó que por la vestimenta, sería una prostituta de burdel. Mesalina asintió con la cabeza y preguntó al soldado cuánto dinero llevaba encima. Al responderle el soldado que sólo dos óbolos, Mesalina dijo que era suficiente, entró en la garita, y coronó su último encuentro de la noche. Una vez con los dos óbolos en la faltriquera, los guardó en una cajita de oro en recuerdo de aquel breve pero intenso encuentro. Como escribiría después Suetonio, tras aquellas excursiones en las que pretendía saciar su apetito sexual, la Emperatriz regresaba a palacio agotada pero no satisfecha. Odiada, pero también amada, narraron su vida y sus escándalos historiadores como Plinio y Tácito, y poetas satíricos como Juvenal.

No obstante, sus excentricidades y maldades tenían un solo freno: sus propios intereses (a veces éstos, por el contrario, la volvían violenta y desalmada). Al servicio de ellos Mesalina mandó matar, entre otros, a la hermana de Calígula, Julia (consideró que la belleza de ésta era una amenaza para la suya propia, además de acusarla de mantener relaciones sexuales con el filósofo Séneca); a Vinicio (viudo de la anterior) y a Sila (su padrastro), porque ambos osaron rechazar sus caricias; a Valerio Asiático, al que mandó asesinar por algo tan nimio como sus jardines, bellísimos, de los cuales se apropió y disfrutó en exclusiva; y al liberto Polibio, eliminado sencillamente porque la Emperatriz ambicionaba su fortuna, la que se apropió tras su desaparición. Aunque, al fin y al cabo, la vida y los actos de Mesalina tampoco sobresalían tanto en una época, y en una corte, la de la Roma imperial, encharcada en sangre, vómitos y venenos. En este contexto, ¿quién es capaz de tirar la primera piedra contra Mesalina?

Ya en la pendiente resbaladiza de sus caprichos y de su propio aburrimiento, caprichosa y en constante búsqueda de nuevas sensaciones, decidió un día que aquello de los amantes de una noche estaba bien, pero ¿por qué no casarse con alguno de los que le gustaban? Por ejemplo, aquel Cayo Silio, un joven cónsul apuesto y varonil, de familia patricia, y del que, ciertamente, estaba locamente enamorada desde que lo conociera en la mansión de Simón *el Mago,* años atrás. Ahora, todopoderosa, le obligó a cohabitar con ella en su misma casa y ante la presencia de su propia esposa, Julia Silana. También le obligó a divorciarse de su esposa y persiguió cualquier amante que se antepusiera a ella en los brazos de Silio (por ejemplo, ordenó la expulsión de Roma de una tal Citerea que había sido su amante, y ordenó la muerte de otra que se vanagloriaba de haberse acostado con Cayo Silio). El siguiente paso fue pregonar sus amores con el hermoso cónsul, sin precaverse de exhibirse con él. En efecto, abrazados y haciendo arrumacos, Mesalina y Silio se paseaban por las plazas y calles de la urbe, no evitando, cuando la naturaleza les exigía su parte, el dejarse poseer por su amante en un foso de una plaza, ante decenas de testigos. También arrastró a Silo una noche a su conocido barrio de Suburra, en el que fornicaron los dos ante el prostíbulo en el que ella se había hecho ejercido de prostituta.

Pero esto no era bastante. Enloquecida por Silio, decidió que había que dar un paso más, que no podía ser otro que casarse con él. Como lo pensó lo hizo. Y, como un juego más, se casó con Silio casi en las mismas narices de Claudio, exponiendo abiertamente, la próxima subida al trono del Imperio de su nuevo *esposo,* parte ésta del juego que sería motivo de su perdición. El día de la atípica boda, el Emperador se hallaba en Ostia, vigilando las obras del futuro puerto que daría salida al mar a la ciudad de Roma. El enlace de Mesalina y Silio se organizó con banquete y demás ceremonias exigidas a las bodas de verdad en los jardines del nuevo esposo. Incluso, la novia, para hacer la ceremonia más auténtica, llegó a presentar documentos *legales* firmados por el Emperador por los que le autorizaba a ejercer la bigamia con su consentimiento. No obstante, no asistieron a la *ceremonia* los íntimos del emperador Claudio, como Narciso, Palas o Vitelio, y esto resultaba un mal síntoma. No obstante, el pueblo aclamó a su emperatriz, entre otras cosas porque los *novios* habían distribuido generosamente muchos sestercios y abundantes bebidas. Aquella noche, Roma fue una fiesta y, sin pensar demasiado en lo que ocurriría al día siguiente, todos se entregaron a los excesos habituales. Sin embargo, y aunque muy veladamente, en la mente de los amantes germinaba la idea de, aprovechando aquella mascarada, dar un golpe de Estado, matar a Claudio y coronar Emperador a Silio. Alguien escuchó el conspirador brindis y, aunque sin estar ni mucho menos madura la idea, el o los espías la dieron por tal, y se presentaron con la información ante el ausente Claudio.

Aquello fue, además de divertido, muy peligroso para los nuevos esposos, ya que los nobles cercanos al Emperador creyeron que Mesalina había cruzado la línea de lo políticamente correcto. Así, como ya se ha dicho, el Emperador fue informado no sólo del enlace burlesco que se estaba celebrando todavía en la residencia de Silio, sino de la vida anterior llena de impudicias de la Emperatriz, todo ello al parecer totalmente nuevo para Claudio. De hecho, el Emperador tan sólo reaccionó cuando Narciso le presentó una abultada lista encabezada con un preocupante *sumario de adulterios* ejecutados por la Emperatriz, con todo lujo de detalles, como los nombres de los amantes, los encuentro, sus características más nimias (y morbosas), y las fechas en que Claudio había sido traicionado. En efecto, aquello era nuevo para el marido ultrajado y, aunque tardó en aceptar tantas noticias calamitosas, cuando por fin volvió a la realidad, lo hizo con una furia desconocida en aquella persona aparentemente tranquila.

Por orden del Emperador, el liberto Narciso y los pretorianos irrumpieron en el todavía banquete de boda y produjeron una auténtica masacre, de la que no se salvó el flamante marido pero sí, de momento, la Emperatriz. Cayo Silio no opuso resistencia, y sólo pidió que se le diera muerte de manera rápida. Se le satisfizo en su petición de forma inmediata. En cuanto a Mesalina, huyó a sus jardines de Lúculo y esperó allí la llegada de Claudio, al que esperaba convencer de que la perdonara. Pero su encuentro cara a cara con Claudio –que sólo pretendía que su esposa se justificase ante él al día siguiente– no llegó a producirse, ya que se adelantó Narciso, quien dio orden a la guardia en nombre del Emperador de acabar con la vida de Mesalina. Sería en aquellos lujuriosos jardines donde Mesalina encontraría la muerte en el año 48 por el liberto Evodus, amigo de Narciso, que decía cumplir órdenes del Emperador, su esposo. El verdugo Evodus, viejo solicitante en varias ocasiones de los favores de Mesalina, y otras tantas rechazado sin contemplaciones, ante la presencia de la Emperatriz, desgarró sus vestidos mientras le exigía que le enseñara su cuerpo con estas palabras: «¡Perra! ¡Meretriz de Suburra! ¡Enseña tu cuerpo antes de morir!». Mesalina murió atravesada por la espada de Evodus, que le entró por la axila y llegó hasta el corazón. Su desconsolado esposo, al final, ordenaría destruir todas las estatuas que la representaban, y dictó la prohibición total, bajo severas penas, de pronunciar su nombre.

Como en tantos casos similares, el cine se atrevió con el personaje, aunque no tanto como con otros por la especial crudeza de la vida licenciosa de la emperatriz. Tan sólo en unos primeros tiempos, cuando el cine aún no conocía los estragos de la censura, se decidiría a plasmar en la pantalla a tan malvada mujer. Como ejemplo, entre otros, el film titulado *Mesalina,* de M. Caserini, rodado en 1910 en Italia. Será también en Italia donde, medio siglo después, se vuelva a rescatar el personaje, ahora encarnado en una muy convincente malvada, nada menos que la mexicana María Félix, protagonista de otra *Mesalina* cinematográfica. En la década de los treinta, un film inacabado británico, *Yo Claudio,* presentaba a una jovencísima Merle Oberon como una improbable Mesalina, y, como tantos otros, este personaje femenino tendría su continuidad en cintas seudopornos.

Capítulo VII

Agripina La Menor

(16-59)

Agripina apenas ha llegado a nosotros por ella misma, como personaje central de su intensísima vida. Por el contrario, siempre aparece junto a otros personajes, a veces incluso por debajo de ella en interés y atractivo. A la sombra, primero, de Claudio pero, sobre todo, como madre de un monstruo y víctima, al final, de ese mismo Nerón al que había parido y que acabaría por matarla, Agripina como tal y como, en realidad fue su papel en la Historia, apenas es reconocida. Y, sin embargo, en un primer rol secundario (como esposa del emperador Claudio) y, en especial, en el más lúcido (aunque con final trágico) de madre de otro Emperador, su importancia real rebasó, con creces, la modestia de su nombre. Pocos recuerdan que gobernó el Imperio, no sólo en los primeros años de su hijo, sino hasta el final, dirigiendo a veces las decisiones de aquel Emperador apático y poco deseoso de complicarse la vida con los problemas de Estado. Injustamente, Agripina pasó a la posteridad como víctima de una muerte violenta ordenada por su amado hijo con la valiosa colaboración, e incitación, de su esposa Popea.

Hija de Agripina La Mayor y de Germánico, nació en Oppidum Ubiorum, conocida después, en su honor, como *Colonia Agrippinensis* (hoy Colonia, en Alemania). De su matrimonio con Domicio Enobarbo a los doce años de edad, nacería el futuro emperador Nerón. Pero después de Enobarbo y antes de Claudio hubo un tercer marido: Pasieno Crispo, a quien la *vox populi* consideraba que había sido envenenado por Agripina. Sin embargo ella misma fue desterrada por su hermano Calígula durante dos años a la isla Pontia, en Libia, por sus excesos libertinos, que le llevaron al lecho de poderosos personajes, incluido el filósofo Séneca. Calígula la tenía por inmoral y con una ambición desmesurada incluso para alguien tan poco recomendable como él mismo, Cayo César Germánico.

Muy hermosa y con un carácter abierto y hasta divertido, se propuso volver a Roma de tan alejado y aburrido lugar, y acabó consiguiéndolo. Para ello no dudó en asesinar a su segundo esposo, heredando su cuantiosa fortuna. Agripina, mujer ambiciosa, rica y todavía joven y hermosa, amó, y fue amada, por otros hombres como, por ejemplo, su cuñado Lépido (hermano de su marido Pasieno Crispo), que, junto a otros, no fueron sino peldaños en los que se apoyó para intentar llegar a lo más alto.

Sin duda si no era lo más alto, podía llegar a serlo. De manera que, al enviudar de Enobarbo, Agripina se volvió a casar, pero ahora con alguien mucho más poderoso y muy arriba en la escala social: su tío-abuelo Claudio, cuyo lecho matrimonial permanecía solitario desde la muerte de su anterior, y poco ejemplar esposa, Mesalina. Para conseguir el tálamo imperial, Agripina no tuvo escrúpulos en utilizar los servicios de su amante, un oscuro e inmoral individuo llamado Palante, que ofició de *celestino* ante el obtuso emperador. La boda se celebró en el año 49, y tras la ceremonia (que era todo un atentado contra la ley romana, que perseguía duramente el incesto), Claudio pudo descubrir (si es que no lo sabía antes) a una mujer de un carácter irreductible, soberbia y ávida de dinero y de poder, indistintamente. Para demostrar esto último baste como ejemplo la orden de la inmediata liberación, y posterior regreso a Roma, del desterrado Séneca, enviado a Córcega por Mesalina ocho años antes.

Ahora, Agripina –que con el título de *Augusta* recibía el mismo tratamiento, y tenía similar poder al del Emperador, y se hacía adorar como diosa en algunos lugares– lo quería a su lado pues no había dejado de ser un personaje influyente y famoso, muy indicado para educar a su hijo en los principios de la filosofía. Pero sin dejar de lado la futura educación de Nerón, ella proseguía su ascenso imparable sin, aparentemente, encontrarse en su camino con enemigos peligrosos. Con una sola excepción: aquel odiado –y odiada por él– Narciso, siempre la sombra de su esposo, el Emperador. No era un enemigo cualquiera puesto que Claudio confiaba plenamente en él, y Narciso odiaba absolutamente a Agripina. Estaba claro para ésta que, para acabar con su gran enemigo, había que elevar el tiro hasta lo más alto.

En consecuencia, acabó envenenando a Claudio en el año 54. Para ello preparó a su imperial esposo un sabroso plato de setas que, trágicamente, constituiría la *última cena* para el Emperador. En este crimen Agripina contaría con la ayuda inestimable de su amiga Locusta (o Procusta), una conocida envenenadora dueña de los secretos toxicológicos mejor guardados, y también con los consejos útiles de un médico griego llamado Jenofonte. Una vez muerto, Agripina ocultó la noticia el tiempo suficiente para que todo estuviese preparado y su hijo asumiera el poder. Cuando creyó tener todos los cabos atados, Nerón (que significa *fuerte* en sabélico) sustituyó a Claudio en el trono, al haber sido eliminado también como posible competidor a Británico, el hijo de Claudio. Fue, sin duda, un amor maternal llevado a sus últimos extremos y no tan raro en aquellos tiempos.

En un primer momento, el hijo estuvo muy agradecido a su madre por haberle allanado el camino del trono imperial, hasta el punto de nombrarla *Augusta Mater Augusti*, título que la favorecida con el mismo usó con creces y, muchas veces, abusó aún más contundentemente, usándolo en bineficio propio. Por entonces aún madre e hijo se querían o, al menos, se necesitaban. Nerón aún se permitía demostraciones de amor filial para con Agripina, como lo indicaba su nuevo santo y seña, al acceder al trono, dado a su tribuno de guardia, y que era la frase *«Óptima matrum»* (la mejor de las madres). La mejor de las madres, por cierto, en la práctica la mejor –y la única– con el poder real en sus manos por la minoría de Nerón, que usó en primer lugar para saldar una vieja cuenta pendiente: la de desembarazarse de su gran enemigo Narciso. Encarcelado desde hacía poco tiempo, y absolutamente olvidado adrede en su encierro, acabó por abrirse las venas para escapar de aquella terrible miseria física y moral a la que le había empujado la madre del Emperador.

Agripina casó a Nerón con la hija del que fuera su tío y esposo Claudio, Octavia. Para conseguir hacer realidad aquel matrimonio, la madre de Nerón lo tuvo fácil: mandó ejecutar a Julio Silano, el marido de Octavia, y una vez en estado de viudedad, ya no hubo impedimento alguno para la boda de Nerón y Octavia. Gobernadora efectiva del Imperio a la sombra de su hijo, este poder en la sombra fue disminuyendo a medida que el Emperador iba sintiéndose enfermo de megalomanía y pasando de unos brazos a otros de mujer, bien es cierto que, hasta un momento dado, sin mayores problemas. Sin embargo, con uno de estos nuevos amores empezaría para Agripina el principio del fin de su poder sobre su hijo y, a través del mismo, de Roma. Y ese momento llegó cuando Nerón quiso proseguir sus relaciones con Popea desatando las iras de su madre. Entonces los amantes (en realidad, Popea a través de la presión y el dominio que ejercía sobre el emperador) llegaron a la conclusión de que Agripina les estorbaba. Y decidieron matarla.

Pero era muy difícil sorprender con venenos a una experta en el tema (Agripina utilizaba sistemáticamente toda clase de antídotos), y un primer intento resultó baldío. Entonces, su genial hijo, le preparó una muerte por *accidente,* haciéndola viajar a bordo de un barco previamente trucado que debía hundirse entre Baulo y Bayas. La idea era acompañarla a las celebraciones anuales en honor de Minerva, que se celebraban junto a Nápoles. Así, tras embarcar en la citada excursión entre las dos ciudades, estaba previsto por sus artífices (los libertos Tigelino y Aniceto) que se produjera un naufragio con el consiguiente ahogamiento de la Emperatriz-madre. Pero Agripina, probablemente con los dioses de su parte, era una buena nadadora y pudo alcanzar la otra orilla braceando, lo que obligó a los centuriones encargados de eliminarla, a imitarla nadando también y saliendo en su persecución. Pronto descubrieron que, para despistarlos, Agripina había obligado a una de sus esclavas, una tal Aceronia, a que pidiera socorro como si fuese la emperatriz, equívoco que volcó sobre la desdichada una lluvia de golpes de remo que acabaron hundiéndola y ahogándola –a ella sí– bajo las aguas.

Descubierto el engaño, y una vez en tierra, perseguida y perseguidores (mandados éstos por el fiel Aniceto), y cuando la espada pendía sobre ella, pidió al soldado que la blandía que la hundiera en su vientre, aquel mismo vientre en el que se había formado aquel monstruo que tenía por hijo. El soldado cumplió su deseo de manera inmediata. Era el año 59 y Agripina seguramente murió recordando aquella profecía que le había anunciado su fin violento a manos de su hijo. Inconsciente, había respondido: «Que me mate, con tal de que reine».

Como se ha dicho al principio, si Agripina como tal no pasaría a figura estelar de la Historia, sí que junto a otros próximos y contemporáneos, tuvo el reconocimiento de historiadores y dramaturgos. Uno de éstos, muchos siglos después, la llevaría a ser el personaje central de su tragedia *Britannicus*. Este autor se llamaba Racine. Por lo demás, en Letrán, una estatua la recuerda actualmente en Italia.

Capítulo VIII

Popea
(siglo I)

En el imaginario colectivo del aficionado medio a los temas históricos, el nombre de Popea va unido, indisolublemente, al momento de su muerte, por un imperial puntapié en su grávido vientre propinado por Nerón, su esposo, incapaz de dominarse por los efectos etílicos de una borrachera ante la impertinencia de la Emperatriz, que, como cada día y, sobre todo, cada noche, solía abroncar al dueño de Roma.

Sabina Popea fue una emperatriz romana de una inquietante belleza (se cuenta que cuando salía a la calle se tapaba el rostro para no cansar a los romanos con su divina hermosura), tanta como su no menos pavorosa crueldad. Tácito escribiría de ella que «poseía todas las buenas cualidades menos la honestidad». Tuvo un primer marido llamado Rufio Crispino, prefecto del pretorio; y un segundo, Salvio Otón, amigo de Nerón y que llegaría a Emperador. Este último tuvo conocimiento, a través de las alabanzas a su hermosura hechas por Otón, de la existencia de Popea, lo que le empujó a solicitar a su amigo que se la trajese para admirar tan cantada belleza. Otón accedió a la petición de su amigo y, en efecto, la condujo ante la presencia de Nerón, quedando este prendado de ella, sin que el Emperador dudara en finjir lo más mínimo este entusiasmo ante la presencia de su tímida esposa, Octavia, presente en aquel primer encuentro de los futuros amantes. Este hecho simple de la obediencia de Salvio Otón al llevar a su esposa ante el Emperador, acabará siendo su perdición, ya que aquel mismo año 58, cuando Nerón y Popea se ven por primera vez, el Emperador ya había decidido alejar a Otón de su lado (y del de Popea) al nombrarlo gobernador de la Lusitania.

Pero si Nerón no respetaba, precisamente, la amistad, Popea vio en aquel excéntrico un pelele al que se podía manejar. Inició su ofensiva haciéndose rogar por Nerón y haciéndole ver, hipócritamente, que ella era todavía una mujer casada. Estas primeras negativas a los requerimientos del Emperador enfurecieron, y al mismo tiempo, enardecieron al imperial amante. Popea prosiguió su calculada estrategia y para ponerlo a prueba, insistió en que se separase de su esposa, la emperatriz Octavia, a la que llegó a acusar ante Nerón de adulterio. Este la creyó, o entraba en sus planes creerla, procediendo enseguida a alejar de su lado a su esposa, la modesta Octavia. Una vez libres de la Emperatriz, Popea y Nerón contraen matrimonio en el año 62. Pero el Emperador, que es esclavo de su nueva esposa, no dejará de serlo también de una mujer que le acompañará siempre, su esclava y amante Actea, que resultará un nuevo obstáculo en el camino de Popea por el dominio total sobre Nerón. Como el futuro se encargaría de demostrar, aquí lo tendría mucho más difícil que con Octavia.

Fuera de los asuntos de alcoba, y mientras pudo, la nueva Emperatriz siguió manejando al Emperador y haciendo lo que le venía en gana como, por ejemplo, reunirse con sus amigos, los rabinos de Roma, circunstancia que hizo creer a ciertos historiadores que Popea practicaba en secreto la ley mosaica. Nada de extrañar ésta y otras noticias absolutamente contradictorias si se tiene en cuenta que Popea era una mujer compleja, ambiciosa, seductora y coqueta, además de una auténtica viciosa en una envoltura atractiva e irresistible a cuenta de una hermosura extraordinaria. Acaparadora, ella misma, de su asumida hermosura, se esforzaba extraordinariamente por conservarla y realzarla, para lo cual –entre otros elementos que ayudaran en este sueño de eterna juventud– mantenía un establo con quinientas burras que le proporcionaban la leche diaria en la que se bañaba para conservar una piel de la que estaba más que orgullosa. La misma que, al salir a la calle, ocultaba sobre todo en el rostro, que escondía tras una máscara para protegerse de los rayos del sol.

Pero si Popea era un dechado de perfecciones físicas, para más peligro, era además de una inteligencia y cultura nada corrientes, capaz de hablar horas y horas de cualquier tema, incluidos los filosóficos y los políticos. Además, y a pesar de su naturaleza sensual, utilizaba una táctica que le daría excelentes resultados: la de aparecer como un dechado de virtudes, entre ellas la de una aparente alergia y despego con el impudor tan presente a su alrededor. Para ella, escalar el poder era un juego, puesto que de familia riquísima, no padecía ninguna privación y podía permitirse el lujo de participar en conspiraciones, espionajes y burlas por el propio deporte de hacerlo.

Más o menos así había sido aquella Popea que, empeñada en ser emperatriz, lo había planeado todo para conseguirlo. Parecían ya muy lejanos los preámbulos de toda esta serie de etapas que, sin descanso, la habían llevado al tálamo nupcial del Emperador: desde aquel primer divorcio de su marido y sus segundas nupcias con Otón, con el que se casó sólo porque era amigo de Nerón y del que también se separaría una vez éste le había acercado al Emperador. Pero todo aquello era ya el pasado, hasta que un día la ya irascible y variable Emperatriz logra aburrir y desesperar al mismísimo Nerón, el antes humilde siervo de los encantos de Popea. Un Nerón que, de pronto, decidió que ya no le gustaba Popea. En consecuencia, y repitiendo el sangriento ceremonial de sangre de que ya harían gala prácticamente todos los emperadores, propinó un tremendo puntapié en el vientre hinchado de la Emperatriz, embarazada, que acabó, de una sola patada, con su vida y la del fruto de sus entrañas.

La muerte, según algunos historiadores, fue poco premeditada, y por el contrario, algo fortuita al confluir varios hechos que diabólicamente condujeron a tan violento final. Y es que, según los citados, aquella noche Nerón llegó a la alcoba prácticamente borracho. Se supone que Popea, como tantas mujeres de antes y de siempre, le afeó su estado, sin duda una bronca como tantas a las que el Emperador se suponía ya acostumbrado. Los efluvios del vino, una vez más, provocaron la violencia del instante, definitivo y sin vuelta de hoja, con el resultado de la muerte de la Emperatriz. Poco después de matar a Popea, Nerón, inseguro y desequilibrado, fue consciente de lo que había hecho y pareció arrepentirse de su crimen. Ordenó que se organizaran grandes funerales por la fallecida, a la que hizo rendir todos los honores póstumos propios de las emperatrices. Porque Popea, quién lo duda, lo fue gracias a su constancia, aunque para el historiador Tácito, la difunta esposa de Nerón había poseído «todas las virtudes, menos la virtud».

Capítulo IX

Nerón
(37-68)

Nerón no fue, probablemente, el peor de los emperadores romanos. Desgraciadamente, estuvo muy bien acompañado por sus predecesores y por sus seguidores al frente del Imperio Romano. Pero varias circunstancias confluyeron para hacer de él el más conocido y el más denigrado de todos ellos. Algo, sin duda, tuvo que ver el que, bajo su reinado, murieran decapitado y crucificado, respectivamente, los apóstoles Pablo y Pedro, vanguardias de aquella nueva religión que había nacido en la lejana provincia de Palestina fundada por un rabino llamado Jesús. El fin trágico de los apóstoles y el de otros muchos cristianos y seguidores, propició la ennegrecida leyenda de Nerón que, en adelante, y en la historiografía cristiana, tendría el dudoso honor de abrir las diferentes y subsiguientes persecuciones de otros emperadores contra la nueva religión en las personas de sus seguidores y practicantes.

Nacido en Antium, era hijo de Julia Agripina y de Enobarbo (aunque también se decía que, en realidad, el verdadero padre había sido el hermano de la propia Agripina, Calígula). Su padre, por cierto, se dice que al ver al recién nacido, había dicho en medio del *delirium tremens* de una de sus continuas borracheras unas palabras que resultarían proféticas: «De Agripina y de mí –profetizó– sólo puede nacer un monstruo». No era de extrañar cuando el mismo progenitor había tenido relaciones incestuosas con su hermana Lépida y, a no ser porque coincidió con la ejecución de su condena la llegada del nuevo Emperador, se habría jugado su propia vida. Huérfano de padre, sin embargo, a los dos años y desterrada su madre, el futuro Emperador vivió junto a su tía Domicia Lépida, de costumbres y honorabilidad harto discutibles, pero que tuvo el buen sentimiento de cuidar a aquel niño prácticamente abandonado. Confirmando lo airado de su vida, al final encargó, a su vez, la educación del niño a dos amigos suyos, que eran, respectivamente, un bailarín y un barbero.

Al regreso del destierro, su madre, Agripina, volvió a ocuparse de su hijo, aunque el niño no ganaría mucho con el cambio, ya que el barbero y el bailarín fueron sustituidos en la educación del joven por Aniceto, un individuo aún más inmoral que los anteriores y que la propia tía Lépida. Después, Nerón fue adoptado por el emperador Claudio a los 13 años presionado por Julia Agripina, su madre, de manera que tras la muerte de Claudio, el joven Nerón le sucederá en el trono imperial. (Claudio había muerto a causa de las setas envenenadas preparadas por Locusta a indicación de la propia Agripina.) Algo más contribuyó su madre para que su hijo reinara como fue el *comprar* a los pretorianos a los que, previamente, había sobornado con 15.000 sestercios para que no dudaran en el momento de elegir al nuevo Emperador. Empezaba así un nuevo reinado y un nuevo Emperador en la lista del mayor imperio entonces conocido y que gobernaría sobre más de 70 millones de ciudadanos romanos. Claro que, en la sombra (o no tanto: Agripina no se escondía), quien iba a llevar las riendas de los negocios imperiales iba a ser aquella, todavía joven y hermosa mujer, que era la madre del nuevo Emperador.

Sin embargo, el hijo de Enobarbo (de *aenus,* bronce, y *barbo,* barba –como su padre, Nerón tenía cabellos y barba rojizos–), y en un primer momento, el señalado para ocupar el trono imperial no deseaba de ninguna manera tal honor, pues era consciente de que le alejaría de su verdadera buena vida, que para el joven Nerón se encerraba en la práctica y conocimiento de las artes, de las que era un convencido y entusiasta aficionado ya que se consideraba a sí mismo como buen cantante, poeta, escultor, actor y hasta bailarín. Además, estaba convencido también de que ya era un experto en otras muchas actividades, como en la conducción de cuadrigas. Todo esto, pensaba, pasaría a un segundo plano cuando accediera al trono, por lo que a no ser por las prisas de su madre, por él ese momento lo hubiera alejado lo más posible. Incluso intentó rechazar el matrimonio impuesto con la jovencísima Octavia cuando contaba apenas trece años, matrimonio que, aunque llegó a celebrarse, nunca se consumaría.

Por el contrario, y de forma ostensible, Nerón hizo ver que su auténtica *esposa* era una mujer llamada Actea, liberta y, en sus ratos libres, meretriz muy popular en la ciudad. Por cierto, la debilidad de Nerón por esta mujer se prolongaría durante toda su vida a pesar de la oposición frontal de su madre, que no sólo detestaba los amores de su hijo con una inferior, sino que (y aquí ya entra la leyenda más o menos negra sobre Nerón) jugaba el factor celos, pues la esclava venía a interponerse en las relaciones más que materno-filiales, de Agripina y su hijo, como al parecer era de dominio público.

Aconsejado por sus maestros Burro y el filósofo cordobés Séneca (este último sería amante de su madre, Agripina, y sería ella la que lo introduciría en la corte imperial), Nerón inició su reinado a los 17 años de forma pacífica e, incluso, dulce. Sin duda las enseñanzas del filósofo bético habían hecho mella en el tierno y joven Emperador, que no obstante haber intentado aquel impregnar el corazón de Nerón con buenas lecciones, realmente estaba tan apegado a lo crematístico, que su fortuna había crecido desmesuradamente al lado de la familia imperial (algunos historiadores hablan de una fortuna de 300 millones de sestercios en poder del enseñante a su muerte). Tan binefactor aparecía a todos el joven Emperador que se contaba el caso de que, al tener que estampar su firma en una sentencia de muerte, se resistió a hacerlo, rubricándola al fin, pero tan contrariado que exclamó: «¡Quisiera el cielo que no supiera escribir!». En otra ocasión, y como quisieran levantarle una estatua de oro, se negó a aceptarla, en razón de esta circunstancia: «Esperad que la merezca». Así mismo se conformó con enviar al destierro a un escritor llamado Galo Veyento porque se había confesado autor de unos terribles libelos contra los senadores y la casta sacerdotal.

En un principio estuvo dominado totalmente por la presencia imponente de su madre; Nerón era un muchacho dócil y tímido que gobernaba a la sombra materna. Esta sumisión se apreciaba externamente en detalles como el de acurrucarse a los pies de Agripina, cuando estaba sentada en el trono imperial, y en el de, al acompañarla en los desplazamientos en litera por las calles de Roma, su costumbre de caminar a pie, en paralelo a la ostentosa litera de Agripina. Era un muchacho que se apasionaba por los festejos, y en esa línea, cualquier suceso era la excusa para organizarlos. Por ejemplo, la aparición de su primera barba. Con tan importante ocasión, organizó los primeros *Juegos de la Juventud,* una buena idea en principio pero que, al final, será el pistoletazo de salida para convertir aquella excelente ocurrencia en el inicio de la depravación y lo más disoluto que se entronarían intramuros del palacio imperial no pasando mucho tiempo.

En sus primeros tiempos, otros detalles gratos del nuevo Emperador sorprendían a la gente. Por ejemplo, sus grandes dispendios al organizar, sin descanso, toda clase de diversiones y espectáculos para los romanos, actuando como padre bondadoso que impedía la muerte de los gladiadores que luchaban en el circo, incluidos los prisioneros de guerra y los condenados por la justicia. Como se proclamase artista universal, se empeñó en diseñar las nuevas casas de la ciudad del Tíber, intentando limitar los lujos excesivos de las mismas. También proyectó prolongar las murallas de Roma hasta el puerto de Ostia.

Pero, en un brusco viraje, sobre todo a partir de la muerte de su madre, Nerón actuará en dirección opuesta, mandando matar a sus dos maestros, Burro y Séneca, y a otros artistas y literatos (como el poeta Lucano, sobrino de Séneca), iniciando un tiempo de delirios y locuras asesinas. Bien es cierto que éstos –y a la cabeza el filósofo cordobés– se habían embarcado en una conspiración para eliminar a Nerón y sustituirle por su antiguo preceptor cordobés. Sin embargo, aparte del castigo a los conjurados, ¿a qué fue debido este cambio? Las cosas no suelen ocurrir de forma gratuita, y puede que, en un momento determinado, el factor herencia hiciera de las suyas pues, como se sabe, Nerón pertenecía a la familia Julia-Claudia, una dinastía con representantes tan fuera de lo común en cuanto a patologías mentales como Cayo Julio César, Octavio Augusto o Tiberio. El primero había sido un obseso sexual (como denominaríamos hoy), tan volcado en los placeres genésicos que no hacía distingos entre hombres y mujeres, aunque eran éstas, desde las desconocidas hasta las esposas de los senadores, las que corrían más peligro («¡Encerrad a vuestras mujeres, que viene el calvo!» quedó como frase hecha que avisaba de las *razzias* del general asesinado por Bruto). En cuanto a Octavio Augusto, primer Emperador romano, siempre tuvo una salud delicada, no aguantando ni el frío ni el calor, era muy bajo de estatura, cojeaba y tenía la piel manchada. Como su padre adoptivo y pariente, se le puede considerar bisexual, y como con Julio César, tampoco las mujeres podían estar muy seguras a su lado. Por fin, Tiberio reunió en torno a sí todos los desenfrenos y nadie duda de que estaba poseído por una peligrosa clase de esquizofrenia, cuyos síntomas, por cierto, aparecían agudizados en Calígula. En fin, de la misma familia, con parentescos más o menos cercanos, fueron Germánico, Livia Drusila o su predecesor, Claudio, un emperador considerado como imbécil.

Como se ve anteriormente, de toda esa ascendencia no podía salir nada bueno, y en Nerón parecieron confluir todas las taras de sus antepasados y familiares. En consecuencia, empezó a actuar fuera de sí, haciendo matar a Británico, hijo de Claudio, y sucesor al trono hasta que aquél vio morir, a los 12 años, a su padre bajo el veneno de Locusta. (Por cierto que, como premio a la preparación de sus venenos, el Emperador premió a Locusta con la impunidad, grandes extensiones de tierras y la autorización para que tuviera discípulos en el arte de preparación de bebestibles letales.) Fue esta misma envenenadora la que falló en una primera ocasión, con su pócima destinada a matar al joven hijo de Claudio. Pero ahora ya no había habido fallo, y aquella muerte despiadada de Británico lo fue aún más pues el joven Nerón había asistido, complacido y risueño, a la lentísima agonía de su presunto rival. Él mismo había suministrado la pócima mortal a su odiado enemigo, al que su madre ponía continuamente como ejemplo de joven bondadoso y dedicado al estudio, además de ser ajeno a cualquier ambición de poder.

Pero su ensañamiento con los seres más próximos tuvo como víctimas y protagonistas a tres mujeres: la primera, su propia progenitora, Julia Agripina. Después seguirían el camino fatal de la madre, sus dos –y sucesivas– esposas: Octavia y Popea. Tras un primer conato de rebeldía producido por un Nerón en quien, hasta entonces, había sido la sombra de su madre a cuenta del odio de Agripina por la liberta Actea, oposición que el Emperador acabó por no digerir dado el apasionamiento para con la ex meretriz, el Emperador pasó a mayores. Y, poco a poco, fue germinando en su cerebro la idea de desembarazarse de Agripina, convirtiéndose en obsesión cuando tuvo a su lado a su segunda esposa, Popea.

En un primer intento de acabar con su guardiana obsesiva, concienzudamente preparado, un fallo técnico impidió la muerte de Agripina. Se trataba del lecho materno. Allí, unos operarios habían transformado el techo del dormitorio colocando planchas de plomo que debían caer, al accionar una palanca, sobre la regia durmiente, aplastándola literalmente. Pero, ya se ha dicho, hubo un fallo y la víctima pudo escapar, herida levemente, y encerrarse en una de sus villas. El fracaso de aquel intento de asesinato sumió al hijo en una pesadilla continua en la que no lograba ahuyentar un miedo terrorífico, pensando Nerón –y no le faltaba razón– en que, dado el carácter de su madre, podía matarlo a él en venganza por su intento fallido. Sin embargo, transcurridos unos días, volvió a la idea de intentar de nuevo la eliminación de quien le había llevado en su vientre, pensando ahora en un barco trucado para su crimen en el que iría su madre, que previamente se había dirigido a las fiestas de Minerva cerca de Nápoles. Nuevamente, el dispositivo falló y aunque la barcaza se partió en dos, la gran nadadora que era Agripina pudo ganar la orilla del golfo de Bayas. Aún más aterrorizado que la vez anterior por este nuevo chasco, ordenó que, de inmediato, mataran definitivamente a aquella mujer que parecía reírse de él desde una aparente *inmortalidad*. Será un incondicional del Emperador, Aniceto, el que hunda su espada en el vientre de Agripina. El propio hijo visitó el cadáver desnudo de su madre y, según Suetonio, lo examinó y acarició durante largo rato. Después, presa de un aparente arrepentimiento, se escondió de todos.

También eliminó a sus dos esposas sucesivas, Octavia y Popea. La primera llevaba una vida oscura y alejada de la vida activa fuera de Roma y sin dar mucho ruido. Esposa virgen, el nuevo capricho del Emperador, Popea, exigía a éste compartir el trono para lo que, obviamente, estorbaba la Emperatriz nominal. Loco por Popea, aquella espléndida pelirroja (se la consideraba una de las mujeres más hermosas de Roma), el destino de Octavia estaba cantado. Al principio, Nerón intentó divorciarse de su esposa, pero las razones que exigía la ley no estaban muy claras, por lo que el éxito era dudoso. Entonces se decidió a dar el paso definitivo, aunque eliminarla no iba a ser fácil, pues el pueblo estaba con ella, y las contadas veces que salía por las calles la gente la vitoreaba con el cariño de las masas para con las gentes aparentemente desvalidas. No obstante, Popea seguía apremiando, y Nerón acudió, de nuevo, a los servicios de su incondicional Aniceto, que repitió crimen (antes había matado a Agripina) y ejecutó a la Emperatriz, a quien obligó a abrirse las venas y desangrarse hasta morir. La desgraciada Octavia, prácticamente virgen tras su matrimonio, había sido desterrada a la isla de Pandataria, y allí mismo sería sacrificada. Después el cadáver de Octavia fue decapitado, y su cabeza llevada por Aniceto, por orden de su señor, como un trofeo a su rival, una victoriosa Popea, que se recreó en el rostro doloroso de aquel despojo.

Una vez libres de obstáculos, Nerón y Popea iniciaron la que parecía ser una etapa de bondades que no tendría fin. Los dos amantes se entregaron absolutamente a toda clase de fiestas y goces, apurando hasta la última gota el néctar de la felicidad. Sus festejos y sus orgías los empujaban a acicalarse y exhibirse como dos dioses espléndidos para lo cual, era un secreto a voces, Popea y Nerón consumían en cantidades extraordinarias toda clase de cosméticos y perfumes, continuamente gastados e inmediatamente repuestos por atentos proveedores. Sin embargo el reinado de Popea no sería muy largo, y al final, acabaría como sus predecesoras. Tras darle a Nerón un heredero fallido llamado Augusto, y que moriría con pocos meses, de nuevo quedó encinta, lo que volvió loco de contento al Emperador, que sintió renacer en él dormidos sentimientos paterno-filiales ante el próximo alumbramiento. Pero una noche, incidente ya relatado en el capítulo anterior, tras regresar de uno de sus interminables banquetes a los que asistía desde el mediodía hasta la medianoche, Nerón, ebrio, propinó una patada fortísima en el ya abultado vientre de Popea, que le provocó una muerte casi inmediata.

Aunque se propagaría la idea de que todo había sido la realización de un plan premeditado por el que pretendía eliminar de su vida a Popea, sin embargo muchos historiadores se inclinan a hablar de accidente fatal con un resultado inesperado y accidental de muerte, tanto del bebé aún dentro de las entrañas de la Emperatriz como de la propia madre. Pero aún faltaban nombres de segundo orden en la sangrienta lista de sus víctimas como, por ejemplo, su tía Lépida, a la que visitó en su lecho de enferma y a la que tras desearle una pronta recuperación, ordenó confidencialmente a su médico que la purgase definitivamente, y robó, tras su muerte, con el cuerpo próximo aún caliente, su testamento de forma inmediata, con lo que se apropió de todos sus bienes. También se le quitó la vida a una hija de Claudio, Antonia, porque habiendo querido hacerla su esposa, ella le había rechazado los deseos del Emperador.

Aunque en estos casos y en algún otro, el todavía *humano* Nerón sufriría después de estos crímenes grandes conflictos de conciencia, muy pronto se imponía su otro yo, aquel monstruo que profetizara su padre, Enobarbo, y que acabará por justificar sus crímenes en que había que apurar las «posibilidades del poder», no explotadas lo suficiente, según él, por sus predecesores, en el sentido de ejercer su tiranía absoluta sobre el Imperio. Haciendo realidad sus propios enunciados, mandó eliminar a Atico Vestino para juntarse con su viuda Estatilia Mesalina. Y, en fin, llevando a extremos absurdos su desprecio por la vida, mató a su hijastro Rufio Crispino porque alguien le dijo que el niño se divertía en sus juegos llamándose «el Emperador», lo que para la mente anormal de Nerón significaba que aquel pequeño le robaría el trono algún día.

Libre ya de molestas influencias familiares, se dedicó a vivir, todavía más, a su aire, dando entrada en palacio a ejércitos de cortesanas y de histriones con los que se dedicaba a organizar grandes fiestas y nuevos juegos para el pueblo y para él mismo, pues ya hemos visto cómo se consideraba un gran artista polifacético e inspirado. Nadie ponía en duda la autenticidad del arte del Emperador, ¡y pobre del que lo hiciera!, pues podía acabar como el deslenguado Petronio, el autor de *Satiricón*. Aunque hay que apuntar que este poeta compaginaba sus creaciones literarias con diversas campañas y conjuras contra el Emperador, había sido un antiguo amigo de parrandas cuando ambos eran más jóvenes, lo que le hizo confiarse y acabar por despertar contra él la furia imperial. Denunciado ante el Emperador por los celos de Tigelino, Nerón ordenó a su antiguo amigo que se suicidara. Muy digno, el desvergonzado escritor reunió en un gran banquete a sus amigos y a un grupo de meretrices. Tras la orgía que siguió al ágape y tras declamarse inspirados versos, Petronio se abrió y cerró varias veces las venas, dando tiempo a que un criado le trajera un preciado vaso que sabía muy deseado por el Emperador y que, de inmediato, hizo añicos contra el suelo. Al poco rato murió.

Nerón recuperó los juegos y las diversiones para el pueblo de Roma, tras estar prohibidos en la anterior etapa de Tiberio. Se entregó totalmente a las atracciones del circo, no sólo para solaz de la gente sino para el suyo propio, sin evitar, a veces, intervenir él mismo en los diferentes cuadros. Creó una escuela de gladiadores donde se entrenaban estos luchadores que, después, luchaban en la arena con otros gladiadores o con las fieras. Se sabe que bajo el mandato de Nerón llegó a contarse con más de 2.000 individuos perfectamente entrenados y preparados. Incluso impuso, en una especie de broma, a sus senadores y nobles, a que de vez en cuando, bajaran ellos mismos a la arena y se pelearan entre sí, igualándolos de esta manera con esclavos y prisioneros, cantera de los gladiadores. Eran una bromas sangrientas puesto que a causa de ellas perderían la vida cuatrocientos senadores y un número mayor de hombres libres.

Como ya se ha indicado, la muerte de su madre enloqueció aún más al Emperador, volviéndolo desconfiado hasta el paroxismo, de tal forma que ya recelaba por igual de amigos y enemigos, mezclando a unos y a otros en una irrealidad nefasta. Entonces se descubrió la llamada *conspiración de Cayo Pisón,* tan minuciosamente preparada que hasta se fijó el día y el mes para llevarla a cabo: exactamente el 19 de abril del año 65. Con años de retraso, Pisón se vengaba con este proyecto en un miembro de la familia imperial, en este caso Nerón, de la humillación que Calígula le infligió el mismo día que celebraba el banquete de su boda con Livia Orestila, a la que poseyó cuanto quiso en su palacio.

Pero al estar mucha gente al tanto del complot (senadores, miembros de la nobleza, soldados y hasta el preceptor de Nerón, el filósofo Séneca), la noticia de lo que se preparaba llegó a oídos del Emperador, que lo atajó inmediatamente. El lugar que habían elegido los conspiradores para el crimen (el llamado *Templo del Sol,* junto al circo Máximo, donde se rendía culto a Ceres, la diosa más amada por Nerón) fue ocupado por los legionarios, que abortaron así la acción. Poco después se iniciaba el juicio contra todos los detenidos, y no sólo contra ellos, sino contra todas las ramificaciones detectadas en compulsivas denuncias que se amontonaban en el Palatino. La masacre sobre los conjurados fue tal que Tácito llegaría a decir que tras las ejecuciones, «la ciudad estaba llena de cadáveres».

Tras este nuevo susto, Nerón sintió un aumento de sus terrores y en su paroxismo, de tal forma le atenazó el miedo, que mandó clausurar el puerto de Ostia y cerrar el curso del río Tíber, por si por allí llegaban los que, estaba seguro, vendrían a acabar con él. Rodeado de los únicos soldados en los que confiaba, los germanos, se encerró en el Palatino y allí se dedicó a toda clase de excesos, como quien presiente que le queda poco de vida. Así, recuperó sus antiguos placeres y se decantó también por los antiguos –extremos– excesos. Aburrido del amor más o menos habitual, se lanzaría a unas relaciones digamos equívocas, de tal manera que se le conocieron dos amantes: Esporo, un joven bellísimo a quien mandó mutilar sexualmente para así, tras ser castrado y vestido con las mejores galas femeninas que habían pertenecido a emperatrices anteriores, poder casarse con él/ella públicamente; y Dioforo, un esclavo liberto que, en este caso, hacía de marido del Emperador, convertido, y fingiéndose, a su vez, mujer. El capricho imperial llegó hasta sus últimas consecuencias, celebrándose una boda pública en la que Nerón era la *esposa* tímida para lo que se tocó con el velo de desposada; hubo presencia de testigos, se preparó concienzudamente el lecho del amor, y las antorchas llegaron a alumbrar los cuerpos de los esposos, llegando el Emperador a imitar los gemidos de dolor –y de placer– de cualquier joven esposa en su noche de bodas.

Escribe Tácito: «Púsosele a Nerón la vestidura nupcial mujeril, se llamó a los augures, aderezóse el lecho conyugal, se previnieron las lucientes antorchas y se dispuso, en fin, todo lo acostumbrado en la noche de bodas».

Pasado un tiempo pareció recuperar las ganas de vivir, pero ya no era Roma su ciudad y su lugar apetecido. Salió, por fin, pero lo hizo para trasladarse a Grecia, el país y la cultura de sus amores. Era agosto del año 66 cuando se puso en marcha la gran caravana de artistas que tenían como destino Brindisi y después Corinto. Cantantes, danzantes, músicos, coristas y hasta modistos formaban parte de la corte ambulante de Nerón, que iba acompañado, además de por una nueva esposa, con la que se había casado hacía unas semanas llamada Estatilia Mesalina, por el eunuco Esporo, el confidente Tigelino y su secretario, Epafrodito. Durante un año de ausencia de Roma, Nerón pudo dar rienda suelta a sus grandes aficiones que, desde su juventud, le tentaban. Tan sólo cuando el oráculo de Delfos le advirtió de que, en una fecha determinada, podría estar en peligro y le invitaba a que se cuidara, de nuevo le asfixió el pavor y ordenó el regreso inmediato a Roma. Antes, en otra consulta al oráculo de Apolo de la misma ciudad, interpretó la profecía del mismo –«que se guardara de los 73 años»– como una garantía de que hasta esa edad no moriría.

No obstante, se trajo de Grecia un nuevo espectáculo inventado por él: las *Justas Neronianas*, una mezcla lúdica de canto, baile, música, poesía, gimnastas, caballos y oratoria: en realidad, una especie de espectáculo total que el Emperador instituyó para que se celebrara cada lustro. Él, más espectador que partícipe, sin embargo se reservaba el canto, del que estaba convencido de ser un gran intérprete. Durante sus actuaciones llegó a reclutar a 5.000 plebeyos a los que instruía en la forma de aplaudirle (en tres intensidades), mientras prohibía terminantemente que nadie abandonara sus localidades, de tal forma que allí se produjeron partos, muertes e imprudentes imprecaciones y maldiciones contra el Emperador. Pero, en general, estas actitudes para las artes del Emperador llamaban la atención de su pueblo, pues los anteriores emperadores habían carecido de igual *sensibilidad* artística.

Sin embargo, tal sensibilidad en otro orden de cosas brilló por su ausencia. Por ejemplo, llegó a violar a una vestal llamada Rubria. Y es que sus prácticas religiosas eran bastante magras y el respeto por las mismas, mínimo. En otro de sus pasatiempos favoritos, se cubría con una piel de cualquier fiera con la que destrozaba los genitales de hombres y mujeres, previamente atados a postes, tras lo cual descargaba su líbido con su liberto, Dióforo.

Después se repetiría boda, aunque cambiando los papeles y el/la cónyuge. Ahora tocaba casarse de nuevo, pero con aquel Esporo que siempre le acompañaba. Parece que su amor desaforado para con este bellísimo joven, tenía su origen en que se parecía extraordinariamente a Sabina Popea. Cuando él mismo acabó con la vida de su segunda esposa, mandó castrar a Esporo, lo vistió con túnicas femeninas, y organizó la ceremonia matrimonial. El enlace tuvo lugar en Grecia, durante el tiempo en que el Emperador vivió en la Hélade, con grandes festejos en diversos lugares de la península helénica en honor de los novios. En su fijación-obsesión por Esporo-Popea, Nerón obligó a su esclavo-esposa a que se sometiera a una intervención por los cirujanos que debían practicarle una incisión en el sexo que le facilitase, en caso necesario, el poder llegar a parir un heredero.

Sin la insistencia de la literatura y el santoral cristianos, que estimularon la leyenda de la maldad del Emperador con los primeros seguidores de Pedro y Pablo, puede que Nerón fuese uno más de los emperadores que, se sabe de sobra, ninguno fue lo que hoy llamaríamos un santo. Pero ya no hay remedio, y a Nerón se le considera como el primer gran perseguidor de los habitantes de las catacumbas, a los que el pueblo de Roma, más que el propio Nerón, había achacado el incendio de Roma del año 64. Un incendio éste el más conocido de la Historia y puede que el más falsamente narrado, pues parece que el pretendido pirómano no sólo no quiso incendiar la urbe sino que, una vez destruida, se puso a la tarea de levantarla otra vez, pero más monumental y extraordinaria.

Todo ocurrió el 18 de julio del año 64, cuando Nerón disfrutaba de su retiro veraniego de Anzio. Era ya noche cerrada cuando el Emperador fue despertado por un correo que le avisaba que Roma ardía tras el inicio de las llamas en las cercanías del circo Máximo. Muy preocupado por la extensión que, según el mensajero, había adquirido, montó en su caballo inmediatamente, y galopó los más de 40 kilómetros que le separaban de Roma hasta avistar el resplandor de la gran hoguera que devoraba la capital del Imperio, advirtiendo cómo las llamas se ensañaban especialmente sobre las miles de casuchas de madera que eran mayoría en la urbe. Sobre todo pensó en la posibilidad de que el fuego llegara a su mansión del Palatino, y consumiera sus amadas obras de arte encerradas en la residencia imperial. Pudo apreciar desde un mirador estratégico la gravedad de la catástrofe a través de los más de 500 metros de llamas que se extendían y avanzaban sobre aquella ciudad de más de un millón y cuarto de habitantes.

El grueso del incendio duró cinco días y sus noches, y destruyó 132 villas privadas y cuatro mil casas de vecinos. No se pudo probar el origen del incendio ni la realidad del ornamento de la pretendida oda (lira en mano) a la ruina de Roma por parte del Emperador. Tácito dudaba de esta acusación, y aunque Suetonio la dio por válida (según este historiador, el recital poético declamado en tan insólita ocasión tenía un título: *La toma de Troya*), será siglos después cuando los padres de la Iglesia achaquen al Emperador un incendio que, a su vez, Nerón había cargado en la cuenta de los entonces subversivos adoradores de Jesús. (No obstante, fue un hecho innegable el que, bajo el reinado de Nerón, se inició una persecución de la que los historiadores romanos llamarán *secta maléfica,* por la que murieron muchos de aquellos esclavos –a veces cristiano y esclavo eran una misma cosa– al ser utilizados como cobayas sobre los que la cómplice del Emperador, la envenenadora Locusta, probaba los nuevos venenos que preparaba continuamente bajo la supervisión, y el entusiasmo, del Emperador.)

Pero volviendo al incendio de la urbe, también es cierto que, después, Nerón mandaría levantar muchas barracas para alojar a los damnificados por las llamas e, incluso, en un primer momento abrió las puertas y jardines de sus palacios para acoger a los que lo habían perdido todo. Además, importó rápidamente provisiones y abarató por un tiempo las existencias. Su deseo último era, a partir del desastre, reconstruir totalmente la ciudad eliminando la madera en el levantamiento de las nuevas casas y apostando, por el contrario, por la piedra. Claro que empezó la reconstrucción por sus propias estancias, pues aprovechando los solares nacidos del desastre, empezó la construcción de su nuevo palacio llamado *Domus Aurea*, un despilfarro de columnas marmóreas, jardines lujosos, hermosas fuentes y atractivos lagos artificiales.

No obstante lo dicho sobre la relativa leyenda por parte de los autores de los primeros tiempos del cristianismo en su ensañamiento y su afán por denigrar a Nerón, llovía sobre mojado, ya que historiadores gentiles como Tácito, Suetonio o Dion (que vivieron después y nunca llegaron a conocerle), pertenecían, o bien a otros reinados con emperadores de otras dinastías diferentes a la de los Claudios, o, en el caso de Suetonio, el *chismoso* historiador que se adelantó a los siglos y enfatizó lo que hoy llamaríamos la *pequeña historia* de los detalles, los bulos y las confidencias más o menos parciales pero que, sin duda, hacían mucho más amenas las crónicas de este historiador que la del otro ya citado, el sereno y circunspecto

Tácito. Incluso posteriormente, los médicos que hurgaron en la historia de aquella época, nunca diagnosticaron una locura evidente en Nerón; como mucho, si acaso, ciertas manías, eso sí, además de un pánico generalizado y unos temblores literalmente producidos por el miedo a ser asesinado, de tal forma que un ladrido o un piar de pájaros le aterrorizaban.

Sin solución de continuidad, un temprano Nerón al que, como mucho, se le podía acusar de las lógicas locuras de juventud, iba a dar paso al protagonista de toda clase de horrores. En esta dirección, y como Calígula, despilfarró dineros propios y, sobre todo, ajenos. Por ejemplo, nunca vistió la misma prenda dos días. O, también, era cierto que en sus desplazamientos fuera de Roma era seguido por, al menos, mil carruajes. Como hiciera también aquel Emperador, cuando se vio sin dinero, Nerón impuso nuevos y draconianos impuestos, aunque también fundió, sin excesivo respeto, las estatuas de oro y la plata de los templos. Esto no obstante, tras el incendio de Roma y su adjudicación a los instintos pirómanos de Nerón, la leyenda y la exageración en cuanto a sus taras, estaban servidas. Ya sin remedio, el Emperador de la barba rojiza se había ganado un lugar y sería incluido por la posteridad en la no deseada galería de los monstruos de la Historia.

Ante tanto desmán, la gente empezó a no callarse, y por Roma empiezan a fijarse pasquines insultantes en el que sus autores satirizan sin piedad al Emperador. Curiosamente, el déspota en estos casos no actuó fulminantemente, y dejó, incluso, que la gente leyera y oyera lo que contra él se escribía y declamaba, y dejaba en libertad, y sin que fueran perseguidos ni molestados, a sus autores. Pero a partir del mismo instante en que Roma se convirtiera en una inmensa pavesa, Nerón ya no tendría tranquilidad para disfrutar de sus múltiples aficiones, pues hasta la urbe llegó la noticia de que había sido proclamado Sulpicio Galba nuevo Emperador en Hispania, tras el primer toque de rebeldía del gobernador de la Galia, Vindex. (Sólo entonces tuvo sentido la profecía del oráculo de Delfos sobre los misteriosos «73 años», que eran los que tenía aquel Galba que se le enfrentaba en las lejanas tierras de Hispania.) Tras la acusación de aquél contra su ya considerado predecesor, las ramificaciones de la conspiración llegaron a la capital del Imperio, a la que se adhirió el Senado, que declaró a Nerón enemigo público.

Acorralado y sin querer admitir del todo que había llegado el fin, en un intento por negar la evidencia, se lanzó a toda una montaña de excesos de forma compulsiva y enloquecida, hasta que, más aterrado cada día, vio cómo le abandonaban todos, y no era una frase, ya que se encontró vagando por el Palatino en busca de alguien y no lo encontró. Llegó a clamar por la presencia de cualquier ser humano, aunque fuese un enemigo. Entonces llamó a la única mujer que, como él, vagaba por las estancias palaciegas, la envenenadora Locusta, a la que le suplicó que le preparara una fuerte tintura biliosa que guardó en una cajita dorada. La puso a buen recaudo, y, cada vez más enloquecido, pensó en huir a Egipto, donde creyó que no le encontrarían los soldados del general Galba (el sublevado y nuevo gobernante *de facto* había advertido que no quería ser nombrado con el título de Emperador –tan desprestigiado como estaba–, conformándose –dijo– con ser el general del pueblo romano). Pero no había nadie a quien pueda comunicarle sus planes de huida, salvo su criado Faonte, otro espectro en palacio y el único que le propone que se esconda en su casa, en una gruta ubicada en la quinta de aquel su humilde liberto. El Emperador termina por acceder y en este último desplazamiento, le acompañarán algunos incondicionales, aunque nada más llegar al campo intentó, sin éxito, suicidarse con un puñal. Ante el fracaso del suicidio, Nerón llamó en su ayuda a su secretario y escudero, Epafrodito, para que impulsara su brazo con la fuerza capaz de producirle la muerte, orden, o súplica de su amo, que fue cumplida al instante. Antes de expirar, el Emperador aún tuvo humor para afirmar: «¡Qué gran artista pierde el mundo!» para, inmediatamente, concluir con esta pregunta: «¿Es ésta nuestra felicidad?». Y expiró. Una vez hubo dejado de existir, los ojos brillantes de Nerón, como saliéndosele de las órbitas, aún aterrorizaban a los que le rodeaban.

El cadáver fue envuelto en un manto blanco recamado en oro, y los gastos del sepelio lo pagaron sus dos nodrizas, Egloga y Alejandria, y su humilde ex amante (puede que fuese a la única que amó), la corintia Actea. Fue la humilde y dulce griega a la que siempre respetó el Emperador la que, con el permiso de Galba, tuvo acceso al ilustre muerto. Actea desnudó el cadáver del Emperador, lo lavó de la sucia sangre que lo inundaba y lo envolvió en aquel manto blanco bordado en oro que Nerón llevaba puesto en el que sería su último encuentro con ella en vida. Trasladado el cadáver a Roma, ordenó hacerle unos discretos funerales. Después, llevó los restos hasta el monumento a Domiciano, en la colina de los Jardines, lugar elegido por Nerón para la construcción de una tumba de pórfido y mármoles. Tras acomodarlo para la eternidad, Actea permaneció una jornada completa estática y muda ante la tumba. Al caer la noche, descendió de la colina y, sin volver la cabeza, continuó su camino hacia el valle Egeria.

Sus anhelos de inmortalidad a través del tiempo, tuvieron dos ejemplos en su deseo de llamar al mes de abril *Neroniano,* y su idea de darle a Roma un nuevo nombre que la proyectara sobre los tiempos futuros: *Nerópolis.* Al morir, cumplía 32 años de edad y 14 de reinado, y si es cierto que tanto contemporáneos y futuros historiadores se ensañarían con su reinado, el pueblo romano se negó durante un tiempo a admitir su muerte, esperando inexplicablemente un retorno imposible. Fue un caso extraño que no se repitió con otros emperadores anteriores y que tampoco tendría lugar entre los que le siguieron. El pueblo no admitió su muerte, y se rumoreaba que en realidad había desembarcado en Ostia y, después, había emprendido viaje a Siria. Desde allí, decían, Nerón volvería a recuperar su trono y a gobernar el Imperio.

No se crea que estos rumores se fueron diluyendo con el paso del tiempo: al contrario, todavía quince años después de su muerte manos anónimas (puede que las mismas que lo enterraron, las de su amada Actea) seguían adornando la tumba de Nerón, mientras otros recitaban ante el mausoleo imperial proclamas y versos del extinto. Incluso pasadas dos décadas, un hombre que aseguraba ser el César se pudo ver en la zona de Partos, siendo acogido por los naturales como el auténtico Nerón, y poniéndose a sus órdenes.

En fin, como en tantos casos similares, el cine hincaría sus colmillos, hambriento, en tan *cinematográfico* Emperador, desde una temprana película de 1906 titulada, diáfanamente, *Nerón quemando Roma*, pasando por otra cinta italiana de la primera década del siglo, *Nerón y Agripina,* y finalizando con otro film de Alessandro Blasetti de 1930 con el nombre del mismo protagonista como título *Nerón.* En todos ellos el papel del Emperador fue un regalo para los actores. Pero donde esto se evidenciaría extraordinariamente, hasta el punto de identificar a un actor con su personaje fue en la película norteamericana *Quo Vadis?* (Mervyn Le Roy), con un fuera de serie en una buscada sobreactuación a cargo del actor Peter Ustinov, que desde ese momento (1951) será ya siempre «Nerón», y no el señor Ustinov.

Capítulo X

Locusta

(siglo I)

Envenenadora romana que gozó de una fama y un poder casi omnímodos en la corte de los césares. Era originaria de la Galia.

En Roma, Locusta se hacía pasar por una discreta viuda que vivía cerca del monte Aventino, en una zona habitada por la burguesía de la capital del Imperio. Sus vecinos la consideraban una buena mujer de vida ordenada, aunque tampoco dejaban de reconocer alguna manía en la gala. Por ejemplo, siempre se acostaba transcurrida una hora exacta (ni un minuto más ni uno menos) después del ocaso, excepto dos días a la semana en los que recibía la visita de su amante y entonces rompía tan estricta y misteriosa regla. Este visitante bisemanal era un alto funcionario de la administración encargado de dar los avisos y el registro, de las personas fallecidas en la ciudad. Otra rareza de la viuda era la de sus perros. Todos los días salía a pasear con ellos, aunque cualquier observador podía descubrir que, también cada día, los canes eran distintos. Pero, aparte minucias como estas, nadie entre el vecindario sabía que convivía con una peligrosa envenenadora que había llegado al estado de viudedad porque había eliminado del mundo de los vivos a un marido borracho que la golpeaba sin cesar.

Mujer extraña e impenetrable, en el ejercicio de su profesión sería una exprimidora de las bolsas de los ricos por el pago de sus servicios, al tiempo que no tenía inconveniente en preparar las fórmulas de sus pócimas gratis para los que no tenían con qué pagarlas, poniendo así al alcance de todos sus saberes letales. Sus preparados se extendían en una amplia gama: desde el veneno más fulminante, al más retardatorio del último momento, pasando por los que actuaban durante años aparentando en la víctima una enfermedad, hasta los que, encargados por personas que querían vengarse de agravios insufribles, obligaban a Locusta a agudizar su ingenio y conseguir fórmulas que daban como resultado matarratas horripilantes. Para estos últimos pedidos ofertaba una pócima que vendía con la apariencia de unos llamativos polvos azules capaces de producir espantosos dolores en las víctimas pero sin afectar a ningún órgano vital, lo que hacía que los escogidos por sus asesinos no tuviesen, siquiera, el consuelo de un pronto desenlace.

Muchos de los polvos que enviaban a la gente al reino de Tánatos eran peticiones de, por ejemplo, mujeres celosas de la hermosura de una rival. Para éstas, Locusta preparaba unos bonitos bombones de atractiva presentación que, al ser mordidos por las víctimas, acababan por deformar horriblemente la mandíbula y la dentadura de los que no habían podido resistirse a la tentación de los dulces. También ofrecía a su distinguida clientela un intenso perfume que producía la ceguera y, en fin, se decía que también había inventado otro que, una vez ingerido, atribuía a su consumidor la apariencia o las costumbres de los perros, como ladrar y moverse a cuatro patas...

Ya la emperatriz Mesalina había utilizado sus servicios solicitándole sus legendarios polvos color violeta, que mataban al instante. La esposa de Claudio quería eliminar a un molesto joven amante que empezaba a cansarle, llamado Tito. Sin embargo, en aquella ocasión, Locusta se había equivocado, y el efecto del brebaje tardó en llegar, tanto que el condenado aún pudo poseer a Mesalina sin adivinar que se hallaba en la antesala de su propia muerte. Pero, sobre todo, su máximo esplendor lo alcanzaría Locusta junto a la emperatriz Agripina. Aunque sería el pérfido Nerón el que utilizaría sus conocimientos en el arte de los venenos para encargarle la muerte de, entre otros, Claudio y Británico.

Precisamente al fracasar con el veneno suministrado a este último, Nerón llamó a su presencia a la envenenadora, maltratándola e insultándola, pues el joven Británico pudo sobrevivir a la pócima de Locusta. Entonces, y en presencia de Nerón, que estaba muy interesado en los trabajos de su consejera y cómplice, la envenenadora ensayó nuevos y potentes productos que probó, primero en un macho cabrío, que sobrevivió, moribundo, cinco horas. Y después con una cerda, a la que, al serle aumentada la dosis, murió al instante. Esta última, potentísima pócima letal, es la que ordenó Nerón a Locusta que se le suministrara a su hermanastro, de nuevo, sin admitir entonces fallo alguno y exigiendo resultados definitivos. Así sucedió, y murió de forma fulminante el desgraciado Británico. Ante este desenlace, el anterior malhumor de Nerón para con Locusta se convirtió en alborozo y agradecimiento, por lo que a partir de ese momento, el Emperador la premió con la impunidad, el regalo de grandes extensiones de tierras y hasta le autorizó la apertura de una *escuela* de envenenadores que siguieran las enseñanzas de tan deleznable maestra en el arte de las pócimas letales.

Sin embargo la buena estrella de Locusta empezó a eclipsarse bajo el reinado del emperador Galba, durante el cual fue condenada a muerte y ejecutada, como todos los que habían tenido algún trato con el odiado último emperador Nerón, antes de la llegada a Roma del anciano militar desde la provincia de Hispania. Desaparecía así una de las primeras envenenadoras conocidas que, en el futuro, se prodigarían de forma alarmante. Y, curiosamente, la mayoría de ellas fueron mujeres, quizás porque al no estar dotadas de la fuerza muscular, tuvieron que acudir a la sutileza de las pócimas para, aunque de forma terrible, equilibrar la diferencia del poder masculino respecto al femenino.

Locusta fue rescatada por Dion Casio en su *Juvenal*, y también se refirió a su azarosa y criminal existencia el historiador Tácito en sus *Annales*.

Capítulo XI

Cómodo

(161-192)

En su injusto paso a la posteridad dentro de los personajes deleznables (injusta por los altibajos y extremismos en los juicios sobre todos ellos), el emperador Cómodo ocupará un puesto de honor, junto a Nerones y Calígula. En Cómodo se hacía añicos la dudosa creencia de que de padres excelentes pudieran nacer hijos en la misma dirección. En efecto, esto no ocurrió en este caso, pues de un padre extraordinario, Marco Aurelio, vendría al mundo este aprendiz de monstruo. Cómodo, por lo demás, será uno de los últimos emperadores de la dinastía de los Antoninos (por Antonino Pío, sucesor de Adriano), y gobernante pacifista (*Pax Romana*).

Nacido en Lanuvium, compartió con su padre, Marco Aurelio (el Emperador filósofo), el trono de Roma, siendo proclamado emperador en el año 180 a la muerte de aquél. Junto a su padre había sido corregente, tras recibir el título de Augusto. Fallecido su padre, Cómodo abandonará el principio de adopción –hasta ese momento los emperadores adoptaban a sus sucesores, aunque no fuesen de su familia– y recuperará el dinástico (sucesión de padres a hijos). Nada más empezar a gobernar en solitario, el nuevo emperador se hizo adorar como la encarnación de Hércules y Mitra (lo que se conocería como *locura cesárea*), estando, además, convencido –y así obliga a creerlo– de ser, de verdad, representación de aquellos personajes mitológicos, hasta el punto de adoptar el divinizado título de *Hércules Romanus*. Sin embargo, el pueblo era más crítico y desconfiado, y, refiriéndose a temas mucho más terrenales, señalaba al Emperador de ser el fruto deleznable de los amores de la emperatriz Faustina y un gladiador.

Aunque no está probado que matase a su padre, sí que parece que violó a sus hermanas, pero que no se atrevió a lo mismo con su madre. Sin embargo, hombre de ideas insólitas, se le ocurrió una artimaña para acercarse a esa posibilidad: le dio el nombre de su madre a una de sus concubinas que tenía cierto parecido con su progenitora y así, al poseerla, se hacía la ilusión de que, en efecto, yacía con quien le había dado el ser. Sí se sabe fehacientemente, por el contrario, que mató directamente a su hermana Sucilla y a una de sus esposas, Cripisca.

Hombre sin complejos, le gustaba luchar con los gladiadores pero, claro, sin tener el final destinado a estos guerreros. Siempre salía victorioso por el hecho simple de obligar a sus contrincantes a que emplearan en la lucha espadas de madera mientras él bajaba a la arena pertrechado de todo el arsenal de espadas de verdad, mazos rotundos y demás armas de muerte, acabando con gran parte de ellos. Más de 700 veces bajó el Emperador a la arena a ejercitarse en estas luchas, aunque en otras ocasiones su crueldad llegaba aún más lejos y superaba todo lo conocido. En efecto, en una de sus encarnaciones de Hércules, y usando y abusando de una gran preparación física, que era extraordinaria, mataba animales salvajes y torturaba esclavos, además de, blandiendo la famosa maza del héroe griego, aporreó hasta la muerte a cientos de lisiados que se arrastraban por las calles de Roma, adelantándose a futuras *limpiezas étnicas* de forma cruel y despiadada. También, cada día ofrendaba sacrificios a la diosa Isis, de la que era un adorador ferviente.

Al margen de sus excentricidades y maldades, en el estricto gobierno del Imperio, Cómodo puso en venta todos los cargos públicos en un afán de avaro incurable que arranca hasta el último céntimo de los bolsillos de sus gobernados. Esta idea chocaría con el Senado, que desde el primer momento la objetó insistentemente. A partir de ahí se granjearía a gran parte del poder del Imperio y de amplias capas de la población y del Ejército. No obstante, y por el terror que emanaba de sus decisiones caprichosas e inesperadas, en los momentos de su máximo poder, un Senado sumiso llegó a declararlo como «el más noble y más glorioso de los príncipes». Ello a pesar de su vida disoluta y escandalosa que no sólo no ocultaba sino que acompañaba con la exteriorización y publicidad de sus orgías durante las cuales gozaba utilizando constantemente un vocabulario soez de manera torrencial, con el ánimo de que desagradara a los que tenía cerca.

Nimbado de una personalidad ególatra enfermiza, ordenó que, desde el inicio de su reinado, quedara constancia por escrito de todo lo que hacía, orden que se cumplía apareciendo resaltados los hechos de Cómodo (incluidos los *non sanctos,* sobre todo éstos) en las *Actas públicas de Roma* (una especie de gaceta oficial), sin censurar ninguno de los actos innobles de los que se autoproclamaba único protagonista. Cómodo estaba convencido, sin duda, de que la posteridad agradecería el poder conocer su glorioso paso por la vida y por la Historia y que las generaciones futuras desearían imitarlo absolutamente en todos y cada uno de sus actos.

Realmente los negocios del Imperio no le importaban nada, y delegaba la toma de las decisiones más insufribles para él en Perennis, el verdadero gobernante de Roma, un personaje que al asumir todos los poderes y llevar, en consecuencia, directamente las riendas del Estado, dejaba a Cómodo en total libertad para dedicarse a los placeres y a las maldades, unos y otros generalmente unidos en este Emperador. Aunque estos pasatiempos imperiales salían muy caros a Roma, pues Cómodo despilfarraba los tesoros del Imperio sin tasa ni tope. Sus rarezas y excentricidades parecían no tener fin tampoco. Por ejemplo, sentía una extraña debilidad por las personas con nombres que recordaran a los animales. Así, un tal Onon (palabra que significa *asno*) fue colmado de riquezas y nombrado Gran Sacerdote de Hércules porque, además de ser conocido con aquel nombre propio, resulta que hacía honor al cuadrúpedo original y la Naturaleza le había regalado un miembro viril que recordaba al de un asno de verdad. Detalle éste que le hizo ser muy apreciado por el Emperador. También practicaba otras distracciones, digamos, escatológicas, como era la de, en algunos banquetes, sorprender a sus invitados con la mezcla de sabrosísimos manjares y algo menos apetecibles excrementos y hasta sangre menstrual, que los asistentes estaban obligados a deglutir sin exteriorizar demasiado el asco correspondiente.

Aunque en un primer momento aquel príncipe rubio y de una apolínea presencia llegó a entusiasmar a los romanos, muy pronto fue cambiando hasta convertirse en un auténtico peligro para todos, animando a sus enemigos a decidirse a cortar por lo sano. Cómodo se había recluido y aislado en el Palatino acompañado (le gustaban las cifras redondas) de 300 prostitutas de las más viciosas de la ciudad, junto a otros tantos pederastas, de tal forma que las orgías no tuviesen fin en sus dominios domésticos. Se dice que él mismo se imponía el trabajo inmenso de poseer a todos ellos, posesiones sólo interrumpidas por el hastío y el derrumbe físico del Emperador.

Estaba claro que aquello era el fin de un reinado, y para llegar a este final unieron sus fuerzas Marcia (concubina del emperador, que se erigió en directora del complot), Leto (prefecto) y Ecleto (el chambelán). Cómodo murió violentamente a la edad de 30 años a manos de Marcia, que utilizó contra él un veneno que, sin embargo, no fue suficiente para matarlo, llamando entonces en su ayuda al resto de los cómplices, entre ellos, y para humillarlo aún en su última hora, a Narciso, un esclavo que se descubrió entonces que era el amante de la propia Marcia, que de esta forma hacía ver a su moribundo Emperador una infidelidad humillante para el pretendido Hércules redivivo. Narciso y el resto de los conjurados acabaron la mediomuerte por veneno con el estrangulamiento y posterior asfixia utilizando para ello el propio colchón del emperador, al que aplastaron hasta que exhaló su postrer suspiro. Los ejecutores directos de la muerte de Cómodo fueron el citado Narciso y uno de aquellos amados gladiadores que Cómodo siempre mimó, aunque fuese para posteriormente despedazarlos en el circo.

El mismo Senado que le aplaudió en sus desafueros, lo describiría posteriormente como «más cruel que Domiciano y más impuro que Nerón». Sus restos serían enterrados en el *spolarium,* la fosa común a donde iban a parar los cuerpos destrozados de los gladiadores muertos en el circo.

Conquistadores

Capítulo XII

Atila

(405-453)

Atila quedará en las páginas de la Historia como el que dio el empujón casi definitivo que concluiría con el fin del Imperio Romano de Occidente. En realidad, tras su muerte, el otrora todopoderoso Imperio Romano se reduciría a morir lentamente y sin remisión. Pero en la imaginación colectiva transmitida constantemente por los historiadores quedará la imagen de los bárbaros (que en realidad, significaban sólo *extranjeros*) como un grupo de salvajes que venían a derrumbar una extraordinaria civilización. Se omitiría, sin embargo, que tal *civilización* vivía de las rentas del pasado y que se pudría a pasos agigantados. Y que los *bárbaros,* al menos al principio, significaban un soplo de aire fresco y puro, aunque imponiéndose a sangre y fuego como, por otro lado, había ocurrido siempre y volvería a ocurrir en el porvenir. Por si fuera poco, Atila se enfrentó a la Iglesia en la persona de uno de sus papas, con lo que la satanización del personaje estaba servida. Lo que no obvia, por supuesto, la crueldad del personaje.

Los *hiong-nu* (hunos) procedían de China, de donde fueron expulsados en tiempos lejanos (siglo I antes de Cristo), y se asentaron provisionalmente en tierras del

Turquestán y en la Rusia meridional. En el siglo IV acabaron por someter a los germanos, cruzando el Don y venciendo a los ostrogodos. De nuevo provisionalmente, se instalaron en las llanuras de Ucrania y la actual Rumanía. En este escenario brevemente descrito, hará su aparición Atila, rey de los hunos.

Aupado al trono de su pueblo (en realidad los hunos eran un conjunto de tribus formado por diversos pueblos nómadas dedicados, más que a la agricultura, al pastoreo y asentados en Centroeuropa), en un principio, gobernó junto a su hermano Bleda, pues ambos heredaron el mando de su padre, Maudzuck, y de su tío Rugila, rey de los hunos negros. Pero Atila no tardó en sentirse molesto por aquel poder bicéfalo y, poco después, acabó con la vida de Bleda, quedando Atila como único monarca de su pueblo, y también de otros más o menos sometidos como los escitas, ostrogodos o gépidos. Como se ha apuntado, no muchos años atrás este conglomerado de pueblos había irrumpido violentamente, en el siglo IV, en las tierras comprendidas entre los ríos Volga y Don, provocando el terror en las mismas y en sus gentes, que consideraban a los invasores como seres vampíricos, o como gnomos, animales de dos piernas de ojos oblicuos que, casi desnudos sobre sus cabalgaduras, sin corazas y sin apearse nunca de sus caballos, asaltaban imparables aldeas y fortalezas. Había en este *retrato* mucho de verdad pero también, excesiva fantasía. Y es que la leyenda de los hunos y de su caudillo, se corrió de forma velocísima por todas partes.

Pocos personajes históricos arrastrarían en el futuro tal cantidad de aportaciones legendarias a su realidad como Atila. Y es que el pánico ante sus huestes desató la imaginación no sólo de sus contemporáneos sino, y sobre todo, de los que siguieron interesándose por su vida posteriormente. Aparte de la leyenda de los nibelungos (en cuyo cantar mitológico aparece Atila bajo el nombre de Etzel), el origen mismo del poder de Atila aparecerá aureolado por la irrealidad teñida de historia creíble en parte o, al menos, bien recibida por la desbordada imaginación popular al narrar aquella leyenda que cuenta cómo los dos hermanos reinantes, Atila y Bleda, llamados a eliminarse y a ser elevados únicos –dobles– monarcas de su pueblo, llevan hasta sus últimas consecuencias aquel fatal destino con la ayuda de intervenciones más o menos sobrenaturales. Así, se cuenta que un día un pastor había encontrado clavada en tierras esteparias una espada que, sin dudarlo en ningún momento, entregó directamente a Atila, y no a su hermano, considerando el caudillo huno este hecho como una señal inequívoca de su destino. Atila estaba seguro de que el arma era la espada de Marte, el dios griego de la guerra.

Una vez recibida esta señal, se planteó el terrible dilema de cómo decidir la muerte de uno de los hermanos, de tal forma que el sobreviviente fuese, sin discusión, el nuevo y único rey de los hunos. Entonces los dos se sometieron a una especie de *juicio de Dios* pero algo más lúdico que los habituales, en realidad un juicio etílico consistente en beber sin tino el líquido de sendas copas, una de las cuales contenía un veneno mortal y la otra no. Tras cambiarlas varias veces y pasar de las manos de Bleda a las de Atila y viceversa, al fin ambos bebieron el contenido de un único larguísimo trago que mató a Bleda y salvó a Atila, cumpliéndose así las palabras asumidas por los dos hermanos antes de beber de que «uno bebe el poder y el otro bebe la muerte».

Atila logró formar un gran ejército de más de medio millón de hombres provenientes de diversas tribus como tungueses, fineses y suomis, a las que logró unificar y con las que asoló e invadió el Imperio Romano de Oriente, primero, pero sin olvidarse del de Occidente (Germania y la Galia), pues a los dos odiaba por igual. Sus huestes estaban formadas, además, por un variopinto conjunto de mercenarios germanos y contaba paradójicamentela con presencia de consejeros romanos y griegos, como Orestes y Onegesies. El empuje formidable de sus hombres aterró al emperador de Oriente, Teodosio II, quien accedió a nombrarlo general del ejército imperial con una paga de 700 libras de oro. Sin embargo, este cambalache duró poco, y Atila no tardó en volver sus armas contra Teodosio, al que castigó de nuevo con un impuesto de 1.000 libras anuales (aumentadas enseguida a 2.100), además de conseguir del emperador la libertad de comercio para los hunos y exigir la entrega de los bárbaros que habían encontrado refugio dentro de las fronteras romanas, ejecutó a todos ellos en la cruz una vez que, sin oponerse, Teodosio había hecho entrega de los mismos al rey de los hunos.

Pero sería la presencia, posteriormente, en sus campamentos de un prestigioso general romano, Flavio Aecio, que había solicitado amparo y refugio entre los hunos, pues afirmaba que su vida corría peligro dentro de las fronteras del Imperio, el que, a la postre, trastocaría la hasta entonces rectilínea actitud de Atila. Éste descubrió que había una buena sintonía entre él y el romano, y por entonces, nada parecía anunciar la encarnizada guerra que ambos sostendrían después, cuando Aecio acabaría aprovechando el conocimiento interno de sus antiguos amigos para vencerlos. Pero, al mismo tiempo, este temprano contacto con Aecio despertó en Atila una gran curiosidad por conocer aquellas provincias romanas próximas a sus estepas y a sus ríos.

Poco a poco llegará a confesar su admiración por la cultura griega y romana, a las que llegará a amar sinceramente a medida que las vaya invadiendo en sus continuas correrías. Ello, sin embargo, no será obstáculo para que, al mismo tiempo, preparara un gran ejército que tendría como meta la conquista de Bizancio, ante cuya proximidad, el Imperio de Oriente cedió toda clase de privilegios a las huestes de Atila con tal, ésta era la exigencia del Emperador, de que no tocase sus fronteras. El

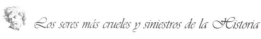

cambalache, sin duda, convenía al huno que, a pesar de ser sobre todo un guerrero, también tenía dotes e inteligencia de estratega y era un buen político, además de ir sucumbiendo él mismo y sus guerreros al desconocido vicio, para ellos, del oro y su tentativa y destructiva dependencia, un descubrimiento de las tribus asiáticas de los hábitos de Occidente que, para su desgracia, se repetiría en ocasiones posteriores.

El rey de los hunos, en la cúspide de su poder, tuvo una divisa breve y contundente que llevaba siempre a efecto. Era la de *astucia y espada*, un binomio irresistible si se empleaba bien. Y Atila, sin duda, lo llevó hasta sus últimas consecuencias. Para ello contaba con aquellos *jinetes del Apocalipsis* que, montados en briosos equinos y armados de arcos tensados, acompañaban sus cabalgadas velocísimas sobre el enemigo, con chillidos que rompían, además de los tímpanos, los corazones de las víctimas inmediatas, que sufrían un terror previo al de la lucha propiamente dicha. Si, además, se corría la voz de que estos salvajes bebían, sedientos, la sangre de los que mataban, la desbandada ante el anuncio de su presencia estaba prácticamente asegurada. Esto era así por la especial idiosincrasia de los guerreros de Atila pero que al caudillo le venía muy bien ya que, si bien no eludía la batalla, curiosamente prefería en ocasiones la rendición previa antes que la guerra.

Una vez que ya se había paseado con sus jinetes por la Europa Central, decidió bajar a tierras más cálidas, en busca de aquella Italia en la que se alzaba la capital del todavía Imperio de Roma. Venía de enfrentarse en la Galia con su antiguo amigo, el romano Aecio, convertido ahora en su rival por antonomasia, y tras jugar al ratón y al gato (a veces, en las innumerables batallas y escaramuzas, no se sabía quién era el roedor y quién el felino), Atila aprovechó una de las etapas de debilidad de las legiones romanas para atravesar los Alpes e iniciar el movimiento de sus tribus hacia el sur. El pánico en las tierras septentrionales del Imperio era generalizado, y pueblos enteros eran abandonados ante la proximidad de los jinetes bárbaros y su caudillo. Lo de menos era la razón última por la que Atila se arriesgaba a entrar en territorios tan alejados de sus campamentos y con un clima y una orografía tan diferente a los de sus orígenes. Aunque, y aquí ya entra la leyenda, una de esas razones tendría como origen el amor o, simplemente, la atracción de una mujer misteriosa.

Un día Atila había recibido un mensaje, al que acompañaba un anillo que le enviaba Honoria, la hermana del emperador Valentiniano III, que pedía la ayuda del rey de los hunos para evitar una boda, la suya, impuesta por su hermano y que ella rechazaba. El huno, que no conocía a Honoria, sin embargo se ilusionó con aquella mujer e, incluso, consideró su llamada de socorro como una oferta de boda a él mismo. Sin darle más vueltas, y enterado de que su *enamorada,* al ser descubierta, había sido encerrada, decidió acudir en su ayuda, iniciando así la invasión de Italia.

Asoló todo lo que hallaba a su paso, y destruyó Aquilea, Verona, Padua, Brescia, Milán y Pavía. Un primer parón lo efectuó ante la ciudad de Módena debido, sigue la leyenda, a la intervención milagrosa del obispo de la ciudad, san Geminiano, que logró convencer al huno para que se retirase a las afueras de la población.

Pero si Atila se fue de Módena, no hizo lo mismo con el resto de Italia. Por el contrario, prosiguió su avance en dirección a la, todavía, capital del Imperio de Occidente a la que logró poco después avizorar en el horizonte y ante cuyas puertas decidió levantar su campamento. Y fue allí donde la historia cuenta que otro obispo, ahora el de Roma (o sea, el mismísimo papa León I), le ofreció un tributo, junto a un se supone que sentido sermón que casi llega a convertir al hosco conquistador bárbaro, consiguiendo con estos subterfugios que Atila levantara el sitio a la ciudad y evitando de esta manera la destrucción de la urbe al salir, valientemente, al encuentro de Atila en Mantua.

De poco servirá el que, después, sesudos historiadores hayan desmontado este suceso oponiéndolo al más prosaico de que los hunos no entraron en Roma porque una epidemia de peste, debido a la pésima salubridad de aquella zona cercana a la capital, había hecho estragos entre las filas de sus huestes. Al final el componente religioso se impondría, magnificando al salvador de Roma, aquel Papa que llegaría a ser conocido como León I, el Grande, y que, según la historiografía de la Iglesia, fue el verdadero fundador del Primado Romano. Es probable que este gran sobresalto ante la posibilidad de que el huno destruyera el papado y la capital de la cristiandad, hiciera al caudillo bárbaro particularmente odiado y odioso, hasta el punto de ser descrito por alguien como la síntesis de «una lubricidad desenfrenada, una crueldad tremenda y una avidez sin límites». Pero, volviendo al probable motivo de aquella *excursión* por tierras itálicas, este episodio romano no le hizo olvidar a Atila la prisión de Honoria, y decidió continuar hacia Oriente, para exigir la libertad de su *prometida* al Emperador además de informar a éste de que, modestamente, aceptaría gustoso la mitad de su Imperio como dote.

El principio del fin del poderío de los hunos llegaría en la batalla de los Campos Cataláunicos (451), librada junto al río Marne, cerca de Troyes, donde Atila fue vencido por una alianza entre Meroveo, Teodorico y su eterno enemigo, el romano Aecio. Probablemente todos sabían que aquel encontronazo entre el ejército de Atila y el contrario, significaría el predominio de los bárbaros o el de los romanos en el continente. Así, ya en la noche anterior a la batalla, perecieron más de 15.000 hombres en *mínimas* escaramuzas, contabilizándose al final de la batalla propiamente dicha, al día siguiente, cerca de 200.000 muertos sólo en las filas de Atila. Poco después de esta derrota –y sin olvidar del todo a su gran amor platónico, Honoria– el rey de los hunos contraía matrimonio con Ildegunda, y fallecía la misma noche de la boda, al parecer por los excesos del himeneo, en Panoia (otras fuentes hablan de una hemorragia nasal cuya propia sangre le asfixió), en su palacio de madera a orillas del Danubio. Así finalizaba la vida del que había afirmado, orgulloso, que por donde pisaba su caballo no volvía a crecer la hierba y el también conocido como *Príncipe del estrago*. El bárbaro que había llegado a tener a su servicio a paladines, reyes y príncipes, dejaba este mundo cuando aún no había cumplido el medio siglo. Su cadáver fue expuesto en su tienda de la estepa y durante horas se sucedieron los cantos fúnebres. Después, el cuerpo sin vida de Atila fue introducido en un féretro de oro, éste dentro de uno de plata, y ambos en el interior de uno de hierro. El cadáver fue sepultado junto a sus armas y objetos relacionados con su poder, y tras el entierro los propios sepultureros fueron ejecutados para que no pudieran contar el gran secreto de la muerte de su señor. Un año después, sus deseos de organizar a sus huestes a la manera occidental (sociedad jerarquizada, funcionariado o predominio de los nobles) saltaron por los aires, ya que los germanos, mandados por Arderico, invadieron las llanuras de Panonia y mataron al hijo de Atila, Elac, acabando al mismo tiempo con su efímero Imperio.

Mucho después, como se ha apuntado al principio, la leyenda de los nibelungos contaría con un personaje llamado Etzel, que no sería otro que el mismísimo Atila, *el azote de Dios;* y con otro femenino, llamado Krimhilda, en realidad una trasposición de la última y brevísima esposa de Atila, aquella dulce Ildegunda. En el *Cantar de los Nibelungos,* la mitología retrata como asesina de Atila a esta esposa que, al eliminar al caudillo de los hunos, vengaba la muerte de sus padres, que habían perecido a manos de sus jinetes de la muerte. A partir de ahí, la vida real de Atila quedaría sepultada por un sinfín de historias, leyendas y bulos, la mayoría de ellos nacidos del terror de los cristianos ante aquella invasión torrencial de gentes primitivas que no tenían previsto respetar ni la enfermiza y mortecina realidad del Imperio Romano, ni la pujante juventud, ya avasalladora, de la religión de Cristo, realmente heredera de ese Imperio que agonizaba.

La vida y el nombre del caudillo bárbaro ha tenido recientemente cierta actualidad al descubrirse en Suecia un riquísimo tesoro que se cree fue llevado hasta aquel país nórdico por los visigodos, que probablemente lo sustraerían a los hunos en el año de su derrota en los Campos Cataláunicos (451). Los especialistas han bautizado el hallazgo como el *tesoro de Atila;* incluso algunos, más imaginativos, han creído ver en el pretendido tesoro del rey de los hunos el otro tesoro legendario donde los haya: nada menos que el de los nibelungos, si hacemos caso de lo narrado en el celebérrimo *Cantar*

A pesar de su leyenda, lo cierto es que para su pueblo Atila había sido un caudillo íntegro, sencillo y amante de las cosas simples.

Nada fanático en cuanto a creencias y, a pesar de ser él mismo chamanista, se hacía acompañar de escribas griegos, latinos y germanos, sin olvidarse de sus propios soldados, toda una muestra de las razas y países entonces conocidos.

En cuanto al apartado cinematográfico de nuestros malvados, en la pantalla grande Atila será siempre el actor Jack Palance, protagonista y encarnación del famosísimo caudillo en el cine a través de la más célebre versión cinematográfica: *Atila, rey de los hunos*. Años más tarde, otro gran actor de carácter, Anthony Quinn, se apoderaría del personaje en el *film* italiano *Atila, flagelo di Dio*. En cuanto al poema épico varias veces citado de *Los Nibelungos*, también sería llevado a la pantalla muda por el extraordinario director Fritz Lang en 1924.

Capítulo XIII

Gengis-Khan
(1162-1227)

Gengis Khan será siempre para los europeos blancos aquel jinete de rasgos oblicuos, jinete en un caballo diabólico, que recorre Asia y Europa conquistando primero, y sometiendo después, a todos los pueblos que encuentra en su camino. Personificación, en algunas circunstancias, del socorrido *peligro amarillo,* lo sería, en efecto, pero más para los propios asiáticos que para los europeos. Además, aunque tuvo en sus manos un enorme imperio, la poco numerosa casta mongol llamada a ejercer su dominio sobre los territorios conquistados, se descubriría impotente para tan ardua y extensa tarea. Ello avisaba, como llegará a suceder, de la desmembración de su gran imperio a su muerte.

De carácter belicoso, muy inteligente y despiadado en sus tropelías por todo un continente, este conquistador mongol, nieto de Kabul Kan, fue soberano de los mongoles. Nacido en Delyun-Boldok (Transbaikalia), junto al río Onón, en el año del caballo, subió al trono a los trece años. Al nacer un chamán descubrió en su muñeca una mancha roja, señal inequívoca de que el recién nacido llegaría a ser un guerrero invencible. No obstante su poca edad al acceder al trono, ya destacaba por una envidiable estatura y una respetable fuerza física, además de por ser un extraordinario jinete capaz de cabalgar de forma continua durante toda una jornada.

Era hijo de Yesugei (jefe de un clan) y de Ilum, su madre. Cuando nació, su padre acababa de matar a un guerrero enemigo llamado Temudjin, trasladando al recién nacido este nombre ya que era moneda corriente entonces creer en que la valentía de los guerreros vencidos se transmitía, por artes mágicas, a los recién nacidos. No obstante, el adolescente viviría años de miseria y de amenazas por parte de los enemigos de su padre. Tras la muerte de éste, del que recibió el mando sobre sus nómadas, fue acogido y protegido por Toghrul Khan, rey mongol, entrando además a formar parte de la familia del mismo, ya que se casó con la hija del rey, Bordu. Para entonces contaba 17 años.

Años después, en 1206, fue elegido por una asamblea de jefes mongoles como su Gengis Khan (*soberano supremo*), dando nacimiento de esta forma al, pasados los años, primer jefe del que sería Imperio mongol. Amparándose en la *Ley Yasak* (entidad que agrupaba a los grupos autónomos de guerreros esteparios), a partir de ese momento todos sus esfuerzos y toda su política se dirigieron a la actividad bélica. Su temible ejército de jinetes imparables arrasó China (tras sobrepasar la simbólica Gran Muralla), ocupando Pekín en 1215 y continuando su guerra de conquista sobre Turquestán, Khiva, Korasán e Irak, llegando con sus ejércitos hasta las orillas del río Dnieper. El deseo no ocultado de Tedmujin no era otro que el de conquistar el mundo con su formidable ejército organizado en 130 quiliarquías. Además de sus artes guerreras, compaginaba éstas con las sangrientas y homicidas. Así, no tuvo reparo alguno en asesinar a todos los componentes de una nutrida embajada mongol que, en 1218, llegó hasta él.

Hizo de Karakorum (*murallas negras*) la capital de su Imperio, que llegó a extenderse desde el Tibet a Siberia y desde el Danubio a Corea, y era el más extenso hasta entonces conocido. Exactamente desde el Pacífico hasta Europa, las huestes del Khan producían el pavor en las tierras sometidas y el terror en las gentes. Tierras y pueblos que, insaciable, Gengis Khan iba sumando a su poder como las vastas estepas rusas, en las que, sistemáticamente, asesinaba a todas las poblaciones sin distinción de ninguna clase. Además, Gengis Khan nunca perdería una batalla.

Transcurridos diez años de guerras sin cuartel podía afirmar que reinaba sobre la práctica población del mundo entonces conocido y en más de la mitad de las tierras asimismo entonces *visibles*. Claro que trabajó duro para ello, decretando la militarización obligatoria de todos los varones entre los 15 y los 70 años, sin excepción. También servían las mujeres, que por serlo no escapaban a su ofrenda al ejército del Khan. De cualquier forma, Gengis Khan, que utilizaba mano dura con los pueblos vencidos, al mismo tiempo adoptaba sus costumbres, que enriquecían así, sin cesar, a su propio pueblo. Entre otros ejemplos, de esta forma ocurriría tras sus victorias sobre los tártaros, unas tribus nómadas de Manchuria y Mongolia.

Como de costumbre, la historia resalta, junto a la crueldad propia de todo gran conquistador, la imposición del orden dentro de sus amplísimas fronteras que, como sucede siempre, a su muerte se desmembraron en su totalidad. Y, aunque el terror iría unido al nombre de Gengis Khan, su fiereza fue exagerada por el miedo del occidente cristiano a una invasión tártara, de la que Temudjin era, sin duda, el único capaz de dirigirla y de llevarla a efecto. Sin embargo exagerar no quiere decir inventar, y era cierto que sus huestes invencibles arrasaban todo vestigio de vida allí donde había una mínima resistencia, llegando a matar a medio millón de personas en los territorios que, en el transcurso de sus *razzias,* se atrevieron a oponerle la más mínima resistencia.

Ya con todos los resortes del poder en sus manos, impuso la férrea ley mongol, así como persiguió y exterminó a numerosos núcleos de población extranjera. Tras cada nueva guerra, dejaba una herencia de muerte y miseria, de destrucción sistemática, ejecuciones caprichosas y masivas, y asedios temibles contra ciudades rebeldes, las cuales, al entrar las tropas de Khan, sufrían aún más de lo que ya antes habían padecido. Por ejemplo, sus huestes utilizaban a los prisioneros para situarlos en la vanguardia antes de dar comienzo la lucha, de modo que fuesen los primeros en caer por las armas de sus propios compañeros, tras lo cual, los guerreros de Gengis Khan tenían tiempo de reaccionar e iniciar el contraataque. Y, no obstante, este déspota llegó a sentir una gran admiración por la civilización de algunas naciones europeas, muchas de cuyas costumbres y leyes, en teoría, aceptó e hizo suyas. Por lo demás, y a tenor de otros tiranos, cuando murió, en su testamento distribuyó entre sus hijos sus vastos territorios, que al ser repartidos, iniciarían el principio del fin del efímero Imperio de Gengis Khan.

Cortes medievales

Capítulo XIV

Fredegunda
(545-597)

El nombre de Fredegunda aparece en el mosaico de merovingios, francos y visigodos, en un siglo VI en el que los pueblos bárbaros se van asentando en las antiguas provincias romanas, mientras intentan, unas veces convivir y otras guerrear, con el otro Imperio, el Romano de Oriente. Los territorios europeos cambian, en esos tiempos, constantemente de manos y dueños, provocando continuas disputas y cambios en los tronos hasta alcanzar una actividad –suicida– insoportable en el conjunto de rencillas y asesinatos y muertes entre reyezuelos y aventureros. En este contexto aparece esta insólita mujer, que primero fue una popular cortesana (y antes que cortesana, criada), pero que haciendo gala de su gran ambición e inteligencia, la llevarían hasta ocupar un trono, el de los francos.

Siendo todavía cortesana tras haber sido una desconocida esclava al servicio de la reina Andovera, conoció al que sería más tarde Childerico I, rey de Neustria, y esposo de Andovera, su primera esposa. Childerico, hechizado por Fredegunda, la hizo su amante primero y la llevó junto a sí y la entronizó cuando él mismo alcanzó el trono, y la convirtió posteriormente en su segunda esposa. No obstante, y antes de acceder ella misma al trono, y en una pirueta con la que asegurarse a largo plazo su dominio sobre el Rey, Fredegunda obligó a éste a que repudiara a Andovera y se casara con Gelesuintha, hija del rey visigodo Atanagildo. Pero si ya había eliminado, tras lograr su separación de Childerico, a la reina Andovera, no tuvo inconveniente en hacer lo mismo con los dos hijos de aquélla y con su segunda esposa, la misma desgraciada Gelesuintha a la que ella misma había echado en brazos del Rey.

Pero ahí empezarían sus problemas puesto que Brunilda, hermana de esta segunda mujer de Childerico, decidió vengar el asesinato de su hermana y obligó a su propio esposo, el rey Sigeberto (que, a su vez, era hermano de Childerico), para que declarara la guerra a este mismo rey pelele. Tras el episodio bélico, y a pesar de salir triunfante Brunilda, Fredegunda le impidió coronarse soberana asesinando fríamente a su marido Sigeberto. Cruel y asesina desde sus primeros coqueteos con el poder, nada más entrar a vivir en el palacio real apaleó hasta matarlo al alcalde del propio palacio por el hecho de no caerle bien desde el primer momento. Poco después decidió eliminar a unos cortesanos a los que no juzgó demasiado incondicionales, para lo que ordenó una ejecución a tres, y al mismo tiempo, de tal forma que los tres verdugos, con sus pesadas espadas levantadas, cercenaran al unísono las cabezas de aquellos desgraciados que en vida se llamaron Chariwald, Ledowald y Walden.

Claro que, una vez dueña y señora de Neustra, Fredegunda encontró la horma de su zapato en Brunilda, reina de Austrasia, hermana de la asesinada Gelesuintha, y con la que guerreó continuamente antes de acabar también con su vida. A estas muertes siguieron otras, como las ordenadas sobre tres hijos del primer matrimonio de Childerico, y el enclaustramiento de por vida para una hermana de éstos llamada Basina. Por lo demás, y cuando el único hijo vivo parido por ella tuvo una edad adecuada, asesinó a su padre, y todavía su esposo, el rey Childerico, proclamándolo rey con el nombre de Clotario II, aunque realmente la que gobernaría en su nombre sería Fredegunda como regente absoluta del reino.

En el futuro no dejará de guerrear con el rey Childeberto de Austrasia utilizando todas las marrullerías posibles para vencerlo, como era el uso de armas envenenadas que ampliaran la capacidad mortal contra sus enemigos. Venció con las mismas malas artes de guerra a Teodoberto, y logró ocupar París. Fredegunda se iba ganando así su puesto estelar como una de las mujeres más perversas y sanguinarias de su época que, contra todo pronóstico y deseos de justicia, falleció plácidamente en su cama a causa de una enfermedad corriente.

Capítulo XV

Brunilda (534-613)

No es frecuente la aparición, en un mismo tiempo, de dos personajes de fuerza similar o de actitudes compartidas o, si son enemigos, de una misma equilibrada fuerza disuasoria. En el caso de Brunilda, su tiempo coincidió con el de otra gran malvada, la ya conocida Fredegunda. Ambas quisieron robarles algo de protagonismo a los omnipresentes nombres masculinos, siempre haciendo y escribiendo la Historia a su gusto. Ellas, por el contrario, se diría que quisieron humillar a los reyezuelos que les rodearon, bien dominándoles como muñecos de marionetas, o sencillamente, eliminándoles y blandiendo por sí mismas la espada de la guerra. Brunilda sería, con el tiempo, reina de los francos de Austrasia y esposa del rey Segiberto I de Metz, aunque había nacido en Toledo y era hija del rey Atanagildo.

Era muy lista, pero muy cruel y muy audaz. Llevó adelante, y hasta sus últimas consecuencias, su animadversión absoluta para con otra reina, Fredegunda de Neustria, con la que guerreó sin piedad y sin cuartel. Eran tal para cual, y tan sádicas la una como la otra. Brunilda llegó a *educar* a sus hijos y nietos dándoles clases de sexo y violencia, de cómo disfrutar sin freno de las orgías y de cómo, también, sacar el máximo jugo al arte de matar. Ella misma, para dar ejemplos prácticos, ejecutaba ante sus tiernos *escolares* a alguien, como aquella ocasión en la que el condenado a morir fue todo un santo: san Desiderio, que Brunilda mandó lapidar por haberse atrevido a darle ciertos consejos sobre absurdos principios morales...

No obstante, su brillante carrera de crímenes había dado comienzo antes de su enemistad con la otra reina. Nada más casarse con Segiberto de Austrasia, le obligó a guerrear con su propio hermano, Childerico de Neustra, ya que este último había repudiado a Galsuinda, hermana de ella. Aquella guerra finalizó con la muerte de Segiberto, su esposo, al que le guardó brevísimo luto ya que volvió a casarse con Meroveo, hijo de Childerico, el que había matado a su esposo y la había hecho viuda, al tiempo que le proporcionaba el poder en forma de regencia por la minoría de edad de su nieto Teodoberto II, el cual, al crecer y conocer la no ejemplar biografía de su querida abuela, la expulsó de su lado. Fue la infeliz Brunilda a buscar refugio junto a otro nieto, Teodorico II, rey de Borgoña, al que consiguió poner en contra de Teodoberto en una guerra fratricida, que acabó pese a las malas artes de la abuela. Contrariada, Brunilda decide matarlos a ambos, estrangulando a Teodoberto y envenenando a Teodorico, y libre ya de cualquier miembro de la familia que pudiera arrebatarle el poder, se proclamó doble reina de Borgoña y Austrasia.

Fue entonces cuando se acordó de aquella odiada Fredegunda, viuda también de Childerico. El odio hacia aquella mujer era imposible de soportar, por lo que la Reina de la doble corona decidió vengarse, una vez más, en terceras personas. Y así, declaró una guerra más, en esta ocasión, al hijo y sucesor en el trono de Fredegunda, el rey de Neustria, Clotario II. Pero serían sus propios dobles súbditos los que le negaron nuevas levas y nuevos impuestos con que pagar aquellas guerras tan inútiles y odiosas. Y sublevándose contra su señora Brunilda, la maniataron y se la enviaron como trofeo al rey Clotario. El Rey agradeció el obsequio y se decidió a tomar cumplida venganza de todos los crímenes de aquella mujer tan inclinada a la maldad.

Aunque había sobrevivido a su gran rival, sin embargo Fredegunda se vengó de ella, después de muerta, en la persona, y por mediación, de su hijo el rey Clotario II, quien, en 613 y en Renève, Bretaña, tras tres días de interminables suplicios, ató, desnuda, a la enemiga de su madre a la cola de un caballo salvaje hasta acabar destrozada después de una loca cabalgada del equino. Brunilda era, a la sazón, la primera mujer en ser torturada y ejecutada por aquel sistema, *privilegio* exclusivo de los reos de sexo masculino hasta ese momento.

Capítulo XVI

Ruy Velázquez

(siglo X)

En la gran galería de personajes no recomendables de la Historia los hay fidedignos, absolutamente reales, borrosos o, sencillamente, irreales e imaginados por la fantasía de preclaros autores y poetas. Hay algunos en los que es muy difícil separar la parte verídica de la inventada, y es dentro de este último apartado donde habría que ubicar a los rotundos protagonistas de *Los Siete Infantes de Lara,* una sangrienta saga familiar de odios y venganzas expuesta por primera vez en la *Crónica General.* Del reparto de esta tragedia, según la autorizada percepción de Ramón Menéndez Pidal, la mayoría de sus personajes existieron realmente, alguno está por el capricho del anónimo cronista y, en fin, algún otro fue usado como comodín para darle vida al cuadro. Una vez dicho esto, señalaremos que, en el caso particular de nuestro personaje, Ruy Blásquez (o Velázquez), sí que está documentado y aparece en escritos y tradiciones de la época. Por lo demás, en esta historia hay de todo: amor, muerte, venganza y comprensión.

Señor de Vilviestre, Ruy Velázquez, caballero castellano, había contraído nupcias con doña Lambra de Bureba, una mujer que ya arrastraba fama de ser de una maldad congénita, emparentada con el conde de Castilla. Al banquete nupcial, celebrado en Burgos con todo boato, asistieron, junto a los contrayentes, el caballero Gonzalo Gustios y doña Sancha, su esposa (que era hermana de Ruy Velázquez), además de los siete hijos del matrimonio, los infantes de Lara. Durante el banquete, y después, hubo festejos y diversiones para todos, pero también excesos en la bebida que tornaron violentos a ciertos comensales y asistentes. La misma joven esposa, doña Lambra, soltó con facilidad su lengua, insultando gravemente a la madre de los infantes, acusándola de haberlos parido «como puerca encenagada». Se fueron calentando los ánimos y las palabras subían de tono, pasando a producirse algunos golpes y broncas esporádicas, hasta que en una de éstas, el menor de los siete infantes, Gonzalo González, informado por su ayo de las palabras de doña Lambra dirigidas a su madre, montó en su caballo y se avalanzó sobre el grupo que rodeaba a ésta, y daba en el suelo con uno de los de Bureba llamado Alvar Sánchez, al que dio muerte.

Este hecho violento y desgraciado disgustó muchísimo a la novia, doña Lambra, que empujó y alentó a su marido, ya se sabe que tío de los siete infantes y hermano de la madre, para que tomara venganza y castigara al asesino. Ruy Velázquez, débil de carácter, no resistió mucho la insinuación de su flamante esposa y prometió acatar sus deseos. Haciendo creer que había perdonado a sus sobrinos, fingió asimismo hacer las paces con el padre, Gonzalo Gustios, y como prueba de su perdón lo envió con un mensaje a la ciudad de Córdoba para que lo entregara en mano a Almanzor. Tras él, afirma, irán sus hijos y su esposa. El mensaje, escrito en caracteres árabes, contenía un texto, que el portador no conocerá, que, traducido, aclaraba que, al recibirlo en la corte califal, se diera muerte al mensajero que lo entregaba (don Gonzalo), y que el gobernante cordobés –añadía– podía apuntarse un gran triunfo si enviaba hasta la frontera a sus fuerzas para hacerle entrega, como prisionero, de los hijos de don Gonzalo Gustios, los infantes. A éstos, por cierto, que marchaban acompañados por su ayo Nuño Salido, les hizo creer que iban a sorprender a gentes infieles cuando, en realidad, y como comprobarían demasiado tarde, serían los musulmanes los que les sorprenderían a ellos.

Almanzor cumplió la primera parte del mensaje y encerró a don Gonzalo Gustios entre rejas. Pero, apenado por la traición de que, al parecer, había sido objeto, le permitió la compañía de una musulmana para que le ayudara en su servicio, de la que el preso acabaría enamorándose locamente y de la que tendría un hijo. Mientras tanto, Ruy Velázquez tenía la desfachatez de acompañar en su burda –y falsa– campaña militar contra los infieles a los siete infantes, sus sobrinos. Pero antes de llegar al lugar indicado, con cualquier excusa, se quedó atrás, y los siete jóvenes más su ayo,

Nuño Salido, se vieron, de pronto, rodeados por más de 10.000 soldados de Almanzor. Entonces los cristianos solicitaron una tregua y dieron aviso a su tío para que les socorriera. Ruy Velázquez no acudió a esta llamada desesperada, de modo que sus sobrinos, que maldicen la traición del tío, van siendo degollados por los sarracenos según un orden de edad, siendo el último en morir el más joven, Gonzalo, que sólo tenía once años y al que intentó salvar el ayo, que también sería eliminado. El triste suceso tuvo como escenario los campos de Araviana, a los pies del Moncayo. Después, los musulmanes llevaron las ocho cabezas hasta el palacio de Almanzor, que hizo venir a Gonzalo Gustios para que las reconociera.

Almanzor fue testigo de la tétrica escena en la que el compungido progenitor, no sólo reconoció en aquellos despojos a sus hijos sino que, perdida la razón, habló con palabras entrecortadas y rotas por el llanto con cada una de aquellas cabezas separadas del tronco como si pudieran escucharle. El gobernante cordobés, conmovido por la desgracia del castellano, lo liberó de su encierro y le invitó a que se quedara a vivir en Córdoba, junto a su amante musulmana. Gonzalo Gustios aceptó y los tres, él, su mujer y su hijo recién nacido, vivirán en adelante en la corte musulmana. Andando el tiempo este niño, Mudarra González, al ser armado caballero a la temprana edad de diez años, solicitará vengar a sus hermanastros. Para ello, pasado un tiempo, irá al encuentro de aquel ruin Ruy Velázquez al que atravesará con su espada en el camino de Barbadillo. Completa su venganza enfrentándose también a su malvada esposa, aquella doña Lambra instigadora de toda la tragedia de los infantes de Lara, y a la que, según el romance, quemó viva como culpable de tanta muerte y desgracia, que no había dudado en usar como arma homicida a su propio esposo, aquel Ruy Velázquez que no tuvo en cuenta la proximidad del parentesco a la hora de tender la trampa mortal que acabaría con sus sobrinos.

La historia de los Siete Infantes de Lara, mezclada con la leyenda, además de en la citada *Crónica General de Alfonso el Sabio,* aparecerá en una segunda *Crónica* y hasta en una tercera en años posteriores. Mucho más tarde, tratarán el tema Lope de Vega, Juan de la Cueva y el duque de Rivas, entre otros.

Capítulo XVII

Bellido Dolfos

(siglo XI)

Aunque la figura del regicida parece próxima a nosotros, en realidad siempre hubo individuos que, por propia decisión, o empujados por intereses más o menos oscuros, acabaron o intentaron acabar con la vida de algún monarca. Lo prueba este lejano caso de hace diez siglos que pasaría a la tradición del traidor total, aquel que, debiendo ser sumiso y obedecerle, acaba por matar al que está por encima de él. En este caso, la variante consistió en que hubo una instigadora y, probablemente, un componente sexual en el fin del rey Sancho.

Este personaje había nacido en Zamora y, según la tradición (a través de la *Crónica General*), mató alevosamente el 7 de octubre de 1072 al rey de León, Sancho II el Fuerte, mientras éste mantenía el sitio de la ciudad natal del que sería considerado el gran traidor, sin paliativos. Zamora estaba a la sazón en poder de la hermana del monarca, doña Urraca.

Sancho II se había propuesto unir bajo su corona los demás reinos cristianos de la península en manos, a la sazón, de sus hermanos, que los habían recibido en herencia del padre, Fernando I tras la muerte de éste. El reparto fue a tres bandas, quedando León para Sancho, Castilla para Alfonso y Galicia para García, además de la ciudad de Zamora, en manos de la hermana de los tres, doña Urraca, y la de Toro, bajo el gobierno de doña Elvira, hermana a su vez de los anteriores. A Sancho no le costó mucho hacerse con los territorios en los que mandaba don García. Le siguió por el mismo camino de el Fuerte (sobrenombre con el que la Historia conocería a Sancho II) la ciudad de Toro, en la que reinaba su hermana, doña Elvira, y que sin ninguna clase de contemplaciones fue expulsada de la ciudad por el belicoso don Sancho.

Ahora le iba a tocar a Zamora, en cuyo trono se sentaba su otra hermana, doña Urraca. Sin embargo ésta resultó ser una mujer muy terca que decidió no rendirse ni darle facilidades al conquistador. Aparte de su natural valentía, parece que la reina de Zamora andaba en amores no muy confesables (o, al menos, le tenía un cariño mayor que a Sancho) con su otro hermano, don Alfonso, y barría para casa y para su corazón, al oponerse a las afrentas del de León. Aconsejada, además, por su ayo, Arias Gonzalo, y con la ayuda entusiasta del conde Pedro Ansúrez, dispuso la defensa a ultranza de su ciudad.

Para entonces, los hermanos Sancho y Alfonso ya se habían peleado por el dominio, respectivamente, de León y de Castilla, primero por medio de un *Juicio de Dios,* en el que ganó Sancho; y después, al no aceptar el resultado el perdedor, en la batalla de Golpejera, que volvió a ganar Sancho. Dueño ya de la situación y humillado su hermano Alfonso (al que hizo pasear cargado de cadenas y enjaulado por todos sus reinos, para que supiesen todos quién era el triunfador), Sancho se las prometía muy felices ante las murallas de Zamora, aunque muy pronto sufriría un ataque de rabia ante la inesperada resistencia de doña Urraca. Entonces, Sancho II decidió poner sitio a Zamora y esperar su caída.

En el cerco a la misma el Rey tenía junto a sí a un gran colaborador: un caballero llamado don Rodrigo Díaz de Vivar. El Cid participó con su señor en algunas escaramuzas con los sitiados, previas –eso se creía– a la próxima rendición. Pero no hubo tal, y sí una feroz resistencia por parte de los soldados que defendían las murallas de Zamora. Desde luego, esta terquedad de su hermana desbarataba los planes del Rey en el sentido de conseguir una rápida ocupación de la plaza, lo que traía malhumorado al Monarca de forma creciente, frustración en la que le acompañaban sus nobles y guerreros, el primero, Díaz de Vivar.

Una noche, sin embargo, sucedió algo que iba a dar un vuelco a la situación. Un centinela llegó avisando a la tienda del Cid de que habían detenido a un intruso merodeando por el campamento castellano. El individuo, con muestras de un gran nerviosismo, solicitó de Vivar que le llevara ante la presencia del Rey, pues tenía algo muy importante que comunicarle. Para hacer más fuerza, añadió que traía algunas noticias muy importantes del interior de la ciudad. Interesado vivamente por aquellas palabras, el Cid llevó él mismo al intruso ante Sancho II. Allí, ante el hermano de doña Urraca, el individuo se presentó: se llamaba Bellido Dolfos, y al tener cuentas pendientes con el ayo de la Reina, Arias Gonzalo, y creyendo que su vida corría peligro –ésas decían ser sus razones–, había abandonado la ciudad amparándose en la noche.

Una vez más tranquilo, el tal Bellido declaró tener una valiosa información que entregaría si el rey don Sancho lo acogía en sus filas. Éste exigió de inmediato que dijera lo que tenía que decir, y si era tan importante, sería acogido con toda clase de privilegios y premios. Por el contrario, si se trataba de un engaño, pagaría con su vida su atrevimiento. Entonces Dolfos solicitó que se fueran todos y que le dejaran a solas con el Rey, pues el recado era de tal importancia que prefería hablarlo a solas con el Monarca. El Rey accedió y mandó desalojar su tienda y, una vez frente a Dolfos, el zamorano le puso en antecedentes de su gran odio por la Reina pero, sobre todo, por su gobernador, aquel malvado Arias Gonzalo que, además, era el impulsor de la resistencia a las tropas de don Sancho. Deseando vengarse de ambos –prosiguió su discurso–, concibió la idea, y la había llevado a efecto, de abandonar la ciudad de Zamora y, una vez ante el ejército sitiador, descubrir al Rey un lugar por el que sus soldados podrían entrar en la ciudad. Se trataba de un portillo sito en un lugar de la muralla que, según Bellido, era vulnerable al hallarse medio derruida, y por cuyo espacio podrían entrar las tropas de don Sancho y ocupar Zamora.

Sancho II llamó entonces a Rodrigo Díaz de Vivar y le comunicó la buena nueva que le había traído aquel hombre, solicitando del Cid su opinión sobre todo aquello. El Campeador avisó a su señor de que no lo veía muy claro, y que –le dio a entender– no se fiaba mucho de aquella historia. Sin embargo, Bellido Dolfos juró y prometió que todo aquello era cierto, y que sería una gran desgracia no aprovechar su información. Las dudas del Cid quedaron ocultadas por la alegría del Rey, que estaba ya cansado del sitio de Zamora y de la valiente resistencia de su hermana. Así que se aceptó la idea y Bellido anunció que para que vieran que iba de buena fe irían antes del asalto a reconocer el boquete de la muralla rota al amanecer, aunque, advirtió, sólo debía acompañarlo el rey. Rodrigo Díaz, obedeciendo a su señor, se quedó en el campamento, aunque todavía con muchas dudas sobre aquellas historias del evadido. Con el alba, Sancho II y Bellido Dolfos, salieron con sus caballos en dirección al lugar indicado. Eso sí, el Rey advirtió de nuevo a su acompañante que, si aquello no era cierto, contara con el degüello inmediato.

Los dos caballos y sus jinetes iniciaron su camino por terreno blando y huyendo de los pedregales, para evitar en todo momento alertar a los defensores de la pla-

za. Desde su tienda, el Cid los veía marchar confundidos por la neblina de la mañana, aumentando por momentos sus dudas sobre la bondad de aquella idea y de su veracidad. Pero obedeció a su señor, que le había ordenado que no se moviera de allí.
Sin embargo, en su lucha interior entre la obediencia y el instinto del peligro, acabó
por ganar éste. Poco después llamaba a su criado para que le trajese su caballo, aunque antes de montarlo dudó otra vez sobre la conveniencia de desobedecer a su rey.
Tras una nueva tanda de dudas, saltó definitivamente sobre su equino y salió en se-
guimiento de los dos jinetes.

Tras recorrer un trecho del camino, tiró de las riendas de su caballo y oteó el horizonte, descubriendo los dos caballos pero sin sus caballeros, a los cuales pudo ver,
andando, dirigiéndose hacia una esquina de la muralla y procurando no ser vistos por
los centinelas de las almenas. Los siguió a una prudente distancia y, de pronto, asistió a una extraña gesticulación entre ambos y, enseguida, la caída de uno de ellos,
inerte, al suelo. (Hay otra versión menos épica y un tanto escatológica: sería la de
que no hubo tal lucha entre Dolfos y el Rey, sino una necesidad fisiológica impre-
vista de don Sancho, el cual, mientras se desahogaba en cuclillas, habría sido atra-
vesado de parte a parte con la espada del traidor en un ataque, que sería mortal, propinado por la espalda.)

Un grito de dolor de Sancho II, que avisaba de la muerte que llegaba, re-
tumbó en el amanecer. Entonces, Rodrigo Díaz de Vivar figurándose lo peor, picó
espuelas y llegó a donde estaba el muerto. Desde cierta distancia reconoció a su
señor don Sancho desangrándose en el suelo y al zamorano Dolfos corriendo a
toda la velocidad que le permitían sus piernas de gamo. Tras unos instantes dudando si asistir a su señor o perseguir a su asesino, se decidió por esto último e
hizo volar a su *Babieca* hasta casi alcanzar al asesino. Éste se había parado bajo
un torreón y daba gritos de auxilio para que le salvaran de su perseguidor. Por un
momento el Cid pareció tenerlo a su merced, pero el regicida se perdió por un
portillo que alguien le había abierto desde dentro, y se perdió dentro de las calle-
juelas de la ciudad.

En cuanto al Campeador, la brusquedad de la parada de jinete y caballería al toparse con la puerta cerrada por la que se había perdido Dolfos, hizo caer al Cid de
bruces, mientras maldecía al traidor y juraba venganza. Cuando volvió al campamento acompañando el cuerpo de su señor, ya sin vida, Rodrigo Díaz de Vivar lloró
lágrimas de duelo por su rey, en cuyo palacio se había criado y que era además de su
rey, un gran amigo. Era el día 7 de octubre de 1072 y, a renglón seguido, los caste-
llanos levantaron el sitio a la ciudad de Zamora y los tristes soldados condujeron el
cadáver de Sancho II hasta Oña, donde se le dio sepultura.

Aunque en otras versiones el suceso no fue tan teatral. Por ejemplo, en las citadas se habla de que, simplemente, Bellido Dolfos se escurrió hacia el exterior de Zamora previamente disfrazado con un atuendo que no hiciera levantar sospecha alguna en el campamento del ejército de don Sancho. Y, de esa guisa, agredió al Rey por la espalda con una lanza, atravesándolo de parte a parte. De cualquier manera el regicidio ocurrió en el lugar y en la fecha indicadas, así como es probada la autoría de Dolfos, si bien queda la duda sobre de quién fue el impulso.

Una vez a salvo dentro de las murallas de Zamora, el ejecutor de don Sancho –según distintas versiones– habría gritado palabras un tanto enigmáticas de esta guisa: «Tiempo era, doña Urraca, de cumplir lo prometido». Desconocida promesa de la promiscua reina de Zamora, que junto a los pretendidos amores de la misma y don Rodrigo Díaz de Vivar (sin olvidar los de la misma con su propio hermano, don Alfonso), conformaron un atractivo cuadro medieval al que puso colores fuertes el romancero. Porque, en realidad, lo ocurrido dentro de la ciudad habría sido que el pícaro de Bellido Dolfos, enamorado de su reina y señora, y deseando conseguir sus favores, se habría ofrecido para intentar levantar el sitio si ella aceptaba esa relación solicitada vehementemente por él. Doña Urraca, que no debía pecar de excesivamente melindre, aceptaría el trato. Por eso, cuando Dolfos ganó de nuevo el interior de las murallas, el traidor pregonaba y exigía el cumplimiento del trato.

Bellido Dolfos acabó paseándose por las páginas de romances y leyendas como el prototipo del traidor. En la *Crónica del Cid* se escribió: «Lo cierto es que está en el Infierno atormentado junto a Judas el traidor, por los siglos de los siglos». Paradigma, pues, del *malvado* de cualquier tiempo, Bellido Dolfos pasó, con nombre y apellido, a una posteridad embellecida por los hermosos versos del *Romancero*, en particular a través de aquel que empezaba así:

¡Rey Don Sancho, rey Don Sancho!,/ no digas que no te aviso/ que de dentro de Zamora/ un alevoso ha salido:/ llámase Vellido Dolfos,/ hijo de Dolfos Vellido;/ cuatro traiciones ha hecho,/ y con ésta serán cinco!

Además, este crimen tendría consecuencias, como la de la celebérrima y posterior *Jura de Santa Gadea,* en la que el Cid tomó juramento al nuevo rey Alfonso VI. En efecto, en las afueras de Burgos (Santa Gadea), Ruy Díaz de Vivar, no pudiendo servir a un monarca cuyas manos pudieran haberse manchado con la sangre fraterna de don Sancho, exigió su confesión sincera sobre su no participación en el crimen de Zamora ni mandado a Bellido a matar a su señor. Alfonso juró, aunque no está claro si, a pesar de ello, no fue el impulsor del crimen, ya que en el futuro nunca perdonaría al Cid Campeador aquel bochorno que le hizo pasar en la pequeña iglesia de Santa Gadea.

Si no el traidor Bellido Dolfos, el protagonista en la sombra, el Cid, será protagonista del mítico *Cantar de Mío Cid,* escrito hacia 1140. Después, en el siglo XIV, aparecerá también el *Cantar de Rodrigo,* y teniendo como fondo de la narración del hecho aquí expuesto anteriormente, Juan de la Cueva compuso en el siglo XVI una obra dramática titulada *La muerte del rey don Sancho.* Ya en el XIX, Juan Eugenio Hartzenbusch daría a las tablas *La Jura de Santa Gadea.* Antes, un autor extranjero, Corneille, también escribiría su *Cid.* En cuanto al cine, en el recuerdo quedó la superproducción de Samuel Bronston rodada en España con un inefable Charlton Heston como Ruy Díaz de Vivar.

Capítulo XVIII

Macbeth y Lady Macbeth

(siglo XI)

El hecho de que Shakespeare escogiera a este rey escocés como personaje central de su drama no quiere decir que el mismo pertenezca al mundo de la imaginación. Entre otras cosas porque la mayoría de la obra shakesperiana hunde sus raíces en hechos reales y personajes que fueron de carne y hueso. Otra cosa es que los embelleciera o ennegreciera, según conveniencia del propio autor. En el caso de Macbeth pero, sobre todo, de lady Macbeth, la realidad de ambos está fuera de toda duda, así como el de Duncan y otros personajes secundarios. No obstante habrá que admitir que, a no ser por el genio del teatro británico, el nombre de este rey y su esposa, apenas habrían traspasado las fronteras de su país. Y, sin embargo, gracias al drama universal, la tragedia local y perdida en la neblina escocesa, alcanzaría carácter de retrato general de personalidades encontradas y riquísimas como seres humanos atormentados.

La verdadera lady Grouch llegaría a ser reina de Escocia. Era hija de Kenneth III y contrajo nupcias con Macbeth, conde de Moray, hijo de Frindlaech, futuro rey que llegaría al trono de aquel reino en 1040 y en el que reinaría hasta 1057, año este último en el que murió.

De una ambición enfermiza y carente de piedad, esta mujer no paró hasta conseguir el trono de Escocia para su marido, aunque también podría decirse de otra forma: que Macbeth no dudó ni se paró ante el crimen por recuperar un trono que, según él, le correspondía a su esposa, Grouch. Para ello empezó a granjearse las simpatías del pueblo, al que excitaba en contra el rey legítimo, Duncan I, primo por cierto, del propio Macbeth. Grouch hizo ver a su esposo que el siguiente paso sería matar, de verdad, al enemigo, lo que hizo que Macbeth se sintiera aterrado e inseguro ante esa perspectiva terrible. La segunda fase de la estrategia de aquella fría mujer fue la de empujar a su esposo al asesinato anunciado del Rey, obedeciendo Macbeth sin rechistar, dando muerte a Duncan I, y ocupó inmediatamente el trono vacante por la sangre en 1040, tras haberle vencido en la batalla de Elgin y acabado con él. Aunque, también como antes, sería al revés, que un débil Macbeth, sin embargo envalentonado por una ambición desmedida, llegara hasta el crimen del rey Duncan al considerarlo usurpador de un reino que le pertenecía, en realidad, a lady Macbteh.

Sea como fuere y de donde viniera el impulso, una vez cometido el crimen aquella mujer llegó a mojar sus manos en la sangre del asesinado Duncan para hacer ver a su marido la irreversibilidad del crimen. A partir de esa fecha, y durante una década, Macbeth y lady Macbeth reinaron en Escocia por la fuerza del terror y de la sangre. En aquella orgía constante de miedo y muerte fueron cayendo hasta los viejos amigos, como Radcliff, que les había ayudado a matar al rey Duncan. Otros muchos serían devorados por la sed de mal de los extraviados esposos reinantes, sobre todo por la insidiosa presión de lady Macbeth sobre su cada vez más apocado e irresoluto esposo. Tan apocado que, diez años más tarde, en 1050, y sin poder evitar los remordimientos, decidió peregrinar hasta Roma y solicitar el perdón del Pontífice por su execrable regicidio.

Tras intentar hacer frente a las intrigas familiares de los sucesores del asesinado Duncan, como en tantas ocasiones históricas, será un hijo del rey difunto, llamado Malcolm, el encargado pasados los años de tomar cumplida venganza contra el asesino de su padre. Sin embargo la venganza fue lenta, con una primera parte en el año 1054 durante la que Malcolm y el conde Siward de Northumberland, usurparon y se apropiaron de gran parte del reino, acorralaron a Macbeth y le anunciaron su próximo final. En 1057, y en una segunda entrega, el hijo de Duncan y el conde de Northumberland, formaron un ejército que marchó contra Macbeth y su esposa dispuestos a poner fin a tan funestos personajes, a los que derrotaron en Lumphanan, donde murieron el rey Macbeth y la perversa reina y esposa. Por cierto, que esta última, tras volver a recordar aquella ocasión del crimen contra Duncan I, manchó de nuevo sus manos de sangre, tras ver morir a su esposo, se quitó ella misma la vida.

Aunque sobre todo conocida por la extraordinaria obra dramática de Shakespeare (que, sin duda, la sacó de la *Crónica* de Holinshed, de 1606), la historia del rey Macbeth y de su ambiciosa esposa, también tentó al cine, y mereció una magnífica personificación del rey por parte de Orson Welles, director, a su vez, también de la cinta. Un *film,* eso sí, poco visto desde su accidentado rodaje en la década de los cuarenta. Años atrás, una de las más madrugadoras versiones de esta historia filmada en Italia en 1908, tendría el honor de ser una de las primeras cintas prohibidas en los Estados Unidos por su violencia y su exceso de sangre, según los censores yanquis. Aparte, y en el teatro, el papel de lady Macbeth fue siempre uno de los más buscados por las grandes actrices, entre las que destaca el enorme recuerdo que en el público británico dejó la lady Macbeth interpretada por la actriz inglesa Ellen Terry, retratada para la posteridad en un extraordinario cuadro de J. S. Sargent expuesto en la Tate Gallery.

Cortes renacentistas

Capítulo XIX

Fray Tomás de Torquemada
(1420-1498)

Aunque puede que, estadística en mano, haya habido algún inquisidor más sanguinario, la Historia, esa dictadora, lo señaló sin escapatoria, como el símbolo de la intransigencia del catolicismo cristiano y un adelantado de las leyes racistas y de limpieza de sangre que, después de él, aparecieron, trágicamente, en varias oportunidades. En el inconsciente colectivo el nombre de Torquemada irá siempre unido al de *hoguera* y Auto de Fe, y al de una fecha, 1492, un año en el que, junto a dos hechos trascendentales como fueron la conquista de Granada y el descubrimiento de América, también sería el de la expulsión, por el propio Torquemada, de los judíos españoles sin posibilidad de regresar. Además, la gran monstruosidad que sería el Tribunal de la Inquisición, se debería a este dominico tan poco seguidor de los mandatos del Evangelio, frente a su indisimulable pasión por ejercer el poder, incluso sobre sus monarcas a los que sobrepasó e impulsó a iniciar la gran purga que empobrecería y arruinaría los reinos de una España recién reunificada.

Nacido en Valladolid, Tomás de Torquemada sería el primer Gran Inquisidor español tras su nombramiento en 1483. Este fraile dominico hizo una brillante carrera política que le llevaría, sucesivamente, a ser confesor de los Reyes Católicos y a la vez, miembro del Consejo Real de ambos monarcas.

Tras su ingreso a los 14 años en el convento de los dominicos de San Pablo en su ciudad natal, obtuvo allí el título de bachiller en Teología, y con sólo 22 años fue prior del convento de Santa Cruz en Segovia. Así daba sus primeros pasos hacia el poder el que llegaría a ser responsable del Tribunal de la Inquisición o Santo Oficio, que se había establecido en 1478 pero que llevaba una actividad lánguida hasta ese momento, principal o únicamente dedicado a la fiscalización –sólo eso– de los judíos. Con Torquemada (que había sustituido a los anteriores, primeros, inquisidores, los también dominicos Juan de San Martín y Miguel de Morillo) el espectro de los perseguibles se abrió absolutamente, siendo procesados todos los herejes y gentes de fe dudosa en general. He aquí el terrible formulario de la parte dispositiva de las sentencias de tortura dictadas por la Inquisición bajo el mandato de fray Tomás de Torquemada:

Christi nomine invocato. *Fallamos atentos los autos y méritos del dicho proceso, indicios y sospechas que dél resultan contra el dicho..., que le debemos condenar y condenamos a que sea puesto a cuestión de tormento, en el cual mandamos esté y persevere por tanto tiempo cuanto a Nos bien visto fuere, para que en él diga la verdad de lo que esté testificado y acusado; con protestación que le hacemos, que si en el dicho tormento muriere, o fuese lisiado, o se siguiere efusión de sangre, o mutilación de miembros, sea a su culpa y cargo y no a la nuestra, por no haber querido decir la verdad. Y por esta nuestra sentencia, así lo pronunciamos y mandamos.*

A partir de la presencia del dominico en la cima jerárquica del mismo, el Santo Oficio extendería su terrible jurisdicción por todos los reinos peninsulares desde su origen en Castilla. El pánico fue aún más palpable puesto que no había tradición inquisitorial anterior, y los reinos peninsulares, a diferencia de otros de Europa, no habían implantado la anterior Inquisición papal, por lo que la nueva brutal represión añadía a su propia maldad el factor sorpresa. Sin embargo la extensión del implacable brazo inquisitorial a otros reinos peninsulares no careció de problemas ya que, por ejemplo, en Aragón se opusieron con todas sus fuerzas, obligando al Gran Inquisidor a enviar a Zaragoza al canónigo Pedro Arbués, que, antes de poder empezar a discutir el problema, murió apuñalado misteriosamente (se dijo que por conversos) en la catedral de la Seo mientras oraba.

De nada serviría a la postre esta muerte puesto que, al final, los largos tentáculos de Torquemada llegaron a todas partes, imponiendo el reino del terror de su tribunal en toda la España recientemente unificada. Enseguida hubo una reacción en favor de las pretendidas bondades que justificasen la existencia del tribunal, en el sentido de igualarlo con el poder del Dios de la Biblia. «La Inquisición –afirmaba un monje llamado Macedo– se fundó en el Cielo. Dios ejerce la función de primer inquisidor, y, como tal, castigó con el fuego celeste a los ángeles rebeldes». A partir de esta teoría, ya todo estaría justificado. Fray Tomás actuó con descarado despotismo, evitando e ignorando la ayuda que, legalmente, debía prestarle el Consejo Supremo o de la Inquisición (conocido popularmente como la Suprema), dependiente de Fernando e Isabel. Por el contrario, Torquemada dictó sus *Instrucciones Antiguas* a su libérrimo albedrío, sin consultar con nadie y según su parecer obsesivo para con los no puros en materia de religión. Aunque no siempre, fray Tomás solía asistir a los autos de fe, y a la terrible puesta en escena de los mismos, se sumaba la figura angulosa y espectral de Torquemada, que se aseguraba de que, a los que él había condenado, fenecieran efectivamente lamidos sus cuerpos por las llamas.

Crecido con los plenos poderes que los reyes habían puesto en sus manos, Torquemada se propuso la ingente tarea de conseguir nada menos que la unidad religiosa de una España recién inventada y conformada, para conseguir la cual no dudó en aconsejar (algunos apuestan porque *exigió* a Isabel y Fernando la solución final) la expulsión de los judíos el año 1492. La petición –o exigencia– tuvo como escenario la simbólica ciudad de Granada, con cuya conquista se había culminado la unidad peninsular, y en la cual residían por entonces Fernando e Isabel. Su proyecto de expulsión era doblemente flagrante y absurdo cuando, según algunos historiadores, él mismo, y el propio rey Fernando de Aragón, pertenecían al pueblo hebreo a través de algún antepasado. Pero como todos los puros (más si son conversos), el dominico no dejaba de enviar al brazo secular para el cumplimiento de las penas a toda clase de víctimas, tocadas con el *sambenito* negro, camino de la hoguera purificadora. He aquí el comienzo de la parte preceptiva del edicto dado en Granada por los Reyes Católicos el 31 de marzo de 1492, expulsando de sus reinos a los judíos:

> *Por ende, Nos en consejo e parecer de algunos prelados e grandes caballeros de nuestros reynos o de otras personas de ciencia e conciencia de nuestro Consejo, aviendo avido sobre ello mucha deliberación, acordamos de mandar salir a todos los judíos de todos nuestros reynos, que jamás tornen ni vuelvan a ellos, ni alguno dellos; e sobre ello mandamos dar esta nuestra carta, por la qual mandamos a todos los judíos e judías de qualquier edad que sean, que viven e moran e están en los dichos nuestros reynos e señoríos, ansí los naturales dellos como los non naturales (....) salgan con sus fijos e fijas, e*

criados e criadas e familiares judíos, ansí grandes como pequeños, de qualquier edad que seyan, e que no seyan osados de tornar a ellos (...) so pena incurran en pena de muerte e confiscación de todos sus bienes para la nuestra cámara e fisco...

Convertido en un déspota en estado puro, Torquemada evitó dar cuenta de la expulsión a las Cortes, como era preceptivo, y trabajó desde la impunidad de los hechos consumados. En una contabilidad no exhaustiva, salieron hacia el extranjero unos 165.000 judíos, se bautizaron a la fuerza 50.000 y murieron en el impuesto y durísimo éxodo que los expulsaba de su tierra más de 20.000. A pesar del terror con que asolaba al país fray Tomás, no todo el mundo aplaudió tan desgraciada medida, que a quien más perjudicaba, después de a los propios expulsados, era al reino recién unificado, que se veía empobrecido tras aquella sangría humana. Pero la ceguera y fanatismo de fray Tomás eran inflexibles, y nada ni nadie iba a impedirle aquella desgraciada decisión. Y en ese *nadie* entraban los propios monarcas.

Se cuenta que, una vez conocido el expediente de expulsión, algunos judíos habían ofrecido a los reyes hasta 30.000 ducados, si no para deshacer lo hecho, al menos para prolongar el plazo de expulsión y suavizar así el gran desastre que se venía encima. Enterado el confesor de aquella entrevista, irrumpió en la audiencia blandiendo un enorme crucifijo que había extraído de entre los pliegues de su hábito de dominico, y amenazó a los monarcas con estas palabras: «¡Judas Iscariote vendió a su Maestro por treinta dineros de plata; vuestras altezas le van a vender por treinta mil...! ¡Ahí le tenéis; tomadle y vendedle!». Inmediatamente, y tal como había entrado, salió de la estancia Torquemada, habiendo dejado en suspenso a todos los presentes, que tardaron en digerir aquel magnífico golpe de efecto. Tanto que, en efecto, Fernando e Isabel acabaron por rechazar aquel dinero y, sobre todo, la posibilidad de, al menos, minimizar los efectos de la expulsión. Una era de horrores se abría en la recién unificada España que sólo finalizarían en 1834, en la ciudad de Cádiz, y en el enunciado de su Constitución, la *Pepa,* que por fin mandaba al Averno el nefasto tribunal inquisitorial.

Pero eso sería más de tres siglos después, y en aquel año tan señalado de 1492, si los obligados a marcharse tuvieron que beber el agrio zumo del éxodo, los que quedaron no tuvieron mejor suerte, pues fray Tomás exigía obsesiva y tajantemente la limpieza de sangre, una aberración que, cinco siglos después, retomaría el nazismo. Más de 150.000 fueron los expulsados en un primer momento, en lo más álgido de la furia antisemita. He aquí un texto (estatuto) de la Inquisición perfectamente trasladable a 1937, cuando fueron promulgadas las leyes de Nuremberg por los nazis:

Los hijos y los nietos de tales condenados no tengan ni usen oficios públicos, ni honras, ni sean promovidos a sacros órdenes, ni sean Jueces, Alcaldes, Alguaciles, Regidores, Mercaderes, Notarios, Escrivanos públicos, Abogados, Procuradores, Secretarios, Contadores, Chancilleres, Tesoreros, Médicos, Cirujanos, Sangradores, Boticarios, Corredores, Cambiadores, Fieles, Cogedores, Arrendadores de rentas algunas, ni otros semejantes oficios que públicos sean.

También sería precursor el cruel dominico en otras maldades que después se repetirían machaconamente. Por ejemplo, Torquemada se adelantó al edicto del Papa de 1521 por el que todos los libros prohibidos debían ser entregados a la Inquisición y quemados públicamente. Fray Tomás, ya en 1490, había entregado a las llamas más de 600 volúmenes repletos, se dijo, de ideas heréticas y judaizantes. Por lo demás, y como tantos tiranos de la Historia, personalmente fray Tomás fue un asceta que vivía modestamente y presumía de incorruptible. Pero si la parte del león en la represión correspondía a herejes y falsos conversos, el largo brazo del inquisidor llegaba también a la de los delitos comunes, aunque él los justificaba y bautizaba como *herejías implícitas*. En este término confuso entraban los bígamos, los curas que se casaban, los que se acostaban con mujeres haciéndoles ver que eso no era pecado, los que preparaban filtros de amor, los guardianes que violaban a sus prisioneras, los místicos y los embaucadores, entre otros muchos.

Si pasó a la Historia por su acción al frente de institución tan macabra, y si reunió frente a él el odio de muchos siglos y de mucha gente, poco se sabe de su vida privada, y si en ella prolongaba el dominico aquel sadismo frío e inhumano que utilizaba en lo público. Algunos historiadores rescataron una curiosa historia que entraría de lleno dentro de esa vida privada de ser cierta. Según aquéllos parece que fray Tomás, un hombre al fin y al cabo, sintió una gran pasión por una joven llamada Concepción Saavedra. Ordenó a sus agentes que la buscaran allá donde viviera y la llevaran a su presencia. Cumplida la orden y estando la joven frente a él, el frío e insensible monstruo intentó seducirla. Pero antes solicitó los servicios de una matrona para ver si, como creía, era virgen. La matrona asintió tras examinarla. Al día siguiente, y tras una noche de pesadilla, la damita fue trasladada a una estancia ricamente adornada en la que, además, aparecieron ante su vista ricos vestidos y costosas joyas. Ilusionada en un primer momento por aquellos presentes, enseguida fue consciente de en qué situación y en qué lugar se hallaba. Y se puso a temblar.

Concepción era una bellísima joven andaluza, morena, de cuerpo grácil y atractivos innatos. Pero era hija de un padre que había muerto en una emboscada tendida por las tropas castellanas a los moriscos, con los que su progenitor se hallaba. Entonces vio que la habían llevado a la sede de la Inquisición y que se hallaba a merced del Gran Inquisidor. Y lo comprendió todo. No obstante, a la mañana siguiente la despertó el roce de unos labios y el olor penetrante de un perfume. Abrió los ojos y vio junto a ella a Torquemada. Muy asustada, se tiró del lecho y se arrodilló ante el dominico, besándole el anillo que adornada su huesuda mano. La joven sólo pudo articular algunas palabras en el sentido inquisitivo de qué hacía allí y qué se pretendía de ella. El azote de herejes le respondió con sentidas alabanzas a su belleza y a su cuello nacarado, a esos ojos turbadores y otras lindezas de enamorados. La víctima quiso huir, pero el inquisidor la persiguió y acorraló. Entonces llamó a sus criados y les ordenó que la desnudaran y ataran al lecho. Allí mismo acabó con la doncellez de Concepción. Tras aquel atentado al pudor de la joven, el monje pudo asegurarle que le había hecho feliz y que, sin duda, ella también lo había sido con él. Poco tiempo después, Concepción Saavedra moría achicharrada en una hoguera levantada en una céntrica plaza de Sevilla.

Tomás de Torquemada hizo funcionar con tanta fiereza al Tribunal de la Inquisición (fue uno de los ocho inquisidores nombrados por el papa Sixto IV en 1482) durante sus quince años de mandato, que el propio Pontífice acabaría por relevarlo de su cargo, ya que tanto él como los Reyes Católicos, hicieron funcionar la Inquisición de manera autónoma respecto al papado y en su exclusivo bineficio político. Porque hay que decir que Torquemada, ahíto de poder, había dado un paso hasta entonces tabú: procesar a dos obispos, según él por tener veleidades y contacto con los protestantes.

Ante tanta arbitrariedad, y aunque fuesen voces en el desierto y se jugaran la vida, algunas, como las de fray Hernando de Talavera (confesor de la reina) y Hernando del Pulgar (secretario real), resonaron con fuerza denunciando los abusos del dominico. Eran ya demasiadas barbaridades las de fray Tomás y le pararon los pies. Como compensación por su defenestración, le fueron ofrecidos los arzobispados de Sevilla y Toledo, que rechazó. Hombre contradictorio, su sed de sangre y de pureza por el fuego, parecía compatible con una vida oficialmente, al menos, diríamos, ejemplar: por ejemplo, vivía la vida conventual de manera similar a la del último lego, durmiendo sobre una tarima desnuda. Además, nunca comía carne y sus signos exteriores de riqueza eran inexistentes.

Se retiró al convento de Santo Tomás de Ávila, donde murió en 1498, sucediéndole en su sangriento trono inquisitorial otro fraile de su misma orden dominica: fray Diego de Deza, que siguió los pasos despiadados de su antecesor y hermano de orden fray Tomás quien, al morir, dejaba como no deseada herencia un abultado número de víctimas entre un desgraciado pueblo español: más de 100.000 procesados y cerca de 3.000 condenados a muerte y ejecutados en 15 años de actuación despiadada contra cualquier desviación de la más absoluta ortodoxia religiosa y política. Aunque en el futuro, y hasta su desaparición gracias a las Cortes de Cádiz, el Santo Oficio viviría otras épocas oscuras y terribles, nunca alcanzaron la crueldad y desprecio por la vida humana como las que se soportaron durante los años en los que, con mano férrea, dirigió la Inquisición un *humilde* dominico llamado fray Tomás de Torquemada. Cifras en mano, en sus primeros veinte años de existencia, el Santo Tribunal de la Inquisición envió a la muerte a las tres cuartas partes del total de víctimas en toda su historia de tres siglos, un buen resultado que es posible que Torquemada presentara como aval a las puertas de un Cielo que, seguramente, creyó merecer.

Capítulo XX

César Borgia

(1476-1507)

Desde luego César Borgia no podía presumir de provenir de una *buena familia,* aunque, hay que reconocerlo, él la empeoró aún más. Como toda su familia, era de origen español y, al echar raíces en Italia, cambiaron ligeramente la pronunciación del apellido Borja por el más itálico de Borgia. César Borgia no sólo será recordado como el príncipe sin escrúpulos en el que, según algunos, se inspiró Maquiavelo para su célebre tratado, sino por pertenecer a una familia absolutamente frívola y amoral para la que no contaban los principios más elementales. Al menos ésa es la idea que nos ha llegado a través de los mil y un tratadistas que, prácticamente desde su misma época y hasta hoy, no han dejado de hurgar en las intimidades *non sanctas* del hijo de Alejandro VI y hermano de Lucrecia. Por último, si por sus hechos los conoceréis, César Borgia vivió poco pero intensamente, alternando su incansable actividad entre Marte y Eros, utilizando en ambas especialidades todas las armas a su alcance, incluidas –y sobre todo– las de la traición y el crimen. Nacido en Roma, era hijo de Rodrigo de Borja (futuro papa Alejandro VI) y de Juana Catanei (llamada la Vanozza). Fue el favorito de su padre, compartiendo parentesco más o menos fraternal (en el sentido sentimental del término) con otros cinco hermanos habidos por su padre con la citada Vanozza Cattanei, con la que conviviría el después Pontífice durante un cuarto de siglo. En cuanto al querido hijo, era evidente que, en una misma persona, convivían cómodamente la generosidad, la valentía y la inteligencia junto a la perfidia y el asesinato. Años más tarde, el florentino Maquiavelo llamaría, precisamente, «sublime perfidia», a la fría y calculadora actitud política del hijo de Alejandro VI.

Tras pasar brevemente por el cardenalato para el que, en principio estaba destinado por su padre (durante muchos años sería conocido como *el cardenal de Valencia*), abandonó esta dignidad eclesiástica para casarse con Carlota, la hija de la reina de Navarra, Juana de Albret. Por otro lado, el rey francés Luis XII le hizo bineficiario de una pensión de 20.000 ducados, además de otorgarle el título de duque de Valentinois (a partir de entonces sería también conocido como el *Valentino*). Coleccionista de dignidades, César Borgia será, en una lluvia de empleos y cargos, vicario de las tierras que conquistaba por las armas, magistrado supremo, y capitán general de la Iglesia Católica. César fue un hombre lleno de vitalidad y abierto a todas las sensaciones en una mezcla mareante de maldades y cualidades. Muy sensible a la idolatría que parecía provocar en el pueblo, con ocasión de uno de sus regresos a Roma como triunfador de una enésima trifulca política o bélica, por aliento suyo, la ciudad festejó sus triunfos durante varios días seguidos con fiestas y espectáculos en los que el propio homenajeado participó activamente. Sobre todo, como un Nerón menor, por ejemplo, sentía auténtica pasión por los toros. Y este apartado de los festejos eran los más cuidados y mejor organizados por el hijo de Rodrigo Borja, que podía dedicarse a torear y matar hasta siete toros para él sólo en la plaza de San Pedro César convertida en un imposible circo neroniano.

En la cumbre de sus conquistas bélicas y de su poder político acuñaría la divisa «César o nada» (en su expresión latina *Aut Caesar aut nihil*), que mandó grabar en la centelleante hoja de su espada, y que no era otra cosa sino el aviso de que el poseedor de aquella arma era un gran soberbio y un espíritu violento. Tanto fue así que nunca se paró ante obstáculos que se opusieran a sus deseos y ambiciones, llegando por este tortuoso camino hasta el crimen fraterno. En efecto, un día apareció flotando en las aguas del río Tíber el cadáver de su hermano Juan, el primogénito de Alejandro VI. Se dijo que había sido asesinado por constituir su mayorazgo un obstáculo para los planes de César. También corrió el rumor de que, enamorados y amantes los dos hermanos de la hermana común, Lucrecia, los celos habrían dado con Juan en el lecho de las aguas del río. En estas riñas amoroso-familiares, César volvió a rozar el incesto con sus amores dirigidos hacia Sancha de Aragón, hermana de Alfonso, esposo de su hermana Lucrecia, y esposa a su vez de Jofré, hermano de él mismo y de Lucrecia.

Pero éste no sería un caso aislado, ya que el cardenal de Valencia asesinaba o enviaba a matar a sus esbirros, con una pasmosa facilidad. Entre otros, a él se debieron las muertes de un navarro llamado Juan de Armenteros (para otros historiadores, Juan Petit), debido a que, hasta sus oídos habían llegado ridículos chismes sobre el desgraciado, cotilleos de cortesanos y poco más, aunque suficientes para que sus esbirros lo cosieran a puñaladas. Y también dejaría el mundo de los vivos por orden de César un camarero del Papa llamado Troche, quien, habiendo sabido su condena, huyó hacia España, a donde envió César a gente a su servicio a los que, tras asegurar al fugitivo que si regresaba a Roma no le ocurriría nada, el hombre terminó por acompañar. Cuando entraba en Roma, los soldados de César lo empujaron hasta las celdas de Sant´Ángelo, donde permaneció preso durante un tiempo hasta que, condenado en firme, recibió la muerte por garrote.

Algunos historiadores, como Burchard, no dudan en parangonar al hijo del Papa con los Césares de Suetonio. Así, describe una fiesta, similar a otras (ya apuntadas antes), que tuvo lugar en la Plaza de San Pedro. La célebre rotonda fue cerrada con empalizadas y convertida en una *sucursal* del circo Máximo con un nuevo émulo de Nerón. En el papel del hijo de Agripina apareció en el coso César Borgia que, lujosamente ataviado y a lomos de un fogoso corcel, ordenó a la guardia que sacaran a la plaza a un número determinado de prisioneros de guerra y delincuentes comunes, sin distinción de sexo ni edad. Una vez atados a unos postes, el caballero arremetió contra ellos, disparando su arcabuz sobre unos, atravesando con la espada a otros o, a los que aún no habían muerto, los aplastó con los cascos de su cabalgadura.

Pasando a su oficio de soldado, y sin negarle el ser un gran capitán pero que utilizaba la guerra en su propio binefício (no obstante, y adelantándose mucho tiempo, parece que el fin último de César Borgia en sus múltiples expediciones militares no era otro que la unificación por la fuerza de toda la península italiana), también era cierto que alternaba el hedor de los campos de batalla con la no menos irrespirable atmósfera de la intriga, su otra gran pasión. En este último campo colaboró, no se sabe si de buen grado o forzada, su hermana Lucrecia, a la que casó y descasó según sus intereses de cada momento. Por último, César Borgia era tan avaro y ambicioso de las riquezas ajenas que no dudó en una ocasión en tender una emboscada en Sinigaglia a los que le habían ayudado a ganar importantes triunfos, haciendo ahorcar a todos sus –otrora– generales, de manera que quedó como binefíciario único del botín que poseían los defenestrados.

En una vida tan intensa y con tantos frentes abiertos y, sobre todo, teniendo que eliminar a tantos enemigos, era evidente que él sólo no podía dedicarse a tantas cosas a la vez. De ahí que, desde muy joven, y prácticamente durante toda su vida de excesos, César Borgia se apoyara en un colaborador de toda confianza. Este hombre se llamaba Miguel Corella, que será en la mayoría de los casos, el brazo ejecutor y material de prácticamente todos los crímenes atribuidos a su señor. Corella era un valenciano que *el cardenal* se trajo de tierras levantinas españolas y que se puso a su disposición para, además de conjuntas correrías por mancebías y palacios (tanto les daba), el criado y su señor no tuvieron escrúpulos en mancharse las manos de sangre cuantas veces fueran necesarias.

César fue siempre un capitán que, cuando no estaba guerreando, se transformaba en un príncipe absolutamente entregado a lo fastuoso, de tal forma que tenía un gran sentido estético para las *puestas en escena,* detalle que, de haber tomado otros caminos, le podría haber llevado hasta el arte dramático y el teatro. Sobre todo, le encantaba organizar grandes espectáculos para su propia exaltación, haciendo dispendios inimaginables como, sin ir más lejos, los efectuados con la excusa de su viaje a Francia, país al que había arribado a través del puerto de Marsella, ciudad esta desde la que partió la fastuosa comitiva de Borgia en la que, como muestra del boato irresistible de que se hacía rodear el hijo del Papa, llegó a herrar todos los caballos de su cabalgata con herraduras de plata maciza, eso sí, apenas sujetas por un clavo que posibilitaba su pronto desprendimiento con el doble resultado de, por un lado, deslumbrar literalmente a todos con aquella extravagancia, y después, al desprenderse las argénteas herraduras, contentar a la plebe, que se empujaba para adueñarse de una de aquellas piezas. Era, sin duda, una forma sibilina de ganarse a gran parte de la población.

Ya se ha apuntado que César Borgia no paró un instante en su no muy larga existencia, pasando de las batallas bélicas a las diplomáticas y, también, a las que tenían como *campo de batalla* las alcobas y como contrincantes, a las mujeres. Hombre de guerra, sin embargo también se sentía a gusto entre artistas e intelectuales. De hecho, en algunas de sus correrías fue acompañado por nombres tan preclaros como Miguel Ángel Buonarrotti, Leonardo da Vinci, Nicolás Maquiavelo o el *gigante* español García de Paredes. Vitalista e incansable, en sus raros ratos de ocio se ocupaba de su pasatiempo preferido: el alanceamiento y ¿toreo? de reses bravas. Realmente a César Borgia se le podría considerar, en cierta forma, adelantado del *arte de Cúchares* pues ya ha quedado reflejado aquí su pasión por los toros. Sobre todo en las grandes solemnidades tenía que haber muerte de toros. Y, quién lo dudaba, que esas ocasiones solían coincidir con las bodas de su hermana Lucrecia, con ocasión de las cuales César organizaba suntuosas y extraordinarias corridas de toros. Una de las más recordadas fue con ocasión del enlace de su hermana con Alfonso de Aragón. Aquel día, y ante una masa vociferante y con ganas de diversión compuesta por más de 10.000 personas reunidas en el parque romano de Monseñor Ascanio, César alanceó a caballo, durante cinco horas, a ocho toros que hicieron sudar, pero no agotarse, al perverso hijo de Rodrigo Borgia.

Cuando su padre, el papa Alejandro VI, abandonó el mundo de los vivos, a César se le acabaron muchas de sus prebindas, siendo desterrado por el nuevo pontífice Julio II. Realmente César estaba destinado a morir junto a su padre, pues según algunos, el papa Alejandro fue envenenado con un vino letal servido en un banquete ofrecido al padre y al hijo juntos en el palacio del cardenal Adriano de Corneto. Tras la comida, ambos se sintieron muy mal, y el Sumo Pontífice falleció tras dolorosa y larga agonía. No así César que, aterrorizado por ver morir a su padre y consciente de que él había bebido el mismo licor, sin embargo logró sobrevivir, debido, según parece, a que inmediatamente se metió en un barreño de agua helada, de tal forma que sufrió una extraordinaria reacción, tras la que mandó abrir en canal una mula viva en la que se introdujo hasta que se sintió mejor. No dejaban de ser extraños antídotos, ciertamente, pero muy imaginativos y, sobre todo, eficaces, pues César logró, de momento, salvar el pellejo. Sin embargo, otras versiones apuntaron a la malaria como la causa de ambas defunciones, y en el caso de César, puede que algo tuviera que ver también la sífilis.

Durante su febril existencia, César Borgia se lanzó a unas guerras caprichosas y a la desesperada, por ejemplo, cercando Florencia, conquistando la Romaña o amenazando con su presencia otros lugares estratégicos en la geopolítica del momento, hasta tal punto que obligaron al Gran Capitán (Gonzalo de Córdoba) a apresarlo y librarse de tan engorroso enemigo. Llevado a España, fue encerrado sucesivamente en los castillos de Chinchilla y de la Mota, aunque de ambos lograría huir, aunque no tan lejos como para que no se le diera alcance. Se le dio, efectivamente, y en el mismo lugar se procedió a su ejecución. Fue en el camino entre Viana y Pamplona, junto a las murallas de esta última ciudad. Hasta 23 heridas recibió en su cuerpo el que tan fácil tuvo siempre el puñal contra sus enemigos. Era el 12 de julio del año 1507 y la muerte le había llegado a la temprana edad de 31 años. El que había deseado –y conseguido con creces– no pasar inadvertido en todos y cada uno de sus pasos por la vida, murió oscuramente a manos de unos soldados que parecieron desconocer el *valor* del guerrero al que le arrebatan la existencia. (El autor material de la muerte de César Borgia se llamaba Garcés, y era un modesto soldado perteneciente a las fuerzas del conde de Lerín.) Tampoco fueron excepcionales ni sus funerales ni su entierro, al contrario. Después, en el lugar de su adiós al mundo, tan sólo una tumba no especialmente destacada en Viana de Navarra llamaba la atención del visitante con esta inscripción (probablemente apócrifa): «Aquí yace en poca tierra/ el que toda le tenía,/ el que la paz y la guerra, en la su mano tenía».

Fue este personaje tan dispar y contradictorio, el que inspiraría a Nicolás Maquiavelo su celebérrima obra política *El Príncipe* y a otros autores descalificaciones como las de haber sido «un aventurero de altos vuelos» (Gregorovius) o «un héroe del crimen» (Charles Iriarte). No se sabe si César llegó a conocer la obra *maquiavélica* del florentino o si éste se inspiró en las triquiñuelas políticas del cardenal de Valencia. Pero resulta evidente al cabo de los siglos que si bien el héroe de *El Príncipe* pudiera haber sido el hijo de Alejandro VI, la inmensa mayoría de sus biógrafos e historiadores lo apearon enseguida de ese pretendido pedestal, pasando a la posteridad como un perfecto asesino y un pérfido personaje.

En el futuro, la familia Borgia sería tema recurrente en la creación cinematográfica, con *films* como *Lucrecia Borgia* (Richard Oswald, todavía en el cine mudo), o *Los Borgia*, con el siempre efectivo actor de carácter alemán, Emil Jannings. Tendrían que llegar los años sesenta del siglo xx para que un director polaco exiliado en Francia, Walerian Borowczyk, rodara unos Borgia rayando en la pornografía a través de un film destinado a los circuitos semiclandestinos por la dureza de sus escenas, al fin y al cabo sacadas de la realidad que nos transmitieron los historiadores de tan nefasta saga hispano-italiana.

Capítulo XXI

Lucrecia Borgia
(1480-1519)

Cierta misoginia muy extendida ha propiciado el que, en un listado de nombres malditos por la Historia, las pocas mujeres que suelen aparecer, sean, en compensación, mucho más perversas que sus compañeros de celebridad. Paradigma de esto es, fue, esta mujer frágil de apariencia y de una belleza delicada pero que, al decir de los citados, habría sido la más cruel y desenfrenada ninfómana del Renacimiento. Si, además, se acompaña su historia con unos parientes muy próximos (padre y hermano, sobre todo) y ayunos de cualquier atisbo de decencia, entonces tenemos un cuadro muy atractivo lleno de colorido (incluido, y sobre todo, el rojo de la sangre), con pinceladas eróticas cargadas de una sensualidad pervertida, y de incestos, venenos y apuñalamientos que aparecerán en una sucesión infernal. De poco valdrán los que, siglos después, quieran presentarnos a la *verdadera* Lucrecia porque, si ésta existió, pereció aplastada por el peso maldito de la otra.

Duquesa de Ferrara, Lucrecia Borgia había nacido en Subiaco, muy cerca de Roma, y era hermana de César e hija natural de Vanozza Catanei y Rodrigo Borja, cardenal y futuro papa Alejandro VI que sería conocido como «el Nerón de los Pa-

pas». No fue su padre, sin embargo, una excepción en la familia respecto a la proximidad con el mundo de la Sede Papal pues un antepasado, Alonso de Borja, ya había ocupado el trono de San Pedro con el nombre de Calixto III. Además, ella misma, sería tía-abuela de un santo de la Iglesia: San Francisco de Borja. En cuanto a su
madre, Vanozza Catanei, podía exhibir una numerosa lista de maridos: Antonio de
Brixia, Domingo de Arignano (o Carinano), Jorge della Croce y Carlos Canale. Algunos de éstos fueron empujados al matrimonio por el mismo Rodrigo Borgia, para
tapar de alguna forma la situación algo atípica de sus relaciones con la Vanozza. Sin
embargo ésta los igualó a todos al darles algún hijo a cada uno, regalo que repitió
también con su principesco (príncipe de la Iglesia) amante, siendo ese fruto de las relaciones con Rodrigo Borja (uno de ellos) el nacimiento de Lucrecia. Sobre Vanozza, por su proximidad a la familia Borgia, cayó también el vilipendio de la Historia,
siendo para unos una honrada dama renacentista muy típica de la época, y para otros,
simplemente, una cotizada cortesana que transitó por los mejores lechos romanos.

En Lucrecia Borgia iban unidas la belleza (llamaba la atención su deslumbrante cabellera dorada) y el talento, una mezcla necesariamente explosiva si, además, se
le sumaban la crueldad y el libertinaje. Esta última acusación llegó a su punto álgido muchos años más tarde, con el rumor de que había quedado embarazada como resultado de unas hipotéticas relaciones con su padre, el Papa, o con su hermano, el duque de Nepi. De nada servirían posteriores intentos de rescatar a otra Lucrecia
Borgia no contaminada por la sangre y el sexo, pues los primeros libelos contra ella
e, incluso, algunas biografías posteriores, incidían también en el retrato en negro de
esta bella mujer que, por ejemplo, sobresalió de las de su tiempo con un bagaje de
conocimientos notables como eran el dominio de varias lenguas (valenciano, castellano, italiano, latín, griego), o la pasión por diversas artes como el dibujo y, sobre
todo, la música.

El primer matrimonio de una todavía niña Lucrecia, fue concertado cuando
contaba once años, siendo prometida en Roma a Querubin Juan de Centelles, aunque
al final el compromiso sería roto por su progenitor para colocarla a las pocas semanas con un partido mejor: el de Gasparo de Procida (o Próxita), que sería su primer
esposo, aunque este matrimonio fue anulado asimismo en 1492 por el ya papa Alejandro VI. Ese mismo año, y con doce recién cumplidos y separada, tuvo un nuevo
pretendiente en la persona de un conde de Prada, que al final tampoco llegó a buen
puerto. Un tercer nombre se podría añadir a sus fallidos esposos (que algunos sitúan
en el primer puesto, cronológicamente): el de un conde Gaspare di Aversa.

Al año siguiente llegaría, por fin, a celebrarse una boda con algún viso de duración, siendo el elegido en esta ocasión (todos, antes y después, serían escogidos

por los demás, nunca por ella) Juan Sforza, señor de Pésaro, de 28 años de edad y viudo (ella acababa de cumplir los trece). El novio le había sido elegido por el cardenal Ascanio Sforza, pariente del joven Juan, un alto dignatario de la Iglesia con mucho poder en la corte vaticana y que el padre de la novia juzgó un excelente partido, ya que su familia ejercía el poder en buena parte del norte de Italia. El desfile de la novia el día de la boda atrajo a miles de personas que pudieron admirar el boato y el lujo excesivos sobremanera que acompañaban al cortejo y que adornaban, en especial, a la jovencísima esposa que, como un ascua de oro en gracia a su áurea cabellera, oponía el contraste de una adolescente de raza negra que le llevaba la larga cola del vestido. Asimismo, el suntuoso banquete de este enlace duró varios días, y a él asistió la nueva amante de su padre, Julia Farnesio, llamada *la Bella,* la misma que durante toda su existencia gozará de la amistad, que *la Bella* le devolvió, de Lucrecia. Pero de nada sirvió aquel despilfarro puesto que, poco después, de nuevo el Papa, su padre, anuló también este enlace por *impotentia coeundi* del esposo, curiosa impotencia cuando había engendrado anteriormente tres hijos de su primera esposa. Juan Sforza se vengaría de tal infamia propalando la nueva de que, si se le alejaba de Lucrecia, era, pura y simplemente, porque el papa Alejandro, su padre, la quería para él. Pero en realidad el papa Alejandro lo que haría sería entregarla en brazos de un nuevo esposo, Alfonso de Aragón, duque de Biscaglie (como ella misma, también hijo natural, en su caso del rey Alfonso II de Aragón). Contaba el esposo 17 años y ella, Lucrecia, le superaba por uno.

Era Alfonso un joven de una belleza deslumbrante que, en aquella época y en Italia, resultaba muy apreciada allá donde se encontrara, tanto en hembras como en varones. Era hijo de Alfonso II el Bizco y de una concubina de este llamada Trussia Gazullo. El matrimonio fue legal desde el día 14 de julio de 1498, siendo celebrado y consumado esa misma jornada aunque de forma un poco *secreta*. Así se mantuvo hasta el 5 de agosto, en que se celebró la ceremonia pública con los acostumbrados festejos epatantes y derrochadores. Por ejemplo, y como si con estos detalles los Borgia trabajaran por su leyenda negra futura, en el gran banquete de aquella boda, el papa Alejandro tenía al alcance de su mano una dorada fuente en la que se movían, repulsivos, algunos reptiles, en especial culebras y serpientes sin duda venenosas. Por su parte su amado hijo, y hermano de la contrayente, César, fue el *director de escena* responsable de un pagano baile de disfraces acompañado de representaciones y excesos que se prolongarían hasta el amanecer.

En 1499, y al poco de haberle dado un hijo a su esposo Alfonso de Aragón, éste murió estrangulado en el lecho a donde fue trasladado tras ser atacado y malherido por los sicarios de César Borgia en la escalinata de la basílica de San Pedro, orden dada por su hermano en un furioso ataque de celos, puesto que era *vox populi* que César sentía una atracción irresistible por Lucrecia. Unos sicarios, por cierto, que no descansaban nunca, pues también había estado César detrás de otra muerte: la de Perotto, amante fugaz de Lucrecia y, según la misma *vox populi,* padre de un hijo de ésta (aunque Aretino fue más allá y llegó a decir que César también era querido de su padre, el papa Alejandro VI). En cuanto al niño, al margen de la paternidad hipotética del asesinado, otras versiones hablaban de su hermano César como el causante de la maternidad de su hermana, toda una sucia historia que pasaría a formar parte de la crónica de aquellos tiempos renacentistas. Pero al margen del verdadero padre, lo cierto fue que Perotto apareció ahogado en las ya habituales aguas del Tíber, un río que también había sido líquido sudario para su también hermano Juan Borgia. Del asesinato de Alfonso de Aragón, se dijo que Lucrecia había presenciado, aterrada, desde sus aposentos, la muerte de su esposo de forma tan alevosa.

El trágico fin de su marido empujó a Lucrecia a permanecer encerrada durante un año en una habitación tapizada de negro, rezando y recordando al marido muerto tan ignominiosamente. En cuanto al padre, el Sumo Pontífice se limitó a organizar en 1501 el cuarto matrimonio de su hija, en esta ocasión con Alfonso II de Este, duque de Ferrara, de 24 años de edad. Sin embargo en esos meses transcurridos entre su viudedad y su nuevo matrimonio, algunos historiadores sitúan el tiempo más oscuro y, por lo tanto, más susceptible de invenciones, de su biografía.

En ese interregno Lucrecia llevó directamente, en tres ocasiones, los negocios del Vaticano ante la ausencia, por diversos viajes, del Papa (en realidad, Lucrecia se limitó a llevar los asuntos particulares de su padre y su correspondencia privada siendo aconsejada tan sólo en temas de Estado y en su toma de decisiones, por un cardenal español llamado Jorge Costa). También en esta época sitúan los historiadores sus tiempos más desenfrenados, coincidentes con sus grandes crímenes y sus inefables orgías, incluidas las organizadas en familia, con la participación de su padre, y –aquí la leyenda– con el resultado de un vástago de aquellas incestuosas relaciones, un bebé de éste, Rodrigo, nacido en 1499, y que sería conocido como *el infante romano.*

Lucrecia ejerció el poder también fuera de Roma y el Vaticano, entre otros en Spoleto y Nepi, lugares donde ejerció de gobernadora y donde mandó celebrar con el boato tradicional, el jubileo del año 1500. Todo un panorama realmente oscuro y apasionante el de esta familia renacentista en la que incluso habría que ubicar la segunda *papisa* de la historia de la Iglesia Católica, pues Lucrecia –como se dijo antes– ejerció ese mandato en más de una ocasión ante la ausencia de su padre, el Sumo Pontífice, responsabilidad importante que, al parecer, llevó con discreción e inteligencia en oposición a su padre, que se exhibía con su nueva amante, la bellísima Julia Farnesio (hermana de Alejandro, curiosamente futuro Papa también con el nombre de Pablo III), una mujer nada menos que cuarenta años más joven que su enamorado.

Lucrecia Borgia contaba veintiún años cuando pareció obtener, por fin, una cierta estabilidad en sus relaciones amorosas con el primogénito de Ercole d'Este, tras los anteriores y sucesivos esposos impuestos por su padre. El enlace entre Alfonso de Este y Lucrecia Borgia parecía augurar una mayor duración y estabilidad que los anteriores, a pesar de que el nuevo esposo no era excesivamente simpático ni amante de contactar con su pueblo. La boda se celebró el 28 de diciembre de 1501, y como de costumbre en anteriores enlaces, el desfile por las calles de la ciudad del cortejo nupcial, fue un regalo para los sentidos. Sobre todo, de nuevo, por el encanto y simpatía de la novia, que era seguida por medio centenar de damas de alcurnia, mas numerosas doncellas alineadas en una doble fila y con sus mejores tocados y vestidos. Como en ocasiones anteriores, del programa de espectáculos no podía faltar la fiesta taurina organizada por el hermano César, tan próximo a ella y ella de él (sin obviar con este aserto las faenas que, sobre todo César, le hizo a su *cara* hermana). La fiesta taurina, además de con la muerte de los toros habituales, contó con la sorprendente lidia de ¡dos búfalos! que, según los cronistas, dieron poco juego al *espada* habitual, el propio César. El mismo que, antes de la corrida, había organizado una extraña carrera pedestre por estamentos: de jóvenes, niños, viejos, prostitutas y judíos... A los dos últimos, el *director de escena* obligó a que corrieran desnudos, para mayor escarnio de los mismos, y mayor vergüenza, pues aquellas extrañas carreras finalizaban en una meta situada en la misma santa Plaza de San Pedro.

Un poco antes, ya anunciadas las bodas narradas antes, ello no fue óbice para que los componentes de la familia Borgia intervinieran en una de sus continuas fiestas-orgías organizadas dentro de los muros del Vaticano, reunión a la que fueron invitadas nuevas hetairas, en esta ocasión medio centenar, que acabaron por ser obligadas –otra vez– a bailar desnudas con otros tantos criados, así mismo sin ropas. Pero el plato fuerte de aquella fiesta fue el que pasaría a la historia como *el baile de las castañas,* un subterfugio por el que las citadas rameras, fueron invitadas a ponerse a cuatro patas, y así, recoger con sus bocas las castañas que, previamente, el Papa había arrojado al suelo. No hay que decir que, junto al componente humillante para las prostitutas, había otro de un muy acusado resultado erótico, por la forzada posición de las participantes. Parece, también, que estas fiestas licenciosas celebradas *en familia,* tenían su aparte individual, y que Lucrecia intervenía con mayor gusto en estas últimas, ya que de camino, daba satisfacción a sus sentidos. Por sus brazos se dijo que pasaron numerosos amantes, sin importar su estado civil, y que muchos fueron personajes de alto copete. Como, por ejemplo, el Gran Capitán, aquel militar español de nombre Gonzalo Fernández de Córdoba, quien, de campaña en Italia, fue invitado por Lucrecia a un paseo en barca por el Tíber en una noche de amor alumbrada por la luna.

Lucrecia y Alfonso reinaron desde 1505 en el trono de Este, convirtiéndola ambos por su simpatía, en una de las cortes más brillantes de Italia. Lucrecia había hecho su entrada triunfal en Ferrara en febrero de 1502, siendo acompañada por más de 90 mulas que transportaban su vestuario, joyas y muebles más amados. Desde el primer momento, a ella le gustó Ferrara y a Ferrara la hermosa Borgia. Allí intentó rodearse de una sociedad de poetas (por ejemplo, Ariosto entre los literatos, que haría un canto entusiasta de su señora que incluyó en su celebérrimo libro *Orlando furioso*) y de artistas (Tiziano, entre otros pintores). Ella misma era aficionada a las artes, componiendo poemas en varios idiomas. De aquel matrimonio nacieron cuatro hijos (tres hembras y un varón).

Para sus contemporáneos Lucrecia Borgia no fue mejor ni peor que cualquier otra princesa o aristócrata de la época, utilizada sin pudor, eso sí, como moneda de cambio en intereses políticos inconfesables por su padre, el Papa, y su hermano César. Incluso para los que la conocieron o escribieron sobre ella, esta hermosísima mujer destacaba por su generosidad y protección para con las artes, sobresaliendo también de entre un mundo de despilfarros, su gran corazón, que la mostraba caritativa con los más desgraciados. Incluso los historiadores más templados la consideran una víctima a la que le impusieron todos sus maridos y que, como mínima venganza, ella se encargó de escoger a sus amantes. Algunos de estos que lograron pasar a la posteridad eran el ya citado –y desgraciado– Perotto, César (su hermano), Juan (su otro hermano), Rodrigo (su padre), Francisco de Gonzaga y Pietro Bembo. De entre los dos últimos, el primero era pariente de Lucrecia, perteneciente a la nobleza en la que figuraba como marqués de Mantua. En cuanto a Bembo, se trataba de un gran humanista que, sobre todo, amó a Lucrecia a través de apasionadas y, a veces, incendiarias cartas de amor. Se habían conocido en una villa de las afueras de Ferrara a través de otro amante de la Reina, Hércules Strozzi, un poeta cojo que la idealizó llamándola *Bárbara* y que murió a manos de un Alfonso de Este en el papel de marido ultrajado, que le propinó hasta 23 puñaladas para, así, limpiar su honor.

En cuanto al resto de los hombres que estuvieron cerca de Lucrecia, Perotto se llamaba de verdadero nombre Pedro Calderón, y era un español que estaba al servicio de Rodrigo Borja, al que afeitaba a diario, y al que toda la familia Borgia le tomó un gran cariño. Fue él el que inició en la sexualidad a una Lucrecia casada en primeras nupcias, pero *intacta* todavía. En aquella ocasión, la novia, agitada y nervio-sa tras una noche de bailes y excesos, había llegado a su casa en el momento en el que el criado Perotto le entregaba un recado de su padre. Bajo los efectos, sin duda, del alcohol y la abundancia de manjares ingeridos, la tímida princesa se decidió a pe-dirle a su criado que se quitara la ropa, ya que nunca había visto a un hombre total-mente desnudo. Poco duró la duda de Perotto, que accedió a la petición de su seño-ra, acabándose así para ella aquel misterio. A partir de ese instante, Lucrecia continuó viéndose con Perotto durante un tiempo, hasta que un –mal– día, César en-tró inesperadamente en el dormitorio de su hermana, y descubrió el retozo de los dos amantes. Perotto, aterrado, se vistió todo lo deprisa que pudo y huyó. Pero los sica-rios de César Borgia lo persiguieron logrando darle alcance, y le mataron de inme-diato y arrojaron su cadáver al río Tíber. Perotto, en efecto, había muerto, pero Lu-crecia lleva en sus entrañas un hijo del barbero del Papa que sería conocido como el *infante Romano* (aunque también se dijo que el padre real fue Alejandro VI).

La posible culpable relación entre padre e hija (Alejandro VI y Lucrecia), ade-más de la propalada por un despechado Juan Sforza, tuvo, sin duda, su base en la bula secreta *Spes futurae,* en la que el Papa había escrito de su puño y letra que él era el padre del que será conocido como *infante romano* (como se sabe, atribuido tam-bién al desgraciado Perotto). También fueron el origen de la posterior leyenda de esta relación *non sancta* unos comentarios hechos por un tal Birckard, burócrata vatica-nista, que en su *Diario* reflejaba el interés con el que, padre e hija, estando asoma-dos un día a sus balcones, presenciaron, divertidos, el acoplamiento entre un caballo que montaba, excitado, a una mula. Tan mínima anécdota llegaría a engordar hasta convertirse en detonante del incesto. Pero ciertamente logró transmitirse como mo-neda de buena ley, haciéndolo en compañía de comentarios y frases como que Lu-crecia Borgia, había sido tres en una, «hija, esposa y nuera del Papa». Además de gran sacerdotisa de la lujuria, a Lucrecia se le adjudicó el ser maestra excelsa en las artes envenenadoras, hasta el punto de señalarla como una auténtica especialista en variadas formas de eliminar a sus adversarios, utilizando magistralmente el corres-pondiente veneno impregnando ya una fruta, una flor, un pañuelo o, incluso, a tra-vés de un sensual y húmedo beso...

A poco de casarse, Alfonso, duque de Ferrara, animó a Lucrecia a trasladarse a Reggio para reponerse de la tristeza por la muerte prematura de un bebé, Alejandro. Allí entablará una relación amistosa en principio, e íntima más tarde, con Francisco de Gonzaga, duque de Mantua y su cuñado. Él le había declarado su amor y ella se había dejado querer. Sus relaciones, muy carnales, se interrumpieron al regresar ella a su feudo, y se inició entonces una jugosa correspondencia entre los amantes a través de cartas escritas en clave y, por lo tanto, imposibles de descifrar por los espías de su esposo, que pululaban alrededor. Tras dos años de idilio, aquellos amores ocultos fueron descubiertos y la noticia del adulterio llegó hasta Alfonso. Eso sí, los colaboradores de su marido suavizaron la noticia afirmando que Gonzaga estaba enfermo de sífilis y, por tanto, era impotente.

En cuanto al ya citado Pietro Bembo, era embajador veneciano en Roma y pulcro poeta, hombre sensible y culto, y diez años mayor que Lucrecia, que había sido deslumbrado por la rubia y bella soberana, constituyendo este amante la otra cara de su brutal esposo, el duque de Ferrara. En principio una simple atracción espiritual y platónica, evolucionaría hacia una gran pasión que, de nuevo, obligaría a sus protagonistas a la utilización de las epístolas escritas en clave para ocultar la verdad. Ambos vivían retirados en sendos pueblecitos muy próximos, lo que facilitaba los encuentros íntimos. Todo acabó con la subida al papado del nuevo Pontífice, Julio II, enemigo de los Borgia, aunque, a pesar de las nuevas dificultades, continuaría por un tiempo aquella relación epistolar. Bembo, autor de unos diálogos de amor titulados *Asolani*, no tuvo inconveniente en dedicarle el libro a la duquesa de Ferrara. Pasados los años, Pietro Bembo pasaría a la historia como un gran humanista del Renacimiento, además de formar parte de la diplomacia vaticana como secretario del papa León X y ser él mismo cardenal en el siguiente pontificado.

Sería el apogeo del Romanticismo la ocasión para rescatar al personaje de Lucrecia y, a tenor de las hipérboles de la época, se resaltaron y agigantaron extraordinariamente los indudables pecados de Lucrecia Borgia. En esta otra historia en la que su protagonista –sucia, cruel, auténtico sujeto de «deformación moral» (palabras de Víctor Hugo en su drama *Lucrecia Borgia*)– se sobrepondría a la otra, estaba a punto de nacer un monstruo. Porque, a partir de Hugo, llegarían en tromba, la ópera del mismo título al año siguiente (compuesta por Donizzetti) y estrenada a bombo y platillo en la Scala milanesa en 1833, otro novelón de Alejandro Dumas e, incluso en España, la incursión por la Italia renacentista del gran fabulador Manuel Fernández y González, autor de una inefable *Lucrecia Borgia. Memorias de Satanás*. Así se llegará hasta nuestros días sin poder evitarse, todavía, la polémica. Pero es muy difícil que ya nadie pueda bajar a la rubia princesa del pedestal de maldad que le tenían reservado los siglos.

A partir del *rescate* del siglo XIX, Lucrecia será presentada como un ser amoral, amancebada con sus dos hermanos y provocadora, por los celos de César, de la muerte del primogénito y hermano de ambos, Juan. O, en fin, esta otra versión nos presentará a una Lucrecia experta en venenos, moderna Locusta especialista en el uso –y abuso contra los demás– de las tomaínas, que usaría en pócimas letales preparadas ex profeso para sus amantes de unas horas, al mezclar en sus copas dosis de *aqua tofana* –que sólo con nombrarla producía estremecimientos de horror en mucha gente– o la *cantarella,* veneno este último preferido por los Borgia y que se obtenía, al parecer, de la masa putrefacta y licuada de un cerdo colgado boca abajo y apaleado hasta morir, más las entrañas de un sapo sazonadas con arsénico. Una característica –perversa– añadida de este veneno era la de que mejoraba extraordinariamente el sabor de la comida o bebida con la que se mezclaba, haciendo que la víctima se confiara y se olvidara del peligro en aras del placer gastronómico. Y así *ad nauseam*, la leyenda de Lucrecia Borgia desbordó, con creces su verdadera historia, nada santa desde luego, por otro lado imposible en sentido opuesto en un ambiente tan fétido moralmente como el que la rodeó.

Milagrosamente, y dada la época y los métodos utilizados normalmente para la eliminación de los enemigos, Lucrecia sobrevivió a toda su familia, muriendo en 1519. Poco antes había muerto su madre, aquella hermosa Vanozza con la que nunca había perdido el contacto (en sus cartas a Lucrecia se despedía siempre como «tu afortunada e infortunada madre») y que, tras su desaparición, se hundió más en la soledad y la tristeza los últimos meses de su vida. No obstante, todavía siguió siendo adicta a las grandes fiestas, acudiendo a todas las que se celebraban en la ciudad, así como a las representaciones teatrales y a los espectáculos de danza. En este apartado, defendió y alentó las actuaciones de una hermosa bailarina llamada Dimitria, a la que le proporcionaba lujosa indumentaria y sus propias joyas para realzar la belleza y el lujo de las sesiones de baile que alentaba sin descanso. Sin embargo, también, y sobre todo en sus últimos siete años, y como suele suceder a los que han llevado una existencia tumultuosa, intentó vivir de forma discreta acompañada por una –novedosa en ella– religiosidad, con comuniones y confesiones diarias que acabarían por empujarla al ingreso en el convento de San Bernardino como terciaria franciscana.

Por otro lado, al contrario de lo que afirman algunos panegiristas (que también los tuvo), Lucrecia no vivió en la pureza en esos años, ya que falleció de un ataque de fiebre puerperal tras parir a su séptimo hijo, aunque en su dolorosa existencia de madre había sufrido ya un total de una docena de embarazos. Tras los funerales, tan suntuosos como aquellas fiestas que ella misma organizó en vida, los restos de Lucrecia Borgia descansarían para siempre en el convento del Corpus Domini. Pero no encontraría el descanso eterno y sí, desde ese momento, una vida de ultratumba aún más diabólicamente insufrible que la verdadera existencia de esta mujer más que singular.

Capítulo XXII

María I Tudor

(1516-1558)

Si durante grandes períodos de la Historia el papel o la figura de la mujer brilla por su ausencia, en otras parece como si se intentara equilibrar aquellas carencias haciendo protagonistas a un número excesivo y abultado de personajes femeninos. Sin la menor duda, una de estas últimas etapas coincidió con el reinado en Inglaterra del rey Enrique VIII, el cual, con sus cuatro esposas y sus muchas amantes, daría paso a una segunda parte en la que el protagonismo de las mujeres será aún mayor, pasando de reinas susceptibles de perder la cabeza (y, de hecho, la perdieron), a ser ellas mismas *cabezas* de la monarquía, con tres grandes protagonistas como fueron Isabel I, María Estuardo o esta María I Tudor (conocida como *Bloody Mary*). Cogidas en medio de unas turbulencias extraordinariamente violentas con la excusa de la guerra a muerte entre distintos conceptos de religión, tras de ellas, como de costumbre, apenas se disimulaba una feroz lucha a muerte por el poder.

Esta desgraciada reina tuvo la mala suerte de nacer y reinar en un país que acababa de abrazar, por motivos espurios, la reforma protestante cuando ella era, como su madre Catalina de Aragón, católica romana. Por si fuera poco se creyó llamada

por Dios para restaurar la obediencia al papado, empleando para conseguirlo métodos expeditivos, como la quema de herejes y nobles, más algún prelado, que se habían adaptado demasiado pronto a las nuevas normas anglicanas. María firmó así su
entrada en la galería de personajes no gratos de la Historia, que a veces perduran incluso por sus hechos malditos o, y esto suele ser más humillante, la posteridad casi
les olvida, como a esta reina María que, incluso en Inglaterra, carece de monumento alguno que la recuerde actualmente.

Hija de Enrique VIII y de su primera esposa, Catalina de Aragón, María había nacido en Greenwich en febrero de 1516. Llegaba al mundo tras siete años de
matrimonio de los soberanos ingleses durante los cuales Catalina no había podido
dar a Enrique un heredero. No obstante, cuando nació la niña, el Rey la convirtió
en su juguete preferido, rindiéndose a todos los mimos y haciéndose acompañar de
ella en ocasiones solemnes, para que todos vieran a su *caprichito* (como la llamaba éste, todavía, padrazo). Fueron aquellos primeros tiempos de la infancia de María unos años llenos de felicidad, ya que también sus padres se llevaban muy bien
dado que coincidían en gustos y en carácter, a pesar de la conducta más introver-
tida y pía de la reina Catalina, opuesta –pero no enemiga, todavía– de la vitalidad
exterior de Enrique VIII.

Sin embargo el rol al que se destinaba a la niña María era el común a la época:
o lo que es igual, se utilizaba sin ningún prejuicio moral a los niños como moneda
de cambio en las estrategias geopolíticas de las monarquías. Enrique vio muy pronto la ventaja de tener una heredera para sus intereses en la revuelta Europa de aquel
momento, y, actuando en consecuencia, no se abstuvo de, cumplidos los dos años,
prometer a María con el *Delfín* de Francia. Como era todavía una incógnita el que
fuera a reinar una mujer en un trono europeo de la época, en el contrato de boda Enrique advertía, y esperaba, que aún podría nacer un heredero varón al trono inglés
pero que, y en esto también era claro, si esto no llegaba a suceder, María sería la reina de Inglaterra.

De esta forma, y compatibilizando su amor de padre con sus intereses, Enrique
no dejó de amar a su hijita aunque, al mismo tiempo, la envió lejos de palacio en aras
de recibir una estricta educación para un futuro que se le podía presentar lleno de res-
ponsabilidades. Así, llegó un momento en que María sólo vería a sus progenitores en
Semana Santa y en Navidad, creciendo en un ambiente estricto y grave, aislada de
todo cariño familiar, y viviendo una vida absolutamente volcada hacia su interior,
que le produciría, en esta ambivalencia, trastornos de carácter que se desarrollarían
peligrosamente en el futuro. Realmente María recibía las normas mínimas de educación para, en el futuro, poder ejercer de mujer a la que se le pide tan sólo que sea

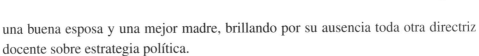

una buena esposa y una mejor madre, brillando por su ausencia toda otra directriz docente sobre estrategia política.

Antes de cumplir los 20 años, ya princesa de Gales, residía en Ludlow, donde se prolongó su aislamiento desde que, apenas con 10 años, ya fuera designada persona real, aunque en esta ciudad fuera tenida por tal sólo por los lugareños y por los nobles locales. Pero estaba cerca su vuelta a Londres, y la princesa contaba las horas que faltaban para abrazar de nuevo a sus progenitores, Enrique y Catalina. El reencuentro tuvo lugar el año 1527, y su sorpresa fue mayúscula: su padre no era el mismo que ella había conocido, y su madre ya no estaba junto a él. Enrique VIII amaba ahora a una hija de sir Thomas Boleyn y Elizabeth Howard llamada Ana. Por si fuera poco el Rey le prohibió ver a su madre, la Reina, sobre la que pendía la amenaza del divorcio real, lo que conllevaría para María recibir el no deseado título de bastarda. Este estado anómalo y tenso se prolongaría hasta 1531, cuando la reina Catalina fue trasladada fuera de palacio y aislada, de tal forma que ya nunca los esposos volverán a encontrarse. Por su lado, madre e hija tenían el único consuelo de la correspondencia, abrazándose por última vez, en 1532. Un año más tarde, y una vez arreglados los asuntos –impedimentos– del Papa (que se oponía al divorcio del Rey) por el expeditivo sistema de sustituirlo a la cabeza de la Iglesia en Inglaterra, Enrique VIII y Ana Bolena contrajeron matrimonio en 1533.

A partir de este estado de cosas, y por la obligada –e impuesta– separación del Rey y de la reina Catalina, María será humillada y escarnecida, sobre todo desde el nacimiento de Isabel, hija de Ana y Enrique, hecho que marcó, automáticamente, el despojo para María de todos sus títulos por parte de su padre. Ya no era la princesa de Gales, sino simplemente *The lady Mary* (*la señorita María*). Exasperada, María protestó por este deshonor, aunque no consiguió otra cosa que enfurecer al Rey, que ordenará que sea trasladada a Hatfield, residencia de su hermanastra –y nueva heredera– Isabel, en condición, ella cree que humillante, de doncella de honor de su hermana, cargo que, enfadada, se negó a aceptar. Se inició así una guerra sorda entre padre e hija en la que el Rey terminó despojándola de sus joyas, de sus vestidos y hasta de su servidumbre, añadiendo el insulto de no tener deseos de volver a verla, mientras, por el contrario, se entrevistaba habitualmente con Isabel.

En este momento entraría en acción un personaje en la sombra que contribuirá a empeorar y hacer aún más peligroso el ambiente de la corte. Se trataba del embajador de España, quien aconsejó a María que luchara por sus derechos. Con esta ayuda, por entonces sólo moral, prosiguió su lucha, compadeciéndose como hija de la triste suerte de la enclaustrada Catalina, su madre, a la que trataba de consolar pero de la que no llega a comprender su pasividad y quietismo ante tanta humillación, que, no obstante, durará poco pues Catalina de Aragón morirá en enero de 1536. María no es informada de esta muerte hasta después, ya que a la Reina se le había prohibido comunicarse con su hija. Mientras tanto, el nuevo poder anglicano que encabezaba el propio rey, su padre, había iniciado su cruzada anticatólica condenando y ejecutando a monjes, algún noble y muchos desgraciados que, se afirmaba en las sentencias, se habían negado a firmar y aceptar el juramento de lealtad conocido como Acta de Supremacía. En este lote estaba incluida María, que llegará a estar a punto, también, de ser condenada a la última pena, y que escapará por poco de ser encerrada en la Torre. Todo esto le producirá un malestar terrible que se traduce en una grave enfermedad. En sus delirios (¿o no eran tales?), exige hablar con los médicos de su madre para que le aseguren que Catalina no fue envenenada, deseo que no conseguirá, aunque, en realidad, nunca llegara a estar descartada totalmente tal hipótesis.

Un hecho grave volvió a complicarlo todo aún más: la decapitación de Ana Bolena en mayo de 1536. Con esta muerte, la hasta entonces heredera Isabel pasaba, como María, a ser otra bastarda. María creyó llegado su momento y no tuvo empacho en humillarse ante su padre y pedirle perdón. Sin embargo, Enrique VIII ponía una condición para otorgárselo: que rompiera, definitivamente, y no escuchara, la voz y los consejos del Papa. Hasta ahí no llegaba María, que se negó en redondo a esa condición de su padre. Otra exigencia era que firmase un documento bajo el encabezamiento de «lady Mary's Submission» (un encabezamiento transparente), o, en caso contrario, podría ser considerada rea de alta traición. Por consejo, de nuevo, del embajador español, aceptó firmar el humillante documento, pero al mismo tiempo, y clandestinamente, escribió al Papa jurándole lealtad. Jugando, al mismo tiempo y peligrosamente, a estas dos cartas, se entrevistó con el Rey y, al parecer, en este encuentro llegaron a sellar la paz, obteniendo María como prueba de buena voluntad de su padre, la devolución de sus joyas, vestuario y servidumbre, que le habían sido arrebatados en lo más encrespado del enfrentamiento anterior.

Tras una vida tan complicada, el mal iba avanzando dentro de la mente de María, que lo vivía todo como un absoluto, a lo grande, totalitario y universal, sin apenas matices, o todo blanco o todo negro. Esto se ampliaba a su actuación en todos los frentes, que continuaba a dos bandas: aparentando cariño y hasta zalamerías hacia el padre, y ocultamente, carteándose con el Papa y odiando, cada día más, la nueva fe anglicana. Todo volvió a empeorar, otra vez, con el nacimiento de Eduardo, hijo de Enrique VIII y la nueva esposa del Rey, Jane Seymour, que curiosamente, era la primera mujer del entorno de su padre que se llevaba bien con ella. En estos años, la parte católica de María sufrió en silencio las sucesivas humillaciones al catolicismo romano, empezando por el despojo de conventos e iglesias que, la mayoría de las veces, pasaron directamente a enriquecer a la nueva nobleza que, habiendo abjurado ya del catolicismo, rodeaba a Enrique. Mientras tanto, y ante la aparente buena armonía entre padre e hija, aquél intentará casarla con diferentes aspirantes a la mano de María, como el *Delfín* Luis de Portugal, su primo Carlos V, el duque de Orléans, o el de Cleves, sin que ninguno de estos partidos llegue a cuajar, permaneciendo María en su atormentada soltería. Este estado, según ella, se iba a prolongar mientras viviera Enrique VIII. Según sus propias palabras «mientras mi padre viva debo ser sólo lady Mary, la señorita más infeliz de la Cristiandad».

Por fin, en enero de 1547 moría Enrique VIII, el gran provocador del cisma anglicano en su afán por caer en los brazos de una hermosa mujer. Porque, como admitirían los historiadores, realmente la rabieta de Enrique se tradujo mientras vivió, en una ruptura de la obediencia al sucesor de san Pedro, y poco más. Sólo con su desaparición, los radicales de siempre agrandarían el tajo y empezarían a crear unas nuevas reglas, distintas y opuestas al magisterio de Roma (por ejemplo, la más visible de las rupturas fue la eliminación y prohibición de celebrar la misa). Pero todo esto era ya el pasado, y Enrique VIII era el pasado. El presente tenía a un nuevo protagonista: Eduardo VI, un nuevo rey de apenas 9 años de edad, y oficialmente de religión protestante. Y, sin embargo, para seguir complicándolo todo, María seguiría siendo la heredera al trono hasta la mayoría de edad de su hermanastro, con lo que una extraña bicefalia (macho y hembra, protestantismo y catolicismo) se sentaba en el trono inglés. De hecho, se formaron dos bandos enfrentados materialmente, hasta el punto de que se produjeron rebeliones más o menos espontáneas que, una vez en marcha, se cobijaban bajo la bandera de la reina católica.

Al recibir estas llamadas a su persona de los rebeldes, María dio el paso definitivo y se declaró, con todas sus consecuencias, abanderada de la *vieja religión,* empezando con el significativo acto provocador de, no sólo restablecer la misa, sino hacer saber que ella misma acudía a cuatro misas diarias. Además, hace ostentación de su fe y se moverá siempre acompañada de capellanes propios, echando en cara a sus enemigos su exaltado catolicismo romano. En esta tesitura, la ¿rebelde? recibió un apoyo del exterior muy importante: nada menos que el del emperador Carlos V. Éste le prometerá su apoyo y amenazará con declarar la guerra a Inglaterra si se le toca un pelo a María. Sin embargo, el panorama no se esclarecerá, sino todo lo contrario. Parecía una maldición para María el que los problemas no sólo no se solucionaran sino que aumentaran y se complicaran continuamente. Porque a los 15 años, en 1553, moría el joven rey Eduardo, aislado y sin la presencia significativa de ninguna de las hermanastras junto a su lecho de muerte: ni María ni Isabel se arriesgan a una encerrona. No obstante, nada iba a poder evitar el que, tras la muerte de Eduardo, explotara por fin la guerra civil entre anglicanos y católicos, encabezados los primeros por John Dudley, valedor de la nueva reina Jane Grey, la hija menor de Enrique VIII, y por el otro, la princesa María.

A pesar de tanta oposición y de lo enrarecido del ambiente, el paso del tiempo le regalaría el ansiado trono inglés. El consejo la declaró reina a los 37 años, en julio de 1553. Era la primera mujer en acceder al trono, y no se trataba de una mujer simple ni tonta. Además, había que añadirle su vida pasada llena de paradojas, sufrimientos, guerras y tensiones que, al confluir en la nueva soberana, la volvieron a martirizar con la contradicción de tener que gobernar una realidad compleja y difícil, desde una educación recibida en la línea del papel secundario reservado a la mujer y a las princesas hasta ese momento. Y, como ocurriera tantas veces, el inicio de su reinado no pudo ser más prometedor: María Tudor, la católica insobornable permitió que los seguidores de la reforma pudieran hacerlo y siguieran exteriorizando su fe, otorgando la libertad más absoluta tanto a los que querían acudir a misa como a los que, seguidores de la nueva fe, desdeñaban esta ceremonia.

Al mismo tiempo, el Parlamento, por indicación de la nueva reina, abolió el anterior acta de anulación del matrimonio de su madre Catalina de Aragón, y su padre, el rey Enrique, que éste había decretado en su momento para poder casarse con Ana Bolena. Pero, al tiempo que rehabilitaba a su madre, sus relaciones con su hermanastra, Isabel, se iban deteriorando al percibir cómo, calladamente, ésta se perfilaba como la cabeza del partido anglicano.

Por otro lado, el anunciado matrimonio con Felipe de España, el hijo del emperador Carlos V, provocó otro malestar generalizado, hasta el punto de empujar a un alzamiento a sir Thomas Wyatt, que logró llegar con sus tropas hasta las afueras de Londres en 1554. La Reina era ya doblemente odiada por gran parte de la nobleza: primero, por permanecer fiel a Roma, y después por *española* (por su boda con el hijo del Emperador). En este ambiente, Wyatt envió un ultimátum a la Reina para que se entregara a sus fuerzas, a lo que una iracunda María respondió saliendo a las calles de la ciudad, arengando al pueblo para que defendiera el trono católico y poniéndose a la cabeza de ese pueblo. Su llamada obtuvo una adecuada respuesta y Wyatt acabó por claudicar.

La represión de la Reina sobre los anglicanos fue durísima, siendo colgados más de cien dirigentes de la rebelión y ajusticiada la ex reina Jane Grey (que arrastró hasta el cadalso también a su marido, el duque de Guilddord, y a su padre). En cuanto a la princesa Isabel, fue encerrada, por orden directa de María, en la tétrica Torre londinense. En este contexto llegó la gran noticia para la Tudor: por presión de Carlos V, se había llegado al compromiso de boda entre María y el hijo del emperador, Felipe. La nueva agradó a la Reina, aunque no así al pueblo inglés en general, que tenía un juicio poco amable de los españoles, a los que se consideraban en las islas una mezcla negativa de orgullosos, ladrones y lujuriosos, todo en el mismo lote. Sin embargo el enlace se materializó y la boda tuvo lugar el 25 de julio de 1554 en la catedral de Winchester. Felipe, que tenía 38 años de edad, muy pronto se aburrirá del lugar y de la misma reina, permaneciendo en la corte el tiempo mínimo. No obstante su presencia se notará por los hechos, en el sentido de que dará el empujón definitivo para la restauración, con todas sus consecuencias, del catolicismo en las islas.

Y he aquí la triste realidad, pues la antes perseguida y humillada se volvió, a su vez, perseguidora y asesina, hasta el punto de ser conocida en adelante por el apelativo de María, *la Sanguinaria* (o como *la Católica,* sin duda en un sentido peyorativo e insultante). Porque una vez que se produjo la llegada del legado papal en febrero de 1555, darán comienzo las hogueras en las que se achicharrarán los nuevos herejes, ahora gente importante de la que había sido nueva corte anglicana, entre la que fueron condenados, entre otros, 75 títulos del reino y de la Iglesia, los obispos de Londres, Gloucester y Worcester, o el archidiácono de Westminster. Sin embargo el *pez gordo* estaba por caer, y cayó dentro de una marea sangrienta de miles de gentes anónimas: se trataba de Thomas Cranmer, arzobispo de Canterboury, que será eliminado a pesar de haberse retractado previamente, y jurado haber regresado al redil de Roma. Y es que su *pecado* era mortal para la reina católica, toda vez que este Cranmer había sido el autor de la declaración de la nulidad matrimonial entre Enrique VIII y Catalina de Aragón, además de haber traducido la Biblia al inglés, redactado el primer devocionario del anglicanismo, y ser el autor de los 42 artículos fundacionales de la nueva Iglesia de Inglaterra. Hechos todos de una gravedad extraordinaria que la reina María castigó, sucesivamente, con la destitución de todos sus cargos, el encarcelamiento y, por fin, la muerte en la hoguera. La venganza se había consumado.

Después de la nobleza protestante, el estamento más odiado por María era el eclesiástico, el mismo que se había echado en brazos del anglicanismo y había abandonado al Papa. En consecuencia, los obispos anglicanos sufrieron torturas y prisión (y algunos fueron ejecutados, como se ha visto antes). En este contexto de venganzas y odios la Reina mandó ejecutar a más de trescientos jerarcas de la nueva fe, y obligó a cruzar el canal de la Mancha y buscar cobijo en el extranjero a otros muchos si querían salvar sus vidas. Absolutamente volcada en la violencia tanto interna como externa, en esta última abrió varios frentes y, tras aliarse con el papa Pablo IV, guerreó con Francia por indicación de su esposo, Felipe II de España, quien, desde Flandes, solicitaba a la Reina dinero y ayuda para sus propias guerras, al mismo tiempo que le exigía preparar la gran ceremonia de su próxima coronación. Y aquí empezaría el principio del fin del drama de una vida atormentada, porque una María sin duda, más enamorada de Felipe que éste de ella, no sólo le envió el dinero que había sacado al pueblo inglés con unos impuestos cada vez más insufribles, sino que había enviado tropas inglesas al continente para que lucharan junto a su esposo. Fue entonces cuando aprovechando toda esta maraña de acontecimientos, los franceses ocuparon la ciudad de Calais, a este lado del canal, enclave inglés que el pueblo, al saber que se había perdido, no le perdonó nunca a su reina.

El vértigo de su vida hizo que ésta fuese breve, y murió a los 42 años tras más de uno de padecer un empeoramiento de su salud, que le provocaría la imposibilidad real de proseguir con sus obligaciones de reina. Antes de morir había nombrado heredera a su odiada hermanastra Isabel, con la condición (que obviamente ésta nunca cumpliría) de mantener el catolicismo en Inglaterra, además de suplicarle que cuidara de sus sirvientes y, también, que pagara sus muchas deudas. María I Tudor murió plácidamente, mientras dormía, la noche del 17 de noviembre de 1558. Dejaba este mundo absolutamente llena de odio (ella, que había iniciado su reinado amparando a todos sus súbditos y respetando sus hábitos religiosos) y habiéndose ganado, al mismo tiempo, y en contraposición, el rencor de su pueblo. Pero más que el propio pueblo, será la nueva clase dirigente la que ensalzará y apoyará a Isabel I, la que impondrá, definitivamente, la fe anglicana en su país, humillando y traicionando así, más allá de su desaparición física a la reina muerta, que será tan odiada en el futuro que, durante más de dos siglos, el 17 de noviembre sería declarado como fiesta nacional en todo el territorio inglés.

Si no como protagonista, el personaje de María Tudor aparece presente en las múltiples películas que han tenido como escenario el tormentoso reinado de Enrique VIII. Asimismo, María será un personaje quizá secundario, en otros *films* con el título de algunas de las desgraciadas esposas y amantes de su padre, Enrique VIII. En este sentido, sin embargo, existe una película legendaria de 1933, dirigida por Alexander Korda y protagonizada por un genial Charles Laughton, con el título de *La vida privada de Enrique VIII*, que explicaba desde la pantalla las extravagancias y despotismos de la corte de Enrique y de su familia, incluida su amada/odiada hija Mary.

Capítulo XXIII

Iván IV El Terrible

(1533-1584)

Muchos de nosotros conocimos la existencia de este zar violento y terrible en las sesiones de los cines vergonzantes de *arte y ensayo*, en el pretendido deshielo de la dictadura franquista. O sea, que el atormentado –y atormentador– zar tenía un rostro determinado, una presencia real y unas imágenes espléndidas. Poco más sabíamos, y poco más nos interesaba, del personaje. Y, sin embargo, si Eisenstein se había fijado en él, sin duda había sido porque en la vida del zar Iván había encontrado algo importante susceptible de rescatarlo para el séptimo arte. Después descubriríamos que la historia real de Iván IV era algo más que una película.

Iván IV fue el primer zar de Rusia (el primero en usar este título) a los tres años, sucediendo a su padre, Basilio IV. Su madre se llamaba Elena Gliviski, que murió cuando el pequeño heredero contaba apenas ocho años. Ya huérfano de su padre, sufrirá toda clase de violencias y humillaciones por parte de una nobleza que utilizará al niño en sus intrigas y ambiciones. Pero la existencia del pequeño será aún peor cuando, cumplidos los ocho años, asista a la muerte por envenenamiento de su madre, ya que se desató entonces, con más virulencia aún, la guerra entre las enfrentadas facciones nobles. Esta infancia tempestuosa marcará su futuro y, a través de él el de toda Rusia, de tal forma que se vengará terriblemente de la clase social que tanto daño le había hecho. Aunque tampoco estuvo solo en su animadversión hacia los nobles, ya que le apoyaban en esta lucha a muerte, en un primer momento, la pequeña nobleza, su poderosa guardia personal e, incluso, la Iglesia y el pueblo.

Será al cumplir los trece años cuando empiece a hacer efectivo su odio acumulado durante su niñez y declarará una guerra abierta y sin piedad contra los que él consideró siempre sus peores enemigos, y se desembarazó en primer lugar de los miembros más peligrosos de la casta odiada de los boyardos. De hecho, implantó un régimen de terror continuado contra las clases altas de Rusia, y este fue el origen, probablemente, del sobrenombre y de la leyenda *terrorífica* de Iván IV. Patrocinador de una centralización férrea que le robaba prerrogativas a las clases altas, puede que esta animadversión para con los nobles, que nunca decayó en el ánimo del zar, ennegreciera aún más su biografía, si bien hay que admitir el hecho de que, por mucho que se rebaje, su reinado fue, realmente, temible y odioso.

En cuanto a su sello y estilo personal impuesto en la gobernación de su Imperio, apoyó sin fisuras la civilización autóctona, evitando en lo posible toda influencia extranjera. En esta dirección le influyó mucho el metropolitano de la Iglesia Ortodoxa, Makary. Este príncipe eclesiástico deseaba que el Zar (equivalente a *César,* y al utilizarlo los soberanos rusos se autoproclamaban descendientes de los emperadores romanos) fuese el brazo armado y protector de la religión, e hiciese de la ciudad de Moscú *la tercera Roma* (tras la verdadera Roma y Constantinopla). De hecho, y para que quedara meridianamente claro, Iván adoptó como enseña real el águila bicéfala bizantina.

Aunque alentó la creación de la *Rada* o Consejo Privado, poco trabajo les dio a sus miembros pues su poder fue, desde el principio, prácticamente omnímodo. La aparición de sus instintos sádicos datan de muy pronto, como lo evidenciaba uno de sus pasatiempos preferidos, como era el de lanzar desde lo más alto de la muralla del Kremlin a docenas y docenas de gatos contra el suelo. Si bien era una diversión bastante gratuita y un tanto bestia, tampoco hubiera pasado de eso a no ser porque, muy pronto, este desprecio por la vida lo trasladaría a la de sus súbditos, a los que utilizó de forma masiva y como carne de cañón en sus guerras contra tártaros, polacos o suecos. No obstante no pudo evitar la entrada de los primeros en Moscú, ciudad a la que, así mismo, los polacos prendieron fuego y en la que perecieron medio millón de personas. Además, estos últimos invasores se llevaron un gran botín y cien mil doncellas para ser vendidas a los turcos.

Tras el regreso de su larga guerra contra los turcos, Iván reanudó, y enfatizó, su odio contra los boyardos (nobles), pronunciando su temible frase: «¡Ya no les temo!»

(temor por los odiados nobles que permanecía inamovible en el monarca desde su infancia), a partir de la cual empleraía medios aún más coercitivos en su gobierno autocrático. Dejó de residir en el Kremlim y se trasladó a vivir al barrio moscovita de Oprichni Dvor, donde residirá rodeado de más de 6.000 guerreros (500 de ellos presentes en todas las habitaciones por las que se movía su señor y a su servicio personal), formados por miembros de los *nuevos* nobles creados por Iván, escogidos en esta oportunidad no por su ascendencia aristocrática, sino por el valor y falta de escrúpulos de sus componentes. Ellos le hicieron fácil al zar el hecho de imponer su reinado despótico, empezando por su acongojante presencia, pues iban uniformados de negro y lucían un distintivo compuesto por una cabeza de perro (símbolo de la lealtad) y una escoba (como objeto transparente cuyo uso era el de barrer a los traidores a su señor, el zar Iván).

Adelantado de los malos tratos a la mujer, acabó a puñetazos con una de sus esposas a los pocos días de la boda. La primera de sus mujeres se llamaba Anastasia Romanova, con quien se había casado en febrero de 1547 y de la que tuvo seis hijos. La forma utilizada para elegir compañera daba ya una pista de la soberbia de Iván. En un acto de soberbia pocas veces superada, obligó a que los nobles se presentaran en Moscú con todas sus hijas casaderas, que llegaron a sumar más de 700.

De entre todas las *obligadas* aspirantes, eligió a Anastasia con la que, increíblemente, se mantuvo unido durante trece años. Ella intentaría, sin mucho éxito, atemperar las orgías de sangre en que se refocilaba su esposo y, al cumplirse esta fatídica cifra del calendario conyugal, la Zarina murió envenenada. Sin duda porque había amado de veras a la extinta, el Zar acusó un inmenso dolor por el fallecimiento de la zarina Anastasia, pesadumbre que obligó a compartir a todo su pueblo, pues a partir de ese instante, sería realidad el auténtico –todavía más– Iván Grozny, *el Temido.* Después pasarían por el lecho y la vida del Zar otras cinco esposas que, indefectiblemente, acabaron sus días a causa de muerte violenta o, en el mejor de los casos, enclaustradas en conventos de por vida. Años más tarde, en 1580, se decidió de nuevo a casar y contrajo nuevas nupcias con la hija de un boyardo llamada María Nagaia, de quien nacería su hijo Dimitri.

Tras la muerte de su mentor, el metropolitano Makary, creó a su servicio una poderosa casta, la de los *oprichnina,* una milicia policial con todos los poderes para perseguir y eliminar a los crecientes enemigos de su poder absoluto. Estos pretorianos cumplieron la orden de Iván de dividir a Rusia en dos mitades, una para los siempre revoltosos boyardos (un cebo para entretenerlos y que se olvidaran de él), y la otra una exclusiva y extensísima posesión personal del Zar. Incluso actuando así (realmente, el regalo era extraordinario), sus muchos enemigos no cejaban en complicarle las cosas, obligándole a guerrear y perseguir a los descontentos. Serán siete años de crueldades sobre crueldades. Así, en el año 1543 hizo torturar a un gran amigo suyo, Verontzev. El mismo año mató a golpes al príncipe Chuiski.

Después el exterminio no sería individual, sino masivo. Empezó éste por la muerte de un número indeterminado de miembros de la buena sociedad de Novgorod, algunos ajusticiados por su propia mano, extremidad que gustaba de exhibir y junto a la que utilizaba una extensión artificial en forma de temible mazo de hierro del que sobresalía un espantable bastón del que nunca se separaba. Años después, y como sintiese una enfermiza antipatía por esta misma ciudad de Novgorod, volvió a atacar a la misma a sangre y fuego, produciendo una auténtica matanza entre toda la población durante las cinco semanas que duró la ocupación. La ciudad vio aterrorizada cómo acabaron pereciendo cerca de 60.000 de sus habitantes. No obstante, y como solía hacer en ocasiones semejantes, tras esta orgía de sangre el Zar sintió la necesidad ineludible de entrar a rezar en el convento de San Nicolás, en la misma diezmada ciudad de Novgorod. Aparentó en aquel templo un sincero arrepentimiento de sus crímenes que, a la postre, resultaba temporal.

Ya se ha visto antes que, como tantos déspotas, Iván IV era un hombre muy religioso, de tal forma que, antes del alba, se levantaba a decir sus oraciones y él mismo tañía las campanas llamando a los fieles a la oración. Así solían finalizar muchas de sus madrugadas en las que permanecía en absoluto recogimiento y meditación. También sabemos que –ya se ha dicho anteriormente–, tras cada nueva atrocidad cometida por él mismo o por orden suya, le invadía un pasajero arrepentimiento que le empujaba a entrar en el primer templo a mano y a rezar escandalosamente, darse fuertes golpes de pecho y estrellar su frente contra el altar, hasta el punto de producirse heridas de consideración. En este sentido, Iván IV levantó, como agradecimiento por sus triunfos bélicos, la hermosísima catedral moscovita de San Basilio dentro del recinto del Kremlin, que todavía causa la admiración de millones de visitantes con sus nueve hermosas cúpulas cromáticas.

En 1568 apuñaló al príncipe Federov, tras lo cual lo hizo descuartizar en el patio del palacio imperial. No contento con este crimen, eliminó también a la viuda, hijos y demás familia del desgraciado. No fue un caso aislado, ya que el Zar borró del mundo de los vivos a sagas familiares enteras. Realmente actuaba como lo que era: dueño absoluto de tierras y personas, exigiendo a estas últimas una sumisión absoluta rayana en la esclavitud. Nadie podía sentirse seguro pues, antes o después, le tocaría ser señalado por el huesudo dedo del Zar. Ni tan siquiera el clero estuvo siempre a salvo, pues tras la aristocracia, sus enemigos más perseguidos fueron, precisamente, los jerarcas de la iglesia, llegando a ordenar el estrangulamiento del arzobispo metropolitano Felipe. No comprendía la actitud de los otros monarcas europeos (a los que despreciaba), que consentían, según él, los abusos de sus súbditos díscolos, cuando debían aplastarlos sin contemplaciones. Curiosa visión de sus colegas que, como él, pasarían a la posteridad también con el sambenito de la sangre y el despotismo.

Poco después de 1570 organizó un Auto de Fe en la plaza de Kitaii-Gorod, durante el que hizo descuartizar a un príncipe llamado Viskovati. Como hiciera en otras ocasiones similares, tras la ejecución, Iván violó a la viuda de la víctima, mientras el Zarevitch, su hijo, hacía lo mismo con la hija mayor del príncipe ya muerto, humillaciones para con tan desgraciadas mujeres que ni siquiera privó a ambas de acabar también asesinadas. Era la evidencia de una locura sangrienta y a la que nadie parecía poder, o querer, poner freno. Era, por lo demás, el mismo sistema de otros déspotas: empapar el aire de miedo, un miedo insuperable, de tal forma que todos quisieran salvarse, aunque para ello tuvieran que denunciar, calumniar o, por otro lado, lamer las sandalias del autócrata de turno.

En 1581, en pleno delirio homicida, mató con aquella temible maza de hierro de la que nunca se separaba a su propio hijo mayor, llamado como él, Iván (tuvo otros dos: Dimitri y Fiódor, este último retrasado mental). Parece que, una vez más, arrepentido por este deleznable crimen, se impuso a sí mismo una agotadora penitencia consistente en escribir una larguísima lista de 3.000 nombres a los que había ordenado asesinar pero que, por supuesto, no había decidido perdonar. ¡Curiosa *penitencia* y arrepentimiento por el que se pedía perdón a costa de miles de nuevas víctimas! Pero no era eso lo peor, porque en un afán miserable –¿y sincero?– por salvar su alma, envió copias de estos listados funerarios junto a copiosos donativos a todos los monasterios del país para que los monjes rezaran por la salvación de tantas almas separadas a la fuerza de sus cuerpos por aquellos elegidos para figurar en tan macabra lista.

Tres años más tarde la muerte ponía punto y final a una existencia nefasta para unos y, posteriormente (al intentar su rehabilitación), en cierta forma liberadora para otros. Pero hasta el último aliento de su vida no dejó de hacer la guerra, tan querida por él, e inició con sus guerreros la difícil conquista de los enormes espacios siberianos que su propio fin le impediría ver totalmente ocupados. En este sentido Iván IV había otorgado a una poderosa familia, los Stroganov, el derecho de posesión sobre las tierras inabarcables de Siberia, a cambio del compromiso, por sí y por sus descendientes, de colonizar tan vasto territorio. Esta decisión daría nacimiento a los después legendarios cosacos, que serían los auténticos amos de aquella sabana inmensa.

Por otro lado, el mismo que había soñado con crear el más formidable Imperio ortodoxo de la historia no pudo asistir a la desmembración del que poseía tras su muerte, de tal forma se produciría la hecatombe de sus muchas tierras conquistadas que, incluso Moscú, se convirtió en un patriarcado independiente. Además, había dejado al país exhausto y diezmado, con las invasiones tártaras en puertas, los abusos de sus protegidos *oprichniki* campando por sus respetos, y los campesinos huyendo de forma masiva de la miseria y recorriendo Rusia en macabras procesiones de hambre. Desaparecía un monstruo que, sin embargo, había mantenido una asidua correspondencia con personajes externos como, entre otros, la reina Isabel I de Inglaterra a la que, además de escribirle de forma continuada, llegó a pedir en matrimonio, gracia que la soberana británica rechazó se supone que diplomáticamente (otros hablan de una dama de la reina inglesa llamada Mary Hastings como la solicitada). Por cierto, ¿cómo hubiera sido Europa de haber aceptado la reina virgen las pretensiones de Iván IV?

Como se apunta al principio, el cine soviético rescató a este siniestro déspota en una cinta magnífica titulada *Iván el Terrible* (1944), dirigida con mano maestra por el cineasta soviético Sergei Eisenstein. Hubo una segunda parte de la historia (*La revolución de los Boyardos*) y estaba prevista una tercera, pero la muerte del director lo impidió. El personaje del zar loco y asesino tenía un rostro y, sobre todo, una mirada diabólica: la de un extraordinario actor llamado Nikolai Tsjerkassov. Claro que, viendo paralelismos donde quizá no los hubiera (¿o sí?), el nuevo tirano ruso, José Stalin, se creyó aludido en aquel lejano Iván, y la extraordinaria historia cinematográfica vio dificultada su difusión en la URSS.

Siniestros

Capítulo XXIV

Gilles de Rais

(1400-1440)

Barba Azul fue uno de los cuentos más famosos que harían de su autor, el escritor francés Charles Perrault, universalmente conocido. Autor también de *La Cenicienta* y *Caperucita Roja*, entre otros, éstos y el primero aparecieron publicados el año 1697 bajo el título genérico de *Cuentos del pasado*. No sólo en *Caperucita* y en *Cenicienta* se pueden rastrear pistas que nos llevan a historias originales no precisamente, infantiles. Sobre todo en *Barba Azul*, el camino lleva directamente al horror. Un camino que, al llegar al origen de la leyenda, acaba bruscamente ante el castillo de los horrores de un ser real, por desgracia, llamado Gilles de Rais. Mucho hubo de dulcificar (y traicionar) Perrault a su personaje-inspiración para que el cuento infantil fuese medianamente digerible, ya que el verdadero guerrero conocido como *Barba Azul*, sería conocido por la Historia como uno de los monstruos más dignos de desprecio.

De verdadero nombre Gilles de Laval, fue mariscal de Francia, angevino de nacimiento. Era hijo de Guy de Laval y de Marie de Craon, y nieto del condestable Guesclin y de una mujer conocida por el sobrenombre de *Juana la loca*. El Señor de

Retz podría ser el prototipo de señor feudal, no sólo por su propia trayectoria, sino porque, anteriormente, sus tatarabuelos, bisabuelos, abuelos y padres lo fueron. Dueño de vastos territorios y de una inmensa fortuna, tras una primera parte de su vida dedicada al servicio de las armas, después se dedicó a toda clase de excesos al echarse en brazos de alquimistas y ocultistas, aprendiendo de ellos, y de ciertos autores clásicos, una mezcla muy peligrosa de filosofía satánica y de placeres algonásticos.

Huérfano a corta edad, se fue a vivir con su tío René de La Souce, y estuvo bajo la tutela de su abuelo Juan de Craon. Un tutor, por cierto, poco recomendable y que el padre de Gilles nunca quiso que lo fuese. De hecho, cuando nuestro protagonista contaba once años, perdió a sus padres, el uno seguido del otro, en una negra sucesión de desgracias,. Moribundo, pero aterrado por la perspectiva, Guy de Laval exigió que, bajo ningún concepto, el niño quedase al amparo del abuelo materno, Juan de Craon. Pero la muerte tenía prisa, y al expirar, allí estaba el abuelo junto al huérfano, que creció viviendo la vida absurda y tiránica que imponía por doquier aquel pariente, lleno de fatuidad, grosero, violento y dueño de enseres y personas. Desde su torre de Camptocé, junto al Loira, exigía unos caprichosos impuestos a todo el que, forzadamente, tenía que pasar junto al castillo. La cosa no era para tomarla a broma, ya que tenía a su servicio un grupo de recaudadores que más parecían facinerosos que soldados.

Si en vida de su padre Gilles había sido obligado a estudiar e, incluso, tenía a su servicio como docentes a dos religiosos que le enseñaron a leer y escribir en latín, cuando el abuelo se hizo cargo de él, se acabaron las inquietudes intelectuales y darían comienzo las prácticas, pero no en materias como las aprendidas hasta entonces, sino las relacionadas con el bandidaje y la extorsión, deportes practicados y preferidos por Juan de Craon y que, ilusionado con su nieto Gilles, enseñaba a este con decidido entusiasmo. Muy pronto el adolescente acompañaría al abuelo en sus correrías en busca de carne joven de damas que eran raptadas, o de cacería de caballeros que pretendían rescatarlas y que solían morir o envejecer en las mazmorras del castillo. Ni que decir tiene que abuelo y nieto eran tal para cual, y que entre ellos no había problemas ya que, muy pronto, el nieto aventajaría al abuelo en sus maldades.

Tras una educación tan *estricta,* y contando sólo trece años, fue prometido a una jovencísima aristócrata de nombre Juana Peynnel, que falleció pronto, y después a Beatriz de Rohan, que también murió a muy temprana edad. Por fin, se casaría con la tercera, una joven llamada Catalina de Thouars, rica heredera de Poitu de 15 años, a la que horas antes había raptado. Después repitió rapto con la madre de su tierna esposa, a la que encerró en una celda a pan y agua hasta que consiguió que le cediera dos hermosos castillos de los que se había encaprichado. Eran los madrugadores síntomas de la catadura moral de Gilles de Rais, que el tiempo no haría sino acentuar y hacerlos compatibles, sin embargo, con otros ya conocidos como los de su inteligencia, ambición o cultura. Poco a poco los actos negativos se fueron imponiendo a los positivos –estos últimos, cada vez más palpables–, haciendo alarde, por ejemplo, de actitudes que anunciaban el nacimiento de un gran avaro, pero también despilfarrador y, en cualquier caso, dueño de una crueldad que no dejaría de crecer dentro de él.

Muy pronto ofreció sus servicios, como poderoso señor feudal que era, a su señor Juan V, duque de Bretaña, entrando posteriormente, en el año 1427, al servicio del rey Carlos VII, monarca que le debería grandes servicios y al que acompañó el mismo Gilles a Reims para su coronación en la gran ceremonia celebrada el 17 de julio de 1429. Al día siguiente de ésta, el monarca nombraba al señor de Retz mariscal de Francia cuando éste contaba veintiocho años de edad. Gilles intervino en la Guerra de los Cien Años y luchó también bajo la bandera de Juana de Arco. En realidad, la luego santa de Francia le debió una gran parte de su victoria a un auténtico demonio como el señor de Retz. Junto a ella participó en numerosas batallas y sitios como los de Orléans, Chinon y Reims. Con la futura santa Juana llegó hasta las mismas puertas de París. En realidad, con la perspectiva del tiempo, parece imposible la convivencia de dos seres tan opuestos, pues la Doncella era tan pura que hasta afeaba a Gilles de Rais sus continuas blasfemias, con insistentes llamadas a su reforma. «Espero que estaréis arrepentido», le suplicaba, sin pensar ni por asomo –se supone– la verdadera catadura moral de su guerrero.

Las proezas (y crueldades) bélicas de Gilles de Rais se destacaron por primera vez cuando todavía luchaba junto al abuelo que, a su vez, guerreaba al servicio de los Anjou. Pero ya algo viejo, Juan de Craon dejó toda la gloria de encabezar a sus soldados al entusiasmado Gilles, que derrochando lujo en armaduras y tejidos, y repartiendo el oro a manos llenas, era la viva estampa del despilfarrador. Y del sádico. Porque ya en una de sus primeras escaramuzas bélicas en las que le fueron arrebatadas a los ingleses varias fortalezas, inmediatamente de esa rendición, Gilles degolló con su propia espada en la plaza abarrotada de gente, al capitán Blacburne, jefe de la guarnición que defendía Lude.

Vivió por entonces unos años de relativa tranquilidad personal en la que protegió y se aficionó a las artes, con especial interés por una de ellas: la música. Se emocionaba tanto con las voces de los buenos cantantes que, si era informado de que había en algún lugar una voz excepcional, no paraba hasta traer a su propietario a su lado. Además, y en la misma dirección de melómano compulsivo, presumía de poseer la colección más espectacular de órganos. Se sentía tan atrapado por los sonidos de estos instrumentos, que encargó que le fabricaran algunos de manera que pudieran ser transportados, a partir de lo cual viajó siempre con uno o varios de estos instrumentos musicales en viajes y batallas por toda Europa. Pero no sólo se interesaba por la música, sino que se convirtió en el poseedor de una excelente biblioteca compuesta por magníficos ejemplares lujosa y artísticamente encuadernados ilustrados por los mejores artistas del momento e, incluso, por él mismo, que era un no despreciable dibujante. En resumen, que en aquellos años, todos los artistas sabían que tenían a un gran protector en el señor de Rais.

El joven mariscal, que tras una juventud borrascosa creía haberse redimido sirviendo a la *doncella de Orléans*, tras la muerte de ésta en la plaza de Ruán devorada por las llamas, recobró sus dormidos instintos infernales –apenas apuntados, pero ya latentes, en su adolescencia y juventud–, pero ahora aumentados y agravados. Además, una vez muerto el terrible abuelo Juan de Craon, pasó toda su fortuna a sus manos. Abrumado al principio por aquel maná, se encontró con que no sabía sacarle provecho a sus riquezas y que, aunque pareciese absurdo, se aburría extraordinariamente. En realidad, guerrero por herencia y por la práctica en decenas de batallas, no sabía estar inactivo, y su feroz personalidad le pedía *platos fuertes* que le recordaran el fragor y la sangre violenta de las escaramuzas bélicas.

Absorbido el seso por las prédicas del alquimista florentino Prelati y por su propia predisposición al mal, se aficionó a leer a Suetonio, y llegó a extasiarse con las prácticas que, según este historiador, ejercía el emperador Tiberio respecto a los niños. Según algunos autores, sería la lectura del historiador romano, autor de las vidas de algunos Césares, la que econtrara en la arcilla maleable del señor de Retz, la blandura en que cobijarse, descomponiéndola. Decidió que, el imitar aquello que vivieron los césares podía llegar a ser para él todo un programa de vida, y como lo pensó empezó a realizarlo. Al mismo tiempo, con sus crímenes, Gilles de Rais se vengaba de un Dios que había permitido la muerte en la hoguera de Juana, hecho que le marcaría para siempre.

Pero su carrera hacia el Infierno no fue en solitario, y más por tener un público que por necesitar de nadie, llamó en su ayuda a personas tan ayunas de escrúpulos como él mismo para sus *hazañas*. Sus dos primeros colaboradores fueron sus primos Gillaume de Sillé y Roger de Brinquiville. Los tres personajes, tras copiosas cenas en las que el vino corría espléndidamente, descendían a los sótanos del castillo en busca de sus jovencísimos prisioneros. A veces la sesión empezaba con toda clase de mimos y caricias a las víctimas; otras, por el contrario, directamente eran sacrificadas. Su ferocidad no tenía límites, y sus burlas tampoco. Por ejemplo, tras decapitar a sus víctimas, solían comparar unas cabezas con otras, y si por mayoría los tres monstruos elegían una, esa cabeza sin cuerpo era besada voluptuosamente por el señor de Retz, que, tras estos terrores, solía dormirse plácidamente. Entonces sus acólitos, lo cargaban sobre sus hombros y lo depositaban en su lecho. A continuación, como si fuese un trabajo tan neutro como otro cualquiera, volvían al lugar de los crímenes y se dedicaban a la limpieza de los restos de la matanza, y dejaban la estancia limpia y dispuesta para la siguiente sesión.

No obstante, y aquí una dolorosa contradicción no tan insólita en monstruos como Gilles, al amanecer, además de una enorme resaca, ocupaba su mente un sincero arrepentimiento por los horrores perpetrados y la decisión, incluso sentida en lo más profundo de su ser, de no volver a pecar de aquella manera. Pecar, sí, porque este malvado creía en el Infierno de los pecadores y sabía que, si el más allá existía, él iría a quemarse directamente al lugar en el que se pierde toda esperanza.

En paralelo, y para el resto del mundo, el noble, retirado a sus propiedades, llevará allí una vida ostentosa y principesca, derrochando el dinero a manos llenas. Por ejemplo, con ocasión del inicio de su nueva vida y su adiós a las armas, organizó una gran fiesta, a la que todos los invitados habían de asistir completamente desnudos. Una vez se dio inicio al banquete, todos se rociaron sus cuerpos con vino, de forma que todos también *beberían* los unos de los otros, utilizando los vasos y vasijas naturales formadas por vientres y pechos sobre los que, asimismo, se situarán el resto de los manjares sólidos, que serán también devorados. El final no podía ser otro que el de una cohabitación colectiva y sin freno. En plena vorágine de excesos, Gilles se fijó en una atractiva cortesana menuda y pícara, sobre la que intentó abalanzarse. Ella lo esquivó, él la persiguió, y cuanto más insistía el anfitrión en apresarla, más se escabullía la meretriz, como si fuese de mercurio.

Absolutamente borracho, y en el ecuador de aquella orgía, al señor de Retz le salió el guerrero que llevaba dentro y, fuera de sí por el ya no tan divertido juego de que le hacía objeto la deseada hembra, derribó a los comensales, los pisoteó y se empleó a puñetazos y golpes, de tal forma que aparecieron algunos regueros de sangre. Esta visión lo enloqueció aún más, locura llevada al paroxismo cuando el resto de comensales abrieron una puerta y permitieron la huida de la perseguida. Fuera de sí, el señor de Retz salió tras ella. Dentro, los ahítos de comida y de sexo, iniciaban una adormecedora sobremesa...

Realmente, el aspecto de Gilles era espantable: medía casi dos metros, espaldas amplísimas, barba muy poblada y azulada a fuer de azabache, y abundante cabellera. Pero lo que, de verdad, aterrorizaba a los que se situaban frente a él eran sus ojos, cuya mirada fija y turbadora pocos podían resistir. Además, en sus relaciones sociales, había llegado al convencimiento de que toda la Humanidad era su enemiga. Enemistad que se agravaba cuando alguien aparecía a su vista feliz o eufórico. Entonces su odio alcanzaba límites verdaderamente peligrosos. No iba descaminado del todo, pues muchos de sus antiguos amigos y favorecidos por su munificencia, decidieron acusarle y plantearle una batalla en toda regla para, entre otras cosas, quedarse con sus ricas tierras, tal fue el caso de su antiguo señor, Juan V, y del arzobispo Juan de Malestroit. Según algunos historiadores, ambos personajes fueron los que le habrían tendido la gran trampa del esoterismo al noble Gilles, empujándolo hacia magos y brujos a los que, ya perdido el juicio, acabaría por apoyar e imitar. Estas prácticas, si hacemos caso de esta versión, serían las pruebas que sus enemigos necesitarían para denunciarlo ante la Inquisición, como acabarían haciendo.

El mariscal, quedó ya apuntado, vivía en un mundo extraño y artificial, con objetos y joyas de un extraordinario valor, haciendo vestir a sus soldados como soberanos adornados de costosas joyas, manteniendo a un clero a su servicio de igual manera tocados sus componentes suntuosamente, y abriendo sus puertas a poetas y artistas que no dejaban de hacerse lenguas de la gran hospitalidad del señor de Retz. En un teatro que también había en su castillo, se representaban las más variadas obras dramáticas, y el ambiente de lujo estaba tan extendido por aquel palacio que llegó a decirse el que, incluso los actores que hacían de mendigos, vestían *harapos* carísimos.

Todo este despilfarro tenía que conducir a la ruina de Gilles de Rais, como en efecto sucedió. Ante la nueva situación, y no pudiendo evitar el ver sus arcas vacías, el noble se angustió sobremanera, aunque no tanto como para cambiar de hábitos ya que no estaba dispuesto a renunciar a semejante tren de vida. De manera que empezó a vender todo lo vendible, desde reliquias hasta otros castillos y grandes extensiones de terreno de los que era propietario. Pero no era bastante, y la obsesión por atesorar, de nuevo, grandes cantidades de oro le llevó a buscar la utópica *piedra filosofal,* única posibilidad que le quedaba ya para que sus sueños de riquezas se realizaran. Fue el momento de contactar con nigromantes, sacerdotes soñadores y curas milagreros (hacedores de *milagros crematísticos*). Entre otros muchos, por el castillo del señor de Retz pasaron Nicolás de Meicis, Blanchet y otros, que se sumaron a los de primera hora, aquellos desalmados (tanto como su señor y primo) Gilles de Sillé y Roger de Bricqueville. Todos ellos se apuntaron sin remilgos a la vida extraña y criminal del barón de Retz, y se convirtieron en sus secuaces. Pero ni las pretendidas artes mágicas de estos personajes le restituirían su poder, de modo que, ya en los límites de la locura, se lanzó con todas sus consecuencias en el mundo peligroso y desconocido aún para él, de la magia negra.

Un día se le pudo ver evocando con fórmulas cabalísticas a los cuatro demonios: Barron, Satanás, Belial y Belcebú. Cuando pudo constatar la presencia de los *ángeles del Averno,* les ofreció todo lo que le pidieran, sin excepciones, si acaso indicó su deseo de salvar su alma y su vida. Para todo lo demás, podían disponer de él. Parece que los diablos andaban renuentes al cambalache por lo que, un histérico señor de Retz, aumentó su oferta: les entregaría el corazón, las extremidades, los ojos y, sobre todo, la sangre de un niño. El antiguo caballero al servicio de la *doncella de Orleáns* interpretó el silencio de los demonios como asentimiento y así pudo reiniciar y continuar, de nuevo, su dantesca carrera de asesino, ahora a la mayor gloria de los Demonios y sus poderes.

En consecuencia, un Gilles de Rais ya arruinado acabó por descubrir un submundo que acabará por poseerle. Ausentes ya las mujeres de su vida desde que aquella odiada prostituta se burlara de él en el famoso banquete, empezó por traer a su castillo de la Baja Bretaña al ya citado Prelati, que lo embaucará y atraerá a sus grandes puestas en escena de magia, misas negras y promesas infalibles de fortuna. Después llegarán las invocaciones satánicas ya citadas y, de inmediato, la busca y captura de las jóvenes víctimas listas para los sacrificios, que realizan sus ayudantes y cómplices. Éstos no dejarán de llevarle nuevas y continuas remesas de carne tierna. El *stock* era prácticamente inagotable, puesto que muchas veces serán los propios padres y familiares de los niños y jóvenes los que, según un precio convenido, venderán a sus hijos a la salacidad del señor feudal.

Considerando muy peligroso el prolongar la estancia en su castillo de Champtocé por las murmuraciones de la gente, que empieza a notar cosas raras en la fortaleza y, lo más grave, que empiezan a echar en falta cada día nuevos menores, el señor de Retz decide cambiar de aire y trasladarse a otros de sus castillos, como el de Sure o Ingrande, reanudando con redoblado entusiasmo sus demoníacas prácticas asesinas. En los nuevos sótanos de cada nuevo castillo, otros pequeñuelos esperaban su terrible final. Era el propio Gilles de Rais el que les abría los vientres con su propio cuchillo, al tiempo que los poseía mientras agonizaban. Sin embargo, incidiendo en su burla satánica ya experimentada en anteriores ocasiones, en el último minuto lograba salvarlos y, tras curarlos con mimos y ternezas como si de sus propios hijos se tratara, una vez recuperados y con una violencia aún mayor, reiniciaba la sesión de agresiones y heridas horripilantes. Así, hasta la llegada definitiva de la muerte liberadora, auténtico regalo para las pequeñas e inocentes víctimas. Después los descuartizaba con un viejo sable de campaña que guardaba en recuerdo de sus batallas con la *doncella,* y, a continuación, los frágiles cuerpos sin vida eran quemados en las chimeneas de la fortaleza y arrojados los restos calcinados en los subterráneos de los palacios. Pero ambivalente, de nuevo, entre la religiosidad y la crueldad, Gilles de Rais, como tantos sádicos de la Historia, al tiempo que asesinaba a los pequeños, podía oír en la capilla próxima, una misa cantada que varios sacerdotes ofrecían por la salvación de las almas de las propias víctimas martirizadas.

Tan inteligente como malvado, la Historia le atribuye entre 200 y 300 niños asesinados en sacrificios sadorrituales como los descritos más arriba. Apenas abandonaba sus dominios, pues todo lo que le placía lo tenía dentro de sus muros. Allí organizó para su propio placer malsano una existencia disipada y nimbada de orgías desenfrenadas, con simulaciones sacrílegas y toda clase de excesos, a sumar a sus crímenes rituales ya descritos. Excesos enfocados sobre aquelarres que le organizaban varios hechiceros y magos a los que pagaba espléndidamente, y en los que en pleno delirio, el señor de Retz hacía invocaciones al mismísimo Diablo. Al menos eso iban propalando los lugareños que se atrevían a pasar cerca de sus castillos, del que se escapaban –decían– lamentos, ayes y risotadas infernales.

Pero no sólo los aterrados vecinos del señor de Retz se temían lo peor en referencia a lo que se desarrollaba al otro lado de los muros de sus fortalezas, ya que sería su propia esposa, Catalina, la que un día, rompiendo la prohibición de no acceder jamás a cierta parte de los aposentos de su esposo, irrumpió allí excepcionalmente para comunicarle un agravamiento en la enfermedad de la hija de ambos. El espectáculo que descubrió Catalina fue inolvidable: su marido, manchado de sangre, destripaba un niño mientras otros pequeños, colgados de garfios boca abajo, esperaban atormentados, su próximo y terrible fin. Lo más absurdo de todo esto era que ese mismo monstruo asesino y blasfemo, continuaba considerándose un buen cristiano que mantenía una lujosa capilla cercana, y no tenía inconveniente en someterse al acto de la penitencia ante aquellos canónigos y curiales que le rodeaban y que mantenía espléndidamente.

Llegó un momento en el que agotó el *stock* de sus castillos y se dedicó a vivir en forma trashumante, de una ciudad a otra. Sus traslados, por cierto, eran el espectáculo más vistoso que podían ver gratis los lugareños de los campos y aldeas por donde pasaba la fastuosa comitiva. El lujo era desbordante, y Gilles de Rais se hacía acompañar en cada desplazamiento, de más de doscientos hombres armados, varios eclesiásticos entre los que iban los que, sin serlo, *hacían* de obispos asimismo lujosamente ataviados con sus ropas eclesiásticas, criados, servidumbre, y numerosos niños y jóvenes entre los siete y los dieciocho años que, probablemente, ignoraban que el lujo extraordinario con que habían sido vestidos (en todos los casos, aquellas prendas sólo se usaban una vez), no era sino el último goce estético antes de sus propios sacrificios. De esta guisa, y junto a bailarines, músicos y pintores, la caravana del señor de Retz se trasladaba de ciudad en ciudad.

Así llegó con su caravana a su querida ciudad de Orleáns, donde la gente lo recordaba de seis años atrás junto a las huestes de Juana. La ciudad derrochó dinero para festejar la llegada del héroe, y el héroe correspondió y superó en derroche a lo que esperaban de él. Exactamente 80.000 escudos de oro hicieron que los habitantes de la ciudad vitorearan y aclamaran al antiguo mariscal. Con el dinero de unos y otros, se representó una ficticia batalla en todo punto similar a la verdadera de hacía media docena de años, sintiendo el viejo guerrero cómo le hervía la sangre recordando otros tiempos. Pero aunque inmensamente rico, a partir de esta última fiesta, las arcas de Gilles anunciaron el próximo fin de existencias. Sin embargo, conociendo al personaje, hay que añadir de inmediato que su ritmo de vida continuó como si no pasara nada, un ritmo similar no sólo en cuanto a festejos sino, también, en cuanto al asesinato de niños y jóvenes. Aunque al principio se negaba (él mataba a los niños, pero por gusto: al fin y al cabo lo de ofrecerlos al Demonio era para Gilles, un buen creyente, un gran pecado), al final hizo caso a su alquimista, que acabó embaucándolo y asegurándole que si lo hacía así, volvería a llenar de dinero sus vacías arcas. Confiado en tan sabios consejos, una noche apareció ante su inductor con un corazón aún palpitante y un ojo de un adolescente, que ofreció a Prelati para que lo ofreciese al Gran Maligno en su nombre.

Por fin un día de septiembre de 1440, los soldados al servicio del duque de Bretaña llamaron a las puertas del castillo de Machecoul y se llevaron preso a su propietario. Alguien había asistido, o había oído gritos de espanto de la que iba a ser última orgía de sangre del señor de Retz. Aquella noche cenó rodeado de seis niños y seis niñas que le acompañaban a la mesa; estaban desnudos y el aristócrata no dejó de acariciarlos y maltratarlos. Después de haber finalizado la cena, inició la posesión violenta de aquellos cuerpecillos que, como de costumbre, acabaron sin vida. Su último deseo de aquella noche era degollar a alguien vivo, por lo que envió a sus secuaces a que cumplieran su deseo. Éstos salieron a la calle y apresaron a una joven hermosa y embarazada. Ante su señor, la campesina temblaba más que de vergüenza por temor, pues ignoraba la calaña del gigante. Éste la obligó a que se desnudara, cumpliendo, dócil, la orden, al fin y al cabo no tan extraña entre señores y siervas. Enseguida dio inicio a las consabidas caricias y penetraciones hasta que se fijó en aquel nuevo atractivo, que no era otro que el grávido vientre de la desgraciada. De un solo tajo de su espada lo abrió, y con la sangre, se desparramó sobre la estancia el feto. Sin un instante de respiro, se sació de cartílagos y de tripas, y antes de que su víctima llegue a agonizar, el señor de Retz había perdido la consciencia.

Apresado por el capitán Jean Labbé y sus hombres, que venían acompañados por el notario Robin Guillaumat, los soldados cumplían asimismo órdenes del obispo de Nantes, Jean de Malestroit, y hasta del mismísimo *Delfín* (el futuro rey Luis XI), hasta quien habían llegado quejas y rumores sobre las matanzas del señor de

Retz. Tras entregarse sin resistencia, en esta misma ciudad de Nantes se abriría el proceso contra el mariscal de Francia bajo la presión, también, del rey Carlos VII. Sin embargo, el gran asesino no permaneció encerrado hasta el juicio en alguna mazmorra maloliente y terrible, sino que, en un privilegio odioso de uso corriente para con los de su clase, se le tuvieron toda clase de consideraciones. Hasta pusieron a su servicio dos sirvientes que se desvivían por él.

Así se llegó al día del juicio, 8 de octubre de 1440. El tribunal, instalado en una gran sala del castillo de Nantes, estaba presidido por uno de sus más encarnizados enemigos, aquel Juan de Malestroit que, junto a Juan V de Bretaña, habían declarado una guerra a muerte a su antiguo protegido. Los cargos principales eran los de hereje, apóstata, invocador del Demonio, sodomita y sacrílego. Se ponía el acento en la comisión por parte del reo de «delitos enormes e inusuales». Los interrogatorios al sátiro fueron todo un escándalo y una sucesión de horrores durante las jornadas dedicadas a los mismos, que se prolongaron entre el 18 y 28 de septiembre y el 11 y 13 de octubre de aquel mismo año. Sin pizca de arrepentimiento en un primer momento, por el contrario se vanagloriaba de sus hazañas afirmando que «nadie puede hacer lo que yo, y si he llegado a consumar hechos que no pueden consumar otros, esa es mi fatalidad».

Gilles de Rais aceptó a la hora de la verdad y parece que aparentemente arrepentido, el veredicto del tribunal. Se elevaron tres horcas: para el señor de Retz y para dos de sus cómplices llamados Henriot y Poitou. El 26 de octubre de 1440, tras ser estrangulado, su cuerpo se consumió en la hoguera. Entre la multitud que presenció la ejecución, perdida entre la muchedumbre, estaba Catalina, la esposa del monstruo, que asistió impasible al final del que fuera su marido. Los despojos del señor de Retz fueron depositados en el convento de los Carmelitas de la ciudad de Nantes. Pero individuos como aquel no mueren en el momento, sino que, como en el caso de Gilles de Rais, la leyenda de una pretendida *inmortalidad* se extiende imparable, de tal forma que, durante muchos años, aún circulaba por los campos de Bretaña y de toda Francia, la leyenda del noble satánico que llevaba a su castillo a los niños, y los mataba.

A pesar de su vida oscura y poco conocida en su momento fuera de su territorio, su fama fue tal después de su muerte y en años sucesivos, que, como se indica al comienzo, inspiró a Perrault su celebérrimo cuento *Barba Azul*, sobrenombre con el que pasaría a la posteridad el señor de Retz. Personaje con grandes sombras, esta misma *oscuridad* hizo que algunos historiadores no se creyeran del todo las maldades extraordinarias del señor de Retz, refiriéndose a éste como una víctima de una gran conspiración perpetrada por dos grandes enemigos de Gilles: el duque de Bretaña y el obispo de Nantes, los cuales, según estas mismas opiniones, habrían sido unos vulgares avariciosos que se desembarazaron de su enemigo para tomar posesión de sus propiedades. Esto no era tan raro en aquella época, en la que los envenenadores hacían horas extras para ayudar a adelantar la hora de su muerte de padres, abuelos o hermanos, ante las prisas de los presuntos herederos de tomar posesión de las heredades de todos ellos.

En cuanto al mundo del arte y la cultura, no parece haber tenido un excesivo interés por este personaje, probablemente porque ninguna refundición de Gilles de Rais, en cualquiera de las artes, sería digerible para el gran público. Sin embargo un personaje importante en su vida, como fue Juana de Arco, ha tenido un tratamiento constante y numerosísimo. Sobre todo el cine, ha visto a santa Juana desde los más variados puntos de vista. Empezó Cecil B. de Mille en 1916 con su *Joan the Woman*, un film oportunista en plena guerra europea que pasaría al olvido tras la película del danés Dreyer de 1928 *La pasión de Juana de Arco*, absoluto cine creativo y ensoñador que retrató en la pantalla a tan extraña mujer y a sus –algunos– tétricos compañeros de batallas, el principal, aquel señor de Retz futura pesadilla de Francia, para acabar con la reciente obra del francés Luc Besson.

Capítulo XXV

Vlad El Empalador

(c. 1430-1474)

Pocos personajes habrán alcanzado una tan amplísima gama como este *vampiro* salido de la imaginación del escritor Bram Stocker. Y también será difícil encontrar una concordancia más pobre que entre este *muerto viviente* y el personaje histórico al que le robó el nombre. Porque Vlad IV, apodado por sus súbditos como *Drácula*, con ser un ser despreciable y sanguinario, nada tenía que ver con el longevo conde que cada noche sale a beber su dosis de hemoglobina necesaria para seguir *no viviendo* por los siglos de los siglos. En fin, a no ser por Stocker y, sobre todo, por el séptimo arte, que entró a saco en esta historia increíble, el verdadero Vlad apenas sería conocido en otros lugares que no fuesen sus apartadas montañas de los Cárpatos o, como mucho, algunas comarcas próximas. En cuanto a las comparaciones, el auténtico Drácula sería mucho más aterrador que el de ficción y, por desgracia, la presencia de un crucifijo frente al rey de Valaquia, se demostró inútil para poder salvar a ninguna de sus numerosas víctimas.

El auténtico Drácula fue un noble rumano oriundo de Valaquia que dejaría el recuerdo insufrible de los cruentos padecimientos a los que sometió tanto a los suyos, a su propio pueblo (toda una población aterrorizada), como a los extranjeros. Pocos dudaban de la enajenación de Vlad IV y el placer que experimentaba sometiendo a tortura a cientos de sus súbditos. Por eso, sus crímenes hicieron que se le conociese como *Drácula,* que significa *el hijo del Diablo* (y, también, *dragón*). El verdadero Drácula, como personaje real, pasaría a la Historia como Vlad IV *el Empalador.*

Vlad se sentó en el trono de su país a los 18 años, bien es cierto que, al principio, como soberano *títere* de los turcos. De su contacto con los otomanos, por cierto, aprendió el horrible suplicio del empalamiento que después, en cuatro años de locura, utilizaría hasta la saciedad. Una vez que se pudo liberar de sus carceleros, volvió a Valaquia y, en 1437, se autoproclamó *Cristo Dios, gran voivoda (príncipe) de Hungro-Valaquia.* Insaciable en su necesidad de matar y hacer sufrir, se enemistaba constantemente con todos los que le rodeaban en un afán –¿de supervivencia?– por incrementar el número de sus futuras víctimas. Una vez éstas adquirían una realidad evidente, Vlad las mataba de mil y una maneras, sobre todo a través del empalamiento. Pero su fértil imaginación y sus instintos sádicos no se tomaban un respiro y ensayaba nuevos sistemas de mandar al mundo de los difuntos a miles de potenciales víctimas. Así, un día hirvió vivo a un gitano acusado de ladrón, y obligó a su familia a que se lo comiesen después. El número de sus víctimas se contaron por miles que aparecían incluso aumentadas por el boca a boca de los aterrados habitantes del lugar. En Schylta ordenó matar a 25.000, y en una ciudad cercana, el día de San Bartolomé de 1460, empaló a 30.000. A una concubina que le comunicó su embarazo, ordenó que le abrieran el vientre a ver si era verdad.

Provisionalmente puso fin a este estado de cosas el rey Matías de Hungría, que lo encerró durante una docena de años por ver si se calmaba en su frenesí sangriento. Fueron sus propios súbditos los que, asqueados de sus procedimientos torturadores, lo denunciaron al rey de Hungría. En su prisión, Vlad no demostró, precisamente, arrepentimiento alguno; por el contrario, sobornaba a sus guardianes para que le proveyeran de ratones y otros animales a los que, para no olvidarse de su obsesión, se distraía empalándolos. Salió en libertad en 1474, y, al parecer, con ganas de pelear, ya que se metió en una nueva guerra con los turcos, luchando frente a los cuales murió, en una cruenta batalla, a los 45 años de edad. Los otomanos le cercenaron limpiamente la cabeza y la enviaron, previamente conservada e introducida en miel, al sultán de Constantinopla.

Como se advierte al principio, y a pesar de sus monstruosidades, nada abona la acusación contra Vlad IV de ser un *bebedor de sangre*, o de desdoblarse en vampiro. El error, propagado a través de la celebérrima novela de Bram Stocker más de tres siglos después, pudo deberse a que, en rumano, *Drac* significa diablo; y en Moldavia *Drakul* es sinónimo de vampiro, ese animal que necesita beber sangre caliente para sobrevivir. Resulta obvio que, comparado con el auténtico Vlad IV, el pobre personaje de la citada novela y de tantos *films* era un buen cadáver que regresaba pronto a su ataúd. Vlad IV acabó mal, muy mal. Y, sin embargo, en la memoria colectiva de Transilvania, se fue transmitiendo la leyenda del gran héroe nacional Vlad IV, el cual –para algunas gentes–, si las cosas se ponen feas, volverá de nuevo para salvar a su pueblo. Aunque, entre ese mismo pueblo, también la leyenda del *Empalador* se ha utilizado siempre para asustar a los niños revoltosos...

El cine se apresuró muy pronto a trasladar a la pantalla a un personaje tan atractivo e interesante. Bien es cierto que nos referimos al Drácula-vampiro de Stocker. En 1931 el director Tod Browning rodó su *Drácula* con el mejor actor que llegaría a identificarse con el conde-cadáver: Bela Lugosi, que, curiosamente, era de origen húngaro y, por lo tanto, de una tierra próxima a la Valaquia y a los Cárpatos donde reinó el auténtico Vlad IV. Antes y después (en la historia del cine hay un título, *Nosferatu*, de Murnau, en los años 20, que es un clásico) los vampiros con forma humana llenarían las pantallas, pero prácticamente nadie se atrevió, que se sepa, a trasladar a imágenes la auténtica biografía del *Empalador,* quizás porque las *mordeduras* del conde-vampiro son de alguna manera asumibles y los suplicios de Vlad no.

Capítulo XXVI

Condesa Erzebet Bathory

(1560-1614)

Como le ocurriera a un antepasado próximo, Vlad El Empalador (Drácula), la condesa Bathory apenas traspasó los límites de las tierras al norte de los Balcanes, y mejor así pues su fama, allá adonde llegó, fue siniestra y sangrienta. Tanto que, como ocurriera con el citado rey Vlad, sólo el cine lograría catapultarla a la popularidad, a la que contribuyó, y no poco, su espectacular reencarnación en la pantalla en el cuerpo y el rostro bellísimos de Paloma Picasso. Fuera de eso, la condesa fue, como tantos malvados de la Historia, una figura menor que, no obstante, para sus víctimas sería lo suficientemente perversa y odiosa como para maldecir su nombre.

Erzebet pertenecía a una familia húngara que se estableció en la región de Transilvania, y a la que pertenecieron varios príncipes y hasta un rey de Polonia. Sus antepasados usaron este apellido (*Bator*, que significa «valiente») desde que lo llevó por primera vez un caballero magyar llamado Andrés Briccius, en el siglo XIII. Cronológicamente posterior a Vlad Tepes (espejo del conde Drácula), como ya se ha apuntado precedió en el tiempo, y en la fama, a la universalización de la leyenda macabra del personaje vampírico, aquel imposible *conde* cuya vida se inventara y popularizara el novelista Bram Stocker. Como él, Erzebet Bathory será casi un desconocido hasta el siglo XIX y, sobre todo, el XX. Y, como Vlad El Empalador, pasará a la posteridad, no por ser, por ejemplo, sobrina de Esteban, rey de Polonia, sino por sus crueldades de auténtica pesadilla.

Viuda del príncipe Nádasdy Feréncz, y como hiciera dos siglos atrás Gilles de Rais, la condesa Erzebet se retiró a su castillo de Cseith, en los Cárpatos, donde, probablemente presa de la abulia, se decidió por un pasatiempo bastante atroz, como lo era el de hacer degollar a jóvenes doncellas en los sótanos de la fortaleza. Parece que el origen de sus asesinatos fue fortuito: un día en el que había azotado a una de sus jóvenes criadas, sintió que algunas gotas de la sangre de la joven le habían salpicado al rostro. Poco después habría descubierto que, justamente, la parte que había cubierto la sangre aparecía más blanca y más suave al tacto. Asombrada, creyó haber descubierto una especie de elixir o de tratamiento rejuvenecedor extraordinario. A partir de ahí, la enajenación de la condesa se disparó.

La nebulosa historia de la condesa habla, según unos, de un total de sesenta víctimas caídas al servicio de la búsqueda de la eterna juventud y belleza de Erzebet Bathory; y, según otros, la cifra sería mucho más abultada, llegando a contabilizarse hasta seiscientas cincuenta muertes rituales en los cuerpos sanos y jóvenes de las aldeanas próximas al palacio. Valen, de sobra, ambas cifras para traer a esta galería de monstruos a esta mujer absurda y desesperada.

El hecho fue que la condesa, ya de edad algo madura, envidiaba rabiosamente la lozanía y la belleza insultantes de las muchachas más jóvenes que ella, y lo hacía de manera tan enfermiza, que se sentía obligada a vengarse de aquella afrenta. La venganza supondría un fortísimo precio a pagar por las inocentes, que tan sólo habían cometido el gran delito de ser jóvenes y agraciadas. Pero la visión de aquellos encantos y formas todavía inmarchitables la sacaba de sus casillas. No podía sufrir aquella injusticia y, en un principio, decidió someterlas a una muerte especial y lenta que, al menos por el dolor, las afeara algo. En estos primeros tiempos la condesa contaba con la ayuda de Dorko, una especie de bruja que hacía las veces de verdugo. Las pobres campesinas elegidas para el sacrificio, tras sufrir toda clase de suplicios ante su ama, eran degolladas por las propias blancas manos de la aristócrata, que se dejaba salpicar por la sangre caliente que manaba de los cuerpos de las jóvenes. Después, y mientras agonizaban, aquella misma sangre sería recogida en varias jarras que sostenían sirvientas tan dementes como la condesa, quien, posteriormente, se sumergía en un baño de este líquido rojo y todavía cálido, con la creencia de que así recuperaría e igualaría la hermosura en flor de sus víctimas. O la condesa justificaba así sus asesinatos o, decidida ya a no estar junto a mujeres más hermosas que ella, quiso creer en las propiedades milagrosas de sus crímenes. Se trataba, sin duda, de una búsqueda delirante del mito de la *eterna juventud,* eso sí, sin ponerse freno alguno para conseguirla ni tener en cuenta un atisbo de respeto por la vida.

Además del componente rejuvenecedor, la sádica condesa ejercía despóticamente un poder absoluto por afirmarse en su derecho a mantener o quitar la vida, a su capricho. Así, las faltas más nimias eran castigadas con horribles suplicios en los que, aunque se apartaban por un momento de su delirio de sangre, no estaban exentos de una completa imaginación. Por ejemplo, un día una costurera a su servicio, al presentarle su trabajo, vio horrorizada cómo su señora la abroncaba porque aquel bordado no estaba bien terminado. La falta le costó a la desgraciada un altísimo precio, como fue el de arrancarle la piel de los dedos que no habían hecho bien su trabajo al tiempo que, con delectación, clavaba en los senos de la muchacha las mismas agujas con las que había trabajado en el bordado. Otro día, ante una contestación poco respetuosa de otra sirvienta, la abandonó en el campo, desnuda, y rociada de agua. La temperatura era bajo cero y de esta forma la deslenguada murió convertida en estatua de hielo. En niveles más elevados de sadismo, y en una variante de sus baños de sangre, llegaba a condenar a las elegidas a ser colgadas de unas jaulas pendientes del techo y, a continuación, ordenar que se les arrancara la piel a tiras, mientras la condesa, situada bajo las jaulas, recibía en ese momento, una reconfortante y rejuvenecedora –según su creencia– ducha roja.

Como ocurriera con el señor de Retz (el tristemente célebre Gilles de Rais), la gente de las comarcas próximas al castillo empezaron a comentar y a protestar por aquellos secuestros de sus hijas y su triste destino a manos de la que ya era conocida como *la condesa sangrienta.* El miedo era tan grande, que un día los acobardados campesinos y aldeanos, aquellos mismos que han aguantado secularmente todas las arbitrariedades, decidieron hacer una marcha sobre el castillo con antorchas encendidas y pedir venganza, lo que forzó la intervención de los soldados de ronda a los que se condujo hasta el interior del castillo de Cseith, donde comprobarían el infernal espectáculo que se desarrollaba entre aquellos muros. Al mando de los soldados marchaba Jorge Thuzzo, palatino de Hungría, quien pudo ver con sus propios ojos el rito sangriento al que en aquellos momentos se entregaba Isabel Bathory. Sin ninguna concesión, fue encadenada junto a sus cómplices de aquel momento, dos viejas y un eunuco.

Estos tres desgraciados no se salvaron (las dos viejas fueron quemadas vivas, y el eunuco, decapitado). Pero como de costumbre, el apellido y la situación social de la condesa evitó su prisión y muerte en un primer momento, de las que no escaparon, no obstante, otras víctimas propiciatorias, como sus criadas y ayudantes en los macabros crímenes. Y es que Erzebet Bathory era sobrina del mismísimo rey de Polonia, y por lo tanto, por desgracia impune al mismo, definitivo, castigo que, por otro lado, les fue inflingido a sus criadas y cómplices en aquellas bacanales de sangre y muerte.

Pero si al principio sus apellidos y sus relaciones con la realeza hicieron creer en una impunidad definitiva, sin embargo, tiempo después, y dada la gravedad y número de aquellos asesinatos, fue juzgada a puerta cerrada. Se negó, soberbia e iracunda, desde el principio a defenderse y a ser defendida. No obstante, acabó derrumbándose y pareció aceptar resignada y fatalmente su destino, por lo demás nada halagüeño. Al final, los jueces la condenaron a permanecer encerrada en su propio castillo de Cseith hasta el fin de sus días, perdiendo definitivamente el poco juicio y razón que, en algún momento, pudo haber tenido. Su esquizofrenia la acompañó ya desde poco tiempo después de ser encerrada y al iniciarse su cautiverio de por vida. Falleció pasados tres años de su encierro. No obstante, la leyenda y el rumor quisieron terminar esta horripilante biografía de otra manera. Esta otra versión iría en la siguiente dirección: Isabel Bathory había sido liberada al final de su vida aunque, sin duda, perdido el juicio definitivamente (en esto no hay diferencias), se habría dedicado a la práctica del canibalismo como un no vulgar pasatiempo (queriendo ser original hasta el final).

Como se dice al principio, en la década de los sesenta del siglo xx, el cineasta polaco afincado en Francia, Walerian Borowczsky, rescató de las brumas y el olvido a tan siniestra mujer, dentro de un cine seudohistórico de personajes imposibles que, indefectiblemente, sólo tenían cabida en las salas X o sus proximidades. Las hazañas erótico-sangrientas de la condesa Bathory hicieron alucinar a más de un espectador, sobre todo porque la actriz elegida para dar imagen real al monstruo de la Transilvania del siglo XVII fue la hija de Picasso, Paloma, por entonces iniciando sus pinitos de actriz. Nunca una actriz se identificó tanto con su modelo histórico, al convertirse en una de las mujeres más malditas de la pequeña historia del cine.

Escritores

Capítulo XXVII

Nicolás Maquiavelo

(1469-1527)

Aunque los historiadores suelen contar la Historia a base de grandes brochazos y con colores fuertes, lo cierto es que pocas ciencias hay tan sutiles y contradictorias como la de contar el pasado desde un punto de vista pretendidamente neutral. En el devenir histórico siempre abundan los grises o, como mucho, los colores pálidos y, por supuesto, perspectivas diferentes y, aun, opuestas sobre un mismo hecho o personaje. El caso de Maquiavelo es, seguramente, el más sintomático al respecto, puesto que aunque haya ido unido a un nuevo concepto (el *maquiavelismo*), si se profundiza tanto en su vida e, incluso, en su misma obra, se descubrirá que, como mínimo, este gran humanista y político apenas aguanta ese cliché de intelectual creador de tiranos y forjador de poderes absolutos. Incluso en su obra capital, *El Príncipe*, aporta algo tan revolucionario en su época como apostar por un poder fuerte, sí, pero exclusivamente *civil,* enviando a las poderosísimas influencias eclesiásticas a sus lugares específicos. Además (y de esto se hablará largamente en las líneas que siguen), si preconizaba un poder civil fuerte, también creía fructífero y necesario para que la sociedad funcionara con agilidad y eficacia, los enfrentamientos y polémicas entre las diferentes clases y estamentos sociales, con lo que equilibraba absolutamente la *maldad* pregonada de su *carta blanca* a los tiranos.

Este gran estadista había nacido en Florencia (en el barrio Oltrarno), estado-nación a la que gobernó como secretario del gobierno florentino (Consejo de los Diez) durante tres lustros. Fue también embajador (un excelente embajador) ante poderes tan dispares como la corte papal, César Borgia, o Luis XII de Francia. Su padre era un jurisconsulto y tesorero llamado Bernardo que lo dejó huérfano a los 16 años. Su madre, Bartolomea de Nelli, poetisa, pertenecía a una ilustre familia. Sin embargo, desde niño (un niño bastante díscolo), le importó muy poco su propia genealogía. En 1502 contrajo matrimonio con Marietta Corsino, que le daría seis hijos. Siempre a la caza de unos ingresos casi invisibles, parece que buscó en Marietta algo de linaje y bastante más de dote. Pero también es cierto que, tras haber conseguido llevarla al altar, Maquiavelo no se distinguiría por ser un esposo fiel ya que, como había hecho antes de la boda, prosiguió llevando una vida bastante licenciosa que, al final, le llevará a un casi abandono total de la familia.

Niño precoz, a los diez años ya dominaba perfectamente la lengua latina. Uno de sus primeros trabajos fue el de secretario (muy erudito ya) de Marcelo Virgilio. Nicolás Maquiavelo era de estatura corriente, de salud un tanto precaria desde joven, de rostro astuto y de temperamento abierto y cordial. En cuanto a su retrato moral, parece que, hombre de su tiempo, fue amigo de todos los placeres, inclinado especialmente a los lujuriosos, aunque fue absolutamente respetuoso con los que no seguían esa línea de vida. Defensor de una moral abstracta y totalitaria, era consciente de que esta misma moral, a nivel del individuo, era una entelequia, por lo que había que ignorarla. De una vasta cultura y una curiosidad casi enfermiza, lograría cierto predicamento en la convulsa Florencia del monje Savonarola, siendo nombrado secretario de la segunda cancillería en 1498 a los 29 años, el mismo año en que el fraile apocalíptico murió en la hoguera.

Pero cuando los Médicis llegaron al poder en 1512 (de los que Maquiavelo era enemigo), sufrió el destierro, y se retiró entonces a su posesión de San Casiano (Sant'Andrea in Percussina), donde se dedicó a escribir y a dialogar con sus amigos en las tertulias de los jardines Oricellari. Allí permanecería durante largos años. Regresó después a Florencia y siguió aspirando, en su madurez, con volver a la secretaría de la República. Puesta a votación su solicitud, alguien hizo trampa y eligió, en su lugar, a Francesco Tarugi (Tarugo). Un dolido pero resignado Maquiavelo se limitó a comentar algo así como que «entre este Tarugo y yo no había duda posible». Moriría días después sin que sus biógrafos se pongan de acuerdo a causa de qué enfermedad, aunque puede que fuese de un berrinche por aquella sucia –última– jugada de los poderosos.

Pero hasta llegar a un fin tan poco espectacular, la vida de Nicolás Maquiavelo había sido un rico muestrario de actividades e inquietudes, con todos los altibajos de una vida compuesta con acusados claroscuros. Entre sus actos llamados a formar los primeros estuvieron la liga contra el emperador Carlos V, que encabezó. Asimismo, había viajado por diversos países europeos estudiando sus leyes de forma muy crítica, observando y comparando que las monarquías o estados absolutistas funcionaban mejor que las levantiscas y anárquicas ciudades-estado de Italia. Al regreso a su tierra, ya traía *in mente* su idea de la unificación de toda la península italiana, único medio para conseguir un país fuerte y respetado. Más tarde, de esta idea que le obsesionaba, saldría el núcleo ideológico central de su celebérrimo ensayo filosófico-político titulado *El Príncipe*.

Pero Maquiavelo era un humanista muy de su época y había experimentado todas las manifestaciones del pensamiento y el arte. También el del teatro, aparentemente muy alejado de su cultura e ideario. Y, sin embargo, obras como *La Mandrágora* (por otros títulos *Messer Nicia* o *Comedia de Calímaco y de Lucrecia*), creada para mayor gloria y lucimiento de una tardía amante, la actriz Barbera Salvati, era todo un cúmulo de frescura dialogada plena de un aire satírico verdaderamente delicioso, apenas velado, contra la emergente burguesía florentina y el clericalismo aliado con ella, y evidenciaba con bastante claridad una defensa insólita del adulterio femenino a través de un lenguaje bastante procaz. Sería la única obra publicada en vida de su autor y, antes de entregarla a la imprenta, fue representada en Florencia en 1515, y a pesar de que en ella daba vida a los hirientes y procaces personajes, hombres y mujeres de la buena sociedad de la ciudad, entre los espectadores se encontraban personas tan principales como el papa León X, pues de sobra es conocido que en el Renacimiento, y sobre todo en Italia, lo profano y lo religioso se mezclaban continuamente. No obstante esta descacharrante sátira de costumbres aristocráticas, Maquiavelo no llegó a romper su amarre con la nobleza a la que, a su pesar, pertenecía.

Posterior a *La Mandrágora*, pero dentro del mismo estilo desenfadado y crítico, será *El Padre Alberico*, un cuadro realista del fraile de la época, la obra en que Maquiavelo satiriza retrocediendo a los tiempos medievales y contando las aventuras rijosas de este fraile en un lenguaje similar al de aquellos tiempos pretéritos. Otras obras salidas de su pluma y en la misma línea que las precedentes fueron, en primer lugar, *El Archidiablo Belfegor*, en la que sigue, en cierta forma, la línea de su paisano Giovanni Bocaccio y su *Decamerón*. De modo que, como vemos, era el autor de estas tres piezas, y de otras menores, un hombre divertido y vital al que le gustaba exaltar los sentidos y que, como la mayoría de sus contemporáneos, estaba en la dirección de resucitar, de alguna forma, aquel mundo antiguo grecolatino, quizá en exceso idealizado, pero que, curiosamente, creían podría convivir con el ascetismo y la estricta moral teórica y oficial del cristianismo. El resto de sus obras, y las más importantes y conocidas, tratarán sobre teoría política como *Década de Tito Livio, El arte de la guerra* e *Historias florentinas,* hasta un total de cincuenta y seis que llegó a escribir a lo largo de su existencia.

No obstante hay que volver sobre su obra más trascendental, *El Príncipe,* que dedicó a Lorenzo de Médicis, *el Magnífico,* quien parece que ni siquiera leyó el libro, aunque, eso sí, le envió a Maquiavelo, como obsequio, una remesa de buenos vinos. En esta obra, a partir de unas ideas en las que no tienen cabida las opiniones individuales (que se sacrifican a las del Estado), se proclama el derecho de ese príncipe ideal a imponer sus leyes sin pararse en freno alguno, todo ello en pos de la consecución de un poder fuerte, desligado de cualquier otro poder, incluido el temporal de la Iglesia, y que haga patente la sacrosanta *razón de Estado* (expresión que, por cierto, Maquiavelo nunca escribió tal cual), a la que habría que sacrificar la moral y, en su lugar, entronizar, si era necesario, el crimen y el engaño. Su máxima «vale más ser temido que amado» resume su ideario sin conciencia pero que su autor justificaba con el resultado final, que no sería otro que el de haber conseguido por caminos tortuosos, un fin espléndido y teóricamente justo y mejor para la sociedad. También juzgaba saludable para la vida política la pugna e, incluso, el enfrentamiento, entre opuestos grupos sociales El prototipo de su estadista de hierro parece que fue César Borgia (o, según otros, Fernando el Católico). Del terrible hijo de Alejandro VI, Maquiavelo llegó a decir que era «un capitán victorioso y formidable».

La primera edición de *El Príncipe* salió ya muerto su autor, en 1532, y en 1559 acabaría incluido en el *Index* de libros prohibidos por el Santo Oficio que había instituido el Concilio de Trento. Todo un hecho tan trascendental para la Iglesia tuvo tiempo para preocuparse de este libro y hasta el papa Pío IV terció en la polémica que terminaría con la condena de este escandaloso título. *El Príncipe*, en definitiva, acabó siendo lanzado al infierno de los libros peligrosos y prohibidos, según el Vaticano. A partir de ahí se acuñaron los términos *maquiavelismo* y *maquiavélico,* como sinónimos de, entre otros muchos vocablos, *postizo, turbio, sinuoso,* además de aplicarse en la definición a todo poderoso déspota y al tirano que utiliza su inteligencia al servicio del mal. Probablemente el nuevo adjetivo pudo tener su origen en una frase incluida en *El Príncipe,* cuando se afirma que éste «...no ha de tener otro objetivo que no sean la guerra y su organización y disciplina». También había escrito Maquiavelo algo tan evidente como que la moral y la política eran cosas diferentes. Odiado por *hacer* tiranos ya en vida, él se defendía con el argumento aplastante de que, admitiendo esa filosofía de su obra, también en la misma se enseñaba a derribar a esos mismos señores absolutos.

Pero esta segunda consecuencia no se extendió tanto como la primera, siendo de uso corriente y peyorativo en muchos lugares desde poco después de su desaparición, la *liaison* de maquiavélico y maléfico. Así, en el mundo anglosajón, donde el significado denigrante del término fue llevado a extremos excesivos, ya que la expresión *Old Nick* (el viejo Nicolás), equivalía poco menos que a mentar al Diablo. Incluso en Italia se generalizó un epíteto burlesco por el que se le *santificaba* como un *san Maquiavelo,* y se le consagraba a este santo apócrifo como *patrón* de los pillos del país, además de recibir el sobrenombre de *mayordomo del Diablo.*

El Príncipe, pese a quien pese, será libro de cabecera de, entre otros, Carlos V, Enrique IV de Francia, Catalina de Médicis, Cristina de Suecia, Mustafá III (que lo tradujo al árabe) y Federico de Prusia que, por cierto, se creyó en la obligación de, siguiendo la ya iniciada leyenda negra de su autor, escribir un *Antimaquiavelo* que desconocemos y que, algunos historiadores, atribuyen realmente a Voltaire. Montesquieu lo juzgó un gran hombre en su obra *Espíritu de las leyes*, y, de hecho, este autor siguió al florentino en su estilo y maneras. También en España será polémico, y Diego de Saavedra Fajardo escribirá su *Idea de un príncipe político cristiano* cuya razón principal se justificaba como oposición, punto por punto, al otro *Príncipe* del florentino. En fin, a Maquiavelo se le cita como autor de la célebre frase –por lo demás nada novedosa ya en aquel tiempo– de que «el fin justifica los medios», paradigma del cinismo y la amoralidad unidas entrañablemente. En realidad, el gran mito de la peligrosidad de la obra principal de Maquiavelo se debe a que nunca se ha juzgado en su totalidad, y sí de forma parcial y evidenciando aquellos capítulos que convenían y justificaban al crítico o tirano de turno.

En un momento dado alguien decide oponerse a esta leyenda bastante oscura y se produce la reescritura (o, mejor, la relectura) rescatadora de la parte más positiva de este hombre genuinamente renacentista. Algunos autores hablarán ahora del florentino como de un hombre alegre, bueno, honesto y, ya en lo profesional como escritor y ensayista, como de un enorme prosista y dueño de una mente lúcida como pocos. Maquiavelo fue también lo opuesto a un provinciano que apenas sale de su ciudad o país. Unas veces por embajadas políticas y otras por su propia decisión, será un gran viajero que, para su tiempo, llegó a sumar más de 60.000 kilómetros recorridos a lo largo de numerosos viajes en toda su vida, ello a pesar de sufrir prisiones y destierros durante larguísimos años.

En este capítulo de su vida, y siendo en realidad un hombre débil al fin y al cabo, aunque era amante y partidario de la forma de gobierno republicana para su amada Florencia, llevó muy mal su prolongada –forzada– ausencia de su ciudad, por lo que intentó desde su destierro, sin desmayo, forzar un perdón que le permitiera adelantar el regreso. Por todos los medios deseará acertar con la forma de congraciarse con quien le había enviado lejos de los palacios florentinos. Florencia, al final, le debería muchas y buenas leyes en los tiempos en los que fue parte del poder republicano como, por ejemplo, cuando creó para la ciudad un nuevo –y entonces, desconocido– Ministerio de la Milicia, encargado de reclutar soldados regulares (consiguió atraer a más de 5.000) frente a los mercenarios de que se componían todos los ejércitos de la época, siempre problemáticos e ineficaces en las guerras. Un hombre, pues, a pesar del cinismo de su *manual para príncipes,* con su orgullo y sus miserias, humano, demasiado humano.

De su vida, fraccionándola por años, podríamos decir que pasó 28 de su existencia de los que no se tienen muchas referencias, 14 años de una actividad frenética como figura destacada en los asuntos de Estado; otros 14 de total inactividad política (aunque no intelectual) a causa de su forzado destierro, y por fin, los dos últimos con una ilusionada vuelta a la actividad del día a día, aunque con el desengaño de observar cómo era recibido con manifiesta desconfianza por los que, en otra época, lo alabaron. Siempre con la pluma a mano para reflejar sus estados de ánimo, compuso su melancólico *Capítulo sobre la ingratitud*, en el que desahogaba su impotencia ante el nuevo estado de cosas de su amada ciudad. Realmente, y a modo de resumen, se podría decir que Nicolás Maquiavelo, admirador del pensamiento clásico grecorromano, quiso trasladar la experiencia política de la cuna de nuestra civilización a la Italia de sus días, aprendiendo de aquellos viejos tiempos, tanto de sus virtudes como, sobre todo, de sus defectos, para evitar caer en los mismos. Todo ello con el telón de fondo del auténtico caos que era, a la sazón, la Italia de la época, continuamente objeto de deseo de las grandes potencias: Francia y España, en guerras continuas sobre suelo itálico, y empujando a sus Estados y ciudades a alianzas encontradas y a sangrías sin fin. Especialmente entre 1498 y 1512, años de su plena entrega a la política activa, Maquiavelo intentó la empresa inabarcable de poner en práctica la herencia de los grandes caudillos y estadistas de la Antigüedad, el mismo año que se producía la caída de la República de Florencia e iniciaba él mismo su fin como personaje influyente.

Tras su muerte se desataron todas las controversias, especialmente cuando, en 1532, salió por fin, impresa, la primera edición de *El Príncipe* (que había circulado hasta entonces en copias manuscritas). Pero en esta nueva guerra entre detractores y panegiristas, ganaron los primeros que llegaron a acusar al autor de *La Mandrágora* de haber sido, por lo menos, el inductor de los actos más censurables y mezquinos de César Borgia. Era cierto que del hijo del papa Alejandro llegó a decir de Maquiavelo: «no encuentro nada reprobable en la conducta del duque [de Valentinoi]», (precisamente cuando César acababa de eliminar a varios de sus, hasta entonces, íntimos colaboradores).

También se cargarán en su cuenta, entre otros despropósitos, sus pretendidos consejos a Catalina de Médicis, que decidieron a esta reina a ordenar la masacre de la terrible *Noche de San Bartolomé* contra los hugonotes franceses; de inspirar de alguna forma el nacimiento de la Iglesia anglicana; y de mil y un delitos –¿de opinión?– más. Incluso en el tema siempre espinoso de las creencias, ya sus primeros biógrafos se dividían entre los que opinaban que Maquiavelo había sido un cristiano templado y circunstancial, y los que, al contrario, decían que su cristianismo estaba fuera de toda duda y, en fin, los que, rotundamente, lo acusaban de impío e, incluso, de *Anticristo* (en cuanto a este último apartado, lo cierto fue que Maquiavelo mantuvo toda su vida un amorodio por todo el mundo de la Iglesia, institución a la que acusó siempre de ser demasiado terrenal en su gobierno mundano). Por lo demás, salta a la vista que ni el marqués de Sade *inventará* el sadismo dos siglos después, ni Maquiavelo se habría sacado de la manga (o de su cerebro) el maquiavelismo, pues el goce por el sufrimiento fue común desde los albores de la Humanidad, y conseguir un fin a cualquier precio, habitual desde, desde al menos, el hombre de Cro-Magnon.

Nicolás Maquiavelo murió en junio de 1527, el mismo año del *saco* [saqueo] de Roma por los españoles, que llegaron a encerrar al Papa en el castillo de S'Antangelo, hechos gravísimos que Maquiavelo no llegó a conocer y que, de alguna manera, iba a influir en el principio del fin de las, por otro lado, pujantes ciudades-estado italianas. Durante muchos años, sus biógrafos discutieron sobre si murió en el ateísmo o dentro del seno de la Iglesia Católica, discusión baladí pues ninguno estuvo *dentro* de los pensamientos del ilustre moribundo. Sin embargo, para los primeros, el florentino se fue al otro mundo blasfemando y maldiciendo, y para los otros acabó confortado con todos los auxilios de la religión. Al margen de esta duda, el ilustre florentino fue enterrado en la iglesia florentina de Santa Cruz, en el panteón familiar –en un lugar sin señalar, anónimo–. Allí permanecieron más o menos ignorados hasta que, transcurridos más de dos siglos y medio, en 1787, un inglés, el conde Cowper, rescató sus restos y los honró como se merecían. Más tarde, por fin Florencia también exaltaría a Maquiavelo elevando un monumento en su recuerdo, junto a los Miguel Ángel y Galileo, dos extraordinarios personajes, por cierto, para vivir junto a ellos eternamente.

Con su desaparición empezaba su leyenda que, como tantos otros personajes de la Historia, no fue ajena a la manipulación y a la venganza. Hasta bien entrado el siglo XIX, Nicolás Maquiavelo apenas tuvo defensores. En España, por ejemplo, formaron en las filas de sus detractores el Padre Rivadeneyra, Baltasar Gracián o el ya citado Saavedra Fajardo, además de la Compañía de Jesús, alguno de cuyos miembros definió a nuestro personaje como «horrendo consejero de reyes». Sin embargo también tuvo seguidores como Arias Montano o el secretario de Felipe II, Antonio

Pérez. No obstante, en el polo opuesto, también algunos enciclopedistas, como Diderot, consideraron la obra del florentino como negativa.

Realmente, hasta el pasado siglo XX no se inició el rescate de la parte humanista y respetable de este hombre al que, en el futuro, se le acusaría de ser el germen y el espejo de hechos y personajes futuros, aunque contrapuestos, ya que si, por un lado, se le acusaba de haber influido en los partidarios de la tolerancia religiosa y de que en él hubiera bebido Rousseau, también se daba por hecho que los revolucionarios franceses de 1789 aprovecharon al pie de la letra algunos de sus escritos. Pero si sus enemigos hicieron mucho daño a Maquiavelo, mucho peor fueron los que se llamaron sus amigos, ya que por sus puestos posteriores en las páginas de la Historia, estos seguidores harían un flaco favor al autor de *El Príncipe*. Cronológicamente, el primero de los, de algún modo, inspirados en sus actuaciones por Maquiavelo, sería nuestro Cardenal Ximénez de Cisneros, quien no sólo se sabe que leía la obra del florentino sino que intentaba aplicarla en su gobernación de la reciente España unitaria. Después vendría otro entusiasta, Napoleón Bonaparte, que mataría el tiempo en su destierro de Santa Elena anotando una edición de esta obra, y que opinaba de su autor que «Maquiavelo me parece el único escritor digno de leerse». Sin embargo, a pesar de su admiración por el autor y su obra, en sus comentarios el corso se quejaba de que el teórico italiano se quedaba un poco corto en su impunidad para con los príncipes y, por supuesto, Bonaparte ignoraba y rechazaba aquellos pasajes que el florentino consideraba oportunos para oponerse, al mismo tiempo, a los déspotas. Esta edición con las notas del Napoleón apareció publicada por primera vez el año 1815. Después será otro dictador, Binito Mussolini, el que se sentiría obligado a imitar a Napoleón y también comentó la obra insignia de Maquiavelo en el año 1924, cuando recién llegado al poder, aún no tenía claro cómo iba a gobernar a la Italia de su tiempo. Para terminar, deslizándose por la pendiente de lo gratuito, algunos le consideraron, al mismo tiempo, el *padre* del liberalismo, del nacionalismo e, incluso –por su admirador el Duce–, de los fascismos. Resumiendo, podría afirmarse que, en un imposible equilibrio, se le consideró, alternativamente, como un conservador y un revolucionario. Y, por fin, un manojo de tópicos: el ser el causante del principio tiránico de autoridad; la paz sería, en realidad, una utopía puesto que el odio anida normalmente en el corazón humano; sería el responsable de lecciones delirantes sobre cómo engañar para conseguir bineficios; habría enseñado cómo utilizar a conveniencia la fuerza y la astucia; habría propiciado el olvido consciente de la justicia y de la libertad; o, para terminar, en él y en sus libros, se encontrarían ejemplos prácticos de cómo matar y envenenar, etc. Todo un *vademécum* para uso, y abuso, de aprovechados.

Capítulo XXVIII

Sade
(1740-1814)

Nunca un autor fue tan censurado antes de conocerlo. Al menos por el gran público, al que se le escamoteó durante dos siglos el acceso a la obra de este *innombrable* capaz de dar nacimiento, a partir de su apellido, a una perversión que, lógicamente, no nació con él pero que se le cargó sin remisión. Luego, cuando los tiempos, más flexibles, posibilitaran la publicación masiva de sus libros, muchos descubrieron, envuelto en papel deleznable y de estraza, unas piezas literarias y político-filosóficas nada despreciables si se leía entre líneas. Muchos confundieron sus personajes de ficción con su propia biografía, y aunque, al parecer, algo de común sí que había, nunca Sade llegó a la criminalidad patológica de algunos de sus protagonistas. Pero, como en tantos otros, la expulsión del mundo de los puros y los buenos estaba decidida y le acompañaría, no ya en vida (que le acompañó), sino muchos años más tarde hasta hoy mismo.

Frente a ciertas acusaciones de sus más acérrimos enemigos (contemporáneos a él y posteriores) de que el marqués de Sade era homosexual, lo cierto es que, si seguimos su biografía, abundaron a su lado las mujeres de forma muy destacada, y no deja de ser sintomático, el que las heroínas de sus novelas siempre sean del sexo femenino, destacando sobre el conjunto de varones que, al mismo tiempo, suelen llevar la peor parte en cuanto a maldades y excesos. De cualquier forma, incluso en sus últimos tiempos, hasta cinco días antes de morir, el marqués de Sade estuvo acompañado y rodeado por mujeres. La última visita femenina sería la de una lavandera llamada Madeleine Leclerc. Pero también estarán junto a él hasta sus últimos momentos, su sobrina Delphine de Talaru o su última amante, Marie Constance Quesnet, quien le dará ánimos en el sentido de que, intentando despertarle alguna ilusión, le insistiría en que la siguiente primavera, cuando estuviese mejor, podría salir, por fin, en libertad tras su último, larguísimo encierro.

Porque lo cierto era que el ya moribundo agonizaba en el hospicio y manicomio de Charenton, lugar en el que había entrado hacía muchos años en una más (pero que ahora sería la última) de sus periódicas visitas a las prisiones más diversas. Pero, volviendo a quienes le rodeaban, también se presentó junto al lecho de Sade el padre Goffroy, que intentará que reciba el último auxilio. El sacerdote, a la salida, sólo afirmará estar «satisfecho», sin más explicaciones. Entrará, después, otra vez a ver al enfermo Donatien Alphonse el joven doctor Roman, que permanecerá junto a él hasta el último suspiro. Todos los citados serán, pues, los testigos del adiós a la vida de quien tanto la amó, pecando por exceso y sobrepasando todas las reglas y los códigos morales en consecución de esa meta de exprimir hasta el final el jugo de la existencia. No importa que, en gran parte, tales excesos fuesen virtuales a través de unos textos que, tanto si se condenaban como si se aplaudía, estaban condenados a pasar a la posteridad.

Nacido en París, aunque de una familia originaria de la Provence y entre cuyos antepasados había nombres tan importantes como Hugo de Sade y Laura de Novés, que sería inmortalizada por Petrarca en sus *Sonetos,* Donatien Alphonse François fue un niño que, con el tiempo, estaba llamado a ser maestro de esgrima, músico y amante de todas las artes, un futuro en principio, brillante y en consonancia con su cuna pero que el destino haría que acabara pasando la mitad de su vida de prisión en prisión y de celda en celda, hasta sumar al final de su existencia nada menos que 27 años de encierros en 11 prisiones diferentes. Hijo del conde de Sade, que pertenecía a la carrera diplomática, nació en el palacio de Condé, en el que su madre, Marie Eléonore de Maillé de Carman, era dama de honor de la princesa del mismo nombre. En ausencia del padre, a la sazón embajador de Luis XV ante el Elector de Colonia, tan sólo la madre y dos criados sostuvieron al niño rubio cuando fue bautizado en la iglesia parisina de Saint Sulpice.

Aprendió a escribir y leer gracias a las lecciones de un tío de su padre, un abate libertino y de costumbres un tanto procaces, íntimo amigo de Voltaire, ensayista, y autor de una conocida obra sobre Petrarca. Al lado de este servidor de la Iglesia pero, sobre todo, esclavo de todos los placeres, en especial aquellos que tenían que ver con la vida sexual, creció el pequeño Alphonse Donatien, viendo cómo su tío convivía con dos amantes, una madre y su hija (ambas de origen español), además de estar envuelto en jugosos negocios de prostitución. El futuro marqués estuvo interno en la abadía de Ebreuil en una primera etapa de su vida, y continuó después sus estudios en el exclusivo colegio de Luis el Grande. No obstante, y como perteneciente a la nobleza, se le obligó a entrar en la milicia, siendo destinado, cuando contaba sólo 14 años, a la escuela del regimiento de caballería del Rey en Versalles, obteniendo muy pronto el grado de subteniente. Orgulloso, por un lado, con su brillante uniforme de oficial, sin embargo no dejaba de considerar, para su sensibilidad, excesivamente brusco el paso de la escuela a las filas del ejército con tan tierna edad. Pocos años eran, en verdad, para la guerra, pero parece que no tan pocos para los líos de faldas, con relaciones mantenidas, de forma un tanto peculiar, con algunas féminas. Parece ser que, en efecto, ya en el ejército se le conoció por su exacerbado libertinaje, afición que prosiguió después en la vida civil, frecuentando los antros más detestables de París, sobre todo aquellos en los que se rendía pleitesía al juego, en los próximos a los ambientes teatrales y, sobre todo, necesitaba acudir a los prostíbulos y sus densas atmósferas de forma inaplazable y habitual.

Se casó (en realidad, lo casaron) con Renée-Pelágie de Montreuil en 1763, un buen partido puesto que la damita era hija del conocido como *presidente de Montreuil*. Aunque, en un primer momento, no sea muy concebible reconocer sentimientos elevados en quien será conocido como una aberración sexual en sí mismo, lo cierto era que éste entonces joven aristócrata se enamoraba como cualquiera y hasta sufría ataques de lo que muy pronto padecerían los Werther de turno: aquella fiebre romántica que apuntaba ya en el horizonte del nuevo siglo. El joven Sade presentaba todos los síntomas de excesos y sufrimientos sin cuento que definirían después al Romanticismo. El sufrimiento le llegaría con el anuncio de aquella boda con la señorita de Montreuil, pues su verdadero amor lo tenía depositado en otra atractiva damisela llamada Laure Victoire Adèline de Lauris. Se trataba de una castellana que vivía cerca de las tierras de la familia Sade, en Vaucluse. Su amor por Laure fue desaforado y, siguiendo todos los cánones del acoso amoroso, el futuro autor, ayuno de buenos sentimientos, no pudo, en aquella ocasión, evitar el dedicarle a su amada unos versos primerizos escritos ex profeso a su amada vecina.

Pero la boda estaba decidida y la ceremonia tuvo lugar en la iglesia de Saint-Roche en mayo de 1763. A pesar de sus amores frustrados y de su nuevo estado civil, ninguno de estos hechos alteró su otra vida de crápula, quizá aumentó la desmesura de sus aventuras como reacción irritada ante la imposición de aquella esposa a la que no amaba, pero que aceptó ante la amenaza de desheredarlo si se casaba con su verdadera amante, aquella Laure que él quiso convertir en la Laura de Petrarca, su antepasada, idealizándola a partir del modelo de la heroína literaria.

Tan sólo tres meses después de la ceremonia de su matrimonio, un escándalo sonado hará famoso el nombre de Sade. Lo protoganizó una mujer llamada Jeanne Testard, de poco más de 20 años, obrera en un taller de abanicos. Jeanne contó a la policía con toda clase de detalles, lo que le acababa de ocurrir con un caballero. Según ella, había llegado hasta la casa de este personaje desconocido, empujada por una amiga de Montmartre que le adelantó que aquel señor le pagaría espléndidamente la visita. Una vez en la casa, prosiguió Jeanne, el desconocido se encerró con ella en una habitación e inició una serie de preguntas sobre, por ejemplo, si era religiosa, y ante la respuesta afirmativa, el hombre había empezado a blasfemar y a insultarla. A continuación la hizo pasar a otro lugar lleno de disciplinas, cuadros religiosos de mártires y objetos eróticos e indecentes. Entonces, le pidió que ella lo azotara con uno de aquellos látigos, a lo que se había negado absolutamente. Entonces el caballero le comunicó que será ella la que reciba el castigo de él. Tras azotarla, descolgó de la pared un Cristo de marfil y lo pisoteó con rabia, obligando a Jeanne a que hiciera lo mismo que él, o, en caso de negarse, le señaló sendas pistolas que enarbolaba en sus manos y que serían disparadas. Como último acto de aquel sacrílego encuentro, el desconocido –continuó su relato Jeanne– le anunció que iba a poseerla al contrario de lo que exigía la naturaleza. Tras realizar lo anunciado, Jeanne fue despedida con el deseo del caballero de quedar citados para otro día y proseguir aquellos encuentros. Pero antes de dejarla marchar la hizo firmar un papel en el que se comprometía a no revelar nada de lo que allí había ocurrido. Promesa que, a la vista estaba, la obrera no cumplió en absoluto.

Esta historia, denunciada por la joven, le llevó por primera vez a prisión, pero no por mucho tiempo. Tras su liberación, no tardó mucho en elegir a su primera amante en la persona de la cortesana y bailarina Beauvoisin, camarada en sus orgías y dispuesta siempre para las más atrevidas excentricidades del Marqués. Con ella realizaba frecuentes viajes desde París a su castillo de La Coste, en la Provenza, lugar paradisíaco y aislado donde la pareja y sus amigos más íntimos organizaban sus grandes bacanales. Sin embargo, sus amores con la Beauvoisin habían estado precedidos de, al menos, otras dos relaciones con otras tantas actrices, primero con una tal Colette y después con la Beaupré, ambas titulares en la compañía del Teatro Italiano. Será el mundo del teatro y sus aledaños, el preferido durante toda su vida por el marqués de Sade, él mismo autor e, incluso, intérprete en su último encierro en el manicomio de Charenton.

Algunos biógrafos se atreven a dar una fecha y un nombre como pertenecientes al comienzo de su tórrida existencia volcada en la dirección de ciertas bestialidades eróticas. Según éstos, fue alrededor del mes de abril de 1768 cuando el Marqués mandó a su criado a que le trajera dos prostitutas a su casa de Aureil, con las que tenía pensado pasar una alegre jornada. No obstante, y mientras esperaba a las dos prostitutas asomado a una ventana, vio pasar a una atractiva mujer a la que llamó e invitó a entrar. Unos autores hablan de una mendiga y otros de una viuda reciente de un pastelero (puede que fuese ambas cosas). Lo que sí se confirmó como cierto era su nombre: Rosa Keller. Rosa, al oír que la llamaban y escuchar que era invitada por el aristócrata, accedió a ir a cenar con él (otros apuntan a algo más convencional: Sade habría requerido sus servicios para que limpiara su casa). Sea como fuere, la viuda visitó al Marqués quien, nada más recibirla, le hizo entrar en un coche que los trasladó hasta Arcueil, su residencia campestre. Una vez allí, sin apenas cumplidos, la desnudó violentamente y, tras atarla, la flageló insistentemente, sin escuchar los gritos desesperados de la víctima que podía escuchar, entre latigazo y latigazo, el anticipo de todo un rosario de abusos y torturas que el propio Sade le anunciaba que sufriría tras aquel castigo. Cuando brotaron los primeros regueros de sangre sobre el cuerpo de Rosa, Sade se abalanzó sobre ella y sorbió con delectación los rojos riachuelos del cálido líquido.

Pero el aristócrata, completamente borracho –mientras castigaba a su víctima, no había dejado de beber– la abandonó por el momento y se fue en busca de aquellas dos rameras que había enviado a buscar a sus criados, a las que se entregó brutalmente excitado por la escena vivida con Rosa Keller. Ésta, a la que ha encerrado en una habitación tras curarle las heridas y darle de comer y beber, espantada, y viéndose sola, logró desasirse de sus ligaduras y, lanzándose contra una ventana, logró escapar de allí. Inmediatamente contó a todo el mundo lo que le había ocurrido y la noticia corrió por París con celeridad, provocando un nuevo encierro de Donatien François, que es apresado y conducido al castillo de Sauvor. Allí, frente a frente, demandante y demandado se desmentirían mutuamente al afirmar la primera todo lo que ya conocemos, y contestando Sade que Rosa sabía de sobra que iba a una sesión de libertinaje. Sade fue procesado por el tribunal de Tournelle [Tourneville], pero intercedió por él nada menos que el mismo rey de Francia, Luis XV, y apenas un mes después, salió en libertad. El escándalo se olvidó del todo previa entrega de cien luises a su víctima, que cicatrizó así, económicamente, sus heridas.

La vorágine de su existencia llevó a Sade a ser condenado a la pena de muerte acusado de envenenamiento y sodomía. Todo había ocurrido a raíz de un suceso sonado. Sade conocía todas las casas de prostitución, de las que era cliente especial. En ellas, y entre sus pupilas, solía regalar, a manos llenas, dinero y golosinas, bien es cierto que estas últimas contenían, habitualmente, polvos de cantáridas, gozando como un niño –perverso– con el sufrimiento de sus risueñas y alegres víctimas, al ir produciendo el veneno sus efectos. Aquella nueva condena y aquel nuevo apresamiento, tampoco llegarían a más, ya que a fuerza de sobornos, logró escapar de la prisión y de Francia, llegando en su huida hasta Italia. Pero no huyó solo, ya que le acompañaba su cuñada, la señorita Anna de Launay, canonesa sin votos a la que había ganado para compartir con ella sus prácticas violentas y, sin embargo, placenteras, y que había arrancado literalmente de las rejas de un convento de clausura. Acabaría después por cansarse de aquella mujer, y terminar por dejarla tirada y regresando él a Francia.

Donatien Alphonse había iniciado a su cuñada en los placeres algolágnicos durante unas fastuosas fiestas de Carnaval durante las cuales Sade había organizado un espectacular baile de disfraces al que asistieron damas y caballeros entre lo más granado de la sociedad local. Junto a su esposa se hallaba su cuñada, a la que el Marqués le tenía puesto sitio hacía tiempo pero que, una y otra vez, veía como eran rechazadas sus pecadoras insinuaciones por aquélla. Esa noche, en el baile, Donatien hizo una seña a su fiel criado Latour, y apareció de inmediato un grupo de camareros con decenas de copas que, enseguida, pasaron a las manos y a los labios de los concurrentes. Poco después, y ya bajo los efectos de la misteriosa bebida, se iniciarían las más increíbles actividades sexuales y la desinhibición que posibilitaron, en su confusión, el que Donatien, atrayendo hacia el jardín a su cuñada, la poseyera, azotara y apaleara sin que, en aquella ocasión, sorprendentemente, ella opusiera ya la más mínima resistencia, y correspondiera, por el contrario, a las caricias de su cuñado.

Pero lo anterior era ya historia, y ahora volvía a Francia tras su viaje al país del arte. Un regreso que no le condujo directamente a París, pues pensó dosificar el viaje y hacerlo por etapas. Una de éstas fue en la ciudad portuaria de Marsella, y allí, en los primeros días del mes de junio de 1772, y tras pagar a un grupo de rameras de la ciudad, incidió en sus ya conocidos *juegos* de las cantáridas, suministrando a sus invitadas, riquísimos bombones rellenos de aquella sustancia tóxica. La ingestión de aquel excitante provocó el inicio de una extraordinaria y violenta orgía entre las prostitutas, en la que el maestro de ceremonias era el propio Marqués y su fiel criado, Latour. Tras las habituales escenas de flagelación, sodomización y demás parafernalia, las cuatro muchachas contratadas fueron despedidas después de pagarles un escudo de plata para cada una e invitarlas a un posterior, y nocturno, paseo junto al mar. Como en otras ocasiones, las prostitutas, al verse en la calle, denunciaron al Marqués, no acudiendo, desde luego, al reencuentro con él en la nocturnidad de los dominios de Neptuno en tan peligrosa compañía como eran el marqués y su criado.

Y, tras aquella nueva denuncia, una enésima acusación contra él, agravada ahora por la leyenda que ya le precedía de ser un elemento peligroso. En consecuencia, ingresó otra vez en prisión, en esta ocasión encerrado dentro de los muros de la de Vincennes antes de ser trasladado a la de París, a la sazón la Bastilla. Su dura estancia en la célebre cárcel fue amortiguada por su amantísima esposa, a quien se le permitía llevarle libros y recados de escribir, entre otros privilegios. Allí, y en otros encierros, Sade culminaría la redacción de algunas de sus obras como *Dialogue entre un prête et un moribond, Les 120 journées de Sodome* o *Les infortunes de la vertu.* Otras obras conocidas como *Justine ou les malheures de la vertu* y *Juliette ou les prosperités du vice,* saldrían a su vez, de su mente enferma en aquellos lugares en los que la desesperación por la falta de libertad, acababan tranformándose en él en apasionada inspiración para redactar sus siempre polémicas creaciones literarias.

Allí, a pesar de lo tétrico de su leyenda, los presos del Rey (su caso) vivían bien, en espaciosas habitaciones y podían leer y escribir. Fue en la Bastilla donde Sade escribió sus libros y, para poder hacerlo, recurrió a una inteligente solución: utilizó trozos de diez centímetros de ancho que llegaron a alcanzar un total de doce metros de largo, y al pegarlos unos a otros formaban un gran rollo caligrafiado con una letra casi microscópica capaz de contener sus textos. Minucioso en todo, Sade contó el tiempo empleado en una de aquellas creaciones literarias (*Los 120 días de Sodoma*): exactamente veinte días que finalizaron, como el libro, el 28 de noviembre de 1785. Un libro el citado que, como tantos otros salidos de su pluma, su autor nunca vería publicado ya que, en un nuevo traslado a Charentón, el original se perdió, aunque posteriormente sería guardado durante un siglo por una familia noble y vendido por sus descendientes a comienzos del siglo XX a un librero alemán.

Sin embargo Sade es un preso muy inquieto y, otra vez, logrará escapar de esta última ocasión, aunque será juzgado y condenado en rebeldía puesto que el Marqués había huido. En efecto, en Aix, un severísimo tribunal condenó a Sade y a Latour a ser, decapitado el primero y ahorcado el segundo, tras lo que deberían ser quemados ambos y sus cenizas lanzadas al viento. Para cuando esta sentencia fuera pública y sus efigies (grotescos muñecos) ejecutadas, el marqués de Sade se econtraba viajando por ignotas tierras foráneas. A su regreso, nuevos cargos contra él y enésimo encierro en la fortaleza de Vincennes para, al cerrarse ésta, ser trasladado, de nuevo, a la Bastilla. Su estancia aquí coincidirá con los días tumultuosos de la Revolución que, precisamente, se inició con el asalto a tan tétrico establecimiento. Sade no estaba allí el 14 de julio, pero sí unos días antes. Algunos incluso creen que fue el *divino Marqués* el que empujó a las masas al asalto final.

Pero tras la jornada histórica del 14 de julio de 1789, Sade, que había sido liberado de la Bastilla, se encontró entre otras rejas, las de Charenton. En realidad, el conocido hospicio era más que nada (o al menos así lo creía la gente) un manicomio sin más. Y, como pasara con la Bastilla, los encerrados en Charenton, serán liberados por las turbas. Finalizaba así el, por entonces, su último encierro de una serie interminable que se había iniciado en el lejano año de 1777 cuando, por despecho y acusaciones de su propia familia y la de su esposa, que justificaban su situación por su «libertinaje extremado», lograron alejarlo de sus vidas. El delito por el que se la había acusado, «envenenamiento y sodomía», fue suficiente para que los próximos sintieran la necesidad de separarse de pariente tan poco recomendable, ya que –se justificaban– «en uno de esos excesos, podría terminar por deshonrarlos». Han pasado muchos años y, cuando por los sucesos revolucinarios sea liberado, habrá escrito entre rejas más de quince gruesos volúmenes. Lo que más deseaba era que aquellos manuscritos no se extraviaran, lo que no consiguió del todo por la enorme confusión que trajeron consigo aquellas jornadas aciagas.

Una vez libre, las adulaciones a los revolucionarios no se hicieron esperar, intentando con ellas salvar algunos de sus amigos aristócratas, cosa que consiguió en alguna ocasión, pero que no tuvo continuidad ya que, incluso en la nueva situación, conocería nuevas salidas y entradas en prisión. No obstante, en sus cortos espacios de libertad, consiguió ver en las librerías uno de los escasos títulos que vería impresos en vida: *Justine o las desdichas de la virtud* (1791). Eso sí, en el volumen no figuraba el nombre del autor y aparecía falsamente impreso en Holanda (aunque en realidad lo había sido en París, en una imprenta clandestina). Sin embargo, y a pesar de su semiclandestinidad, llegaría a alcanzar hasta seis ediciones en los años inmediatos. Sade, asustado al principio, acabó por declararse absolutamente revolucionario ante la nueva situación, convenciendo a los revolucionarios de la sinceridad de su conversión, hasta el punto de que llegará a ser conocido y ensalzado entre estos como el *ciudadano Louis Sade*.

Desde esta nueva identidad, Donatien Alphonse Sade colaboró durante cierto tiempo con la Revolución, ocupando algún cargo político y redactando opúsculos como, por ejemplo, su *Discours aux manes de Marat et Le Pelletier*. Incluso en aquellos primeros tiempos revolucionarios, y como miembro de la Sección de las Picas, utilizó su influencia para salvar de la guillotina a sus suegros y alguna otra noble testa. Amigo personal de Marat, discutía apasionadamente con el *amigo del pueblo* y llegó a protestar por los excesos en el uso de la guillotina, criticando duramente las ejecuciones gratuitas. Pero estos coqueteos con los nuevos poderes no le valdría de mucho ya que fue encerrado –y otra vez liberado– en 1794, acusado de tibieza revolucionaria y de pertenecer a la desaparecida nobleza.

Fue tras la muerte de Marat cuando se le recordará como simpatizante del ya desaparecido jefe revolucionario. Como consecuencia de ello, entró, otra vez, en prisión, recuperando, de nuevo, su origen de noble y la acusación de amigo de nobles (pero también saldría de nuevo, en el mareante tobogán de los altibajos de la Revolución y la República). Conoció nuevas cárceles diferentes, en alguna de las cuales, en su ficha, se le describirá como «un hombre muy inmoral, muy sospechoso e indigno de la sociedad». En agosto de 1800 la policía irrumpió en un taller de encuadernación donde se preparaban los volúmenes de *Justine*, en una edición adornada con grabados de una obscenidad pareja con el texto. Las autoridades se incautaron de todo el material y, por primera vez, el marqués de Sade fue detenido y acusado de ser el autor de libros pornográficos.

Por entonces finalizó *La filosofía en el tocador [gabinete]*, una novela *pedagógica* en la que se inicia en la galantería y el sexo a una ingenua jovencita llamada Eugénie por parte de la señora de Sainte Ange, su hermano el caballero Mirvel, y un tal Domancé, corrupto y perverso que logra corromper a la joven quinceañera. A partir de esta nueva faceta de sus delirios, Sade será reo de delitos de imprenta, olvidándose temporalmente su vida privada y sus escándalos públicos anteriores. De nuevo, en 1801, y gobernando el Directorio, la policía requisó en la sede del editor Massé (con quien trabaja Sade en uno de sus cortos espacios de libertad), varios libros inéditos y otros textos en período de corrección o impresión. Entre los libros perseguidos figuraban la *Nueva Justine* y *Juliette*.

Acusado de ser el autor de esta última, el marqués reconoció que el ejemplar manuscrito llevaba su letra, pero que él había sido sólo un copista. De nada le sirvió aquella excusa, y ahora con Bonaparte como antes con la Revolución, y mucho antes con los Borbones, una vez más será acusado de locura *erótico-criminal* y encerrado en Santa Pelagia por dos años. No obstante, parece que la razón verdadera de su nuevo encierro fue la acusación de que habría sido el propio Sade el anónimo redactor de un libelo titulado *Zoloé y sus dos acólitos*, según algunos, una despiadada crítica del propio emergente Napoleón, de su esposa, Josefina, y de otros personajes que muy pronto formarían la corte imperial de Bonaparte. Para su propia frustración, el reo no recuperará nunca más la libertad y en ningún momento será juzgado, y desde ese momento presente en todos las fichas de las prisiones y manicomios a donde es trasladado como «demente libertino».

A estas alturas de su vida, Sade, tras años de cárcel, traslados, destierros y persecuciones, sufriría accesos cada vez más habituales de cólera y violencia. No contribuyó a su estabilidad emocional y sentimental el hecho del abandono definitivo de su comprensiva y dulce esposa, que acabó por ingresar en un convento y a quien ya no volvería a ver. Cuando ella murió en 1810 en el convento, el Marqués sintió vivamente la muerte de quien tan buena y paciente había sido, en vida, con sus excentricidades. Este suceso, junto a, como se ha dicho, sus larguísimos años de encierro, acabarían desembocando en la hipérbole de su portentosa imaginación, que plasmaría en sus novelas y ensayos toda la represión impuesta, y sin otras vías de escape, en una mente imposible de controlar. A partir de ese momento, y en los breves espacios de tiempo en libertad entre una prisión y otra, y entre la última cárcel y el manicomio, Donatien Alphonse Arouet vivió entregado a su obra literaria y acompañado tan sólo por una dama distinguida y enferma de melancolía a quien el marqués llamaba «mi Justine». Esto daría como resultado el que, años más tarde, se discutiera apasionadamente entre la ficción de sus personajes y actos por ellos ejecutados (o sufridos), y la realidad de su propia biografía personal.

Aparentemente, su obra destila un alto grado de egoísmo en sus personajes, que no dudan en poner el goce y el crimen en un mismo nivel y al servicio de la propia satisfacción. Puesto que el fin último del vicio es el placer, nada que se oponga al mismo, en primer lugar las emociones, debin obstaculizar el camino hacia ese mundo oscuro. Toda su obra a partir de 1795 incidirá y ampliará sus conocidos conceptos sobre el ateísmo y cierto satanismo al servicio de la sevicia y la locura sexual. Como ya se ha apuntado, tras publicar *Zoloé et ses deux acolytes* en 1800, fue procesado de nuevo y encerrado en Charenton. Se le encerró bajo la acusación de escribir una novela «horriblemente obscena», aunque en realidad, como también se ha apuntado, dicho libro criticaba ferozmente a los dirigentes napoleónicos, empezando por el propio Emperador y su esposa, Josefina, además de despellejar (todos bajo nombres supuestos, pero transparentes) a madame Tallien, Barras o Vosconti, entre otros.

Ya no conocería la calle hasta el día de su muerte en aquel mismo establecimiento, catorce años después, cuando contaba 74 años de edad. Estos años inacabables de privación de libertad fueron, sin embargo, muy prolíficos en cuanto a su obra literaria –siempre había sido así–, escribiendo allí algunas de sus últimas y más célebres obras, entre otras *Les crimes de l'amour* y la ya citada *La philosophie dans le boudoir.* Sin embargo, resulta casi milagroso el que algo de su obra haya llegado hasta nosotros puesto que, de forma sistemática, sus carceleros tenían orden, cada día, de entrar en su celda y arrebatarle lo que hubiera escrito para romperlo y tirarlo a una cloaca. Después de su muerte, lo que se había salvado, sería perseguido y varias veces aniquilado, de manera que, hasta bien entrado el siglo XX, las obras de Sade se cubrían de polvo en los sótanos de las bibliotecas.

Pero si sus larguísimos años de encierro fueron prolíficos en cuanto a su obra literaria, también serían insoportables para su salud. Según el doctor Roger-Collard, que era el director de Charentón, el Marqués, al entrar en aquel manicomio-prisión estaba perfectamente cuerdo. En cuanto al resto de su salud, los años provocarían en Donatien la ceguera total, además de sufrir lo indecible con la gota, el asma y una grave afección al estómago. No obstante, su vitalidad aún se sobreponía a tanto achaque, y en sus últimos años el todo París tenía a gala asistir a sus puestas en escena en un teatro existente en el centro de internamiento. Colaboraban con él, no sólo algunos internos, sino actores profesionales que llegaban desde París, bien como participantes en las representaciones, o como interesados espectadores. En cierta forma, estos últimos años de su vida fueron gratificantes para el autor, pues, además de poder gozar con el teatro (su gran afición), no dejaban de visitarle sus mujeres, viejas o nuevas amigas que sentían una extraña e irresistible atracción por aquel ya anciano.

Un día, una cantante conocida como la señorita de Saint Aubrun, le llevó un bonito regalo: dos pavos blancos. Pero también mantenía amistadas-relaciones con mujeres más próximas, como una jovencísima Madeleine Leclerc, hija de una empleada en Charenton. Esta adolescente mantendrá casi un centenar de encuentros con el anciano Marqués, que muy metódico, apuntaba cada encuentro amoroso. Polígamo empedernido, sin embargo al mismo tiempo mantenía a su amante Marie Constance Quesnet, que llegará a tener celos de aquella joven flor llamada Madeleine. El anciano Marqués, aunque sin libertad, no puede quejarse y ya, tranquilo, sólo esperará su propio adiós a la vida.

A comienzos de diciembre de 1814 fue llamado con urgencia el médico de Charenton. El doctor Roman reconoció al enfermo, que ya sabía que padecía muchas dolencias, sobre todo se solía quejar del bajo vientre y de los testículos, sobre los que llevaba un suspensorio y unos vendajes que no le evitaban los punzantes dolores que le atormentaban. Le suavizaban sus continuas quejas las visitas ya conocidas al principio, y que aquel día parecían prever el próximo final. Estaban allí su sobrina Delphine de Talaru, que, muy querida por su tío, se saltaba el régimen estricto del enfermo y le llevaba botellas de vino añejo; también la ya citada Madeleine Leclerc, la joven amante que vivía en Charenton junto a su madre, la lavandera; y Marie Constance Quesnet, la ya conocida última amante oficial. Cuando todos hubieron pasado por su lecho, el médico se quedó solo con el moribundo. Como informaría después, observó una «respiración ruidosa y trabajosa» y, enseguida, el fin y la certificación de la muerte.

En su testamento, que había redactado en 1806, había dejado dicho que deseaba ser enterrado en sus tierras de la Malmaison, exactamente en un pequeño bosque y sin ningún género de ceremonia. Después, seguía el testamento, sobre su tumba «se sembrarán bellotas», lo que provocaría que, pasado el tiempo, «los rastros de mi tumba desaparezcan de la superficie de la tierra». Sin embargo, aquella su última voluntad no fue respetada, y su cadáver fue inhumado en un cementerio anejo a Charenton. Tras su muerte, su cráneo sería examinado por un fenólogo, afirmando que era pequeño, «parecía la cabeza de una mujer» –dijo– «pero bien formado».

A partir de Sade se acuñaría la palabra *sadismo*, o lo que es lo mismo: al placer propio por el sufrimiento ajeno. Arrojado al infierno de los autores malditos (de los que se decidió que era el paradigma), sin embargo tras el intento de rescate de su obra por los surrealistas, se inició una gran campaña de rehabilitación que desembocó en la publicación y traducción a muchos idiomas de la mayoría de su obra, advirtiendo los críticos, al profundizar en la misma, la presencia de todo un auténtico precursor de la liberación de los tabúes, al mismo tiempo que, leyéndolo entre líneas, se quiso descubrir a un auténtico diseccionador de la sociedad y, en especial, de la alta nobleza a la que él mismo había pertenecido y en la que había nacido. Incluso algunos panegiristas llegan a señalarlo como un precoz feminista defensor además, de otros colectivos marginados, como los homosexuales. De las primeras, y basándose en algunos pensamientos de Sade puestos en boca de sus personajes, llega a decir: «Dejad de creer, mujeres, que estáis hechas para el placer de un sólo hombre», apostando por la eliminación del matrimonio monógamo. En cuanto a los que se inclinan por los de su propio sexo, su juicio es rotundo y sin vuelta de hoja: «Es una barbaridad que un individuo sea condenado por el crimen de no tener los mismos gustos que los demás». Aplastante también en cuanto a justificar lo injustificable, por ejemplo, el asesinato, llegará a decir que «matar no es un crimen, porque la transformación no significa exterminación», pues todo –hombres, plantas, animales– no se destruyen, se transforman. Sade murió tras intentar vivir (aunque sólo fuese con su imaginación) según su máxima: «Apaga tu alma y trata de convertir en goce todo lo que causa alarma a tu corazón».

Piratas

Capítulo XXIX

Los hermanos Barbarroja
(1473-1518/1467-1546)

Sobre todo el cine nos acostumbró al retrato del pirata con la pata de palo, el parche en un ojo, algunos dientes de oro y, entre ellos, el cuchillo que cercenará sin piedad los blancos cuellos de las damas o el almidonado de los caballeros que acababan siendo sus presas, tras el asalto a los barcos que, llenos de oro o de joyas, tenían la desgracia de cruzarse en sus caminos marítimos. Como en la mayoría de los casos –y en este apartado, más–, la *fábrica de sueños* hizo honor a su nombre y los piratas del cine poco tenían que ver con los verdaderos. Sobre todo poquísimo tenían que ver los piratas del Caribe o los de los Mares del Sur con estos hermanos Barbarroja, en realidad asaltando y matando al servicio de una nación llamada Turquía pero también apoyados por todo un rey poderoso: Francisco I de Francia.

En realidad se trataba de dos hermanos llamados Arug y Kair, hijos de un padre llamado Horuc. Pero el más famoso será el conocido como Kair-Eddin (el primero en ser llamado por los cristianos *Barbarroja*), nacido en Mitilene y gobernante de Argel tras la muerte de su hermano y que, poco después, se colocaría bajo la protección de Solimán [Selim I] *el Magnífico*, sultán de Turquía. Ambos fueron extraordinarios en su poco recomendable profesión de corsarios, pero tuvieron el mérito de traer en jaque a las, entonces, potencias europeas, a la cabeza el Imperio recién formado por Carlos V. Además, de los Estados Pontificios y, en realidad, todo aquel que se oponía a sus *razzias* por las desprevenidas, y aterrorizadas, costas mediterráneas. Llegarán a ser tan poderosos, sobre todo Kair, que en algún momento, tras fundar el principado de Argel, pasó por sus cabezas el de ser matriz de una nueva dinastía: la de los Osmanes.

Arug había nacido en 1473. Su padre, y el de Kair, era un renegado de origen griego que había abrazado el islamismo. Su profesión era la de alfarero en la isla Mola (Mitilene), que sería el lugar de nacimiento de los dos hermanos. Muy joven entró al servicio del emir de Túnez, que le permitirá descargar en los puertos tunecinos, no sólo los botines de sus rapiñas sino también a los cautivos que destinaba a presidio hasta que eran rescatados previa entrega del dinero exigido. Al correrse la fama de las riquezas que iba acumulando Arug, fueron llegando a Túnez centenares de aventureros para trabajar con él y aspirar al reparto de los sustanciosos botines.

En 1516 llegó a sentirse tan fuerte como para atacar Argel y arrebatárselo a los españoles, que lo ocupaban a la sazón, y hacerse coronar rey después de asesinar al emir.

El nuevo monarca será rechazado, tanto por la población autóctona como por los muchos cristianos que también vivían allí. Todos se juramentaron para asesinar a Arug, fracasando cuando fue descubierta la conjura. La venganza de Arug fue terrible, condenando a los cabecillas, de los que no sobrevivió ninguno, a muerte mediante horribles suplicios. Enterado Carlos V de la gran confusión y descontento, decidió perseguir a Barbarroja, enfrentándose ambos ejércitos en el río Salado, lugar en el que, en 1518, moría Arug Ed-In.

Tras la muerte de su hermano, Kair (que también será conocido por los cristianos como el otro *Barbarroja*) le sucedió en el poder, y uno de sus primeros actos fue el de solicitar auxilio al sultán de Constantinopla Selim I. Solimán (que fue el nombre dado por los cristianos a Selim) accedió de inmediato, nombrando a Kair rajá y enviándole 10.000 *jenízaros* (se llamaban así a los soldados del sultán que eran alistados de entre los prisioneros cristianos y que, al menos nominalmente, habían abrazado el islamismo), además de varias piezas de artillería. Con todo ello, Kair reconquistó Túnez, y ya desde allí emprendería sus asaltos a las costas de España e Italia, arrasando sin piedad pueblos y castillos. Una vez más, como hiciera con su hermano, Carlos V envió en esta ocasión 400 naves y 50.000 hombres dispuestos a la lucha, todos ellos comandados por el navegante italiano Andrea Doria. El éxito es total, y tras desembarcar las tropas imperiales, fueron liberados 20.000 cautivos que penaban en los presidios de Barbarroja. Éste, por cierto, logró escapar de la Goleta y buscar refugio en Argel.

Desde Argel irá de nuevo a Constantinopla, donde pidió de nuevo ayuda para volver a conquistar el norte de África. Pero Solimán lo nombró en 1536 Gran Almirante de la flota turca, lo que le sirvió para apoderarse nuevamente, pero ahora bajo la bandera de Turquía, de la siempre disputada Túnez, que se había perdido anteriormente frente a la gran coalición que formaron contra él Carlos V, Portugal, Génova, los Estados Pontificios y los Caballeros de Malta, además de la ya citada escuadra de Andrea Doria. Ahora, apenas tres años más tarde, recuperaba Túnez y, desde allí, sus asaltos corsarios no dejaron ya tranquilos los puertos mediterráneos cristianos, entre otros los de Niza, Mallorca, Islas Jónicas, Valencia, Mallorca, Calabria y Sicilia. Igual de valiente que enamoradizo, desembarcó en Fondi con la única excusa de secuestrar a la hermosísima Julia Gonzaga, aunque ésta logró escapar. En algunos de estos ataques a las costas italianas y españolas, Barbarroja luchó también bajo la bandera del rey de Francia, Francisco I, con el que llegó a aliarse en contra de los españoles y al que ayudó a atacar Niza.

Porque resultaba que los monarcas cristianos, siempre en pugna con otros monarcas cristianos, llegaron a utilizar los *servicios* de Barbarroja en su provecho, otorgando a éste la conocida *patente de corso*, un cheque en blanco para que, libremente, Barbarroja y los suyos sembraran el terror en las costas de los reinos enemigos del rey de turno que, en ese momento, hubiera negociado con el pirata. Tras una fructífera temporada en la que se asentó definitivamente la leyenda terrorífica del pirata Barbarroja, Kair Ed-In regresó a Constantinopla, y como estaban en su camino de regreso, asaltó y robó las costas de varias islas, como Elba, Ischia, Prócida y Lípari, haciéndose con un botín humano de más de 7.000 cautivos. Ya no se movería más de la capital turca donde vivió como un gran señor despilfarrando sus enormes riquezas acumuladas en toda una vida de expolios. Retirado de toda actividad a partir de 1544, murió dos años más tarde en la antigua Bizancio.

Capítulo XXX

Edward Teach, Barbanegra

(siglo XVIII)

Junto a Barbarroja, Barbanegra fue, probablemente, el más conocido de los capitanes de la piratería en la época dorada de esta actividad criminal: el siglo XVIII. Aunque hubo, sin duda, otros temibles corsarios en todos los mares (algunos, sin embargo, según en qué países eran piratas o, al contrario, nobles capitanes al servicio de alguna corona), estos dos *barbados* se erigirían en paradigmas de este oficio excesivamente idealizado, sobre todo, por las novelas de aventuras y por el cine no menos aventurero. Naturalmente, la realidad era mucho más dura, y los piratas no dejaban de ser unos, a su manera, bandidos del mar que hacían su *revolución* particular repartiendo mejor –según ellos– las riquezas de este mundo.

Edward Teach era un inglés nacido en Bristol, aunque otros sitúan su nacimiento en las colonias americanas (Carolina del Sur) o en la isla de Jamaica. Ya esta imprecisión da idea de la nebulosa que rodeó siempre a este pirata legendario, típica estampa en la que se miró la literatura y el cine especializado en estos temas, como ya se ha dicho.

Intervino en la Guerra de Sucesión Española enrolado en la Royal Navy, tras cuya conclusión, y como tantos soldados desmovilizados que nunca sabían hacer otra cosa, se dedicó a la piratería a partir del año 1716. Una de sus primeras grandes hazañas –en realidad fueron tres, de manera casi simultánea– tuvo lugar el mismo año y la presa fue un mercante español procedente de La Habana, pero también otro buque que venía de Bermudas y, para completar el trío, asaltó otro que procedía de Madeira. Este aparente don de la ubicuidad en unas fechas aproximadas contribuyó a exagerar la leyenda de este hombre de acción, que sin embargo, aún daría mucho que hablar.

Barbanegra asoló las costas norteamericanas de Virginia y Carolina del Norte, contando con la necesaria, y fructífera, colaboración del mismísimo Gobernador de esta última colonia, Charles Eden, y de su secretario Tobías Knigth. En 1717 se apropió de una de sus mejores piezas: el buque *Queen Anne's Revenge*, un monstruo con 40 cañones, que cayó en sus manos en una de sus acciones más célebres, y que, en adelante, contribuirían a que temblaran todos con sólo oír su nombre.

Ante sus potenciales víctimas, Edward Teach aparecía con seis pistolones en bandolera y blandiendo un descomunal sable aterrorizante que no hacía sino confirmar su fama de extraordinariamente sanguinario y cruel que le precedía. No se inventó nada el gran cine de piratas ya que el aspecto de Teach imponía ya antes de atacar: barba, en efecto, negrísima, como también lo era su larga cabellera que, además, se adornaba con unas mechas aún más azabaches que se *encendían* en el momento de los asaltos a los barcos, durante los cuales Barbanegra, literalmente, aguantaba entre sus dientes un cuchillo y blandía en sus manos sendos pistolones.

En los momentos culminantes de su poder y de ser el auténtico *terror de los mares,* Edward Teach llegó a tener a sus órdenes cuatrocientos hombres dispuestos a todo y repartidos entre seis barcos piratas. Llegó un momento en el que nadie estaba seguro al navegar por las aguas atlánticas y, en consecuencia, las autoridades afectadas (las de Carolina del Norte y las de Virginia, sobre todo) pusieron precio a la cabeza de Barbanegra. Exactamente valía 100 libras a quien tuviera la suerte (o el valor) de capturarlo vivo o muerto, indistintamente.

El 17 de noviembre de 1717, el buque *Pearl* avistó la flotilla pirata, y su lugarteniente, Maynard, decidió entablar combate y acabar con el corsario. Sin andarse con vacilaciones, se acercó al temible personaje y, una vez pudo situarse en la cubierta de uno de sus barcos, entabló una pelea cuerpo a cuerpo que acabó con la victoria de Maynard, quien, también sin pensarlo ni un minuto, cercenó la cabeza de Barbanegra. Así finalizó sus días y sus hazañas Edward Teach. Lo hizo frente a la isla Ocracoke, al enfrentarse a dos corbetas inglesas que habían sido enviadas para apresarle, sin que, a la postre, en esta ocasión le sirviera de mucho la ayuda del gobernador Eden. La cabeza separada de su tronco de Barbanegra, portada por su ejecutor, fue colocada en una pica y paseada por las costas del Estado de Virginia.

Si bien el cine no se ocupó del verdadero Barbanegra en sus *films* de acción, por el contrario, sí que rodó decenas de ellos con piratas apócrifos pero calcados a Barbanegra o creados a raíz de sus aventuras. Sobre todo el cine americano incidiría en el tema porque, no por casualidad, sus hazañas tuvieron como escenario las costas de dos de sus Estados.

Cardenales

Capítulo XXXI

Cardenal Richilieu

(1585-1642)

La *época de los cardenales* (Richelieu y Mazarino) fue popularizada de forma extraordinariamente efectiva por la literatura popular, sobre todo por algunos novelistas del siglo XIX, a la cabeza de ellos la saga de los Dumas. De hecho, en ellas, el rey de turno aparece en un segundo plano, no así aquellos primeros ministros, sobre todo en los títulos en los que tenían un protagonismo especial los celebérrimos tres mosqueteros. Todo ello con el telón de fondo del período del absolutismo en la Francia del siglo XVII, época en la que este país se iniciaba como una gran potencia europea de la mano, precisamente, de este astuto príncipe de la Iglesia, más príncipe terrenal, por cierto, que del Cielo.

Armand Jean du Plessis fue un prelado y político francés nacido en París, que ostentaba además el título nobiliario de duque de Richelieu. Llegó a obispo de Luçon y a capellán de la reina María de Médicis a los 22 años gracias a una dispensa papal. Pero todo eso llegaría pasados más de cuatro lustros desde aquel día en que Armand Jean había nacido en el seno de una familia presidida por el padre, François du Plessis, y la madre, Suzanne de la Porte. Muy joven, y sintiendo la llamada de la religión,

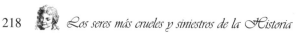

se decantaría por la rígida regla de los cartujos, en uno de cuyos conventos entró, aunque permanecería allí poco tiempo.

Tras la muerte del rey Enrique IV en 1610 ofreció sus servicios a su viuda, María de Médicis, que los aceptó y, además, apostó por aquel espabiladísimo sacerdote con evidentes dotes de estadista. Portavoz, en un principio, del clero en los Estados Generales en 1614, la Reina le animó a vivir en la misma corte, invitación que fue aceptada por el avispado joven, que fue muy pronto ascendido a secretario de Guerra por el partido de los Devotos. En una meteórica carrera política y religiosa, fue elevado al cardenalato en 1622, presidente del Consejo Real de Luis XIII de Francia desde 1624, y, con su gran instinto político y cuando ya tuvo el suficiente poder en sus manos, fingió fortalecer el poder del Rey frente a la presión de los nobles, para lo que no dudó en apoyar el ascenso de la burguesía en detrimento de la aristocracia. La consolidación de su poder llegaría tras la firma de la Paz de Angulema, que había puesto fin, aparentemente, a las rencillas entre María de Médicis y su hijo, el rey Luis XIII. Richelieu consiguió lo que parecía imposible, lo que le abriría, definitivamente, el acceso al poder absoluto: la reconciliación de la madre y el hijo.

Tras decir que protegió las letras y las artes de su tiempo y de su país, Francia, hay que añadir de inmediato que fue también un hombre belicoso y guerrero que no se paró ni ante el papado. En efecto, Richelieu declaró una de sus guerras al Sumo Pontífice, tras lo cual siguió con la espada en alto con la humillación a los Habsburgo e hizo desaparecer oficialmente el protestantismo de su país despojando a los hugonotes de las fortalezas que habían conseguido a través del Edicto de Nantes. Sin embargo, si los protestantes franceses lo tenían difícil en Francia, Richelieu alentaba y ayudaba a sus correligionarios del exterior, en un afán no disimulado por fastidiar a los Habsburgo en sus diferentes ramas, en especial a los que reinaban en España. Aunque para esto, la *eminencia roja* (llamado así por el color carmesí de sus galas cardenalicias) tuviese que enfrentarse en el mismo París al partido *devoto,* que encabezaba la madre del Rey, María de Médicis, y que favorecía los intereses de España en la corte francesa. Richelieu tampoco se paró ante la alcurnia de la reina madre, a la que envió sin contemplaciones al exilio del que ya nunca regresaría, y mandó ejecutar, fríamente, a todos sus partidarios.

En cuanto a su política exterior, rebasó a menudo las fronteras galas, interviniendo en todos los pleitos europeos que se le cruzaban en el camino, sobre todo participó de forma activa en la Guerra de los Treinta Años en la que se alió con las potencias protestantes, además de proteger a los catalanes sublevados contra

Felipe V. Fue un auténtico *mago* en el escamoteo y el engaño de todos contra todos, en una puesta en escena de un *clásico* como el «divide –y enfrenta– y vencerás». Así mismo puso en práctica su nueva divisa absolutista para su país: un rey, una fe, una ley.

Sin embargo, no todo lo pudo controlar durante todo el tiempo, y acabó por sufrir varias revueltas populares por sus excesivos gastos militares y el consiguiente aumento de impuestos que se sumaron a las anteriores rebeliones de la nobleza, durante las cuales, al menos en dos ocasiones, se recurrió al intento de asesinato del presidente del Consejo Real (Primer Ministro). El primero en intentar dejar a Francia huérfana de monseñor fue el conde de Soissons, al que seguiría en su intento de *liberar* a la corte del cardenal, un personaje conocido como *Cinq-Mars*. Ambos fracasaron en el intento y pagaron muy cara su osadía. Y es que, tras 18 años de *reinado en la sombra* (la sombra insignificante del rey Luis XIII, que dejaba los asuntos de Estado en manos de Richelieu y que gastaba su precioso tiempo en continuas aventuras de alcoba), los ánimos estaban tan exaltados que lograron la unión circunstancial de todos contra el poder omnímodo y despótico de Richelieu. Pero era cierto que los intentos no pasaban de eso, y provocaban en la *víctima* la venganza en forma de durísimas represiones generalizadas contra los nobles en el caso de las conspiraciones de aquella clase social –una de las cabezas visibles de estos fue el duque de Orleáns–; y en el caso del pueblo, por las protestas de la gente humilde, que se desesperaba por las continuas levas de sangre joven a la que sacrificar en las reiteradas guerras que Richelieu mantenía abiertas.

Como todos los malvados no pueden serlo absolutamente, en el haber de Richelieu –ya se ha apuntado– habría que contabilizar la protección de las artes y las letras, la fundación de la Imprenta Real y la Academia Francesa, y la restauración de la Sorbona, la universidad de París. Hombre de una actividad casi patológica, a alguien que le preguntó si tenía tiempo para aburrirse, le contestó con cajas destempladas: «Yo no me aburro jamás. A mí me aburren los demás». Tras su muerte, soñada por muchos de sus enemigos, éstos hicieron circular por París unos impresos que reproducían un epitafio apócrifo a colocar en la tumba de Richelieu. Se podía leer en aquellas hojas: «Yace aquí un famoso cardenal que hizo muy mal el bien y muy bien el mal». Poco antes de morir, sin un ápice de arrepentimiento, sólo dijo al recibir la Sagrada Forma que «éste es mi único Juez». Tras su desaparición, los franceses vivieron jornadas enteras de grandes fiestas y jolgorios: el tirano había muerto.

Thomas Ince, uno de los pioneros del cine, filmó una de las primeras versiones de *Los tres mosqueteros* en los albores del cine mudo. Una de las primeras tuvo como protagonista a un extraordinario Douglas Fairbanks titulada *D'Artagnan* (con una parodia deliciosa posterior de Max Linder). Sin embargo, será la versión de Hollywood de los cincuenta la que hará inolvidable la historia de D'Artagnan y sus amigos y, sobre todo, el papel de un extraordinario cardenal Richelieu encarnado por el gran actor George Arliss.

Capítulo XXXII

Cardenal Mazarino

(1602-1661)

Menos conocido por el gran público que su antecesor, el cardenal Mazarino fue, sin embargo, tan importante en la historia de Francia, incluso más, que su antecesor. En teoría, sucesor de la política absolutista de Richelieu, pronto ésta sería la *política de Mazarino*. Además, Mazarino logró algo que no consiguió el otro cardenal y primer ministro: unir en su contra a dos clases tan antagónicas como la burguesía y la nobleza en las llamadas *guerras de la Fronda*. Unión contra natura que acabaría con el destierro y la muerte de sus promotores y la ascensión al poder ya sin enemigos de aquel italiano advenedizo que un día había llegado a París casi con lo puesto.

Julio Mazarino, italiano de origen (había nacido en Pescina) fue, además de cardenal, primer ministro junto al rey Luis XIII de Francia, al servicio también de Ana de Austria, y a las órdenes del siguiente monarca, Luis XIV. Nada hacía pensar en este destino extraordinario el día que nació en el hogar de la cocinera del condestable Colonna, y nada hacía presagiar que este niño estaría llamado a ser todopoderoso y el máximo responsable de la ascensión de Francia al rango de primerísima potencia europea. Todo ello a costa de España, con la que no dejó de guerrear hasta imponerle la Paz de los Pirineos.

Pero, además de proceder de familia humilde, él mismo, antes de ser príncipe de la Iglesia, había sido criado del cardenal Barberini, aunque enseguida iniciaría sus estudios con los Jesuitas en Roma. A los 17 años viajó a España, prosiguiendo sus estudios ahora en las universidades de Salamanca y Alcalá. De regreso a Italia en el año 1622, reemprendió su imparable carrera contrarreloj ascendiendo a capitán de las tropas pontificias, y siendo nombrado embajador extraordinario (nuncio) del papa Urbano VIII ante la corte francesa. Por fin será el confesor y hombre de confianza de Richelieu, al que logró suceder como ministro universal en 1642. Antes, en 1639, se había naturalizado francés, y recibido el capelo cardenalicio en 1641.

Se estrenó como estratega de primera clase como intermediario y excelente diplomático, entre Francia, España y Saboya. Ello le valió para sumar puntos y poder acceder al puesto de primer ministro a la muerte del rey Luis XIII. Como su antecesor el cardenal Richelieu, Mazarino no dejó de guerrear, primero con el Imperio y después con España, firmando con aquél la Paz de Westfalia (1648) y con España la de los Pirineos (1659), ambas muy favorables a Francia. Y es que, desde el primer momento, el italiano fue muy bien visto y considerado por la reina Ana de Austria, de quien se dijo que se había casado, ya viuda de Luis XIII, con el cardenal italiano en una ceremonia secreta.

A mayor poder, mayor oposición. En el caso del cardenal Mazarino no hubo excepción, y, a medida que el italiano acaparaba parcelas de poder, el número de sus enemigos aumentaba extraordinariamente. No sólo en número, sino –y sobre todo– en el peso y la importancia de los conjurados, que se habían unido en el llamado grupo de los *Importants,* que habían decidido, pura y simplemente, asesinar al prelado. Descubiertos por el excelente cuerpo de espías del cardenal, la venganza de Mazarino fue muy sonada, ya que reprimió terriblemente a sus enemigos. Sin embargo, muy pronto nuevos sectores de la sociedad unieron sus voces a las de los castigados: ahora era el pueblo llano, que llegó a levantar barricadas como protesta última por la insufrible subida de impuestos, con los que el primer ministro sangraba al país para mantener tantos frentes abiertos por todas partes.

Todo aquel malestar explotó en la llamada *guerra de la Fronda.* Se conocía con este nombre a un partido de la nobleza que, durante la minoría de edad del futuro Luis XIV, se enfrentó al absolutismo de Mazarino (con la atípica ayuda de cierta parte de la burguesía) alzando la bandera de la protesta fiscal, con la excusa de los crecientes impuestos del gobierno del cardenal italiano. El momento álgido de esta revuelta será conocido como la *Jornada de las barricadas,* y tras esta aparente derrota, el cardenal y su valedora, Ana de Austria, se vieron obligados a huir de París en dirección a la ciudad de Colonia.

Condé, aristócrata que encabezaba a los sublevados, llegará a poner sitio a París pero que no la llegaría a tomar. No obstante, y durante la ausencia de los dos amantes (la reina y el prelado), el pueblo de París se dedicó a vengarse sobradamente de su dictador, a través de numerosos panfletos con sátiras hirientes para con el ausente, llenas de virulencia y deshonestidades que serían conocidas (por su proliferación) como *mazarinadas*. En enero de 1649, el Parlamento votó su proscripción como enemigo de la patria y perturbador del sosiego público. Pero, poco después, el conflicto se consumiría a sí mismo, y se convertiría en una victoria más de Mazarino y la confirmación de su poder totalitario.

El absolutismo que el cardenal impuso de facto y que sería la seña de identidad de los borbones franceses, llegaría a su apogeo con el rey cuyos primeros pasos dirigió Julio Mazarino y que se haría llamar, en el colmo del poder total, el *Rey Sol:* aquel mismo Luis XIV niño que también más tarde se identificaría con el poder de tal forma que proclamaría: «el Estado soy yo». La figura del rey será la plasmación a la realidad de las sabias enseñanzas del cardenal italiano. (Cierta leyenda señalaba a Mazarino como el verdadero padre del extraño y misterioso personaje encerrado en La Bastilla y conocido como *el hombre de la máscara de hierro*, según la *vox populi,* fruto de los amores de Mazarino con *su* reina Ana de Austria, y hermano gemelo del próximo monarca, Luis XIV. Algunos llegarán más lejos, y afirmarán que este monarca será el falso, y el verdadero Luis, el que permanecía en prisión y al que nadie había logrado ver el rostro, ni siquiera sus carceleros, pues lo ocultaba permanentemente tras una máscara o antifaz.

Muy parco en sus manifestaciones mundanas, ello le granjeó la animadversión de muchos franceses, que intentaban herirle con pasquines, sátiras y burlas bastante insoportables para cualquiera que no fuese el templado señor cardenal y que tuvieron su edad de oro durante el destierro del mandatario. En cuanto a otras costumbres y manías, Mazarino fue considerado el prototipo del avaro universal, y como tal, al morir dejó una fortuna inabarcable que algunos calcularon en 60 millones de libras que parece que repartió entre sus muchos y, como él, avaros parientes. Y, en otro aspecto, Francia le debe el que le dejara –a Francia y a la posteridad– una gran biblioteca personal, germen de la futura Biblioteca Nacional de París. Jules Mazarino murió en Vincennes y, poco antes de expirar, quiso rogar a su rey que, visto el resultado de su política, jamás se le ocurriera nombrar a otro primer ministro.

Asesinos en serie

Capítulo XXXIII

La Brinvilliers

(1630-1676)

Alguien la llamaría la *Barba Azul* femenina de la corte de Luis XIV, tales fueron sus excesos que no resultaba gratuito el compararla con el tétrico Gilles de Rais. Su verdadero nombre era María Magdalena d'Aubrey, hija de Antoine Dreux d'Aubrey, consejero de Estado y financiero. Según algunas fuentes, la futura envenenadora ya habría dado signos precocísimos de su condición de seductora. Algo había de irresistible en la joven María Magdalena que era, según los que la conocieron, más bien baja de estatura pero de un atractivo turbador, con una piel muy delicada que hacía pensar en la de un ángel hasta el momento en el que, si se excitaba o enfadaba, aquel rostro celestial acababa metamorfoseándose en el de un demonio con un rictus aterrador y unos gestos anunciadores de tormenta.

Tenía el título de marquesa por su matrimonio, a los 21 años, con el titular de aquel marquesado, Antoine Gobelin de Brinvilliers. Siguiendo las costumbres de las altas esferas en la Francia de la época, el esposo no cambió su afición a las aventuras galantes, y sería el mismo marqués el que pondría en contacto a María Magdalena con un personaje muy peligroso: Sainte-Croix. En aquel matrimonio tomó carta de naturaleza muy pronto la infidelidad de la Marquesa, que imitaba en esto a su marido en una igualdad de género *avant la lettre*. La joven no dudó en mantener a varios amantes, uno de los primeros el citado Godin Sainte-Croix, que acabaría arrastrándola hasta un fin no deseado. Muy pronto aquella infidelidad para con el Marqués se convirtió en un asumido triángulo en el que los esposos y Sainte-Croix convivieron en amor y compaña durante un tiempo. Era Sainte-Croix un redomado libertino, muy inteligente y aún más amoral. Personificación de la doblez, ante la sociedad aparecía incluso como un hombre rozando la beatería (llegó a utilizar descaradamente el apelativo de *abad*) para, en la intimidad y entre sus amigos, hacer gala de descreimiento y ateísmo chocarrero y blasfemo. De cualquier manera, de lo que no cabía duda era de que este individuo volvió literalmente loca a la Marquesa, a la que convirtió no solo en su amante sino en su más despierta discípula.

Asustado por las amistades de su hija, el señor consejero de Estado empezó a mover los hilos de sus influencias logrando que Sainte-Croix acabara en la Bastilla. Como se demostrará después, fue un gran error esta medida ya que en la prisión el libertino contactó con elementos tan peligrosos, o más, que él, como, por ejemplo, un envenenador italiano llamado Egidi y una buena pieza francesa: la Voisin, mujer muy peligrosa que vivía –muy bien– de fabricar filtros y venenos que vendía al mejor postor que, naturalmente, solía encontrarse entre la alta sociedad. Aunque estuvo entre rejas poco tiempo, éste fue suficiente para que Sainte-Croix hubiera sido aleccionado en el difícil arte de mandar al otro mundo a la gente que estorbaba sin dejar huellas.

Una vez liberado de la prisión, Sainte-Croix volvió a los brazos de la marquesa de Brinvilliers, poniéndola al día de todo lo que había aprendido en la Bastilla, decidiendo entonces ambos amantes aliarse con un farmacéutico llamado Glazer con la intención de poner en marcha el gran negocio: la muerte a la carta. A partir de ese momento empezaron a preparar potentes venenos que, sin embargo, ofrecían engañosamente como si fuesen medicinas capaces de curar las más variadas enfermedades y que fabricaban, a veces por encargo y otras anunciando ellos su bondad letal. Todo ello estaba dirigido a una clientela que confiaba plenamente en ellos y, sobre todo, en sus productos.

Como gente ordenada que era, los amantes, que ya habían aprendido la teoría, decidieron ensayar sus conocimientos antes de ofrecerlos con la suficiente garantía a unos clientes numerosos y buenos pagadores. La marquesa, que ya había sobrepasado a su amante en el aprendizaje de la preparación de pócimas, decidió poner en práctica los ensayos anunciados cocinando toda una muestra de dulces y golosinas que entraban por los ojos y, se suponía, por el paladar. Adoptando el aire de dama bienhechora, acudió a los hospitales y asilos regalando a los enfermos allí convalecientes, aquellas delicias dulcísimas. Todos querían regalarse el paladar con aquellos sabrosos obsequios y para todos hubo. Horas después (la reacción era lenta) empezarán los dolores que, en incontenible *in crescendo,* acabarían con la muerte de los que habían caído en la tentación de probar aquellas confituras. La siguiente fase, también experimental, la sufriría en su cuerpo la propia criada de la Marquesa, una tal Francisca Roussel, que también murió sin prisas mientras era observada como si de un conejillo de indias se tratara, por su desalmada ama y su no menos perverso amante.

Una vez que hubieron comprobado la *bondad* de los productos, dieron inicio formalmente a sus asesinatos, empezando con una linajuda marquesa de cuya fortuna se apropiaron una vez que la aristócrata hubo sucumbido a uno de los preparados letales del peligroso dúo. Un dúo que, poco después, perdía a uno de sus miembros, aquel maleante llamado Sainte-Croix. Antes, y mientras duró la aparente convivencia a tres, el Marqués, que había visto más de lo que hubiera deseado, había decidido tomar sus precauciones por si sus colegas cayeran en la tentación de matarlo. No andaba muy descaminado, pues, en efecto, María Magdalena había decidido prescindir de un marido que no pasaba de ser un adorno y que, a pesar de su manga ancha para con su amante, no dejaba de ser un engorro. Así que, para su amado esposo, la Marquesa preparó un nuevo veneno tan sutil que ni siquiera el avisado Marqués se dio cuenta. Enterado Sainte-Croix, que ya había sido abandonado por su despiadada amante, intentó salvar al Marqués preparándole continuamente los antídotos que anularan el efecto de los venenos.

Una ya imparable Marquesa continuó con sus vilezas incluso dentro del círculo familiar, extendiendo sus crímenes a sus propios hermanos, a dos de los cuales declarará una peligrosa guerra (por venir de quien venía) por la herencia del padre muerto. Al menos, uno de ellos acabará muerto por el veneno suministrado por un criado de su hermana, un tal La Cahussée, y que su ama había preparado con todo *cariño...* En éste y otros casos, los envenenadores hacían tan bien su trabajo que, tras la muerte de sus víctimas, los médicos eran incapaces de encontrar cualquier rastro de materia letal en aquellos cuerpos sin vida.

Como ya se ha dicho, un día Sainte-Croix abandonó el mundo de los vivos, y ya desde el primer momento, la Marquesa demostró que no necesitaba a nadie para proseguir su carrera criminal. Su primera prueba en solitario fue ensañarse con la familia de aquella pobre marquesa d'Aubrey, pues también mandó a un viaje sin regreso a dos hermanos de aquélla. Poco echó de menos a Sainte-Croix, al que reemplazó enseguida por un tal Briancourt, que pasó por su cama y por su *laboratorio* de inmediato que sufrió la agresividad de su amante en forma –más expeditiva y rápida que el veneno– de intento de apuñalamiento tras una tremenda discusión entre los dos. Este conato de asesinato puso a la defensiva al pobre Briancourt, que decidió huir y hacer la correspondiente denuncia. Sin embargo esto no hizo que se encontrara mejor, pues es seguro que ahora la marquesa sí que irá a por él a través de sus pócimas. Ante ese pánico total, tomaba continuamente toda clase de antídotos que le sirvieran de rodela a una muerte cantada.

La marquesa de Brinvilliers no sólo era una mujer peligrosa para los demás, sino que, incontinente verbal, lo era también para ella misma. Durante toda su vida, la Brinvilliers tuvo la fea costumbre de hablar mucho y en cualquier lugar y momento. Además, sus comentarios solían girar alrededor de ese tema tan querido: los efectos, orígenes y preparación de venenos. Luego se arrepentía, pero el mal ya estaba hecho. En esos casos, y cuando podía, eliminaba a quienes habían tenido la desgracia de oírla. Por ejemplo, ése fue el caso de la muerte de varias criadas, a las cuales mató tras haberles hecho partícipes de sus casi monólogos sobre el apasionante mundo de las substancias letales..

No obstante, y tras la desaparición de su socio en crímenes, por primera vez la Brinvilliers tuvo cierto temor de que alguien pudiera descubrir alguna de las numerosas cartas que había cruzado con el fallecido, en todas las cuales, y con total libertad, hablaban de nuevos venenos y nuevas víctimas potenciales de los mismos. Obsesionada con esta posibilidad, acudió a la casa en la que había muerto su socio y amante con la idea de recuperar aquella peligrosísima correspondencia, además de un cuaderno en el que, bajo el encabezado de «Mi confesión», un agonizante Sainte-Croix había decidido, antes de morir, contarlo todo. (Por cierto, que –la sangre es la sangre– el perverso personaje había perecido por el veneno suministrado por su propia hija. El escenario del parricidio había sido el de la bucólica casa de campo adonde se habían retirado padre e hija, volcando ésta, al parecer, todo su cariño sobre su amado progenitor, al que no dejaba de mimarlo ni un instante con toda clase de exquisiteces culinarias, eso sí, inteligentemente mezcladas con productos letales, como se confirmaría tras reventar aquel Sainte-Croix víctima de sus propias enseñanzas.) Pero María Magdalena llegará tarde, ya que la policía se había adelantado y se había llevado todo. Pensó que, probablemente, a esa hora los polizontes estarían leyendo con fruición el contenido tanto de las cartas como el de aquellas *confesiones* del moribundo. En consecuencia, la Marquesa se asustó de veras y decidió poner tierra de por medio, abandonando Francia. Perseguida por la justicia, no pudo volver, y vivió primero en Londres y después en Flandes.

Mientras tanto, en París, aquel fiel criado que le había ayudado en algunos de sus crímenes, La Chaussée, daba toda clase de detalles ante los jueces del historial de su ama. Nuevos policías salidos en su busca la detuvieron, por fin, en Lieja. Una vez apresada, fue trasladada de regreso a Francia. Puesta a buen recaudo, la soberbia y suficiencia de la aristócrata se prolongará más allá de su peculiar y peligrosa situación, hasta el extremo de insultar y menospreciar a jueces, carceleros y soldados. Era altiva, desde luego, pero no estúpida, y sabía que dada la alcurnia de algunos de sus *clientes,* que llegaban hasta ella para que les quitara de en medio a padres, esposos o hermanos, no podrían tratarla como al común de los delincuentes, ya que, en caso contrario, ella confesaría toda clase de detalles. No estaba muy equivocada, ya que, al menos en lo que respecta a las condiciones de su encierro, el propio Luis XIV ordenaría que la Marquesa sea tratada allí como dama de *qualité*, ya que, además, la aristócrata asesina había sido detenida directamente por orden del Rey, lo que, dentro de lo malo, era un gran honor.

No obstante, y a pesar de padrinos tan altos, la marquesa de Brinvilliers fue condenada a la hoguera. Ante el terrible anuncio, intentó suicidarse, aunque sin conseguirlo, tragándose los trozos de cristal de un vaso que, previamente, había roto con sus propios dientes. El padre Pierot parece que consiguió, al fin, un sincero arrepentimiento de la condenada y, a partir de ese momento, sus últimas horas de vida y, sobre todo, las previas a la ejecución, fueron toda una lección de humildad y pesadumbre, actitud que llegó a calar en todos los que fueron testigos de la ejecución, incluidos los jueces y el propio verdugo, que se condujeron de forma vacilante y hasta compungidos al ver cómo se daba cumplimiento a la sentencia. Una aparente bondad pareció creíble a todos al aparecer en el hermoso rostro de la Marquesa en los minutos previos a su muerte. La gente cuchicheaba y enfrentaba aquel rostro casi angelical a punto de dejar esta vida a sus acciones criminales. Y es que su rostro con el aviso de la muerte aparecía bellísimo y aureolado de una cierta ingenuidad y bondad que nadie parecía poner en duda, puede que hasta aquellos que conocían perfectamente su anterior carrera de *Locusta* francesa. Precisamente será el pueblo el que aceptará absolutamente esa última mueca de bondad más o menos adquirida, al ver cómo aquel cuerpo aún hermoso se va consumiendo por el fuego, hasta llegar algunos a compararla con una nueva Juana de Arco. Algunos pedían, como ocurriera con la Doncella, que la Brinvilliers también fuese también canonizada. Cuando las llamas se apagaron, la multitud congregada alrededor llegó a disputarse sus cenizas. Muy otro será el concepto sobre la envenenadora de otras personas, por ejemplo, el de madame de Sevigné, que dijo de la Brinvilliers: «Los mayores crímenes son una bagatela comparados con haber pasado ocho meses matando al padre y alternando la dosis de veneno con las caricias de hija. Medea no hizo tanto».

Capítulo XXXIV

La Voisin

(1640-1680)

Haciendo pareja con la Brinvillière, la Voisin formaría con aquélla un terrible dúo de asesinas a sueldo. Asesinas que ponían al servicio de sus clientes el *arma* letal del veneno que éstos utilizaban después a su conveniencia con allegados o amigos a los que había que quitar de en medio, bien por venganza, herencia o, sencillamente, odio más allá de lo permitido. A veces, y entonces el precio subía considerablemente, eran ellas mismas las que hacían morir, la mayoría de las veces, lentamente y sin enterarse, a las personas designadas. Tanto una como otra (puede que más la Voisin, que alternaba otros oficios tan poco respetables como el de envenenadora) sobrevivieron más de lo imaginado en un ambiente tan turbio como en el que se movían, debido a que esas personas que requerían sus servicios funerarios pertenecían, en su inmensa mayoría, a la nobleza e, incluso, a los miembros de la corte más próximos al Rey y a la Reina. Era, se diría, un seguro de vida que, en este caso, la Voisin supo aprovechar mientras pudo. Desde la tumba, seguro que la legendaria Locusta aplaudiría, probablemente, a sus aventajadas alumnas.

El verdadero nombre de la Voisin era el de Catherine Deshayes, nacida en París, la misma ciudad en la que moriría cuarenta años más tarde. Se casó con Antoine Montvoisin, según su esposa, un vago de marca mayor que, indirectamente, la obligó a embarcarse en aquella carrera mágico-criminal para ganar algo de dinero para su casa, pues el cabeza de familia era incapaz de hacerlo. Al menos eso dijo *a posteriori* para intentar justificar, en parte, el porqué de su elección de un oficio tan inmoral.

El caso de la Voisin (durante algunos años, contemporánea de la Brinvilliers) hay que enmarcarlo en lo que se llamó *l'affaire des poisons* (el caso de los venenos), a raíz de unos enigmáticos y pavorosos fallecimientos ocurridos entre 1676 y 1679. Lo que llamaríamos ahora psicosis de los venenos llegó a ser una auténtica epidemia de miedo por el hecho de que la más famosa de las envenenadoras, la Brinvilliers, había sido quemada poco antes. La gente no encajaba la ausencia del mundo de los vivos de la pérfida María Magdalena d'Aubrey con la aparente continuación de muertes muy parecidas a las de la célebre Marquesa y su amante, Sainte-Croix. Todo era muy confuso, y el jefe de la policía de Luis XIV, La Reynie, tenía un arduo trabajo por delante para averiguar algo sobre el tenebroso asunto. Un primer paso fue la creación de la llamada *Cámara ardiente,* que entendía de los delitos amparados bajo el amplio paraguas de *demonológicos*. Sin embargo, muy pronto, la idea de La Reynie iba a venirse abajo por un hecho no esperado (¿o sí?): la aparición en la investigación de gran número de nombres importantes e, incluso, cercanos peligrosamente, a la corte borbónica relacionados con el *affaire* como, entre otros muchos, madame de Montespan o el gran Racine. Ante esto, el mismo rey que la había creado, decidió suspender la inocua Cámara ardiente pues no estaba muy seguro de no verse salpicado él mismo si se destapaba totalmente todo el tinglado.

El oficio más o menos conocido y visible con el que intentaba despistar la Voisin era el de comadrona, aunque en lugar de ayudar a traer niños al mundo, solía obstaculizarles el camino del mismo, practicando numerosos abortos (tras su muerte, serán descubiertos en su casa más de dos mil cuerpecillos que no llegarían a conocer la vida). Luego ampliaría su campo de actividades al de adivinadora y quiromántica, y pasó en un *avance* de lo que sería su auténtica profesión por suministradora de afrodisíacos, uno de los más solicitados fue el conocido como *harina de Venus*, y que se componía de mostaza y huevas de cangrejo. Pero enseguida descubriría su verdadera vocación, que no sería otra que la de envenenadora. También practicaba la nigromancia, daba clases de brujería con el mago Lesage y, en fin, era asidua a las misas negras que escenificaba el abate Guibourg. La llegada al estatus de envenenadora profesional fue considerado por Catalina como un ascenso en la escala social. Y no andaba descaminada porque, en aquel tiempo y en aquella corte, las envenenadoras eran unas profesionales con casas abiertas y, en cierto modo, respetables y respetadas por sus no menos *respetables* clientelas. Por lo demás, la Voisin vendía el hecho incontestable, según ella, de que su *ciencia* le llegaba gracias a la bondad divina, divinidad con la que parecía tener contacto directo.

Sintiéndose a salvo, según esto, por las indicadas influencias celestiales, no era de extrañar el tren de vida de Catalina Deshayes. En efecto, su palacio pasaba por ser uno de los más lujosos de París, y se hallaba ubicado en una zona restringida y elitista en Ville-neuve-sur-Gravois, entre las fortificaciones del arrabal de San Dionisio. Era un lugar residencial pero, al mismo tiempo, solitario y apartado, por lo tanto, único para los negocios de su dueña, que atraían a San Dionisio verdaderas colas de coches tirados por impresionantes troncos, y que ocupaban personas pertenecientes a lo más linajudo de la sociedad parisina y de la corte, que, a veces, se quedaban hasta la noche, tras evacuar apaños con la aliñadora de venenos, para gozar de las ya célebres cenas de la Voisin, que sabía cómo cuidar de su clientela con homenajes gastronómicos y alguna que otra fiesta fastuosa. En aquellos banquetes y festejos, un observador despistado jamás hubiera hecho diferencia con cualquier comida o baile de una casa aristocrática o burguesa pertenecientes a familias honorables. Además de los alimentos y bebidas exquisitos, Catalina solía organizar después, como broche de oro a una velada exquisita, buenos conciertos de música selecta, interpretada por los mejores intérpretes del momento que eran pagados espléndidamente por la anfitriona.

Se podría afirmar que, la Voisin, más que matar ella misma, facilitaba el *arma* mortal de sus venenos a honrados personajes que se los solicitaban, como si fuese el boticario que trabaja en su fórmula magistral. Así, gracias a sus *preparados,* algunas personas importantes pudieron desembarazarse de los que les estorbaban. Por ejemplo, madame Dreux, la esposa de un alto oficial, quien enamorada del señor de Richelieu, acudió a la Voisin para que la iniciara en los secretos de las pócimas letales. Enloquecida por los celos, la Dreux pagó espléndidamente los diferentes venenos que la Voisin ofertaba para todas aquellas infelices que tenían la desgracia de caer en los brazos del duque de Richelieu, un galante caballero que madame Dreux consideraba de su exclusiva propiedad. Absuelta por un increíble y binévolo tribunal, madame Dreux tendría más suerte que su inteligente proveedora. Otro cliente especial fue monsieur La Rivière, un conocido *don Juan* de la corte del Rey Sol que, amado hasta la locura por una madame Poulaillon, fue asesorada por la Voisin, quien le indicó una novedosa manera de quedarse viuda: en efecto, la amante esposa regaló a monsieur Poulaillon varias camisas de impecable estilo que, orgulloso, se probó, ignorando que las prendas estaban impregnadas de arsénico y que, al rozarle la piel, le destrozarían y quemarían el cuerpo. Una vez enterrado, madame Poulaillon pasaría a engrosar la abultada lista de las conquistas de aquel irresistible La Rivière. En fin, para epatar aún más a los impresionables, la Voisin explotaba la leyenda (que pareció haber sido cierta) de sus amores con los dos verdugos de París, que la proveerían de vísceras, sangre y grasas de ejecutados con los que le facilitaban la mezcla de sus pócimas.

La Voisin, como se la conocía familiarmente y como pasaría al porvenir, visitó en varias ocasiones la cárcel, y en una de sus estancias en la Bastilla, contactó con un maleante llamado Godin Sainte-Croix, al que hizo partícipe de sus conocimientos en la preparación de pócimas letales. Este individuo, que aprendió muy deprisa y con buenas notas las enseñanzas de La Voisin, las compartiría a su salida de prisión con la conocida. Pero durante su encierro, la perversa señora de Monvoisin, además de iniciar a Sainte-Croix en los misterios de los venenos, entabló conocimiento con uno de los dos verdugos de París (después, también fue amante del segundo) que, por entonces, daban cumplimiento a las penas de los tribunales. Este *funcionario* suspiró más de una vez entre los brazos de la envenenadora, y tras salir ella de una de sus prisiones, terminaron siendo amantes. Lo que no fue óbice para que, años después, y al ser condenada ella misma a la pena de muerte, fuese este antiguo enamorado el encargado de su decapitación y posterior cremación de sus restos, además de ser el responsable de aventar las cenizas de su ex amada.

Pero sería años después, y cuando aún reinaba en la corte absolutista de París, la Voisin compartía con su letal oficio, una afición algo menos peligrosa pero así mismo extraña y atípica. Su inmersión en el mundo de la nigromancia alcanzó cotas de popularidad increíbles entre las altas esferas y la misma corte, animando a muchos de los cortesanos a que conocieran sus legendarias misas negras, que ella misma organizaba con toda la pompa de que era capaz en su palacete, bajo la batuta (la *mise en scène*) del célebre cura Guibourg. La ya famosa bruja era muy buscada por las encopetadas damas próximas al Rey, que además de solicitarle los venenos con los que prescindir de un marido, un hermano o un criado, se volvían locas con sus excesos sacrílegos. Las misas negras de la Voisin se celebraban en una de las habitaciones de su casa, lujosamente amueblada con objetos riquísimos y la presencia de un altar coronado por un túmulo sobre el que se tendía la sacerdotisa desnuda que, con su cuerpo como *altar*, era pisada y violentada en el transcurso de la ceremonia. Una de las mujeres más importantes que se ofrecieron como uno de aquellos *altares* palpitantes fue madame de Montespán, amante del Rey Sol. Para aquella memorable sesión, la Voisin contó con la colaboración de su propia hija, una casi niña llamada Margarita y que, oficiando de *monaguilla,* fue la encargada de desnudar a la amante real y colocarla, adecuadamente, sobre el túmulo. Sólo un elegante antifaz cubría la carta del cuerpo de la dama galante, mientras sus encantos esperaban, impacientes, el sacrificio sacrílego ante el Diablo.

Aquella misa negra a la mayor gloria de la Montespán, y tras algún que otro exceso a cuenta de la sensualidad alterada de la *víctima* y de los oficiantes, finalizó con el sacrificio sangriento de un niño de pocos meses, que fue degollado haciendo caer su sangre sobre un cáliz y sobre el vientre de la Marquesa, que después bebió esa misma sangre recogida en el cáliz con síntomas de contracciones orgásmicas. El fin último de este sacrificio era el solicitar y conseguir algo, pagando por ello el impuesto de aquella ofrenda a Satanás. De hecho, la Montespán había suscrito previamente un pergamino con una petición muy concreta. Ésta era:

> «*Yo, Francisca Athenais de Montemart, marquesa de Montespán, pido el afecto del Rey y de monseñor el Delfín, y que nunca me falten; pido que la Reina resulte estéril, que el Rey abandone su lecho y su mesa por mí y mis allegados...*»

Aunque no llegaría a ocupar el trono con el título de reina, madame de Montespán sí que fue la favorita de Luis XIV durante largos años. Este éxito agrandó considerablemente la ya ganada fama de la Voisin y sus eficaces misas negras, casi tanto como sus venenos. En aquéllas, la célebre envenenadora siguió contando con la inestimable colaboración del sacerdote Guibourg, que vivía amancebado con una prostituta célebre y que engendró bastantes hijos, algunos de los cuales acabaron bajo su propio puñal, formando parte del material necesario para sus prácticas demoníacas.

La Voisin fue ejecutada antes aún de que finalizara un larguísimo proceso contra ella, que se extendió entre los años 1679 y 1682. Y es que si bien fue quemada en 1680, la aparición en sus declaraciones de nombres importantes de la corte y de la curia, retardaron y envolvieron en disputas y navajazos un juicio que, de antemano, estaba decidido. Obligada en un primer momento a hablar aplicándole el tormento, sus palabras escandalizaron a sus inquisidores puesto que contó, con toda clase de detalles, diversos hechos y, sobre todo, muchos y muy jugosos nombres muy arriba en la escala social. Lo curioso fue que, ante aquella lista que acabó por *quemar,* volvieron a torturarla para que, en esta nueva ocasión, no dijera nada.

Capítulo XXXV

Jack El Destripador

(último tercio del siglo XIX)

Aunque generalmente se le adjudicaron media docena de asesinatos, en realidad este asesino invisible pudo muy bien elevar el número de sus víctimas hasta diez o incluso una docena, toda vez que, tras su pretendida detención, fueron asesinadas unas cuantas mujeres más de similares características, y de forma parecida a las seis oficiales en el mismo East End londinense. Fue, sin dudarlo, el prototipo del tópico asesino inglés, londinense especialmente, y muy *siglo XIX*. Además, fue también el personaje siniestro más periodístico al que echaron de menos, tanto editores de *magazines* tremebundos como sus muchos lectores. Se podría afirmar, que, salvo para sus desgraciadas víctimas, El Destripador fue un sujeto provechoso del que, pasado un siglo, se reparten dividendos. En ayuda de esta fama acudió, como es evidente, su nunca averiguada identidad, lo que daría pábulo a las más fantásticas elucubraciones. Desde luego Jack (o como se llamara y quien fuese realmente), tuvo *buena prensa* si entendemos por ello que nunca faltó, mientras mató, de las primeras páginas de los periódicos. Con sus nuevas acciones se desayunaron durante meses, todos los británicos, empezando por la propia reina Victoria y terminando por el último de los *bobbies*.

El ritmo de los crímenes fue trepidante, pues todas las víctimas murieron entre los días 6 de agosto y 9 de noviembre del año 1888. El escenario, Londres, y en particular un entonces tenebroso barrio de la capital británica, Whitechapel. Prostíbulos, fumaderos de opio y tabernas deprimentes conformaban un laberinto de miseria difícilmente superable. Poco menos de la mitad de los nacidos llegaban en aquel lugar a superar los cinco años de edad, en el seno de familias enteras que se amontonaban en edificios miserables en los que vivir era un suplicio. Por eso, la mayoría de sus habitantes callejeaban, bien desde sus casuchas a la taberna los hombres o, en el caso de las mujeres, muchas de ellas haciendo la calle como única forma de conseguir algunas monedas.

La primera víctima contabilizada se llamaba Martha Turner, de unos 40 años de edad, sin ningún atractivo y pobremente vestida. Como ocurriría con el resto, fue apuñalada con saña y desventrada, según se sabría después, con un escalpelo y un cuchillo de carnicero. Un gran charco de su propia sangre le servía de lecho sobre el empedrado de la calle del Comercio cuando fue descubierta por un noctámbulo. Se trataba de una mujer casada, que había sido abandonada por el marido por su conducta irregular. Martha Turner, en el cómputo final, figuraría como una presunta víctima primera, dado que, todavía, no había saltado la alarma entre el vecindario, primero, y en toda la ciudad más tarde, por las que siguieron el camino de aquella desventurada.

La segunda era parecida a la anterior y, como Martha Turner, también había sido echada de su casa por un esposo que la acusaba de llevar una vida airada. El nuevo cadáver pertenecía a Mary Ann Nichols (conocida como *Polly*), y fue encontrado de igual forma que el primero, en la calle de Bucks-Row. Tenía 42 años de edad y fue degollada en la noche del 31 de agosto. A las dos les habían extraído la matriz con un cuchillo de 25 centímetros. El nombre de la tercera era Annie Chapman (alias *Morena*), 47 años y tuberculosa. Apareció cosida a puñaladas en el patio interior de un hotelucho llamado Hamburey. A partir de este nuevo asesinato, el vecindario empezó a preocuparse y a exigir que les mandasen más policías. Pronto llegaron algunos detectives que, junto a los vecinos, formaron un Comité de Vigilancia de Whitechapel, y que ayudaron a mantener con sus aportaciones los comerciantes de todo Londres.

Para entonces, la policía primero y la prensa más tarde, empezaban a perder los nervios, los unos acusados por la otra de incompetentes por no detener al asesino ni tener la más mínima pista sobre él. El escándalo era tal que el director de la policía, míster Warren, dijo estar dispuesto a dimitir de su cargo. Al mismo tiempo, en la misma prensa en la que se leían editoriales contra la incompetencia de Scotland Yard, se publicaban también decenas de cartas anónimas en las que todos los locos de Londres aseguraban ser El Destripador. Claro, que no hubo mucho tiempo de tranquilidad para discusiones bizantinas puesto que el criminal volvió a actuar, matando a su cuarta víctima: una inmigrada sueca llamada Elizabeth Stride (*Larga Liz*), de 43 años, alta y elegante, conocida por su buscada soledad y calificada por algunos conocidos como una alcohólica sin remisión. Fue encontrada muerta, el cuerpo aún caliente, a la salida del inmueble número 40 de la calle Berna, donde minutos antes había concluido una reunión clandestina de refugiados políticos extranjeros. Elizabeth también murió, pero fue encontrada sin las mutilaciones habituales, debido, sin duda, a la presencia de alguien que puso al asesino en guardia y le obligó a huir antes de finalizar su trabajo de la forma habitual. Esto no parecía ser de su agrado, y, menos de una hora más tarde volvía a las andadas, apuñalando a Catherine Eddowes, de 38 años, siendo encontrados sus despojos en Mitre Square. A Catherine, el asesino la destripó y le extrajo los riñones.

Un trozo de uno de estos riñones fue el que recibió, horrorizada, la policía. En efecto, junto al trozo de carne, se adjuntaba una carta manuscrita con tinta roja. En el texto el criminal afirmaba que les enviaba la mitad de un riñón, y que el resto, lo había frito y se lo había comido. Los agentes, tras leer el horrible mensaje, miraron el remite del paquete. Allí sólo había escrito «el Infierno». Y firmaba «Jack *El Destripador*». A estas alturas la pelea entre la prensa y las autoridades alcanzó caracteres de batalla campal, hasta el punto de que, la siempre lejana y poco accesible soberana británica, tomó partido y envió una carta a los que investigaban los crímenes atreviéndose Victoria, incluso, a dar su versión de los hechos y opinar sobre la personalidad del asesino. Por cierto que la Reina estaba convencida (como la aristocracia y la burguesía en general) de que el asesino era un carnicero, basándose en las brutales heridas recibidas por las víctimas, al parecer hechas con cuchillos de grandes dimensiones. Por el contrario, parte de la prensa más popular, y el pueblo llano londinense, se inclinaban por que Jack debía ser un cirujano, toda vez que los tajos e incisiones mortales que describían los periódicos, al ser de una precisión y maestría extraordinarios, únicamente podía haberlos efectuado un doctor en cirugía. En apoyo de esta última hipótesis estaba la macabra escena que solía descubrir la policía: las mujeres asesinadas aparecían con las orejas cortadas, a veces también la nariz y, en una de ellas, también aparecieron limpiamente cercenados los senos y la propia cabeza de la desgraciada. Por si fuera poco el sadismo del asesino, tras extraerles las vísceras, las solía colocar junto al cuerpo en un orden perfecto.

Pero el afán real (de la reina Victoria) por escribir a las redacciones de los periódicos hizo que, el mismo asesino, también le cogiera gusto a lo de escribir cartas al director, y tras aquella primera que acompañaba a la parte de un riñón, se sucedieron otras dirigidas a la sección de Opinión de los lectores. Cogido el gustillo, las cartas del asesino aparecían publicadas de forma continua y utilizando a veces como tinta, la sangre de su última víctima acuchillada. Siempre utilizaba en sus misivas un lenguaje irónico al tiempo que se burlaba de las autoridades sin un atisbo de piedad. Anunció a estas su futura sexta víctima que, en efecto, murió como las anteriores ante la impotencia de los inspectores. Se llamaba Marie Jeannette Kelly (*Negra María*), de apenas 24 años, y apareció cosida por el bisturí ante el número 26 de Doket Street.

A partir de aquí, y ante un breve parón en la comisión de nuevos asesinatos, la policía se lanzó en tromba sobre la única pista que tenía, y que era la que le conduciría a la detención de, según los agentes, el verdadero Jack El Destripador. Era el 9 de noviembre por la tarde, y esa misma mañana había muerto la señora Kelly, muerte que había sido anunciada 48 horas antes en una nueva epístola del asesino que publicó, como las anteriores, la prensa. Oficialmente –siempre oficialmente– Scotland Yard anunció que se había detenido a un cirujano que, según los informes, era dueño de una acusada doble personalidad, lo que le facultaba para que, en sus momentos de lucidez, pudiera ejercer y conducirse como el prestigioso médico que era realmente, sin discusión uno de los más célebres de Gran Bretaña y contando también con pacientes y clientes en otros países de Europa. Esta buena marcha de su clínica le hacía ganar mucho dinero y gozar de un elevado nivel de vida. George Chapman aparecía, además, como un amante esposo y la pareja vivía en la elegante barriada del West End. Por supuesto, su encantadora mujer no sabía nada de esta doble –terrible y sangrienta– existencia de su marido.

Las autoridades y los investigadores habían llegado a esta conclusión de culpabilidad tras aumentar considerablemente el misterio y el suspense con la pretendida y concluyente aventura asesina de Jack. En efecto, la policía no tuvo rubor en reconocer que la detención del doctor se había producido con la valiosa ayuda de un vidente llamado Robert James Lee. Este pillo había asegurado a las autoridades policiales y a los jueces, que había *visto* todos los asesinatos y reconocido al asesino, pero sin poder ponerle nombre, pues desconocía su identidad, no así sus rasgos, que describió minuciosamente. Cuando un Destripador, confiado y burlón, se atrevió a anunciar por anticipado su próximo crimen, Scotland Yard obligó a Lee a que se concentrara y siguiera el itinerario del asesino hasta el lugar en el que se encontraría con su anunciada víctima, para así intentar llegar antes y detenerlo sin que llegara a consumar su nuevo crimen.

A la misma hora en que, según el vidente, llegaría el fin para la última de sus mujeres diseccionadas a manos de su matador, Lee anunció muy emocionado que ya estaba *presenciando* el crimen, salió inmediatamente a la calle (seguido, a su vez, por los agentes de Scotland Yard), y caminó sobre un pretendido hilo invisible que le llevó hasta el domicilio del cirujano en el West End, deteniéndose ante la mansión del doctor Chapman. «¡Es aquí!», gritó a los policías mientras señalaba la puerta de la casa. Previamente les había descrito la distribución y mobiliario del interior de la vivienda, introduciéndose los agentes en la misma hasta llegar al salón donde una aterrada esposa les anunció que su marido no se encontraba allí, pues estaba dando su cotidiano paseo de todas las mañanas. Poco después, entre sollozos, y ante la presencia de los inspectores, confesó su presentimiento de que su marido podía ser El Destripador ya que siempre que el asesino actuaba –insistió–, su marido estaba fuera del domicilio. Incluso, presa de unos nervios deshechos, añadió un detalle macabro: su marido era un estimado vivisector, aunque ella le afeaba siempre que prolongara y aumentara innecesariamente, el sufrimiento de los animales que sacrificaba para sus experimentos de laboratorio, ruego que su esposo nunca atendió, prosiguiendo sus *divertidas* ejecuciones de animales sin hacerle caso alguno.

En pleno barullo apareció el señalado como culpable, tranquilo y feliz, tras su paseo habitual. Era evidente que no se esperaba la presencia de la policía, y menos todavía la acusación de que él fuese El Destripador. Sin embargo, muy pronto pareció aceptar el fin de su loca carrera de sangre, y se encogió sobre sí mismo, sintiéndose apesadumbrado y como no creyéndose el que lo hubieran descubierto. La policía se lo llevó detenido, la prensa se ocupó por fin de otros temas, y la gente (sobre todo las mujeres) parecieron respirar tranquilas. Poco después, el cirujano George Chapman era declarado irresponsable y encerrado para toda su vida en un manicomio. Hasta aquí la versión censurada (oficial), e incompleta. Incompleta porque para terror de todos, se cometieron después otros cuatro crímenes, si no idénticos a los anteriores, sí bastante similares y perfectamente atribuibles, de nuevo, a Jack cuando resultaba incontestable que si el asesino era el cirujano, éste ya estaba entre rejas (o con la camisa de fuerza) cuando se produjeron los nuevos asesinatos.

Hubo otro sospechoso en estos palos de ciego de las autoridades, incapaces de dar con el verdadero asesino o, también, impedidas de darlo a conocer por la posibilidad de que fuese alguien muy arriba en la escala social. Pero, mientras tanto, y además del cirujano encerrado, los agentes descubrieron en su momento (en lo más álgido de la carrera del criminal), a un elegante caballero hablando con una prostituta callejera en una de las zonas más ruinosas del barrio. Interrogado por la policía (para ésta, no cuadraba la elegancia del detenido con el lugar en el que se le había descubierto), la cosa no pasó a más por entonces. Pero después, un hombre –un suicida– fue rescatado del Támesis, y se dijo que era Jack El Destripador, ya que según una de las versiones de la policía, el cruel asesino se habría quitado la vida. El cadáver rescatado del lecho del río resultó corresponder a un abogado joven llamado John Druitt, quien, al parecer, obsesionado con la esquizofrenia de su madre, que estaba encerrada en un manicomio, y ante la perspectiva de heredar aquel mal, se habría arrojado al río.

El fallecido era el hijo de una familia de la nobleza, aunque dedicada a la medicina. Se codeaba con la alta sociedad y se educó en un colegio elitista. Como elitista era el club al que pertenecía, y que tenía el nombre de *Club de los Apóstoles*. Entre los socios, se rumoreaba a menudo la indiferencia, cuando no la aversión, por las mujeres, del joven Druitt, que era aficionado al ejercicio físico y que, incluso, daba clases de gimnasia. Desde este último lugar, y para ir al manicomio en el que estaba recluida su progenitora, el abogado tenía que pasar por Whitechapel. Según esta versión, el espectáculo degradante y degradado del barrio, unido a su misoginia, todo ello unido a su posible locura en potencia, pudieron mezclarse para dar como resultado aquella serie de siniestros crímenes. Un día Druitt faltó, tanto al club como al gimnasio. Pero no así a su cita con la muerte, que le esperaba en el fondo del río.

Debido a que los nuevos crímenes ocurrieron de forma más espaciada y a que la veleidosa opinión pública se fue olvidando del asunto, se diluyeron en el olvido, sumándose a tantos otros. Para enredar más el caso, y para que el misterioso asesino pasara a la antología del crimen como uno de sus más impunes protagonistas, pasados los años, y en Nueva Jersey (Estados Unidos), tuvieron lugar otra serie de muertes calcadas a las de Jack, por lo que hubo quien pensó, sin pasarse de imaginativo, que el verdadero Jack había puesto el océano de por medio y se había ido a vivir a Norteamérica.

Hay que anotar al margen de lo expuesto, y ubicándolo antes del carpetazo dado al caso, que muchos no se creyeron ni aceptaron, que todo hubiera concluido con aquella aparatosa detención del célebre dentista. Los mismos reconocían que aquello sucedió para facilitar una salida digna a la policía para un caso que se les escapaba de las manos. Por eso nunca se apagó del todo el recuerdo de tan macabros sucesos y, tiempo después, fue repetida *sotto voce*, una y otra vez, una versión de los hechos que llegaría hasta bien entrado (y casi concluido) el siglo pasado, acaparando la atención de novelistas, escritores, detectives y, una vez desarrollado, el cine, que volvería sus ojos al caso, inconcluso, del asesino de mujeres. Pero tanto desde entonces, como después, se insistía sobre aquello: el auténtico Jack *El Destripador* habría sido un destacado miembro de la familia reinante en Gran Bretaña, exactamente el duque de Clarence (Alberto Víctor), primogénito del Príncipe de Gales y nieto de la soberana, la reina Victoria. Entre otros muchos estigmas, el Duque pade-

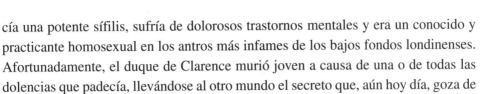

cía una potente sífilis, sufría de dolorosos trastornos mentales y era un conocido y practicante homosexual en los antros más infames de los bajos fondos londinenses. Afortunadamente, el duque de Clarence murió joven a causa de una o de todas las dolencias que padecía, llevándose al otro mundo el secreto que, aún hoy día, goza de una perfecta salud: ¿Quién era, quién fue, aquel frío y sádico asesino?

Al contrario que con otros personajes turbios de la Historia, el cine no ha sido muy insistente con El Destripador. Curiosamente, sería el cine español el que, de una forma bastante humilde, se acercara al personaje. Y lo haría de la mano de nuestro *freak* nacional, el gran Paul Naschy, que personificó al innominado asesino en el film *Jack, El Destripador de Londres*.

Capítulo XXXVI

Landrú

(1869-1922)

El día 25 de febrero de 1922 caía el telón en la vida de Henri Désiré, tras ser protagonista exclusivo de la película de terror de su propia existencia. Su alias, además, quedaría como sinónimo de asesino de pobres viudas (pobres, por desgraciadas) podridas de dinero, o que su homicida así lo había creído para decidir mandarlas al otro mundo. En realidad, su aspecto era el de un auténtico pulcro funcionario que se dispusiera, cada mañana, a trasladarse a la oficina donde, era seguro, se dedicaría a rellenar formularios y a consumir las largas horas de trabajo de la manera menos aburrida posible. Claro que, de existir esa oficina apócrifa, en el caso de Landrú tenía que ser de una compañía de seguros, ya que esa acabaría siendo su especialidad, sobre todo en la rama de vida.

Henri Désiré había nacido el año 1869 en el seno de una familia cuyo mayor capital era la honradez. Acudió a la escuela en el barrio parisino de Bretonvilliers, y tras algunos años de despiste sobre cómo enfilar su porvenir, logró entrar a trabajar en el despacho de un arquitecto. Pero, tras casarse demasiado pronto (recién cumplidos los veinte años), se encontró con auténticos e insoslayables problemas para tratar de mantener a la familia, que la componían ya su esposa y cuatro hijos. Ahí empezará el bueno de Henri a hacerle regateos a la ley, lo que le llevará, por primera vez, a permanecer entre rejas por un delito menor. Cuando fue puesto en libertad, se encontró aún peor que antes de ingresar. Entonces fue llamado a filas, y a la vuelta del servicio militar se encontró con más problemas, si ello era posible, y, entonces sí, sin tener idea de cuál iba a ser su porvenir. Désiré era un perfecto caballero que sabía de sus obligaciones para con los suyos y la necesidad moral que le empujaba a tener que llevar dinero a casa todos los días.

Al contrario que otros hombres y mujeres, que solían tener sus ídolos o en el mundo del espectáculo o en el naciente del deporte, por ejemplo, Désiré los tenía entre el macabro listado de los que habían vivido al margen de la ley. Sobre todo, seguía muy atento las *enseñanzas* de dos pillos de marca mayor, como habían sido el relojero Pel y el terrible Liebez, ambos artistas consumados en eliminar a personas pero con el aliciente de que eran dueños de unas artes significativas que convertían a los muertos en cadáveres invisibles, pues los hacían desaparecer sin dejar el más mínimo rastro. Su propia miseria y la inteligencia de ambos asesinos, fueron haciendo germinar en su interior una gran idea para vivir, para siempre, sin necesidades y miserias, y al mismo tiempo, disfrutando de agradables compañías femeninas. Así dio comienzo a unos tímidos ensayos realizados con ingenuas damas que, tras recibir promesas de matrimonio del bueno de Henri, no tenían inconveniente en caer en la trampa del seguro de vida correspondiente. También tanteó otros terrenos igual de pantanosos, como alguna modesta estafa y otras actividades fuera ya de la legalidad.

Pero será cuando estalle la Gran Guerra en 1914, cuando empezará a ver con meridiana claridad la oportunidad que se le brindaba para desarrollar aquel gran proyecto. En efecto, con la movilización general, hubo aumento considerable de viudas reales (porque sus maridos morirían en el frente) o provisionales (porque, sin haber muerto, sí que estaban en el frente). Lo primero que hizo fue gastarse el poco dinero que tenía en insertar anuncios en la prensa en los que se solicitaban mujeres que, soportando mal la soledad, quisieran conocer a un caballero distinguido que estaba en las mismas condiciones. A partir de ahí, y debiendo creer que Henri Désiré era un gran conquistador, la máquina de la seducción se ponía en marcha. Ya no la pararía hasta que fuese detenido y ajusticiado, pero en el camino se habían quedado, según algún autor puede que un poco hiperbólico, cerca de 280 mujeres en total, incluidas en esta abultada cifra tanto las asesinadas como las seducidas, pero que no tuvieron tan trágico final.

Inauguraron la lista dos infelices, en este único caso una madre y su hijo varón. La señora Cuchet había respondido a uno de los anuncios enviados a los periódicos por Désiré en el que el asesino prometía matrimonio a quien deseara conocerlo. Madame Cuchet tenía 34 años de edad y un hijo adolescente de 17. Como él trabajaba como un señor, nada más ganarse la confianza de su futura esposa, remachó aquella confianza instalándola en un bonito piso alquilado de Chantilly. Un día la viuda, curiosa ella, estaba fisgoneando por el piso cuando encontró un cofre que, naturalmente, no dudó en abrir. Allí encontró fotos familiares y otros recuerdos. En las primeras, la familia compuesta por el mismo Landrú, su esposa, y sus cuatro retoños. El escándalo fue extraordinario, y el amante no sabía dónde meterse al verse descubierto. Sin embargo, y usando sus artes de seducción parece que connaturales con él, acabó por amansar a la airada señora Cuchet, la cual ignoraba que, muy a su pesar, ya estaba condenada a muerte.

Poco después, el protector de viudas se mudó desde Chantilly a Vernouillet, un poco más ligero de equipaje puesto que, junto a los muebles, ya no se trasladaban las dos personas que habían vivido con él en la vivienda anterior. Y no le acompañaban porque habían sido asesinadas. Sin embargo, nadie las echó de menos y, además, aunque lo hubieran hecho, no existían los hipotéticos cuerpos del delito. Por una razón muy sencilla: se habían convertido en humo...

Désiré se puso muy contento por lo fácil que le había salido todo: en efecto, ya tenía el dinero del seguro y no había ni el más mínimo rastro de la señora Cuchet. Así que, fantaseando en próximos y sucesivos negocios en esa línea, volvió a insertar nuevos anuncios a los que contestó, entre otras, una nueva viuda, ésta nacida en Sudamérica y llamada Laborde. A Laborde la sustituyó la viuda de Guillin, y a ésta la señora Héon. Esta última fue una privilegiada ya que, en una nueva mudanza (ahora el asesino se trasladaba a una nueva lujosa residencia llamada l'Ermitage), le tocó inaugurar el nuevo chalet de Gambais y, sobre todo, sus restos serían los primeros que iban a alimentar la nueva caldera instalada allí. Ya perfectamente encarrilado el gran negocio, el aburguesado delincuente (que cambiaba de nombre como de vivienda, uno de los cuales sería, por cierto, este de Landrú) se dedicó a un pasatiempo tan inocuo como la jardinería, a la que se entregaba todas las horas que le dejaban libres sus viudas.

Hay que decir que, viviendo una verdadera doble vida, de su bonanza económica hacía partícipes a sus familiares, los cuales estaban muy orgullosos de aquel esposo y padre ejemplar que tan pronto había ascendido en su trabajo, ascenso que se materializaba en las subidas de sueldos hasta posibilitarles aquella nueva forma de vida. En su verdadero trabajo seguía siendo él mismo, o sea, agradable, educadísimo y teniendo en la boca, siempre, una galantería para sus mujeres. Éstas caían en sus brazos y rehacían testamentos, sin querer ver el precipicio que se abría detrás de aquel hombrecillo. Todo transcurría de forma tan rutinaria que Landrú hasta dio indicios de cierto aburrimiento. Pero enseguida los alejaba, puesto que, continuamente, seguían llegando hasta él mujeres y más mujeres, solitarias asqueadas de su soledad, corazones olvidados que saltaban cuando recibían un requiebro o una caricia de aquel gran caballero.

Fueron llegando a l'Ermitage, y no volverían, las señoras Colomb, Buisson, Jaume, Pascal, Marchadier, Babelay y otras. La chimenea del chalet no dejaba de echar humo ni un instante, y si hubiese habido algún vecino o vecina curiosos, puede que se hubieran preguntado por la razón de esa constante actividad y aquella salida de humos día y noche. Un día, tras quemar a su última incauta, llegó a su casa, tras haber respondido al obligado anuncio, madame Segret. La señora Segret no era en nada diferente a las anteriores. Es más, acabó como aquellas, troceada y consumida por el fuego tras haber sido asesinada y, antes, desplumada de su dinero. Pero la diferencia con las otras era que, si bien aquéllas no tenían familiares que las hubieran echado de menos (o si los había, nunca aparecieron preguntando por su suerte), la señora Segret no sólo sí se había relacionado con sus parientes sino que éstos, fatalmente para Landrú, eran los clásicos fisgones que quisieron saber muchas cosas en relación a la desaparición de su familiar. Hubo, pues, por primera vez, una denuncia contra la desaparición inexplicable de aquella última infeliz caída en las garras del perfecto *gentleman*.

Era el año 1919 y los sabuesos de la policía empezaron su cansina investigación sobre –creían ellos– un caso más de desaparición, uno de tantos miles que, cada día, se daban en tantas familias. Sin embargo, a algún inspector con buen olfato se le ocurrió poner en contacto este caso con las anteriores muertes o escapadas de otras viudas de las que, por lo menos sus vecinos, no volvieron a saber de ellas. El caso Segret se fue ampliando y fue también el caso Colomb o el caso Buisson. Y el hilo llevó al ovillo de l'Ermitage, donde fue apresado Henri Désiré, que se hacía llamar Landrú. El pulcro caballero, con su reluciente calva, sus ojos pequeños y penetrantes, y su mefistofélica barba azabache, no movió un músculo, y se presentó al interrogatorio de la policía con un absoluto dominio y control de sus emociones. Los agentes se sintieron, al cabo de las horas, impotentes para sacarle algo concluyente a un hombre tan impenetrable y escurridizo.

Un detenido que trataba despectivamente a los que le habían detenido, y que seguiría situándose muy por encima de otros agentes y de sus propios carceleros cuando fue ingresado en prisión. Nada menos que 7.000 páginas ocuparon los informes sobre el *caso Landrú,* transcurriendo más de dos años hasta darlo por concluido. El 7 de noviembre de 1921 se inició la vista por la causa de las desaparecidas en l'Ermnitage en la sala de lo criminal de Versalles. Se abrió el juicio, se habían escrito decenas de miles de páginas, pero lo cierto era que seguían sin aparecer los cuerpos, lo que le daba al acusado Landrú un aire aún más soberbio que causó gran impresión a los que ocupaban la sala del juicio. Henri Désiré lo negó todo y se declaró inocente. Sin embargo existía la certeza de los crímenes y la sentencia fue la que, previamente, estaba decidida. Incluso antes de dirigirse al cadalso, Landrú dio prueba de mesura y de contención absoluta de sus emociones. Antes de que la guillotina le separara la cabeza del cuerpo, rechazó con buenos modales el cigarro y la copa de ron que le ofrecieron antes de enfrentarse al verdugo. Amanecía una mañana de febrero cuando Henri Désiré, Landrú, dejó de existir. Los periódicos perdieron, sin duda, a uno de sus más asiduos clientes de anuncios de contactos. Y, sobre todo, con su muerte nacería la leyenda de uno de los más importantes asesinos del siglo xx, antes, claro, de que otros lo sobrepasaran.

Aunque el cine intentó trasladar a la pantalla al asesino de viudas, pocas veces dio en el clavo. Hasta que llegó Charles Chaplin con su *Monsieur Verdoux* arrasando y presentándonos a un hipotético Landrú dentro de unas exquisitas formas que no impedían la violencia última que suponía, para sus víctimas.

Malvados en la Madre Rusia

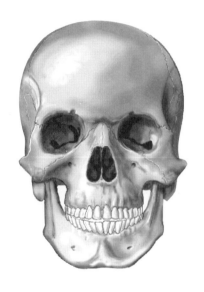

Capítulo XXXVII

Pedro I El Grande
(69-30 a. C.)

Es curiosa la manía de algunos monarcas (o de sus panegiristas) por añadir algún adjetivo a sus nombres. En el caso de Rusia, casi dos monarcas seguidos utilizarían el no modesto de *Grandes*. El problema a dilucidar es si esa *grandeza* provenía de su bondad, de su eficacia o de sus conquistas. Generalmente, los *Gran*des lo fueron por esto último, curiosamente unido a un despotismo más o menos ilustrado y una desvergüenza igual de grande. Otros son engrandecidos posteriormente por sus obras y sus intentos por modernizar sus países. Esto último sería aplicable tanto a Pedro I como a Catalina II, ambos zares de Rusia. Porque los dos (por orden cronológico, primero Pedro) impusieron *manu militari* y sin evitar el crimen, una pretendida modernización del país que, a la postre, si se produjo, sólo afectó a una minoría de la sociedad, permaneciendo inalterables las miserias del pueblo, incluida la terrible vida de los siervos y el sojuzgamiento de los nobles sobre aquéllos.

Perteneciente a la dinastía de los Romanov, Pedro I nació en Moscú y fue zaremperador de todas las Rusias desde 1682. Era hijo de Alejo Mijailovich y de Natalia Narishkina. Huérfano de padre a los 4 años, más tarde compartiría el trono con su hermanastro Iván, príncipe imbécil que, además, estaba manejado por su hermana Sofía, que gobernaba en su nombre. Contaba 17 años de edad cuando Pedro, en un audaz golpe de mano, le arrebató el poder a su hermanastra, que sería para siempre su enemiga acérrima (y que pagaría por ello). Todavía muy joven tuvo su primera amante, una alemana llamada Ana Mons. Pero sería una rusa, Eudoxia Lepukhina, la que su madre le había elegido para casarse. Fue un matrimonio efímero ya que el nuevo zar la encerró en un convento con cualquier excusa, aunque la real y verdadera pareció ser la de que la pobre Eudoxia practicaba unas costumbres mojigatas y tradicionalistas para el gusto extrovertido y ácrata del Zar.

Al arribar al trono, Pedro I se encontró con un país muy atrasado y sumido en una evidente barbarie. Asistido de un –se supone– verdadero interés por mejorarlo, viajó por toda Europa en un periplo conocido como la *gran embajada,* un larguísimo viaje en el que se hacía acompañar por más de 250 personas que componían su séquito. No obstante, y nada más abandonar las fronteras rusas, este numeroso grupo de servidores fueron abandonados por el Zar al transformarse éste, por voluntad propia de moverse de forma anónima, en un tal Piotr Mijailov que, sin la servidumbre de la realeza y de su verdadera identidad, pudo recorrer a su antojo poblaciones y lugares como, por ejemplo, la ciudad de Amsterdam, donde estudió y obtuvo el título de maestro de construcción naval; salió hecho un buen artillero de la escuela de Königsberg; y, en Londres, donde también trabajó en los astilleros de Depfort y concluyó su formación en el arte de la navegación. Después volvió a Rusia, pero lo hizo acompañado de buenos artesanos, ingenieros y artistas (unos 500 en total) que había contratado en Holanda, Alemania y Polonia. Además, de Inglaterra se trajo la *moda inglesa,* imponiendo en la corte despóticamente y sin excusa alguna, los trajes que, según él, eran la última moda en Londres.

Pero tampoco era exclusivista ni entusiasta de un país o países determinados, y en su momento, luchó por introducir en Rusia la buena educación francesa para, más tarde, importar todo lo que procedía de Alemania, una admiración casi ciega por lo teutónico que le venía de sus tiempos de niño. Por aquellos años el futuro Pedro I descubrió, en una de sus escapadas, el barrio de Kukui (o de los alemanes, en realidad alemán era sinónimo, también, de extranjero), encontrándolo más limpio, más bonito y más civilizado que los otros de la capital. De hecho, volvería muchas veces allí en años posteriores, y no sólo para admirar, de nuevo, lo relajado de sus gentes: gustaba de organizar alguna fiesta como excusa de alegres reuniones y tremendas borracheras con sus amigos; incluso creó, incidiendo en aquellas correrías, un inefable *concilio de borrachos* que sólo podía tener lugar en aquella zona de la capital.

Claro, que en la vida del zar Pedro también había tiempo –y mucho– para la guerra. En consecuencia, luchó contra el rey de Suecia Carlos XII, que le venció, aunque después, será Pedro I el que le arrebate Livonia, Estonia, Ingria y Carelia. Rodeado y atacado, a su vez, por los turcos en Pruth, en una situación bastante desesperada, será su esposa la que comprará la paz y salvará al Zar y a su ejército. Tras este susto, Pedro I inició otra guerra de conquista –que será, en este caso, definitiva– contra Finlandia. Una vez volverá a pelear con el soberano sueco Carlos XII, que estaba por entonces en el cénit de su expansionismo, logrando una victoria sobre aquél en Poltava (Ucrania), obligándole a buscar refugio en Estambul, ciudad en la que permanecería durante muchos años atemorizado por el Zar. De regreso de una de estas batallas, Pedro se encontró con una peligrosa rebelión en casa: la de los *streltsy,* instigados por su hermanastra Sofía, a la que había encerrado en un mísero claustro tras arrebatarle el poder. Más de 8.000 de aquellos sublevados perecieron tras horribles torturas, colgados en las murallas de Moscú como advertencia y aviso a caminantes. También ejecutó a los jefes de la sublevación y a todos los miembros de sus familias. Un centenar de estos también fueron colgados, en esta ocasión junto a los muros del convento donde penaba su hermanastra Sofía, verdadera cabeza de la rebelión.

Sus relaciones con los nobles fueron, a veces, tormentosas. Disfrutaba humillándolos, gastándoles bromas pesadas y obligándoles sin discusión, a que se afeitaran y se vistiesen a la moda occidental (recorte de casacas general, entre otras *humillaciones,* como la de afeitarse la barba). Por cierto, que la ausencia de barba en la Rusia de la época era considerado un sospechoso signo de falta de virilidad de los que no las lucían, y su ausencia, sin vuelta de hoja, prueba de afeminamiento y, también, de que esos individuos seguramente practicaban alguna herejía foránea. Ante este estado de cosas, resultaba evidente que la orden del Zar era doblemente difícil de cumplir. En otros aspectos de las costumbres a las que quería darles la vuelta, Pedro I dispuso que las mujeres, sobre todo las esposas e hijas de aquellos nobles a los que despreciaba, y tradicionalmente encerradas en sus palacios, deberían de salir a la calle, airearse y tomar lecciones de baile con vistas a las fiestas que, también, deberían organizar ellas mismas regularmente. No escapaban a su burla los sacerdotes (el Zar se había hecho nombrar, copiando al rey Enrique VIII de Inglaterra, jefe de la Iglesia rusa), ya que gozaba riéndose públicamente de la confesión ortodoxa y obligándoles, de paso, a la adopción del calendario Juliano. No es de extrañar que los viejos creyentes y el pueblo ignorante estuvieran convencidos de que su zar era, realmente, el mismísimo *Anticristo* y que se sucedieran las rebeliones como las de los cosacos del Don o la de los *bashkires*. A esta ofensiva acabaron uniéndose también los popes, que acusaban sin tapujos al Zar de irreligioso y de perseguidor de las creencias de sus antepasados.

La inevitable *otra cara* del tirano se materializó en la creación de la marina rusa, la modernización de los tribunales y la europeización general de la Administración del país. Además, Pedro I fue el *padre* de la ciudad de San Petersburgo a partir de sus primeras construcciones en 1703. La erección de la nueva capital contó con la masiva presencia de obreros forzosos provenientes del mundo campesino, de presos, de vagabundos y de cualquiera que tuviese la desgracia de ser arrastrado a las obras. Murieron allí miles de ellos, pero la ciudad acabaría siendo una realidad aunque, para muchos, quedaría la anécdota macabra de ser una «ciudad edificada sobre huesos». Un poco cara, era cierto (las aportaciones obligatorias de millones de rublos a través de gravosos impuestos se repitieron varias veces), pero el Monarca pudo celebrar su título de nueva capitalidad de Rusia el año 1712. Para entonces ya contaba con casi 35.000 casas construidas y un extraordinario palacio, el *Peterhof*, calcado del de Versalles. Él mismo colaboró físicamente en la construcción de su urbe, si no como un obrero más, sí con gran entusiasmo, ayudando en la elevación y conclusión de los nuevos palacios y fortalezas de la futura capital, que lo sería de forma efectiva a partir de 1715.

Este afán por la actividad física fue constante en el zar Pedro, pues además de las citadas en las obras de San Petersburgo, ejercitaba otras actividades manuales (que, indefectiblemente, eran indignas para sus nobles) como, por ejemplo, trabajar como marinero en actividades portuarias, hacer chapuzas de albañilería, apasionarse con las pruebas de imprenta, etc. Estas actividades físicas y/o artesanales, iban en relación directa con su apariencia física, llamativa por su altura desmesurada y su gran fuerza muscular. Sin embargo, y en escandaloso contraste, el intelecto del Zar no se compaginaba con la materia, de tal forma que Pedro I podía considerarse como semianalfabeto.

Entusiasta de las reformas, las impuso con crueldad inusitada (tenía a gala conseguir todo lo que se proponía, ignorando el precio que tuviese que pagar por ello, un precio y unos pagos que él desviaba a su pueblo), hasta el punto de condenar a muerte a su propio hijo Alejo, y a su esposa, Eudoxia, por ser contrarios a las mismas. Ante el clamor suscitado por esta condena, y el mismo día señalado para la ejecución del desdichado príncipe, Pedro I le conmutó la misma aunque, llamando aparte a su médico personal, le *aconsejó* que, dado el impacto que el perdón habría producido en el *zarevitch*, debería sangrarlo abundantemente para evitarle un ataque nervioso. El médico cumplió tan bien las indicaciones de su señor que al día siguiente el hijo de Pedro I era enterrado con grandes honores. A partir de aquí, los historiadores se dividen en la razón última de este crimen. Unos dicen que fue el aviso de Alejo a su padre de que, cuando él fuese zar, desharía todo lo hecho por él (se refería a los aires externos que Pedro I se trajo del extranjero), lo que motivó el asesinato. Otros, por el contrario, ven el desenlace sangriento de este hecho como un eslabón más de las luchas por el poder, toda vez que Alejo, hijo de la primera esposa del Zar, Eudoxia Lapukhine (a la que había abandonado a los tres meses de la boda), se había convertido en el gran obstáculo para que sus hermanastras Ana e Isabel (habidas con su amante, la después Catalina I) pudieran sentarse en el trono. Según esta versión, el zar tenía debilidad por sus hijas habidas con su concubina, por lo que eliminó a su otro vástago sin demasiadas contemplaciones. La elección de una u otra razón no evita lo nauseabundo de este crimen.

Aunque oficialmente pasó a la posteridad como el gran monarca del Imperio ruso, la historia paralela lo expulsó a la oscuridad de los malvados de la Humanidad. En realidad, Pedro I era un hombre violento, pero inteligente; modernizador, pero actuando como un auténtico tirano asiático. Como un ejemplo entre mil de su carácter caprichoso y despótico para el que la vida de sus súbditos valía menos que nada, se cuenta que, estando visitando al rey Federico IV de Dinamarca, y subidos los dos monarcas en lo más alto de la Torre Redonda existente en Copenhague, el Zar quiso deslumbrar y sorprender a su anfitrión con la *lealtad* absoluta de su pueblo, y para demostrarlo hizo que se acercara uno de los cosacos que le acompañaban y le ordenó que saltara al vacío. El cosaco, cuadrándose ante su Monarca, cumplió la orden y se estrelló contra el suelo. Entonces el Zar preguntó a Federico si el rey de Dinamarca tenía súbditos que obedecieran tan ciegamente, a lo que, dice la historia, el prudente Federico IV optó por guardar silencio.

Al morir este zar iconoclasta y tiránico, se produjo una gran reacción contra todo lo que había representado su reinado, incluso en pequeños detalles, como el de devolver a Moscú la capitalidad de Rusia, en contra de San Petersburgo. (Por cierto, que con Pedro I aparece oficialmente el nombre de Rusia –*Rossiia*– para designar lo que hasta ese momento era conocido como Moscovia, o Estado de Moscú.) Por supuesto, mucho más grave fue la resurrección de la humillada nobleza (que ya se haría con los resortes del poder hasta la revolución del siglo XX), la cual pudo, por fin, levantar cabeza cuando su gran enemigo había dejado ya el mundo de los vivos.

Capítulo XXXVIII

Catalina II La Grande
(69-30 a. C.)

Algún autor sensacionalista la llamó desde el título de su libro «la Insaciable». Y no es que Catalina II fuese en vida una mujer recatada, precisamente, ni hiciese del recogimiento y la monogamia una virtud vivida durante toda su existencia. Pero aquella princesa alemana trasplantada a Rusia fue algo más. Incluso algo peor que amante apasionada hasta el mismo día de su muerte. Por ejemplo, una déspota, por muy ilustrada que se vanagloriara de ser por sus amigos franceses próximos a los enciclopedistas.

El sobrenombre de *La Grande* no salió de la propia zarina, sino de un linajudo caballero a su servicio llamado Ligne, hombre de mundo y muy ingenioso, al que se le ocurrió este apelativo como una broma más de las muchas que gastaba a Catalina. No sabía el príncipe que su *broma* tendría éxito y su amiga pasaría a la Historia como *la Grande* en casi todo, incluidos sus numerosos amantes reales y adjudicados.

Nacida a orillas del Oder, en Stettin (hoy Szczecin), Pomerania, Alemania, Yekaterina Alexeievna (su nuevo nombre en Rusia) siguió la estela, y la forma de gobernar, propias de su predecesor Pedro *el Grande,* accediendo al trono gracias a una revolución que obligó a abdicar a su inmediato antecesor, Pablo III, en 1762. En principio, no nacida para reinar, como ella misma escribiría después, «la fortuna no es tan ciega como uno se figura. Obedece, generalmente, a las condiciones de carácter y a la conducta personal». Ambas características llevaron a una princesa segundona a regir uno de los imperios más vastos de la Historia.

Bautizada al nacer como Ana Augusta Sofía Federica, era hija del príncipe de Anhalt-Zerbst y de Juana de Holstein-Gottorp, y se casó muy joven por primera vez con un oficial del ejército sueco, enviudando al poco tiempo. En 1744, cuando apenas había cumplido 15 años, su tía, la zarina Isabel Petrovna, la llamó a su lado para que se casara con el Gran Duque Pedro Ulrico de Holstein-Gollorp (su primo), seguro heredero del trono de los zares que la zarina había adoptado al no haber tenido descendencia. Muy pronto tía y sobrina hicieron buenas migas, pues ambas bebían de la cultura francesa, al tiempo que batallaban contra la influencia teutona que despreciaban. Sofía, sin embargo, que llegó casi con lo puesto a su país de adopción, creyó morir de asombro (y de envidia) cuando la emperatriz Isabel le enseñó parte de su fastuoso ropero: 15.000 vestidos de seda más 5.000 pares de zapatos. Tan epatante mujer era, además, esclava de la etiqueta, de tal forma que, siendo epiléptica, prohibía a sus damas que tan siquiera le aflojaran el corsé cuando sufría uno de sus ataques, permaneciendo lo más firme posible antes que aparecer ante sus invitados desmejorada.

La joven alemana tuvo como consejero y amigo al príncipe Gyllenborg, que la hizo despertar a la cultura y al conocimiento de los clásicos. Aunque no sólo a ellos, sino que también le dio a conocer las últimas obras de autores como Voltaire o Montesquieu. De hecho, la jovencísima Sofía se atrevió, en una especie de ejercicio fin de carrera, a trazar de sí misma un *retrato* personal y, sobre todo, un proyecto respecto a sus planes para su nuevo país gracias al cual su consejero pudo enterarse de sus grandes propósitos para el futuro. En aquellas líneas apostaba, llegado el momento, por abolir la tortura, desterrar el uso terrible del *knout*, proteger todas las artes, llenar la capital de bellos jardines, luchar por la paz, dejarse aconsejar por los mejores foilósofos, no dejar de leer un libro tras otro, conocer las grandes corrientes de la política de otros países y beber de la cultura de Francia, aquel maravilloso país que le fue dado a conocer por primera vez, desde la distancia de su Alemania natal, por su institutriz, mademoiselle Cardel. Se le iluminaron los ojos cuando pudo observar la cara de sorpresa de su amigo ante aquel gran proyecto de tantas y tantas maravillas. Y, sin embargo...

El enlace con el futuro zar Pedro se celebró por el rito ortodoxo en agosto de 1745, cuando la novia contaba con apenas dieciséis años. La ceremonia tuvo lugar en la catedral de la Virgen de Kazan. Fue su madre, la princesa de Zerbst, la que puso en los dedos de su hija y del gran duque Pedro, sendas sortijas valoradas en 50.000 escudos. La ceremonia religiosa se prolongó durante seis larguísimas horas y los festejos finalizaron cuando se cumplían diez días de aquélla. Si la boda parecía no tener mucho futuro, los encargados de organizar las fiestas derrocharon a lo grande, sorprendiendo a los invitados con un programa variado de bailes, mascaradas, banquetes, iluminaciones extraordinarias, funciones de ópera italiana y comedia francesa, fuegos artificiales y otros mil eventos. Nunca en Rusia se había tirado de tal modo la casa por la ventana para la boda de un futuro zar.

Pero hasta llegar a ese día crucial de su enlace matrimonial y durante la espera hasta su acceso al trono, Catalina había podido constatar desde el primer momento los pocos atractivos del que le habían destinado como esposo. Por ejemplo, la fealdad repelente de Pedro, un ser además frágil y prematuramente envejecido desfigurado por la viruela. Su primo tenía dieciocho años, y llega a comprobar que, por si fueran pocas todas las taras que va descubriendo, estaba también prácticamente alcoholizado y presa de unos instintos sádicos nada ocultos. Un día Catalina entró en la cámara de Pedro y descubrió, balanceándose de una diminuta horca, el cuerpecillo de un ratón. A Sofía aquello, en principio, le hizo gracia, pero Pedro la hizo callar cuando ella le preguntó por la razón de tan macabro pasatiempo, asegurándole muy serio que aquel animalito había sufrido un ejemplar castigo militar por haberse comido sus soldaditos de almidón, piezas éstas, las de los soldados a escala, una auténtica pasión enfermiza del futuro zar.

Más tarde fueron apareciendo en su consorte otras *perlas* como la constatación de que adoraba a los alemanes y despreciaba a su propio pueblo: el ruso, mientras ella, por el contrario, se rusificaba por momentos. O que, incomprensiblemente, la misma noche de bodas, la pasó literalmente jugando, muy interesado, con sus soldaditos de madera. Pero había otros muchos hechos muy difíciles de admitir por Sofía-Catalina de aquel despojo humano como su gusto enfermizo por yacer con mujeres jorobadas y tuertas. No obstante, el pánfilo, a la postre, no se llevaba excesivamente mal con su ya esposa, a la que bautizó cariñosamente como *madame mañosa,* toda vez que él era un completo inútil y Catalina estaba siempre dispuesta a solucionar pequeños contratiempos domésticos. Pero en la noche de bodas, lo más grave fue que, si bien aquella noche el matrimonio no se consumó, tampoco lo sería durante siete larguísimos años, para desesperación de la temperamental Catalina. Algunos situaron en esta obligada abstinencia sexual el origen de su, después, volcánica vida amorosa.

Era, sin duda, demasiado tiempo para la vitalidad y fogosidad de la alemana. Y un día decidió que ya estaba bien una espera que parecía eterna para conocer el amor.

Y si en casa no podía ser, lo buscaría fuera. El escogido se llamaba Sergio Saltikov, y la fecha el año 1752. En los brazos de este apuesto caballero y una vez recuperadas las ganas de vivir, sintió que aquello, el sexo, era una gran cosa. Se desquitó con creces, y pronto será una experta en el arte de la seducción. Tras un primer embarazo, frustrado en aborto en 1754, tuvo más suerte poco después, al quedarse embarazada y dar a luz al que será en el futuro el zar Pablo I, cuya paternidad, por cierto, siempre estuvo en el filo de la duda, pues Catalina, tras eterno período de fidelidad conyugal para con su alcohólico esposo, ya hemos dicho que se había encaprichado del conocido popularmente como el *apuesto Saltikov,* el mismo joven de buena cuna, aunque casado, muy liberal y con experiencia en hacer felices a sus amantes, y que la había hecho despertar a los sentidos. Sin embargo, como todos los *donjuanes,* pasado un tiempo Sergio Saltikov empezó a aburrirse de aquella relación adúltera, aunque, como se ha dicho antes, contribuyó al nacimiento del niño que Catalina tuvo en septiembre de 1754. Tras considerar que el *bello Sergio* ya había cumplido, la emperatriz Isabel lo envió inmediatamente fuera de Rusia en una misión cualquiera, y, a partir de entonces, ya nunca volverían a encontrarse Catalina y su apuesto primer amante.

El esposo de Catalina, al contrario que ella, aún permaneció hasta la edad de 24 años, y sólo tras una operación de fimosis se decidió a cumplir con su deber conyugal, aunque su madre adoptiva, la siempre previsora emperatriz Isabel, lo envió antes a practicar con una dama de la corte. Por cierto, poco agradecido a todo lo que había hecho por él, cuando Isabel murió el imprevisible Pedro se descubrió más miserable aún moralmente en el entierro de su madre adoptiva, en cuyos funerales no dejó de hacer piruetas y de contar chistes ante el escándalo de los presentes. Después, ya sentado en el trono de los zares, Pedro III continuaría su carrera de despropósitos con ideas tan inefables como, por ejemplo, obligar a sus dignatarios a divorciarse de sus esposas, las cuales, una vez libres, eran redistribuidas por el zar entre el resto de los mismos –aunque diferentes– esposos que previamente habían sido obligados a la separación de sus mujeres legítimas. Al mismo tiempo, liberado de la influencia de la posesiva emperatriz anterior, no intentaba ocultar sino que, por el contrario, deseaba que todo el mundo supiera que se iba a divorciar de Catalina y de que se casaría con su amante de aquel momento.

Siguiendo esta tónica, Catalina no tenía empacho en seguir su divisa de, a un amante ido, otro que lo sustituye. Y el nuevo en aquella ocasión se llamaba Stanislas Poniatowski, hijo de un conde y una princesa, pero, además, hombre ilustrado, culto y refinado con el que, al principio, se reunía vistiendo ella prendas masculinas para no ser reconocida. Catalina lo adoraba, y todo el amor que se profesaban los amantes tenía un solo –y terrible– obstáculo: el esposo de Catalina, Pedro, quien, conocedor de aquella relación, reaccionaba según su humor, bien amenazando con matar a los adúlteros o, por el contrario, haciéndolos llamar y reuniéndose los tres en celebraciones lúdicas que finalizaban con el trío bebiendo y cantando. Una noche, sin embargo, el zar entró en el dormitorio de Catalina y encontró a los amantes juntos. Tal como estaban, los obligó a salir, y una desnuda Catalina pudo descubrirse temblando ante lo que se le podía ocurrir a su perturbado marido, que, de pronto, cambió su rictus, quiso esbozar una sonrisa imposible y tomó asiento entre los dos, iniciando los tres una extraña cena en la que corrieron de mano en mano y de boca en boca las copas que se desbordaban y el buen humor de comentarios y chistes picantes.

Pedro III, que ya era zar desde enero de 1762, fue enriqueciendo de forma velocísima el volumen de todos sus vicios y extravagancias, hasta el punto de provocar sublevaciones en la corte y en las filas del ejército. Las cosas empezaron a tomar un mal cariz cuando, amancebado con una tal Vorontsov, el zar quiso eliminar a su esposa. Pero enterada Catalina de sus proyectos se adelantó a los mismos, y ayudada por su amante de turno, Grigori Orlov (del que se encontraba embarazada), la guardia que mandaba éste la proclamó emperatriz de Rusia, apartaron del trono al zar quien murió poco después de forma no aclarada en Ropscha, aunque oficialmente se dijo que murió de «un cólico violento». Todo acusaba, sin embargo, hacia Alexis Orlov, hermano del amante de Catalina, quien se habría presentado ante el zar cautivo informándole de que iba a liberarlo, noticia tras la cual invitó a Pedro a beber unas copas para celebrar su regreso a la corte. Sólo que la copa del Zar contenía un fuerte veneno, aunque no tanto como para matarlo en el acto, por lo que la víctima emitió continuos lamentos que obligaron al jefe de su guardia, Barratinski (que también estaba en el complot) a terminar con él estrangulándolo con una servilleta. En realidad la muerte del Zar sobrevino dentro de la ejecución de un golpe de Estado organizado por la propia Catalina. Poco después, a través de un manifiesto al país, daba a conocer que se hacía con las riendas del poder absoluto de Rusia. No obstante bineficirle la muerte de su esposo, parece que ella no la había ordenado directamente. Sin embargo nada objetó al enterarse de que a su *cuñado* Alexis (que también sería amante de la Zarina y del que tendría un hijo) se le había ido la mano.

Claro que en este campo de las infidelidades Catalina se había adelantado a su difunto esposo y lo había superado con creces, ya que, pasados los años, algunos personajes próximos a la Emperatriz, llegaron a contabilizar el número de sus amantes afirmando algunos que pasaron de la veintena (según estos mismos testigos los amores de una noche habrían sido muchos más). Catalina era una mujer muy apasionada pero no tanto como para anteponer absolutamente sus fiebres sexuales a los intereses, no ya de Rusia, sino los suyos propios, de manera que si bien a un elevado número de estos los escogía de entre su propia guardia imperial, les exigía ciertas cualidades mínimas de hombres, además de apuestos, medianamente inteligentes y que, de alguna forma, fuesen útiles a ella y al país. A todos ellos les mejoró en su momento su situación económica, aunque no todos lograban trepar a la sombra de Catalina ya que, como queda dicho, deseaba individuos que destacaran por su valía y no sólo por sus buenas disposiciones para los escarceos amorosos. Sólo si se adaptaba a estas premisas, el nuevo acompañante íntimo era premiado con alguna ocupación y se le asignaba un sueldo. Cuando era sustituido por otro, el despedido recibía como indemnización una abultada *propina* por los servicios prestados.

Incidiendo en esto, historiadores posteriores, basándose en la correspondencia de Catalina con Potemkim, llegaron a dividir entre catorce de sus amantes, una cifra total de 92 millones y medio de rublos, sin contar los 50 millones destinados al propio Potemkim, el favorito de los favoritos en el corazón imperial. Catalina llevaba a la realidad aquella divisa soñada en la larga noche de sus noches sin marido: «Quiero morir riendo y amando». Ya nunca dejaría de hacerlo, hasta la misma hora de su, todavía entonces, lejana muerte.

Pronto, sin embargo, Catalina se cansó de Poniatowski, a pesar de lo que se habían querido y a que de la unión entre ambos había nacido una niña, Ana. Pero al conde le había llegado ya su hora y fue apartado de su intimidad con liberalidad que le caracterizaba para con los hombres a los que había tenido cerca y que acababan antes o después, depuestos. De tal forma que el refinado Stanislas, al ser despedido, recibirá como compensación a dejarse sustituir en el aprecio de Catalina, una nimiedad: nada menos que la corona de Polonia, lo que demostraba la largueza y generosidad de la Zarina, a quien se le podía acusar de muchas cosas negativas pero no de ser avara, precisamente.

Como se ha apuntado antes, un hermano del asesino del zar, el oficial Grigory Orlov, sustituyó en el lecho de Catalina a Poniatowski. Físicamente era un auténtico gigante de gran altura y fuerte musculatura y, al contrario que los dos anteriores, hombres cultos y refinados, Orlov presumía de no haber leído jamás un libro y de ser un gran bebedor y pendenciero, contraste este respecto a los anteriores, precisamente, lo que pareció gustar a Catalina, que se entusiasmó con su nuevo juguete masculino. Tanto que llegará a crear para él el título de *Primer Favorito,* colmándolo de poder y riquezas. Su *gigante con cara de ángel* hizo carrera junto a la Zarina, no renunciando a exhibirse como lo que era: el amante real, para demostrar lo cual gustaba de llevar colgado al cuello un retrato en miniatura de su amante rodeado por un

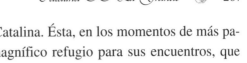

óvalo de diamantes, regalo de la propia Catalina. Ésta, en los momentos de más pasión por Grigory, mandó construir un magnífico refugio para sus encuentros, que será conocido como palacio Gatchina, decorándolo y amueblándolo de tal forma, que cada rincón y cada estancia hiciera pensar, única y exclusivamente, en las dulzuras del sexo.

Si la vida de Catalina en Rusia era de vértigo, y más dentro de su palacio, en cuanto a política exterior continuó bajo su reinado (que se prolongaría durante treinta y cuatro años) la expansión del país, en el esfuerzo por encontrar una salida al mar Negro, que consiguió a costa de los turcos con la anexión de Crimea. Además, se apropió también de gran parte de Polonia, tras repartírsela con Prusia y Austria. Muy dispuesta para guerrear (casi tanto como inquieta e interesada por los nuevos aires de la Ilustración), por todo ello se la acusó, paradójicamente y conociendo su *currículum* sentimental con los hombres, de varonil y poco femenina. También llegó a provocar las iras de los nobles patriotas rusos, que veían en las amistades francesas de su emperatriz y en la misma actitud de Catalina (mujer muy culta para su época) el probable fin de sus privilegios que, secularmente, habían ejercido sobre un pueblo embrutecido y atrasado. Pero nunca corrieron verdaderamente peligro ya que Catalina, al final, les aumentó los bineficios de que gozaban a través de la promulgación de la llamada *Carta de la Nobleza,* que refrendaba jurídicos sus privilegios seculares. Mientras, acababa con lo poco que habían creído tener las inmensas masas de desheredados del pueblo ruso, a pesar de que antes, al principio de su reinado, sí que pareció querer lo mejor para su pueblo. De hecho, se cuenta que ante la negativa de la gente, atemorizada, a la orden estricta de Catalina de la vacunación general contra la viruela (entonces, una novedad temida aún más que la propia epidemia a causa del desconocimiento total de lo que era una vacuna), la propia Catalina dio el primer paso y se vacunó, además de ella, su heredero, haciendo ver a los miedosos que no pasaba nada y convenciéndolos hasta el punto de que miles se pusieron, al fin, en manos de los doctores que les administraron las inyecciones. Con este gesto Catalina había paliado el pánico generalizado.

La labor de modernización de Rusia se iba a encontrar con unos rusos que eran, todavía, unas masas ásperas y embrutecidas que vivían en una dependencia absoluta de sus amos y sufrían con fatalismo la esclavitud y el servilismo respecto a sus señores, que tenían sobre ellos absoluto dominio y poder, pudiendo venderlos o, incluso, matarlos. Esta informe masa era la destinada por la Zarina a una puesta al día que se presentaba, ante lo expuesto, como tarea titánica y prácticamente imposible. Para empezar, la propia Catalina era bastante desconcertante y estaba alejada, desde luego, de ser una mujer de una pieza. Dos ejemplos: a pesar de sus esfuerzos por empaparse de Ilustración, se quejaba amargamente de su ineptitud ante el arte musical, para el que no estaba en absoluto dotada, llegando en su desesperación a organizar un premio para aquel virtuoso que consiguiera despertar su sensibilidad dormida de melómana. Por otro lado, llegó hasta San Petersburgo un personaje que se hacía llamar el *Gran Copto,* realmente el conde de Cagliostro, un vividor que había embaucado a gran número de cortes europeas con sus magias y su búsqueda –que afirmó haber encontrado– de la piedra filosofal. Fundador de una pretendida masonería muy personal (con una rama femenina que presidía su esposa), había llegado a Rusia aureolado por sus impactantes puestas en escena por toda Europa. Sin embargo, a la Zarina aquello le pareció una auténtica payasada y, riéndose en su cara, lo expulsó de su territorio.

Mujer desconcertante, como guía de su país llevó a Rusia a reformas como la abolición de la tortura judicial y a fundar, en 1755, la Universidad de Moscú. También se debió a ella la fundación del gran Museo del Hermitage. Y, al margen de su gobierno autoritario, dictó las primeras leyes modernas de Rusia, separando por primera vez los tres poderes del Estado: legislativo, ejecutivo y judicial. Fue una mediana escritora (por ejemplo, dio a las tablas una obra satírica titulada *El burlador burlado,* y a la imprenta unas *Memorias*), protegiendo también a los sabios y artistas que, siempre, lograban el apoyo de esta desconcertante soberana que reunía en sí misma el racionalismo francés y la eficacia sin escrúpulos, espartana, de los alemanes.

Sin embargo, la influencia de los franceses y la intención de Catalina de implantar casi por decreto las reformas en el Imperio en la senda que había iniciado el gran zar Pedro I el Grande (junto a sus abusos insoportables), terminaron por provocar un malestar generalizado. Así, campesinos, cosacos, bateleros, comerciantes, soldados, funcionarios y algunos disidentes (con la adición de los llamados a sí mismos *los antiguos creyentes,* por oponerse a las reformas litúrgicas enfrentadas a la ortodoxia), provocaron una rebelión en 1773 conocida como la revuelta *pugachevichina,* levantamiento encabezado por Emiliano Pugatchev, oscuro cosaco del Don, analfabeto pero muy inteligente y hábil, que afirmaba ser un enésimo *falso* Pedro III, a pesar de no parecerse en nada al difunto soberano (y es que tras la muerte del Zar aparecieron multitud de embaucadores que se decían el mismísimo soberano, ya que según mucha gente, el esposo de Catalina no habría muerto realmente). Los sublevados llegaron a ser un auténtico peligro, ya que en sus venganzas, llegaron a ejecutar a más de mil señores feudales, hasta hacía poco sus amos reales que los seguían considerando peor que animales. Catalina persiguió a los rebeldes cruelmente, y prometió 100.000 rublos a quien capturara a Pugatchev, lo que tuvo lugar en 1774, en que fue paseado el cabecilla rebelde, humillado, dentro de una jaula, y después decapitado junto a gran número de sus seguidores.

Pero la Zarina tenía tiempo para todo, para guerrear, para aplastar a un loco y para seguir llevando una vida íntima absolutamente delirante. Y, curiosamente, será este apartado y no el de su despótico reinado, el que la incluirá en la galería de los malvados de la Historia. Malvada, pues, por amante y amada. Un amor carnal que se desarrollaba en ella con algunos aditamentos con que *enriquecía* la Zarina su sexualidad. Por ejemplo, con la flagelación. Adoraba castigar con el látigo por su propia mano; pero si eran otros los verdugos, también se excitaba contemplando el castigo. Sobre todo eran mujeres las que resultaban elegidas en la mayoría de los casos para ser azotadas, bien para castigar a quienes hacían surgir los celos de Catalina o porque se habían ido de la lengua y habían contado intimidades de su tormentosa vida amorosa. En realidad, pocas hembras habían escapado a la azotaina en palacio, desde la más encopetada aristócrata hasta la camarera más humilde.

El castigo de los azotes era, antes que punitivo, despertador de nuevas sensaciones en la soberana. Amaba tanto ese espectáculo, que incluso llegó a impartir lecciones prácticas entre sus amigas. Éstas, por descubrir el mismo placer o por temor, accedían a vestirse como niñas y no tenían inconveniente en ofrecer sus nalgas para que el látigo imperial las acariciase dolorosamente. Catalina llegó a reservar un salón de su palacio para estos juegos de algolagnia, y cuando, cansada, dejaba de azotar y castigar los traseros ya enrojecidos, se ausentaba y, desde un orificio semioculto, sus ávidos ojos seguían el espectáculo acompañada, a veces, por algún galán al que abrazaba.

Algunos embajadores extranjeros contaron en su correspondencia cómo Catalina, de pronto, e interrumpiendo una reunión, se ausentaba de la misma y volvía al poco toda enrojecida y agitada, apenas ordenada su ropa tras el encuentro amoroso. Incluso, decían algunos, a la Zarina le apetecía en esos momentos, contar, o que le contaran, chistes o sucedidos obscenos que nunca la ruborizaban. Según estas crónicas, Catalina convirtió a su guardia personal en su *harén particular*. Así, el *favorito del día* (pues no solían durar mucho más) era instalado en el *apartamento,* una especie de alcoba de la que tenía prohibido el semental de turno salir sin el permiso de la Zarina. Estos encierros terminaban cuando el favorito dejaba de serlo, ocupando el mismo reservado el nuevo amante.

Pero no se crea que estos galanes circunstanciales eran tan sólo buenos ejemplares masculinos. Como ya se ha apuntado en páginas anteriores, Catalina los seleccionaba con un mínimo cociente intelectual y susceptibles de convertirse –o convertirlos– en futuros hombres de Estado (alguna vez así fue en efecto). De entre estos *favoritos* algunos serían célebres en algún cometido o, sencillamente famosos por su proximidad a la alcoba de la Zarina. Así, el asesino de Pedro III, Alexéi Orlov (hermano del ya defenestrado Grigory), un tal Alexander Vassilchicov, hombre bastante soso y aburrido que, a su vez, fue sustituido por Alexandrovich Potemkin, otro hombre de extraordinaria estatura, gran desvergüenza y, al mismo tiempo, sumamente sagaz, tanto que, tras sufrir el inevitable ocaso en el corazón imperial, sin embargo siguió contando con la confianza de la Emperatriz hasta su muerte en 1791. Cuando ambos se conocieron, Catalina sufría la presión de su ya ex amante llamado Grigory Orlov, que se resistía ser un *ex* más. En consecuencia, y en uno de sus primeros servicios a su regia amante, Potemkin se batió en duelo con Orlov, con tan mala fortuna que Grigori le vació un ojo. De malhumor y en plena crisis, Potemkin se retiró a Smolensko afirmando que se iba a meter a monje. Pero entonces recibió la llamada de su amiga, la Emperatriz, que lo reclamaba a su lado. Una vez en la corte, Catalina lo nombró mariscal de campo lo que hizo que el mariscal llegara a pensar en sentarse en el trono junto a su amada.

Potemkin, por inspiración de Catalina, sería el organizador de la Nueva Rusia, que se fue materializando en sucesos puntuales como la organización de la flota del Mar Negro, o la elevación de nuevas ciudades como Sebastopol. Junto a Potemkin, Catalina se decidió a realizar uno de sus pocos numerosos viajes al exterior, recorriendo en 1774 por única vez, los amplios territorios ganados por la Emperatriz en las diferentes guerras con sus vecinos. Amante y hombre servicial donde los hubiere, Potemkin no sólo fue siempre el semental seguro y, cuando estuvo alejado, esporádico, sino que se sabe de, al menos, siete amantes buscados por él para Catalina a los que, para más seguridad de su emperatriz, los hacía revisar por un médico antes de que accedieran al lecho de la soberana.

Entre los nombres propios de aquellos envíos de Potemkin a su amada y zarina, han quedado para la Historia algunos como, entre otros, Zavadovski (un secretario), Zoritch (un serbio, de los contados extranjeros que pasaron por su alcoba), Korsak (músico polaco que decidió cambiar su apellido por el más ruso de Rimsky-Korsakov –abuelo del posterior compositor–), Lanscoi (de su guardia personal, contaba 22 años cuando Catalina cifraba en los 51, bastante palurdo, pero al que ella intentó educar y del que estaba locamente enamorada, aunque murió a los 4 años de conocerlo, según parece por el abuso de afrodisíacos para estar a la altura de su exigente amante), o, tras la muerte de Potenkim, Zukov (también de 22 años de edad, pero cuando ella ya había cumplido 60). También en su madurez, tuvo junto a ella a un par de tipos bastante brutos llamados Yermoloff y Mononoff. Y hasta a un español de América, Francisco de Miranda, futuro luchador por la independencia de

Venezuela y, antes, batiéndose en el ejército revolucionario francés que ayudó a la independencia de los Estados Unidos. El conde de Miranda, que conoció una Catalina ya madura (58 años), era un atractivo revolucionario del que se enamoró tan impulsivamente como de los demás, y como a los otros, se lo llevó con ella a San Petersburgo y le invitó a quedarse en la corte. Aunque el español no aceptó, pues ya estaba involucrado en sublevaciones y luchas independentistas, sí que admitió los consabidos regalos en metálico de la Emperatriz, en este caso dos mil libras, con la advertencia de Catalina, tan liberal como siempre, de que si necesitaba más, se los pidiera.

La madurez no apagó sus fuegos amatorios, todo lo contrario. Un día envió a su gran amante de otros tiempos, el ya rey de Polonia, Poniatowski, un retrato de ella, anotando detrás del mismo su desazón porque el Rey hubiera tenido que esforzarse por reconocer, en aquellos rasgos, a la Catalina de un cuarto de siglo atrás. Pero esta aceptación del paso del tiempo no contaba para su líbido, que seguía estimulando con *inventos* como el de unas famosas salitas contiguas a su alcoba que, tapizadas de colores vivísimos, contribuían al ambiente erotizante de las mismas, con elementos ornamentales como, en una de ellas, una colección de pinturas sobre porcelana con motivos de contenido sexual. Y en la otra, y en riguroso orden cronológico, los retratos de todos los favoritos de la Zarina, que asistían así en efigie a los nuevos retozos de su soberana.

Algunos cronistas llegaron a dividir a los que vivieron la intimidad de la zarina por sexos, ya que en sus últimos años, afirmaban, la Emperatriz habría cambiado de gustos, prefiriendo a las damas en lugar de los caballeros cerca de sí. Algunas de las lesbianas que habrían desfilado por su alcoba habrían sido conocidas damas de compañía como la señora Protasof, la condesa Branica o la princesa Dashkoff, entre otras. También estuvo muy cerca de Catalina en sus últimos años un tártaro con fama de homosexual que era conocido en la corte como la *madame Du Barry de la corte zarista*.

Tan voraz en su vida sexual como en su actividad política, Catalina solía levantarse antes de que amaneciera, trabajando hasta quince horas diarias, durante las cuales no faltaban algunas dedicadas a la escritura, fiel a su lema «ni un día sin línea». Y es que la Emperatriz mantenía una compulsiva correspondencia en tres idiomas: ruso, alemán y, sobre todo, francés. En el idioma de Molière se carteaba con Voltaire, D'Alambert y Diderot, que fueron grandes amigos de la soberana. El primero le había hechizado con gran parte de su obra, que había leído en su juventud, invitándolo a que la visitara en Rusia, a lo que el viejo filósofo no se decidió nunca, aunque sí que llegó a escribir panegíricos en honor de su amiga, eso sí, previo pago por ella de mil ducados por textos que la ensalzaran. Al segundo había intentado convencerlo para que fuese el preceptor de su hijo Pablo. Y al tercero le compró su biblioteca y lo tuvo en la corte rusa durante siete meses como un invitado de honor.

Catalina gobernó despóticamente a su pueblo, a cuyos componentes (siervos en su gran mayoría) despreció o ignoró. Al contrario que aquel Iván *el Terrible* que intentó eliminar a la nobleza en favor del pueblo, Catalina II le dio a la aristocracia el poder y las riquezas que fueran capaces de agenciarse (que eran muchas), para lo que promulgó una *Carta de la Nobleza* que refrendaba los privilegios seculares de aquella clase social. Lo que no era obstáculo, en la mente siempre inquieta de la Zarina, ni incompatible, con seguir (al menos teóricamente) los textos de algunos filósofos franceses que adelantaron las ideas que cristalizarían en la Revolución Francesa, una vez implantada la cual, y asustada por sus consecuencias en su admirado país, la llevó a aliarse con las potencias que le declararon la guerra desde el primer momento.

Pasados los años, y abundando en lo anterior, cuando Catalina se había convertido ya en toda una soberana sin límites para su ambición territorial (guerreó contra todos los pueblos limítrofes), se dedicaría a recoger las velas de sus ideales enciclopedistas al conocer las revueltas radicales de los revolucionarios franceses, en los que veía ahora un peligro potencial para su propio poder autocrático si los ideales republicanos se extendían por Europa. De manera que, al recibir las primeras noticias de la Revolución en Francia y de la ejecución de sus reyes, no tuvo reparos en afirmar ante los suyos que «continuaré siendo una aristócrata, es mi profesión», y, como se ha apuntado antes, no tuvo inconveniente en declarar la guerra a la joven República francesa.

Pero en sus últimos años de reinado tendría que librar otra no menos absurda *guerra* dentro de su mismo palacio, en este caso contra su propio hijo Pablo, un calco de Pedro III y, como aquél, amigo de los germanos, masón, protestante y, en sus viajes por Europa, se permitía denigrar a su pueblo y a Rusia, a los que despreciaba. Por cierto que este amantísimo hijo, tras morir su madre, y ya zar con el nombre de Pablo I, diría que Catalina había fallecido a causa de una congestión cerebral «tras una orgía». Tras enterrar a su madre, el nuevo Zar llegaría a desenterrar los restos de Pedro III, llevándolos en fúnebre procesión hasta la catedral de San Petersburgo, donde recibirían sepultura.

Después, el nuevo Zar e hijo de la difunta, quiso borrar toda huella de Catalina, aquella Yekaterina Alexeievna que pasaría a la historia como Catalina II *la Grande* (o, según algún malintencionado, como su amigo Voltaire, *el Grande*, aunque para el mismo filósofo francés, también había sido *la Semíramis del Norte*). En cuanto a las circunstancias y el momento de su muerte y al margen de los malintencionados comentarios de su hijo, Catalina habría dejado de existir –en una de las versiones aceptadas– apenas una hora después de haber ingerido un veneno activo que la habría matado sin remedio, aunque como en tantos casos, la muerte oficialmente aceptada apuntaba a un definitivo ataque de apoplejía. A partir de ese momento, la vida de esta déspota y gran mujer (que había mandado en Rusia durante 33 años) sería pasto de los historiadores y de algunos embajadores y presuntos testigos de sus devaneos, que entrarían a saco en su existencia resaltando, según conveniencia, sus pecados o sus virtudes, unos y otras, por cierto, abundantísimos. Pero una cosa era evidente: que había dejado de existir la mujer más poderosa del mundo en aquel momento, y que un amplio espectro de la población rusa como artistas, tenderos o *mujiks* (por hablar de un variado muestrario) lloraron sinceramente su desaparición.

Dos siglos más tarde, el séptimo arte sentiría debilidad por el personaje de Catalina II, a través de varios films inspirados, más que en su vida, en su otra historia de alcobas y despostismos. Por ejemplo, un jovencísimo Ernst Lubitsch, recién llegado a Hollywood, fue encargado de dirigir *La frivolidad de una dama*, con una deslumbrante Pola Negri como Catalina. En 1934 Paul Czinner y Alexander Korda, harían en Gran Bretaña *Catalina de Rusia*, y, en fin, de nuevo un europeo emigrado a Hollywood, Erich von Stroheim, daría vida a la emperatriz en *Capricho imperial*, con un papel de caramelo para su entonces musa, la estrella alemana Marlene Dietrich.

Capítulo XXXIX

Nicolás I

(1796-1855)

Aunque no llegaría a alcanzar la celebridad de otros zares anteriores y alguno posterior, Nicolás I tendrá un peso específico en el turbulento siglo XIX de las revoluciones y contrarrevoluciones burguesas. Autoproclamado *el gendarme de Europa,* no sólo aplastó los movimientos liberales de Rusia sino que se creyó elegido para exportar la represión que sufrió su pueblo y sus minorías avanzadas, al resto del continente europeo, sufriendo Alemania, Hungría y Polonía, el zarpazo del oso ruso destructor de cualquier conato de movimientos revolucionarios que –era su obsesión– de aceptarlos, serían como una peligrosísima epidemia, que se extendería por todas partes.

Tercer hijo del zar Pablo I y de su segunda esposa, María Feodorowna, nació en Zarskoje Selo, fue educado por su madre al morir su progenitor cuando Nicolás contaba cinco años de edad. Se casó en 1817 con la princesa Carlota de Prusia. Sucedió a su hermano Alejandro I en 1825. Sin embargo tuvo que pelearse por el trono con su otro hermano Constantino, que se lo disputaba. Adelantándose a la sublevación de éste, el 14 de diciembre de 1825. Nicolás juró ante el Senado y tomó posesión del trono de los zares, y se opuso duramente, ya desde la cima del poder, a los seguidores de Constantino, que serán llamados en el futuro los *decembristas*. Con las riendas del poder absoluto en sus manos y amo absoluto de Rusia, machacó a los citados *decembristas* a cañonazo limpio, produciendo entre las masas de sus seguidores numerosas víctimas y levantando numerosos cadalsos donde fueron ejecutados muchos de ellos, mientras otros, deportados, siguieron el camino a Siberia.

Entre estos perseguidos se encontraban muchos de los que llegarían a ser el germen de otros futuros y ya imparables movimientos revolucionarios que sólo finalizarían en 1917 y que estaban encabezados por los intelectuales, los liberales y los utópicos (entre los miembros destacados de este grupo estaba, entre otros, el escritor Pushkin). Todos ellos formaron la llamada *Unión de la Salvación* primera célula revolucionaria que, en todo el siglo XIX, no dejaría de crecer en la Rusia zarista. Se lanzaron a la lucha al grito de «¡Constantino y Constitución!», y se oponían a directrices del tirano como la *rusificación* obligatoria de las nacionalidades que componían el Imperio, o, por ejemplo, la conversión también ineludible a la fe ortodoxa de todas las demás religiones: católicos, protestantes y otros.

Desde el primer momento, el nuevo Zar inició el retroceso imparable de Rusia hasta los tiempos ominosos de Pedro *el Grande*. Nicolás I fue emperador de Rusia y rey de Polonia, a la que unió por la fuerza a Rusia, suprimiendo allí todo atisbo de autonomía. A pesar de iniciar algunas tímidas reformas en su vasto territorio, como los *ciudadanos de honor* (en general, ciudadanos ricos o influyentes próximos a la nobleza, aunque no necesariamente nobles) protestaran de la apertura, los mínimos aires de libertad fueron apenas visibles e inexistentes. Ya en política exterior, prosiguió las guerras de sus antecesores, en esta ocasión de nuevo contra Turquía y a favor de una Grecia independiente.

Aliado de Austria contra Hungría (defenderá la autocracia austriaca al frente de la Santa Alianza), a su vez será combatido por Turquía, Inglaterra, Francia y Cerdeña en la guerra de Crimea, en la que sufrió una importante derrota. Entre sus muchos despropósitos, Nicolás I fue uno de los principales responsables de esta última guerra, originada (como tantas otras) por una disputa fútil y menor: la del control de los Santos Lugares de Jerusalén, en poder de los turcos, por cuya ocupación y administración pugnaban monjes ortodoxos y católicos, que deseaban, como última instancia, entronizarse en la antigua capital judía. Primera guerra de trincheras, en la de Crimea el Zar tuvo que sufrir la humillación del desembarco anglo-francés de Sebastopol en septiembre de 1854. Este sitio, heroicamente defendido por los rusos durante casi un año, sería el comienzo del fin de la pretendida hegemonía europea de Rusia.

Encarnación la más evidente del autócrata, fue conocido también como «Nicolás el del palo» por su apoyo a la consolidación del estado policial y por su obsesión contrarrevolucionaria, que le haría tener a medio país de confidente del otro medio. De hecho, Encargó al conde Binckendorff la organización de la policía secreta de Rusia (Tercera Sección), destinada a perseguir y controlar a la opinión pública allí donde intentara expresarse: universidades, prensa o escuelas, de manera que el control y la censura férreos y omnipresentes, impidieran levantar cabeza a los revolucionarios. Cumpliendo órdenes del Zar, que estas fuerzas policiales ejecutaban drásticamente, se prohibió la entrada a los extranjeros, se mantuvieron las universidades bajo mínimos, se eliminó el estudio de la filosofía y se hizo aún más despiadada y absurda la censura en todos los aspectos de la vida de los rusos.

Enemigo visceral de aquella Europa Occidental que tanto amaron algunos de sus predecesores, llegó a odiar el progreso en lo más representativo de su tiempo: el ferrocarril. Y tanto como a los *caminos de hierro,* demostraba su animadversión por la prensa y por los periodistas. Su obsesión militarista le llevó a uniformar a los estudiantes y hacer de su corte un campamento militar. Militarización de la vida civil que le llevó a exigir una disciplina de cuartel a instituciones como la misma Iglesia Ortodoxa. Repitiendo actidudes de otras épocas, su sueño fue el aislamiento total de Rusia del resto del mundo, para lo cual situó alrededor de sus extensísimas fronteras un *cordón sanitario* compuesto por miles de soldados de su ejército. Este cordón tenía una doble misión: impedir absolutamente la penetración de fuerzas exteriores, y, también, la imposibilidad de que cualquier ruso harto de su país y del Zar, pensara en huir en busca de nuevos aires. Algunos historiadores compararon a Nicolás I con alguno de aquellos reyezuelos mongoles, y de hacer al pueblo ruso, aún más desgraciado y esclavo que los que sufrieron bajo el yugo de aquéllos, siglos atrás. Se ha dicho también, que este zar fue el último emperador asiático y el último *khan* europeo.

Pero si dentro de Rusia pretendía sojuzgar, y claro que lo sojuzgaba, a su propio pueblo, esta manía por mantener el poder de las autocracias en toda Europa le llevó a colaborar en la misma represión de los movimientos subversivos del continente, como si alguien le hubiera dado velas en aquellos funerales. Al mismo tiempo, procedió y contribuyó también a la desmembración de Turquía, la eterna potencia enemiga. Prácticamente desde la Revolución de Francia de 1830 hasta las numerosas que se sucedieron en toda la Europa de 1848, fueron motivo suficiente y excusa imposible para que este *apagafuegos* de la libertad se embarcara en las alianzas más duras y conservadoras para apagar estos estallidos sociales y políticos que se extendían por todas partes. Paradójicamente, ya se ha apuntado, mientras Nicolás se creía con el derecho de salir a Europa y hacer de bombero, cerraba a cal y canto Rusia para que la gangrena revolucionaria no se extendiera por sus extensos territorios.

Nicolás I conoció con antelación su próxima muerte, y en ese tiempo de espera, pudo reflexionar y observar cómo su Imperio y sus ideas se derrumbaban con estrépito, mientras toda la Europa amante de la libertad, lo despreciaba y despreciaba a Rusia. Parece que, persuadido ya del error de mantener, en el siglo XIX, a todo un país en el limbo del aislamiento, conversó largamente con su hijo Alejandro y le animó a gobernar de otra forma cuando él faltara. Murió el 18 de febrero de 1855, y tras su óbito dejaba un país en bancarrota compuesto, más que por súbditos o ciudadanos, por millones de siervos y analfabetos (nueve de cada diez rusos no sabían leer), una clase aristocrática con derecho a toda clase de sevicias para con la servidumbre, monjes y religiosos divididos odiándose entre sí, capitaneando unos a los *viejos creyentes* y los otros, a los fieles a la corte. Por suerte, Alejandro II siguió los consejos del Zar moribundo e inició unas reformas en las antípodas de los modos y modas paternas, llevando al país en dirección opuesta a la de la situación que había heredado.

Capítulo XL

Rasputín
(1864-1916)

Todos nos familiarizamos con el tenebroso monje a raíz de aquel pillo, y asesino, llamado Príncipe Yussupof, autor confeso del asesinato de Rasputín. Fue, sin duda, el caso del aristócrata ruso, uno de los pocos en los que el asesino no sólo no oculta o disimula su crimen, sino que hace alarde de ello e, incluso, durante muchos años, vivirá de aquella encerrona y posterior muerte a Yefímovich. Entrevistas, libros de memorias y toda una artillería mediática al servicio de una imposible justificación de una muerte sobre un individuo poco recomendable, pero no mucho peor que los pertenecientes a aquella clase aristocrática zarista corrupta y tiránica. Luego, el cine se ocuparía muchas veces del personaje, y los libros, además del citado de Yussupof, uno de su propia hija. De tal forma que, muy pronto, la leyenda del *mujik* fue exportada a todo el mundo, siendo uno de los personajes más famosos del siglo XX, pero muy poco conocidos, puesto que, a pesar de las toneladas de literatura sobre su persona, Rasputín se llevó con su muerte violenta, muchos secretos de su vida y, sobre todo, de la vida de aquellos locos que le empujaron hasta el máximo poder del Imperio zarista.

Ese poder habría empezado al poco de llegar a la corte, cuando Rasputin pasó sus grandes manos por la frente enferma del *zarevitch* y, no se sabe por qué, el Príncipe pareció mejorar. Desde ese instante, la fortuna tomó posesión de su vida. Dejaba de existir el pretendido monje de origen campesino que había nacido en Pokróvskoie (Tobolsk, Siberia) en el hogar de un humilde labrador y cochero (aunque esos oficios sólo le sirvieran de tapadera para otros menos respetables), y nacía el poderoso mago y sanador que dominaría a toda la familia de los Romanoff, empezando por la zarina Alejandra y siguiendo por toda su corte de damas y camareras, hechizadas, doblemente –personal y sexualmente– por aquel hercúleo siberiano.

El apodo de *Rasputnik* (algo así como «disoluto») lo recibió en edad temprana, cuando siendo un niño, era ya famoso por sus instintos violentos, que eso, y también golfillo o pillete singificaba *Rasputin*, aunque en realidad dicho apodo ya lo usó su padre, llamado Efím, cochero, oficio tras el que ocultaba el verdadero de cuatrero, y un tipo impresentable desde cualquier punto de vista. Su hijo siguió los pasos de su progenitor y parece que muy pronto se descubrió a sí mismo como vago y vicioso sin oficio ni bineficio (ni ganas de tenerlos). Su catadura moral hacía juego, en su caso, con su imponente aspecto físico: de gran altura, de cuerpo fuerte y duro, un rostro misterioso y perturbador afeado por las huellas evidentes de la viruela y la presencia de un apéndice nasal enorme pero, sobre todo, inquietaban y atemorizaban a la par que atraían, unos ojos grandes de mirada insolente que achicaban al que tenía la debilidad de intentar aguantarla.

El joven Rasputín, junto a dos amigos y camaradas, decidió dedicarse al oficio paterno: el robo de animales en granjas y caseríos. El oficio de cuatrero parece que daba buenos dividendos, por lo que la trinca se convirtió en poco tiempo, en terror de los campesinos de la zona. Además de robar el ganado, Rasputín se dedicaba a gozar de todo lo que se pusiese a tiro siempre que fuese del sexo femenino sin importarle belleza o juventud en sus víctimas. Así, violó a una mendiga de 65 años y a dos jóvenes muchachas de 12 y 13. Por estos y otros hechos similares, Rasputín conoció la cárcel por unos meses y, también, recibiría el cruel castigo en vigor en el zarismo: el de los azotes, que recibieron sus anchas y poderosas espaldas en tal cantidad que a cualquier otro lo habrían matado. Cuando cumplió sus castigos, dejó la peligrosa aventura de los cimarrones y se dedicó a transportar en un carruaje (un birlocho) a los viajeros que se dirigían a Tolosk y Tiumen, y viceversa, hasta un cercano monasterio.

Uno de aquellos viajeros que transportaba en su carrito le comentó lo descansada que era la vida de los monjes (el propio cliente lo era), dedicados como estaban tan sólo a convertir a los ateos y a salvar almas para el cielo a través de la fe ortodoxa. Además, añadió el monje viajero, los que se dedicaban a la religión evitaban el duro trabajo del resto de los mortales y desconocían la angustia de no tener qué comer todos los días. En ese momento, al antiguo cuatrero se le encendieron todas las luces, y decidió probar suerte en aquella dirección. Sin pensárselo dos veces, abandonó su casa y, con lo puesto, se dirigió a aquel monasterio al que él había llevado y traído tanta gente, conocido como Verkhoturie. Dada su inteligencia innata, se puso al día en poco tiempo de toda la picaresca de los conventos, sacando excelentes notas en un arte que acabaría por dominar: el de mendicante que insistía ante los fieles para que le dejaran un óbolo destinado a la construcción de nuevos templos. Para ello, no dejaba de moverse de aquí para allá, conociendo a mucha gente, engañando a quien podía y, sobre todo, haciendo realidad su máxima aspiración, que no era otra que vivir sin trabajar.

Obviamente, ese dinero que recogía de los fieles iba a su faltriquera, pues nuestro hombre era ya un padre de familia que, en teoría, tenía que mantener a esposa y dos hijos. Excusa temporal y breve puesto que, enseguida, los abandonó sin cargo de conciencia alguno. Como excusa para ese abandono, afirmaba muy convencido que antes que nada, el hombre debe dedicarse a salvar su alma. Sin embargo, su espíritu inquieto e insatisfecho, acabó por saturarse de excursiones y limosnas, y volvió a casa cual improbable hijo pródigo y se encerró en un sótano de la misma, según él, para pensar mejor qué dirección darle a su vida. De ese retiro ¿espiritual? saldría un nuevo enviado de una nueva doctrina, según se encargó él mismo de informar a sus vecinos. Se trataba de una secta conocida como Jcilisti (la de los *cilistas*, «fustigadores»), un grupo de creyentes según los cuales, para que fueran perdonados nuestros pecados por Dios, había que provocarlos y caer en ellos; y a más pecados, mayor sería el perdón. En realidad esto no era nada nuevo, pues ya anteriormente habían existido unos flagelantes que creían en la metempsicosis y habitaban entre ellos –decían– varios Cristos.

Rasputín y los que empezaron a seguirle, solían reunirse alrededor de una hoguera en el campo donde hacían penitencia para, a continuación, volver con nuevos ímpetus a la práctica del pecado que, a su vez, se convertía en salvador. En aquella especie de aquelarres, y tan pronto se hacía noche cerrada, el *staretz* («hombre sabio y anciano») y sus acólitos se reunían alrededor de un trípode sobre el fuego que sostenía una vasija en la que se crepitaban incienso y algunas raíces que esparcían entre los presentes aromas, parece que afrodisíacos. Cogidos de las manos, hombres y mujeres rodeaban el fuego salmodiando frases como ésta: «Señor, perdona nuestro pecado en gracia a nuestro arrepentimiento». Tan sólo se requería de los pecadores unas dosis altas de vergüenza por haber pecado y la consiguiente penitencia como colofón a las grandes orgías en las que participaban y que les *obligaban* a olvidarse de los mandamientos tradicionales. Cuando la hoguera se apagaba, Rasputín ordenaba con su vozarrón de gigante: «¡Os digo que pongáis a prueba vuestra carne!». Y, tras esta señal, todos, en confusa amalgama, se abrazan y se amaban, sin distinguir con quién ni de qué forma.

Una extensión de los contramandamientos enarbolados por la secta incluía el yacer con mujeres distintas a la propia, y sin evitar que ésta yaciese con otros varones que no fuesen el marido. Esta especie de poligamia, también parecía agradar al Creador. Y, después, ya se podía volver a empezar. Viviendo así, se decían entre ellos, estaban más cerca del Altísimo. La difusión de estas normas amorales por Rasputín tenían enorme éxito ya que el seudomonje las hacía accesibles y comprensibles para todos, pues se limitaba a exponer ante su auditorio el hecho de que, puesto que el pecado estaba dentro de nosotros por la maldición del Jardín del Edén, entonces al no sernos ajeno, había que cuidarlo y asumirlo y, en consecuencia, pecar y arrepentirnos en un constante *ritornello*. Pero llegó un momento en el que algunos se alarmaron por estas reuniones y prédicas del siberiano y, actuando de confidentes, pusieron en alerta a las autoridades sobre la inmoralidad presente en aquellas orgías. Sin embargo, el alto clero no se preocupó demasiado de aquellas denuncias, y Rasputín pudo proseguir su fama de místico y de gran amador, mitad y mitad.

El joven Grigory fue un sectario auténtico que cumplía perfectamente las normas de los cilistas, se emborrachaba y poseía a toda mujer que se le ponía a tiro en inacabables juergas. En el transcurso de sus asaltos sexuales, como ya se ha adelantado, no era excesivamente exigente, y hacía el amor con todas aquellas que sentían la debilidad de aceptarlo, aunque tampoco era raro que las que lo rechazaban acabaran siendo forzadas por el gigante. No obstante, a unas y a otras, les garantizaba la salvación ya que él, a través del coito, les transmitía su propia energía e iluminación. En estos encuentros pseudomísticos, se podían ver alucinadas de todas las clases sociales, desde la campesina a la noble. Era toda una premonición y un aviso de lo que esperaba a las damas de la corte cuando este loco llegara hasta la capital de Rusia, con todo un aprendizaje adquirido en cientos de kilómetros por aldeas, caseríos y lugares ignotos.

Como ya se ha dicho, a los 23 años había contraído matrimonio y engendrado después tres hijos (dos hembras y un varón). No obstante, y tras aquel primer regreso como un hijo pródigo al hogar, descubrió que su aldea siberiana se le había quedado pequeña, y no había cumplido los 30 años cuando decidió abandonar, definitivamente, tierra, amigos y familia. Sus reuniones esotéricas se fueron alejando del entorno de su patria chica y fue entonces cuando dio inicio a una peregrinación hacia el oeste que sólo se interrumpiría y finalizaría en la corte zarista. Hasta ese momento, su apostolado carnal inundará las reuniones en los lugares por los que pasa, embaucando totalmente a los que le escuchan, de tal modo que su fama empezó a ser sobresaliente ya en la siguiente población importante, donde las gentes habían sabido de exagerados prodigios. Era ya, antes de llegar al final de su camino, el adorado *staretz* del que todos hablaban, bien es verdad que aún no era precisamente un viejo.

Tiempo después, cuando San Petersburgo apareció a sus ojos, la bola de nieve de sus prodigios ya le había precedido, de tal forma que en la capital del norte será recibido como un auténtico taumaturgo y *enviado de Dios*. Su actividad en la capital de Pedro el Grande estará dirigida desde el primer momento, única y exclusivamente, en dirección al palacio del Zar, aprovechándose de esta fama milagrera que le había precedido para intentar entrar en la corte de Nicolás II, consiguiéndolo con creces y donde pronto tendrá una importante, y nefasta, influencia sobre toda la familia imperial. En efecto, como ocultista y hasta espiritista según la *vox populi,* será requerido por la zarina Alejandra Feodorovna (nacida Alix de Hesse), una mujer entregada totalmente a estas teorías esotéricas. Hasta Alejandra habían llegado, en este sentido, sutiles mensajes de varias damas de la corte, previamente ganadas por el irresistible monje. La primera en caer en sus redes había sido Militza de Montenegro, que viendo tan abatida a la Emperatriz por la salud del *zarevitch* Alejo, le habló de la existencia del personaje, enfatizando la personalidad del «apóstol» (así lo nombró) y sus poderes casi milagrosos.

Pero antes de acceder al entorno imperial, Rasputín había provocado una auténtica revolución entre las mujeres aristocráticas de San Petersburgo, que se peleaban por acudir a su casa o, en la mayoría de los casos, a llamar a sus palacios al monje erotómano y sanador. Rasputín organizaba para sus acólitas suntuosos banquetes en los que se servían abundante marisco, caviar y vinos de cualquier lugar que hicieran aún más placentera la comida de sus invitadas. El efecto, palpable ya en las sobremesas, era inmediato, y desde ese instante, todas discutían por abrazar y besar al gran fauno. Había otras, más exclusivistas, que preferían no compartirlo con las demás, y entonces lo citaban en sus casas para recibirlo en privado. Tal era el caso de Ana Virurova, dama de honor de la zarina, que acabará estando locamente enamorada o atraída por el irresistible *Padre Santo*. Su entusiasmo con el *staretz* le hará contarle a las personas de su confianza sus aventuras eróticas y espirituales con el santón. Un día que no pudo contenerse también le habló a la zarina de aquellos amores increíbles. Será otro nuevo conducto por el que le llagará a la zarina Alejandra aquel nombre que parece no existir realmente, pero que, al mismo tiempo, parece ocupar el ocio de toda la corte.

Con el terreno allanado por esta y otras embajadas, Rasputín fue presentado en la corte por otro iluminado ya incrustado entre el personal de palacio: el confesor de la zarina Teófanes, que a su vez se sirvió de otra aristócrata amiga de la de Montenegro, también próxima a la familia real, llamada Stana Nicolaievna. Así mismo, fue avalado en un primer momento por el duque Nicolaievich. Rasputín, muy informado en esos momentos de la enfermedad hereditaria del pequeño heredero (la hemofilia), se ofreció desde el primer momento a la Zarina para intentar curarlo, pues descubrió enseguida la angustia que pesaba y sufría Alejandra por considerarse la transmisora de la enfermedad a su pequeño. Con toda esta información en su poder, Rasputín hizo su entrada en palacio portando un icono de San Simeón de Verjóturie, junto a pan bindito y otras imágenes de santos menores. Era el año 1905, y a partir de ese momento, su ascenso e influencia sociales serán imparables, hasta el punto de convertirse, después, en consejero de Nicolás II como mediador entre el pueblo llano y el Zar.

Muy pronto Rasputín tuteará al mismísimo autócrata Romanov y llamará cariñosamente «mamá» a la zarina Alejandra. Su valedor, Teófanes, llegó a oponer a la mala fama del monje entre muchos de los cortesanos, su curiosa percepción sobre el mismo: «Después de cada arrepentimiento –afirmaba sobre el *staretz*– queda puro como un niño al que acaban de bautizar». A partir de ser recibido en palacio, al principio el monje libidinoso intentó controlarse, y además de no asistir a sus antiguas bacanales, dejó de beber en la cantidad en que lo había hecho hasta entonces. No obstante, y dada su natural inclinación hacia el sexo más primario, tuvo relaciones con la nodriza del Zar (de nuevo, su indiferencia para con la edad de las mujeres) y con una modista de la Zarina, primer paso para, una vez se vio seguro en el entorno de la familia imperial, volver a sus excesos, tanto en su casa de Gorokhovaia, como en las grandes mansiones de la nobleza.

La creciente influencia y la vida disoluta de Rasputín dividió en dos a San Petersburgo entre los que creían en sus poderes (en primer lugar, la zarina, que había hecho artículo de fe las palabras del «staretz» de que, mientras él estuviese a su lado, el *zarevitch* se salvaría), y los que no podían soportar más sus espectáculos repugnantes en la corte. El *staretz* organizaba sus fiestas paganas en sus habitaciones reservadas, que el Zar le había cedido en el palacio Tsarkoie-Selo. Allí, durante estos encuentros delirantes, la puesta en escena era espectacular, apareciendo la estancia aparatosamente iluminada por cientos de cirios y velas, que ya predisponían a las inmediatas danzas que, *in crescendo*, agitaban a los participantes con sus ritmos y giros, y terminaban habitualmente en los excesos de toda índole ya conocidos entre el anfitrión y los invitados, o viceversa. Toda una escenografía llamada a excitar y asombrar que se correspondía con las palabras, solemnes, del monje lúbrico con las que enrarecía, aún más, el denso ambiente erotizante. Eran estas:

«Dios me ha concedido la ausencia total de pecado. Cuando yo toco a una mujer, para mí es como si tocase madera. No siento ningún deseo e infundo en ella el espíritu de la santa ausencia de pasión, y bajo mi contacto ella se siente pura y tan sagrada como yo».

Se dijo que alguna vez el mismo zar Nicolás se había interesado y participado en estos lujuriosos encuentros, de los que por otro lado, le informaban puntualmente dos de sus amantes, la Viroubova y la princesa Orbeliani, amigas y discípulas de Rasputín al tiempo que amigas de la zarina Alejandra.

Pero, a la vez que el intruso adquiría más poder en el entorno de la familia imperial, los enemigos crecían y parecían triunfar y ganar posiciones en el partido *anti-Rasputín,* obligando a Nicolás II a que firmara la orden de expulsar de la ciudad al monje. Muy pronto Rasputin se vio haciendo el equipaje para su largo viaje de regreso a su Siberia natal. Y, sin embargo, ya en marcha, confió a su compinche Varnava: «Me llamarán». Sabía lo que decía el astuto Grigory puesto que en el palacio de San Petersburgo, ya trabajaba para él su amante Ana Viroubova, que hacía de puente entre el desterrado y la zarina Alejandra. Ana había conocido por medio de su amante la existencia de unas raíces existentes en Siberia que, convertidas en polvo e ingeridas, provocaban hemorragias aunque fuesen mínimas. La Viroubova, en ausencia de su amante, preparó aquellos polvos y los mezcló con la comida del *zarevitch,* con el resultado esperado. Llamado urgentemente, Rasputín se presentó a la cabecera de la cama del *zarevitch,* le proporcionó el antídoto, y cesó la hemorragia. A partir de ese instante, la Zarina le prometió que, aunque toda Rusia estuviera contra él, mientras ella viviera jamás lo expulsaría de su lado. Probablemente el *staretz* esbozaría una amplia sonrisa de triunfo.

En los meses previos a la Primera Guerra Mundial el poder del *monje* era casi absoluto entre la familia real y su corte, lo que, indefectiblemente, ya no podía admitir una nobleza que se sentía suplantada por aquel advenedizo. También había entre los críticos algunos miembros de esa misma familia Romanoff reinante, que no dudan en acusar al *staretz* de trabajar como agente (espía) del emperador Guillermo II y de los alemanes. Como consecuencia de este ambiente poco favorable al *staretz,* fue alejado una vez más temporalmente de la corte, pero un nuevo empeoramiento en la salud del *zarevitch* y una inmediata mejoría gracias a sus consejos y plegarias a través de un telegrama, obligaron de nuevo, a llamarlo junto a la Zarina. Sin embargo, la maquinaria contra él estaba perfectamente engrasada y en marcha, y ya nada ni nadie iba a pararla. Y tras el intento fallido de asesinarlo por una mujer llamada Gussova, se ensayarían otras vías por las que culparlo y alejarlo de la corte. En esa dirección, se insistirá en la acusación de ser un espía al servicio de los alemanes; o se pondrá el acento en su osadía al querer ser consagrado sacerdote. Pero ambos intentos estarán llamados al fracaso. A la *bestia maloliente* con que le piropeaban ya algunos popes próximos a los conjurados, Rasputín decide sustituirlos por amigos cercanos a su influencia. Además, todavía cuenta y tiene de su parte todavía a ministros, generales, empleados de palacio, del Santo Sínodo, y las mujeres...

Porque Rasputin, el gran embaucador, aunque dueño de muchos defectos, explotaba a fondo algunas de sus virtudes o poderes, como, por ejemplo, la clarividencia. Al menos así lo demostraba a través de sus sensatos consejos para el mejor camino de Rusia ante la guerra, al hacer ver a sus soberanos el enorme peligro de otra guerra interior tan peligrosa como la europea y consecuencia de ésta: el estallido social, o la revolución de las masas hambrientas y embrutecidas. Así, aconsejaba a Nicolás (o quizá lo que hizo fue dictarle algunas medidas drásticas) que hiciera cuanto antes algunos cambios en las anquilosadas instituciones y en el gobierno, y aunque no tan importantes como las que le sugería Rasputín, Nicolás II intentó seguir, parcialmente, sus consejos, e inició una tímida apertura política que, con el estallido de la guerra, quedará en nada. Sin embargo, la entrada en el conflicto europeo de Rusia había sido uno de los primeros fracasos del *staretz,* pues todos conocían su insistencia en mantener la paz ante la hecatombe que se venía encima. Pero, incluso en esta situación, continuó mandando, hasta el punto de imponer al zar, en febrero de 1916, su propio candidato a la presidencia del Consejo de Ministros. Sería ingenuo pensar que su pacifismo lo fuera por motivos humanitarios (o puede que no tanto), y sí porque conocía mejor que la corte el estado de miseria, no sólo del pueblo, sino del mismo ejército, minado por la corrupción y la apatía. A raíz de estas decisiones que abocarían a Rusia a la guerra, ya nada sería igual para el *monje,* que irá perdiendo grandes parcelas de poder en la corte de Petrogrado (nuevo nombre de San Petersburgo que evitara indeseadas connotaciones germánicas).

Pero si empezaba a ser odiado por su influencia en la política interna y externa, mucho más lo seguía siendo por su vida íntima, plagada de leyendas e hipérboles sobre su desenfreno sexual. Esta debilidad de Grigory (real y evidente, por otro lado) por las faldas, sólo se detuvo ante la persona de la zarina Alejandra Fedorovna (incluso hay autores que también la incluyeron en su estricto harén): de ahí, para abajo, damas de la corte, doncellas de esas damas, y personal del servicio, mujeres de todas las clases sociales coincidieron, antes o después de sus diez años de permanencia en la corte, en el lecho de Rasputín o en sus brazos. Era el resultado de estar aureolado no sólo como creíble santón, político y místico sino, en este caso, también como semental dueño de una virilidad y aguante extraordinarios en las *batallas* amorosas. Según parece, el éxito con las damas se debía a varias razones, por ejemplo, a que las trataba con extraordinaria delicadeza y deferencia; y a que, en el combate amoroso, utilizaba técnicas tan *revolucionarias*, que además de dejarlas absolutamente satisfechas, las devolvía tan *vírgenes* −en sentido real o metafórico− como antes de entrar en su alcoba. Sin embargo, y a pesar de su naturaleza extraordinaria, toda la frenética actividad de Rasputín era excesiva para él solo. Así que, al menos en estas actividades eróticas, contaba con un buen aliado: un médico llamado Badmaiev que le preparaba bebidas y comidas afrodisíacas para drogar a las encumbradas damas que, al final, acababan rendidas a su hechizo.

Lógicamente, para sus crecientes enemigos, no era ya ni *mujik*, ni asceta, ni poseía poderes taumatúrgicos. Y empezó a ser tan sólo una pieza −una excelente pieza− a abatir. Sus cada vez más poderosos enemigos comenzaron por intentar convencer a Nicolás II quien, sometido a la presión de la Zarina que le recordaba constantemente el temor a que el *zarevitch* muriese, dudaba continuamente. Uno de los primeros del círculo del soberano que empezó a hablarle del monje fue el ministro Stolypin, que presentó a su señor todo un dossier con los últimos grandes escándalos del *staretz,* que, según sus informadores, incluían un estupro con una menor a la que, además, había enviado al hospital a causa de la violencia que Rasputín habría usado con ella. Después Nicolás fue puntualmente informado de un gran escándalo organizada por Rasputín en un lujoso restaurante, en el cual, y tras asistir acompañado de tres mujeres de vida alegre, él y las rameras, habían llegado a las manos con otros comensales y destruido el mobiliario tras una auténtica batalla campal. El Zar, una vez más, tomó nota de esas noticias y prometió hablar con la Zarina. De nuevo, la respuesta del Zar a su ministro tras hablar con Alejandra, era que suspendiera cualquier sanción al santón hasta nueva orden.

No era tonto, ni ciego, Rasputín, que veía con claridad en lontananza negros nubarrones. Así, y abusando de su poder sobre la zarina, forzó un encuentro con ella en la que le habría expuesto una oscura predicción sobre su propio fin, de forma violenta, pero también el de los Romanoff y el del mismo Imperio ruso. Rasputín habló a su adorada zarina de esta guisa:

Siento la tormenta sobre mi cabeza. Veo pesadillas en las que leo mi porvenir, y el de la emperatriz, y el de toda Rusia. Yo moriré entre atroces sufrimientos. Tras mi muerte, mi cuerpo no hallará reposo. Luego, tú perderás la Corona. Tú y tus hijos seréis asesinados, así como toda tu familia. Luego, un terrible diluvio caerá sobre toda Rusia, y nuestra patria caerá en las manos del Diablo.

Puede que estas profecías tenebrosas fueran inventadas *a a,* pero tampoco resultan tan increíbles. De cualquier forma, los conjurados para asesinarle, antes de acudir a este último, y definitivo, instrumento, utilizaron caminos indirectos, llegando a ofrecerle 200.000 rublos si desaparecía de la corte y de la ciudad, oferta –tentadora para cualquiera– que el incorruptible *staretz* rechazó. Ante lo cual, y dando por hecho que no había otra solución para desembarazarse del *diabólico* individuo, se puso inmediatamente en marcha la siguiente –y definitiva– fase: la eliminación física del gigante lujurioso. (No era nuevo este intento de matarle. Años atrás, en un viaje a Siberia, Rasputín había sentido en sus entrañas la entrada de una hoja de acero que lo hirió gravemente. El arma había sido empuñada por una mujer llamada Gusseva, la cual, mientras lo apuñalaba, había gritado a pleno pulmón: «¡He matado al Anticristo!». Trasladado al hospital de Tiumen, pasó allí un tiempo entre la vida y la muerte. Al final se salvó, en parte gracias a su extraordinaria constitución física.) En este nuevo intento, dio la primera señal el presidente de la Duma (Parlamento), Rodzianko, que se excusó de ejecutarlo él mismo por su ancianidad, pero animó a los jóvenes a que hieran de muerte al malvado.

Decidieron seguir las indicaciones de Rodzianko un grupo de jóvenes aristócratas, encargándose del crimen personalmente el príncipe Yussupoff (pariente del Zar), Purischkevitch (diputado de la Duma) y Lazovert (un médico especialista en venenos). Se eligió en un principio la propia casa de la víctima, aunque, una vez desechada, será el propio palacio de Yussupoff el lugar del asesinato. Con la excusa de una fiesta a la que fue invitada la víctima, los asesinos prepararon todo concienzudamente y, como siempre en estos casos, estaban convencidos de que «nada podía fallar». Previamente, el doctor Lazovert había preparado en la cocina el vino y los pasteles destinados al invitado especial (todos sabían la debilidad de Rasputín por los dulces). Pero sin duda el médico era un aficionado, y tras ingerir gran cantidad de pasteles y trasegar litros de vino, el monje apenas hizo un gesto de dolor que no pasó a mayores. La enorme resistencia física de Grigory parecía haber hecho fracasar este intento tradicional de eliminar a la gente mediante alimentos y bebidas envenenadas.

Un tanto sorprendidos y bastante nerviosos, los homicidas fueron a lo seguro, y el diputado Purischkevitch, atacándolo por detrás, le anudó un grueso cordón al cuello y apretó con ganas. Rasputín cayó pesadamente, y los tres asesinos consideraron que, por fin, había muerto. Mucho más tranquilos, lo dejaron encerrado en el salón y se encaminaron hacia el comedor charlando animadamente. Al rato regresaron para ver el cadáver, y se encontró Yussupoff con el mazazo del puño de Rasputín, que lo derribó en el suelo, mientras el presunto *muerto* le anunciaba al Príncipe, a su vez, su próxima muerte en cuanto la Aarina se enterara de aquello. No obstante los asesinos reaccionaron rápidamente y hubo otro intento de ahorcamiento por parte del diputado, con nuevo desmayo del *mujik,* y nuevo traslado a otro lugar a la espera –ahora sí estaba muerto, pensaron– de que pasara un automóvil a recogerlo. Pero tampoco ahora estaba muerto del todo aún, ya que, incluso, tuvo fuerzas para levantarse y, a través del jardín, intentar la huida. Ante aquella tenacidad de Rasputín por aferrarse a la vida, los conjurados decidieron cortar por lo sano, y el diputado Purichkevitch le disparó un tiro en la nuca y otro en el riñón. ¿Estaba, por fin, en el Infierno? Pues no: aún respiraba. Entonces el príncipe Yussupoff, auténticamente enfadado, vino con un pesadísimo candelabro en la mano que estrelló sobre la cabeza del *staretz*, y le partió el cráneo. El –ahora sí– ya cadáver fue arrojado a las aguas heladas del río Neva. Eran las tres de la madrugada del día 28 de diciembre de 1916. La hija del monje, que vivía con Grigory y que presentía aquella cacería de su padre al no volver de la fiesta, alertó a Palacio de su ausencia. La Zarina puso en jaque a toda la policía, y enseguida se supo dónde y quién había acabado con Grigory.

Con este crimen acababa un mito y nacía otro, no menos inmoral que el primero: el de aquel príncipe Yussupoff que viviría largos años de la macabra leyenda de haber sido el matarife del monstruo. Eran las últimas horas del año 1916, y el monje lujurioso iba a perderse el terrorífico año de 1917 que se llevaría por delante todo aquel mundo podrido e ignorante en el que él había sabido trepar hasta límites impensables años antes. Se anunciaban grandes represalias de sus partidarios e, incluso, la sublevación del pueblo. Pero el Zar pudo ver cómo la muerte de Rasputín, a la hora de la verdad, apenas alteraba la de por sí desgraciada existencia de los rusos y, en consecuencia, los culpables no sufrieron excesivos rigores. Tan sólo permitió Nicolás II que su atribulada esposa levantara una capilla en el parque Zarskoye Selo, para que todos lo que lo desearan pudieran orar ante la tumba de su amado santón. Pero en la locura de los estertores de una guerra terrible que se perdía, a los pocos meses un grupo de soldados destruía la capilla, desenterraba los restos ya descompuestos del *staretz,* y los quemaban en un bosque cercano. Y, sin embargo, el destino de los Romanoff no iba a ser menos trágico, cumpliéndose así aquella predicción que, en la intimidad de su gabinete, Rasputín había hecho un mes antes de ser asesinado, y según la cual, los zares y toda su familia no sobrevivirían más de dos años a su propia muerte. Predicción o profecía en la que, evidentemente, no erró.

Con la muerte del monje no acabaría su triunfo, pues tras su eliminación física, gran parte de las mujeres de la corte que le amaron, se vistieron de luto riguroso, algunas durante toda su larga vida, como la ex favorita del Zar, la Viroubova, que nun-

ca volvió a vestir de color hasta el momento de su muerte, en la década de los treinta. Además, aquella hija que fue testigo de su asesinato y que escribiría más tarde una
biografía de su padre, una vez refugiada en París tras el triunfo de la revolución en
Rusia, creó una secta que era una continuación de la de su padre y en la que sus
miembros, como en aquélla, se comprometían a santificarse por el pecado. Hasta vísperas de la Segunda Guerra Mundial, esta mujer, con su vida exótica y extraña, per-
petuó, en cierta forma, y mantuvo vivo, el recuerdo de aquel personaje que fue conocido como Rasputín.

Francia y España: entre el Antiguo Régimen y el nuevo

Capítulo XLI

Robespierre
(1758-1794)

En la nutrida galería de héroes y monstruos que evidenció la Revolución Francesa de 1789, hay un nombre que *suena* a todos: Maximiliano Robespierre. La causa puede ser que su nombre siempre se situó junto a la palabra *Terror* y a la tétrica guillotina. Puede decirse que la Revolución *fue* Robespierre para millones de personas de varias generaciones, sin que estas personas intentaran profundizar, no sólo en la biografía del personaje, sino en la del resto de revolucionarios, que no tenían mucho que envidiar, en este aspecto, al dictador de Arras. Y, sobre todo, pocos llegaron a enterarse del otro Robespierre, el primero, aquel pusilánime y vigoroso que, líder de los proletarios y los *sans culotte*, abogaba por la llegada al poder de la clase trabajadora y explotada. Pero el Robespierre que aún sobrevive en la memoria colectiva es cierto que corresponde al de su última etapa, cuando llevado por el torrente de sangre de las jornadas del Terror, no pudo, o no quiso, poner fin a una locura que acabaría por hacer que él mismo probara la dureza de la cuchilla de la guillotina.

Nacido en Arras, Maximiliano Robespierre fue uno de los más famosos protagonistas de la Revolución Francesa. Era hijo de un abogado, François de Robespierre, que había emigrado a América tras la muerte de su mujer, la madre de Maximiliano, cuando éste contaba seis años de edad. Esta madre desaparecida prematuramente se llamaba Jacqueline Carrault, era hija de un cervecero, y falleció de parto cuando Maximiliano contaba seis años de edad. A partir de ese momento (era el mayor de cuatro hermanos), Maximiliano quedará como efectivo cabeza de familia. Sus primeros conocimientos los obtuvo en su propia casa, hasta los 8 años, edad a la que logró ingresar en el selecto colegio de Arrás, en el que destacó por su aplicación en las clases. Siendo ya un reconocido extraordinario alumno, por mediación del obispo de la ciudad, en 1770 obtuvo una beca gracias a la cual pudo entrar en el legendario colegio de Luis-le Grand hasta el año 1781, en el que lo abandonará ya hecho todo un abogado. Al finalizar sus estudios en el citado establecimiento, el joven Maximiliano será recompensado con 600 libras «por sus talentos eminentes y su buena conducta». En el severo establecimiento de los jesuitas, se había visto rodeado de compañeros pertenecientes a la nobleza, a los que rechazó y despreció en lo más íntimo de su ser desde el primer momento. Pasará gran parte de sus tiempos de escolar (una docena de años) en absoluta soledad, en parte por su propio –y buscado– aislamiento, y también porque los otros alumnos, considerándolo inferior y mal vestido, se olvidaban de él en los recreos y en los juegos. Entre aquellos compañeros había algunos que, con el tiempo, serán personajes destacados de la Revolución, como Desmoulins y Lebrun, que luego lo describirán como un alumno muy ordenado, terco, retraído y excesivamente atildado. Sin embargo, todos ellos reconocerían que había sido uno de los mejores alumnos del establecimiento jesuítico y de los primeros en desarrollo intelectual.

Abogado en Arras a los 23 años, representó después a esta ciudad en los Estados Generales de 1789. Elegido diputado por el Tercer Estado, llegó a París ligero de equipaje (un baúl y diez luises que le prestó una amiga de su hermana, la señora Marchand). Desde aquella su primera tribuna, Robespierre defendió un *programa* incompatible con sus mismos decretos fechados más tarde, cuando sea todopoderoso. Pero eso sería después, y en su nuevo escaño, Robespierre defendía sus propuestas acalorada y enfáticamente, aunque, como siempre, sin perder las buenas maneras. Un muy observador Mirabeau comentará, tras asistir a varios de sus discursos: «Llegará lejos porque cree todo lo que dice». Y lo que decía y defendía era, entre otras cosas, los derechos políticos extendidos a toda la ciudadanía, la abolición de toda clase de censura, el sufragio universal, la ayuda del Estado a los más desfavorecidos, la enseñanza gratuita y se exaltará de manera significativa cuando ataque contra los que quieren mantener la pena de muerte, y se manifieste él partidario de su desaparición total en las leyes francesas (llegó a decir que la última pena no era sino «un cobarde asesinato»), sin olvidarse de su deseo de acabar con la lacra de la esclavitud.

Aunque, en la ya Francia revolucionaria, su aspecto recordará a un petimetre del Antiguo Régimen, en realidad sus ideas eran mucho más radicales que las de sus camaradas, incluido el apasionado Mirabeau. Robespierre consideraba a éstos como burgueses que no traspasarían ciertos límites que chocaran con sus intereses de clase. Por el contrario, él se entregó plenamente a la lucha por la dignificación de lo que hoy llamaríamos *clase obrera* o proletariado. Ya ídolo de las masas, sus apasionados discursos concluían con la salida de Maximiliano Robespierre paseado en triunfo por la multitud, y recibiendo al mismo tiempo la corona de hojas de roble. No era para menos cuando el inaccesible tribuno había abogado por la doble democracia: política y social, alentando a los pequeños propietarios para que ganaran una cierta independencia, o entusiasmando a las masas más desfavorecidas (los *sans-culottes*) y abogando ante ellos por una medicina gratis para todos, y, en fin, anunciando la instauración de pensiones de vejez e invalidez, todo ello inimaginable en otras naciones y en la misma Francia de hacía unos meses.

Desde su tribuna de la Asamblea Nacional, Robespierre se situó al frente de los Jacobinos y se convirtió en el líder indiscutible del Comité de Salud Pública, donde atacará por igual a girondinos y moderados. Seguía insistiendo en obedecer a la Voluntad General y, en su nombre, llegar a gobernar con el estandarte de la Virtud. Fue ponente de la Constitución republicana y era dueño de una inteligencia fuera de lo común que ya había plasmado en varios ensayos encargados por la Academia de Arras de los que fue autor. Después sería representante por París en la Convención (que sustituyó a una Asamblea poco extremista), convirtiéndose, de hecho, en el amo de Francia. Poco antes, en el verano de 1792, tras el asalto a las Tullerías y el final de la monarquía (hasta ese momento había defendido la forma de gobierno monárquica constitucional), ya había sido designado Jefe de la Comuna insurreccional parisina. Por último, arrepentido de su oposición a la pena de muerte, y ante el tribunal que mandó conducir a la guillotina a Luis XVI, alabó la naturaleza democrática de esta máquina de matar, puesto que igualaba a todos a la hora de la muerte. Una vez asumida la Jefatura Suprema del Comité de Salud Pública, desde ese momento empezaría su vertiginosa y sangrienta carrera política hasta lo más alto del poder ejecutivo, que le llevaría a convertirse en un temible amo de la Francia del momento. Un poder excesivo para una sola persona, pues a los muchos problemas del interior tuvo que enfrentarse también con los del exterior (aunque, muchas veces, iban unidos), pues en la guerra de la Francia revolucionaria con las monarquías exteriores, éstas habían iniciado la invasión del país y llegado hasta Verdún. No obstante, la capacidad de trabajo del jefe revolucionario era extraordinaria, y su carrera política se desarrollaría paralelamente con el vértigo, asimismo, de la propia Revolución Francesa de 1789.

Lector de Rousseau, Voltaire, Montesquieu y Diderot, compartía con el primero un amor extremo por la Naturaleza. Era un hombre de costumbres sencillas, si acaso traicionadas por una de sus pocas debilidades: la manía de la impecabilidad en el vestir, que llevaba a extremos enfermizos. También estaba obsesionado por la limpieza del propio cuerpo, sus comidas eran frugales y el desprecio por el dinero, total. (Cobraba como diputado 18 libras al mes, muy poco dinero para mantener, también, a sus hermanos. Sin embargo jamás aceptó ninguna prebenda de la clase que fuere.) Quiso, también, limpiar París de lacras sociales como la prostitución. Algunos historiadores le acusan de poseer una homosexualidad latente que le hacía a menudo caer en depresiones presa de los celos. Entre los posibles amores en este sentido, se citaron los nombres de un tal Barbaroux y, sobre todo, Saint Just, camarada en el Comité de Salud Pública, y que caería bajo la guillotina junto al propio Robespierre. Por otro lado, era un hombre extremadamente ordenado que jamás improvisaba y que, por el contrario, programaba de forma puntillosa todo lo que le reservaba la jornada.

Al margen de los rumores sobre su homosexualidad, de cualquier manera a Robespierre se le suelen adjudicar contadas experiencias amorosas. Un primer amor le llegó todavía en Arras en la persona de Anais Deshorties, señorita perteneciente a la burguesía local y de la que tuvo que separarse cuando fue elegido diputado y marchó a París. Poco después, aquella primera novia se casaba con un abogado local, *traición* que marcaría profundamente al joven Maximiliano. También se dijo que estuvo a punto de casarse con una cuñada de su gran amigo Camilo Desmoulins, una señorita llamada Adele Duplessis, pero tampoco aquel proyecto llegaría a buen fin. Parece que fue más seria su relación sentimental con Eléonore Duplay, que era la hija de su casero, un carpintero propietario de la modesta vivienda donde residía Robespierre junto a otro jacobino llamado Humbert. Poco favorecida por la Naturaleza, los pocos encantos de la hija del carpintero parece que fueron suficientes para Robespierre, que la aceptó tal cual sin más problemas.

Conocido como el *Incorruptible,* sería en las jornadas revolucionarias la cabeza visible de la burguesía democrática contra el predominio de las clases populares, a pesar de haberse presentado al inicio de su carrera política como uno de los pocos defensores, si no el único, de la clase proletaria, tan hundida en la miseria como en tiempos monárquicos absolutistas. (Según algunos historiadores, el origen de este apelativo hacia Robespierre fue anecdótico y puntual: una conocida pintora llamada Labille-Guyard, que estaba enfrascada en pintar una galería de retratos de los grandes hombres de la Revolución, incluyó en ella a Robespierre, escribiendo debajo de

su retrato recién pintado el «Incorruptible», una apreciación personal de la artista que, desde ese momento, tuvo un gran éxito.)

En un principio (ya se ha apuntado) fue enemigo de las matanzas indiscriminadas y masivas pero, al declararle la guerra los girondinos (que le acusaban de tener aspiraciones dictatoriales) dio un vuelco a sus actuaciones, y les declaró, a su vez, una guerra a muerte. El otrora pacífico abogado de Arrás aprovechaba ahora, otoño de 1792, el estallido revolucionario, para ajustar cuentas. Junto a las matanzas de septiembre de 1792, en las que fenecieron miles de inocentes, y que Robespierre justificó como resultado de la justicia del Pueblo, aprovechó el río revuelto para, de camino, acabar con sus enemigos políticos. Pocos sobrevivieron a sus órdenes de exterminio en el período que sería conocido como del Terror, entre los más desatacados su antes gran amigo y camarada Danton.

Como él mismo, con un gran poder entre sus manos, sin embargo Danton fue guillotinado. El origen de la muerte de su camarada habría estado en la soberbia del «incorruptible». Una soberbia inexplicable puesto que lo que más ardientemente deseaba Robespierre era sentar a su lado a Danton y gobernar los dos al unísono. Sin embargo, su amigo no estaba por la labor y, cansado de unos años de tanta actividad, rechazó la invitación (tentadora para cualquier otro que sintiese la comezón de la ambición). Fue la negativa de Danton la que provocó que el amigo se tornara enemigo. Hasta tal punto que, considerando primero la negativa como una deslealtad y una humillación para él, después la convertiría en toda una prueba de traición más o menos latente. Lanzado ya al delirio del absolutismo más desaforado, hizo admitir a todos sus camaradas la necesidad ineludible de que la Revolución tuviera una sola cabeza, y no dos, por lo que, implícitamente, invitaba a que una de ellas fuese separada de su tronco. Esta idea perversa fue la que llevó aquel día ante el Tribunal Revolucionario y expresada así de crudamente. A la pregunta, sibilina, de cuál de los dos caudillos eran más necesarios para la República, la respuesta estaba cantada: Robespierre. A causa de esa simple pregunta y la consiguiente respuesta, Danton perdió la cabeza.

El Terror fue un período llamado así no sólo por sus enemigos, sino que el mismo Robespierre sentía que se vivían días de espanto, aunque, como todo déspota, tenía a mano una ambivalente *justificación* del mismo oponiendo dos conceptos, antagónicos en principio: «La virtud, sin la cual el terror es funesto; el terror, sin el cual la virtud es impotente», eran sus palabras, paraguas bajo el que aguantaba el chaparrón de los críticos a su manía de enviar carretas y más carretas de víctimas a la guillotina. También el Terror tuvo consecuencias exteriores, pues frenó la guerra de invasión que ya preparaban las cortes europeas, asustadas por el previsible contagio en sus países del virus revolucionario.

Angustiado por el número creciente de enemigos (según él), luchó por abreviar los trámites legales en las condenas, eliminando de los juicios algo tan básico como los abogados defensores y los testigos de los acusados. Era obvio que este mismo atormentado (y atormentador de tantos otros) ciudadano Maximiliano Robespierre, ponía toda su enorme capacidad de trabajo al servicio de la Revolución, a la que juró entrega absoluta y en cuyo nombre cometió tantos crímenes. Muertes que fueron ampliando de manera drástica el abanico de sus víctimas, sumando decapitaciones no sólo entre los vencidos monárquicos sino entre los compañeros de ayer mismo. De forma simultánea, el diletante que habitaba bajo el revolucionario, se abría paso en el ambiente enloquecedor del pueblo en armas, volviendo la vista hacia rémoras que se creían abolidas para siempre, aunque las revistiera con los ropajes nuevos de la República.

Así, desde su responsabilidad al frente del Comité de Salud Pública, persiguió a Hebert y los suyos por practicar estos –según Robespierre– el ateísmo y la inmoralidad, conceptos ambos que él despreciaba. Ya nadie estaba seguro, y unos por tibios y otros por excesivamente radicales, lo cierto era que en lo más álgido de sus persecuciones (otoño de 1793), llegó a haber más de 8.000 encarcelados y condenados, y ejecutadas una media de 30 víctimas diarias que acababan ofreciendo sus cuellos a la fría caricia de la cuchilla de la guillotina. Las cárceles rebosaban ya de presos provenientes de todos los estratos sociales y políticos, desde los propios jacobinos de su partido hasta toda clase de enemigos reales o imaginarios, los cuales le crecían por momentos. Sin embargo, y en paralelo a lo anterior, su gobierno (en el que le acompañaban Saint-Just y Couthon) organizó una férrea pero impecable administración de la República, sobre todo renovó el nuevo ejército de la Francia revolucionaria. Logró la formación de una milicia de un millón de hombres absolutamente disciplinados e identificados con los principios de la Nación que lograron parar la gran ofensiva de las potencias coaligadas (Reino Unido, España, Austria, Holanda y Prusia) e, incluso, pasar a la contraofensiva, invadiendo a su vez Saboya, Niza, Bélgica y la ribera izquierda del Rhin. Sin embargo, esta misma eficacia del gobernante Robespierre era una contradicción más en el devenir del dictador interno y externo, ya que la Constitución de 1793 disponía textualmente: «Quien oprime a una sola nación, es enemigo de todas».

El feroz jefe revolucionario compatibilizaba su afán de exterminio de enemigos con su cada vez más perceptible entrega a un cierto misticismo ateo, valga la paradoja. De hecho, en una llamada Fiesta del Ser Supremo (junio de 1794), ordenó quemar una estatua que se había erigido en honor del Ateísmo, pues para Robespierre –eran sus palabras–, «el ateísmo es aristocrático». Ello era consecuencia de su conocida opinión de última hora de que no se debía de atacar a la religión. Sin embargo muy pronto se sabría que esa defensa se refería a que había que adorar a un nebuloso Ser Supremo, y no exactamente a las viejas imágenes. Llegó a instaurar esta nueva fiesta que, en realidad, parecía referirse a un ente inaprehensible que obligaba a que sus adeptos ejercieran «la práctica de los deberes del hombre».

De modo que las citadas fiestas en honor del Ser Supremo organizadas por Robespierre se convirtieron en grandes concentraciones populares, llenas de colorido y alegría, en las que los desfiles se extendían en forma de variopinto río humano, desplazándose desde los jardines de las Tullerías hasta el Campo de Marte. Uno de estos cromáticos sucesos lúdicos será captado, idealizándolo, el fiel pincel del pintor David. En la fiesta que se desarrolló en junio de 1794, y acompañados por la música, desfilaron miles de parisinos, todos con un ramo de flores en las manos. El mismo Robespierre portaba un manojo de flores y otro de espigas. Fue al llegar al Campo de Marte cuando el *incorruptible* dio la orden para que fuesen consumidas por el fuego –como ya se ha apuntado antes– tres figuras que representaban la Nada, el Egoísmo y el Ateísmo, las que, una vez convertidas en cenizas, se apartaron para entronizar, en su lugar, otra alegoría de la Sabiduría, según indicaciones del líder. A continuación se cantó por los presentes el himno al Ser Supremo. Unos cañonazos cercanos pusieron fin a tan extraña ceremonia creada e ideada por la mente contradictoria de Robespierre que, no obstante su odio hacia los ateos, vio cómo su fiesta acabaría evolucionando después hasta la apoteosis iconoclasta en honor de la diosa Razón.

Pero tras las fiestas llegaba la confusa y tétrica realidad, trufada de odios cainitas. Después de acabar con Danton, Robespierre creyó llegado el momento de gobernar el Estado según sus ideas. Entonces se convirtió en perseguidor implacable de los de su propio partido (convertidos ya en extremistas y terroristas para él), sin que tuviera piedad ni a los de la izquierda (los llamados ultrarrevolucionarios, como Hebert) ni a los de la derecha (conocidos como los indulgentes, entre otros Danton y su gran amigo Desmoulins), sufriendo unos y otros la mirada gélida del jefe revolucionario, con todo lo que ello significaba como antesala del fin. Además de una ya olvidada ex reina María Antonieta, fueron ejecutados nombres tan preclaros, y opuestos entre sí, como Lavoiser, Andrea Chenier, Malesherbes y Condorcet.

Si Marat murió por la mano delicada de una mujer llamada Carlota Corday, Robespierre estuvo a punto de sufrir la misma suerte. Sólo la desconfianza de su guardia, que registró a una joven de 20 años llamada Cecile Renault, impidió el crimen. En efecto, bajo un cesto de ropa, los guardias descubrieron un par de cuchillos bastante afilados cuya aparición allí no resultaba muy clara. La venganza del déspota fue terrible: personas emparentadas con la joven, o no, pero próximos a ella, pagaron con sus vidas tan aleatoria coincidencia, entre otras, su padre, uno de sus hermanos, una tía monja, la baronesa de Batz y una planchadora a su servicio, una adolescente de 16 años llamada Nicole Blanchard. Cómo de injusta sería la condena que, en el momento de subir al cadalso la jovencísima y desgraciada planchadora, una multitud que ya parecía insensibilizada ante las cabezas caídas en las cestas de la guillotina, intentó gritar su repulsa gritando «¡a las niñas, no!». Era el imperio del Terror que, entre junio y julio de 1794, en un poco más de un mes, llevó hasta la guillotina a más de 1.300 personas.

Los supervivientes, los que pudieron escapar a la caricia fría de la máquina de matar, acabaron por unirse contra el déspota, logrando meter en prisión a Robespierre, Saint-Just y Lebas, entre otros de su misma camada, al grito unánime de «¡Abajo el tirano!», dedicado este grito en exclusiva a Robespierre. No obstante haber sido liberados momentáneamente por el pueblo parisién reunido alrededor de la Comuna, que los condujo al Hotel de Ville, lo cierto es que el mismo pueblo los dejó abandonados a su suerte poco después. Entonces, las fuerzas de la Convención, alzadas ahora contra su jefe, ocuparon el ayuntamiento parisino y detuvieron al gran demagogo. Al final, sus camaradas serían guillotinados tras las jornadas del 9 y 10 de Termidor (27 y 28 de julio de 1794). Horas antes, y en el caso de Maximiliano Robespierre, tras pronunciar estas palabras al ser detenido: «la República está perdida: los malvados triunfan», intentó quitarse la vida por su propia mano, en un regate fallido al trabajo del verdugo. Sin embargo, sólo resultó malherido y pudo vivir hasta la jornada siguiente a las cinco de la tarde, día y hora señalados para su ejecución. Hecho una masa informe de carne sanguinolenta a causa de las heridas de su frustrado suicidio, fue aupado al cadalso y el verdugo le arrancó los vendajes que cubrían las heridas, produciéndole un intenso dolor y un grito subsiguiente cortado de raíz, como su cabeza, por la cuchilla de acero. Finalizaba así una existencia vertiginosa y contradictoria de un hombre gélido, sobrio, casto, que nunca tuvo verdaderos amigos y que, al final, no dejó de ser lo que siempre fue: un burgués provinciano enloquecido en el París convulso de la Gran Revolución y que, no obstante, sería un adelantado de la lucha obrera. Con su muerte, las cosas volvieron poco a poco a su cauce, haciéndose con el poder una emergente clase media amparada por una más amplia, englobada alrededor de la burguesía.

Pasado más de un siglo, el cine entraría a saco en la gran Revolución Francesa, llamada a ser la más *cinematográfica* de las efemérides de la historia moderna. Primero Francia, pero también Hollywood y otras cinematografías, no dejarían escapar a los protagonistas de tan señalado suceso, no siendo la excepción Robespierre, protagonista temprano de una rudimentaria película de 1897 titulada *Mort de Robespierre*, primera de una larguísima lista de títulos entre los que se debin destacar *La Marsellesa* (Jean Renoir, 1937), o *Historia de dos ciudades* (Jacques Tourneur, 1935).

Capítulo XLII

Napoleón I

(1769-1821)

Todavía no hace mucho, este personaje venía en las enciclopedias descrito como «uno de los más grandes capitanes que han existido». Y, sin duda, desde el punto de vista militar lo fue. Claro que, tras su derrota y exilio, se volverían las tornas y el héroe sin defecto de ayer se convirtió para muchos en el más perverso y miserable de los estadistas, mientras que para otros seguiría siendo el genio de su tiempo y el liberador de los pueblos a los que llevó los principios de la Revolución. Probablemente Napoleón ha sido el protagonista de un período de la Historia en el que, por sí sólo, lo ha ocupado en su totalidad, que fue juzgado (a veces absuelto y otras condenado); además, tanto como general y estratega como político y estadista, seguramente, pocos nombres del pasado habrán sido escudriñados en sus vidas privadas como este pequeño gran hombre. Lo que sigue es apenas una muestra de su vastísima e inagotable biografía.

Nacido en Ajaccio, en la isla de Córcega, provenía de una familia humilde aunque ennoblecida después. Su padre era abogado, un hombre apocado y gris llamado Carlo Bonaparte (aunque algunos le negarán la paternidad de Napoleón, adjudicándosela, por el contrario, a un tal Pascual Paoli, héroe independentista corso y guerri- llero furibundo, que sería uno de los muchos amantes –también adjudicados– de su madre). Ésta se llamaba Leticia Ramolino, estaba emparentada con el futuro cardenal Fesch, y fue mujer que unía en su persona belleza y simpatía, además de poseer un te- són a prueba de adversidades. No obstante, en esto hay para todos los gustos, ya que todo se escribió a posteriori. Por ejemplo, años más tarde un arribista y empalagoso adulador se inventaría una increíble leyenda sobre el origen de Napoleón que nadie creyó (algo así como que el recién nacido cayó desde el vientre de su madre a una al- fombra sobre la que estaba bordado un agresivo león, idea que la propia madre del ya Emperador desmintió al afirmar humildemente que en aquel momento, en su pobre casa de Ajaccio no podía haber ni esa ni alfombra alguna y que, además, era el mes de agosto y la canícula no invitaba, precisamente, a la colocación de alfombras).

Napoleón Bonaparte estudió la carrera de las armas en Brienne y París. El ma- trimonio Bonaparte tuvo, además de a Napoleón, a otros doce vástagos, de los que sobrevivieron ocho. En 1779, y ya en París, Carlo Bonaparte fue representante de su isla natal en la capital de la monarquía borbónica. Su ascensión fue tan rápida que, sólo diez años más tarde y en una metrópoli convulsionada por los sucesos políticos, el joven Napoleón, con veinte años recién cumplidos, y una vez se había producido el estallido de la Revolución, formaría ya parte y sería miembro del partido de los Ja- cobinos, luciendo sus galones de segundo teniente de artillería.

En una primera aproximación a su vida a modo de ráfagas, tras demostrar su bravura en el sitio de Tolón contra los ingleses (1793), fue ascendido a general de brigada cuando contaba veinticinco años de edad. (Parece que este tempranísimo as- censo tuvo algo de imposición, si hacemos caso de las palabras de un oficial desti- nado en Tolón, según las cuales si no se le hubiera ascendido, Bonaparte se habría nombrado general él mismo.) No obstante, y por haber seguido a Robespierre, al caer guillotinado éste, se le dejó de reemplazo, lo que hizo que el futuro Emperador con- templara preocupado su incierto porvenir y el de los suyos. Tanto le llegó a inquie- tar el porvenir de su familia que prometió a su madre emigrar a las Indias y, tras ha- cerse rico, regresar a Francia dispuesto a dotar espléndidamente a sus hermanas. Porque, por entonces, el joven oficial se sentía responsable de su familia y, a la fal- ta del padre, él mismo lo sustituyó en sus obligaciones para con todos ellos. Esta ac- titud se prolongaría prácticamente durante toda su vida, como lo demostrará el frac- cionamiento de la Europa conquistada por sus ejércitos, cuyos trozos repartió entre sus hermanos y camaradas a quienes elevó a los tronos previamente desalojados.

Tras dejar pasar los momentos más peligrosos de la Revolución, después deci- dió poner su carrera al servicio del Directorio, defendiéndolo de los extremistas de izquierda y derecha. Por ese tiempo, y viendo la ambición del joven militar, un superior, el general Dugommier, les advirtió a los jefes revolucionarios: «Promoved a este joven, porque de otro modo acabará promocionándose él mismo». La advertencia fue oída con interés y uno de aquellos jefes del régimen, Barras, decidió protegerlo, nombrándolo su segundo. Napoleón le devolvió el favor muy pronto, aplastó la insurrección realista del 13 Vendimiario y dejó sobre el campo de batalla más de 1.200 muertos del enemigo sobre el terreno, lo que le valió el ascenso a general de división.

La ya encarrilada carrera militar del joven corso no anulaba la de su propia actividad amatoria en su vida privada. Cuentan sus biógrafos (y él mismo lo confirmará en sus *Memorias*), que el despertar al sexo lo fue para el adolescente Napoleón, en brazos de una tía suya llamada Catalina, mujer muy atractiva, de 37 años, a la que descubriéndola un día dormida, la poseyó sin poder contenerse. Ante el *sorprendente* despertar de Catalina, el peligroso y díscolo sobrino llegó a amenazarla de que, si iba con el cuento, él contaría su versión: habría sido ella la que le había llamado al lecho. Después sedujo a Eugenia Mello, a la que pareció amar pero que murió enseguida. La siguiente en la lista fue una cortesana, Luisa Letang, que abandonó al futuro amo de Europa por su sosería. En su misma isla natal, Córcega, se acostó con la mujer de un amigo, a la que narcotizó en ausencia del esposo y después la hizo el amor. Al despertarse, la señora Daletti (que así se llamaba el amigo) quedó espantada, pero de nuevo Napoleón blandió las consabidas amenazas de chantaje, aunque en aquella ocasión, al dar con gente *bon vivant,* acabaron formando los tres un divertido trío.

Pero todo lo anterior había sido en la prehistoria del personaje. Y a pesar de que había tenido un anterior gran amor en Marsella en la persona de una joven, hija de un comerciante de la ciudad, llamada Desirée Clary (que, años después, llegaría a reinar en Suecia por su boda con un general napoleónico: Bernadotte), lo cierto es que, haciendo Barras de *celestina,* acabaría conociendo y casándose con Josefina de Beauharnais en 1796 (viuda, de soltera Marie-Josephe Tascher de la Pagerie), una hermosa mujer de origen criollo y seis años mayor que el joven militar, y a quien el todo París de la galantería había conocido anteriormente, con el nombre de guerra de *Rosa*. El que utilizaba ahora lo había conseguido legalmente por su casamiento con el vizconde de Beauharnais, una de las tempranas víctimas de la Revolución y de la guillotina, con quien había tenido dos hijos llamados Eugenio y Hortensia. Pero Bonaparte, que no olvidaba su carrera más amada, la de las armas, consiguió como regalo de bodas de Carnot el mando de los ejércitos de Italia y Austria.

El casamiento de Napoleón con Josefina había llegado gracias a la fuerte atracción y el constante acoso y derribo de la sensual criolla frente al, en cuestiones del corazón, algo inexperto general, que terminó por rendirse sin condiciones a las muchas artes amatorias y de seducción de la viuda. Según se decía, aquello le venía no sólo por haber nacido en un clima cálido como era el del Caribe sino porque, obligada por su primer marido a permanecer encerrada en un convento por acusaciones ¿fundadas? de adulterio, allí trabó amistad con otras damas en su misma situación (era una costumbre admitida y ejecutada normalmente en el Antiguo Régimen), con las que no había otro tema de conversación, al parecer, que las historias galantes que todas ellas pasaban las aburridas horas de su forzado encierro recordando y, en su caso, exagerando sus locuras de alcoba. Cuando volvió a salir a la vida mundana y ya viuda, Josefina inició la que sería, desde ese momento, una agitada vida sentimental, hasta caer en los brazos del ciudadano Barras, que iba pregonando a quien deseaba escucharle, el excelente bien hacer en los lances amorosos de su protegida. Entre los oyentes de estas intimidades estaba un interesadísimo Bonaparte.

Pero los jefes del Directorio, aunque muy satisfechos de las hazañas bélicas de Napoleón, no lo estaban tanto de su indisimulada ambición de poder, viendo en lontananza un peligro seguro de ser desplazados antes o después. Así que decidieron enviarlo lo más lejos posible para así conjurar el que parecía inminente peligro de desalojo. Siguiendo el plan decidido, el alejamiento (con visos de destierro) del general Bonaparte le llevaría hasta Egipto el año 1798, haciendo extraordinariamente bien su trabajo y venciendo en la que sería conocida como *Batalla de las Pirámides,* conquistando también las ciudades de Alejandría y El Cairo, con alguna que otra escaramuza por tierras de Siria. Sin embargo, la campaña de Egipto no había sido un paseo militar para el ejército francés, pues sus treinta mil efectivos, agotados y sedientos por un paisaje hostil, tenían enfrente a diez mil jinetes y veinticinco mil *fallahas*, destacamentos jenízaros y hasta la población de El Cairo. Todas estas fuerzas hostiles –en posición de ataque– les esperaban belicosos. Lo cierto es que los franceses calculaban y buscaban por dónde huir cuando Napoleón, buen psicólogo y excelente conocedor de sus hombres, decidió hacer algún gesto que levanta el ánimo de sus fuerzas, y mirando a lo lejos, dio con tal gesto y la posible solución a su favor. Así, montado en su caballo, dirigió su mirada hacia las gigantescas pirámides que, impasibles, se levantaban tras los franceses y arengó a sus tropas con aquella frase que, al margen de su autenticidad, ha pasado a la posteridad: «¡Soldados! ¡Pensad que desde lo alto de esas pirámides cuarenta siglos os contemplan!». Y, cuentan los historiadores, que las pirámides contemplaron la inexplicable victoria del corso sobre sus valientes y numerosísimos enemigos.

Las tropas de Napoleón, sin embargo, no se dedicaron sólo a batallar en el desierto egipcio, sino que las tropas de Bonaparte, también se dedicaron a la rapiña cultural cargando para el viaje de regreso con importantes piezas que, todo hay que decirlo, fueron las mismas fuerzas francesas las que habían ayudado a poner al descubierto. Muchos monumentos, además, que no pudieron ser trasladados a París, recibieron desde entonces el azote del siroco tras siglos de permanecer ocultos. Entre otros, por ejemplo, ellos excavaron y descubrieron para su siglo, la deteriorada, pero hermosísima Esfinge. En aquellas fechas y tras la campaña de Egipto, Napoleón era ya para sus soldados, *le petit caporal,* al que vitoreaban también con el grito repetido y sincopado de su nombre.

El pretendido destierro se había vuelto contra los que lo alejaron de París, pues Bonaparte se había convertido en todo un héroe del desierto. Desde este puesto novedoso, y cargado de victorias y de piezas arqueológicas, decidió adelantar el regreso a la metrópoli, se presentó sin avisar en París (Saint-Cloud) y se sublevó contra el Directorio el 18 Brumario (noviembre de 1799) en un victorioso golpe de Estado, haciéndose nombrar Primer Cónsul por un largo período de diez años como resultado de un plebiscito previo que no tuvo dificultad en ganar. Había nacido, a su medida, el Consulado. Para entonces Napoleón Bonaparte era ya todo un líder y conductor de masas, provisto de una gran sagacidad y conocedor de los hombres. Diríamos que era, *avant la leerte,* un gran psicólogo que utilizaba este conocimiento de las flaquezas humanas para encandilar y dominar a los que le rodeaban. A partir de ese momento, el pequeño corso hacía su presentación ante las candilejas de la Historia, como un nuevo Alejandro que iniciaría una serie prácticamente ininterrumpida de guerras que concluirían tan sólo con su destierro y su muerte, transcurridos más de tres lustros.

Pero el nuevo dictador no podía dejar, a tenor de lo reflejado en una ocasión anterior, de sentirse en el centro, también, de los problemas domésticos y familiares. Así, al mismo tiempo que saboreaba las primeras mieles del poder, asistía enfadado e impotente, a la *guerra de cuñadas* entre Josefina y su hermana más díscola, Paulina. Ésta no dudaba en zaherir continuamente a la criolla, llamándola *vieja* y *pasada de moda,* al mismo tiempo que daba pábulo a las historias galantes anteriores a su matrimonio que se contaban en los mentideros parisinos. El deseo no ocultado de Paulina era el de buscarle a Napoleón otra mujer entre sus amigas que fuese más joven y más hermosa que Josefina. La dueña del palacio de Fontainebleau, por su parte, ayudaba –puede que sin calcular el efecto– a propalar los pretendidos *amores* fraterno-carnales de Napoleón y Paulina, rumores que recogerán con fruición los ya madrugadores y numerosos enemigos del Primer Cónsul. Y, para herir más a la disoluta Paulina, una ofendida Josefina, no acaba de deshacerse en amabilidades con sus otras cuñadas, Elisa y Carolina.

Puede que fuesen estas *guerras* familiares las que le empujaran, de nuevo, a las de verdad, huyendo de los peligros de sus mujeres (esposa y hermanas). Reanudadas las hostilidades, lo serán por poco tiempo pues tras vencer a los austriacos en Marengo (1800), y cruzar los Alpes, se decidió –y consiguió– firmar una paz total con todas las naciones del continente, además de fijar un concordato con el papa Pío VII en 1801. Creyó así evitarse, en lo posible, enemigos no deseados, al tiempo que ganaba el sosiego necesario para dedicarse a legislar para el país. No podría hacerlo por mucho tiempo, pero sí fue suficiente para sacar adelante algunas cuestiones sonadas como, entre otras muchas, sancionar el Código Civil, fundar el Banco de Francia, crear la Legión de Honor y consolidar, desde una evidente prudencia y un calculado frenazo, los principios básicos de la Francia revolucionaria de 1789.

En esta primera época del ejercicio del poder, tuvo lugar un hecho que demostraría a muchos el carácter especialísimo de Napoleón en cuanto a su destino como gobernante. También el suceso evidenció la enorme sangre fría del futuro Emperador. Pues suceso fue, y sangriento, el ocurrido en la noche del día 24 de diciembre de 1800. En tan señalada jornada, Bonaparte se dirigía en su coche al Teatro de la Ópera acompañado de sus ayudantes, seguido de otro vehículo en el que iban Josefina, Hortensia (la hija de la criolla) y su hermana Carolina Bonaparte. Los vehículos iban protegidos por un numeroso grupo de coraceros. Todo se deslizaba con naturalidad cuando, al desembocar la comitiva en la calle de Chartres, una formidable explosión envolvió a todos en una densa nube de humo. Cuando éste se disipó, pudieron apreciarse los destrozos causados por la bomba: una fachada de un edificio destruida, más de veinte muertos en el suelo y numerosos heridos que se quejaban dolorosamente. Sin inmutarse y sin apenas pararse ni interesarse por las víctimas, el Primer Cónsul siguió su camino y llegó a la Ópera como si nada hubiese pasado, a pesar de que incluso su hermana Carolina había sido herida ligeramente. El atentado fue achacado a un noble llamado Saint-Regeant, a quien se guillotinó de inmediato.

Sus pretendidos diez años de poder como Primer Cónsul se convertirían en papel mojado al conseguir el nombramiento, y sustitución del anterior, por el que se autodesignaba Cónsul Vitalicio que acabaría por desembocar, fatalmente, en su coronación como Emperador en 1804 decidida por 3.752.000 votos a favor y sólo 2.759 en contra tras una nueva consulta popular. Con el nuevo título quería demostrar dos cosas: que, a pesar de las apariencias, no quería saber nada de los usos monárquicos de los Borbones; y, en segundo lugar, que al hacerse llamar Emperador, avisaba de que se disponía a emular al legendario Carlomagno, el fundador del Sacro Imperio Romano Germánico. Y, sin embargo, a partir de ese momento de su vida, los panegiristas del nuevo Imperio decidieron inventarle un origen no plebeyo al nuevo mo-

narca, haciéndolo descender nada menos que de aquel *hombre de la máscara de hierro* encerrado de por vida en la Bastilla, según algunos hermano gemelo del rey Luis
XIV, y según otros el verdadero rey, al que se le prohibió la libertad por el usurpador
del trono, su propio hermano. Para estos nuevos muñidores de dinastías, en aquella
prisión el regio prisionero al que nunca nadie vio el rostro, habría hecho el amor con
la hija del alcaide de la prisión, llamado Bonpart. El niño nacido de aquella relación,
nada más nacer, habría sido llevado a la isla de Córcega. En consecuencia, según estos fantasiosos biógrafos, Napoleón sería biznieto de Luis XIV y, por lo tanto, con
sangre borbónica corriéndole por las venas.

El solemne acto de la coronación tuvo lugar el 2 de diciembre de 1804 (el XI
Frimario del año 13 en el todavía vigente calendario republicano) en el templo metropolitano de Nôtre-Dame de París, hasta donde se trasladó el papa Pío VII, que intentaría colocar la corona imperial sobre la cabeza del general en un movimiento baldío ya que éste se la apropió y se la colocó él mismo y coronó después a Josefina. (Se
dice que tras la ceremonia, un brusco y ensoberbecido Napoleón deslizó en el oído
de la nueva Emperatriz este comentario: «¡Criollita! Esta noche dormiremos en el
palacio y en el lecho de los reyes».) El nuevo emperador justificaría después su au-
tocoronación en razón a que –fueron sus palabras– «he encontrado la corona de
Francia en el suelo y la he recogido». Según algunos testigos que después lo contaron, el acto en sí fue un auténtico desfile de disfraces, desde el propio Pontífice cubierto con sus más ostentosas vestiduras religiosas, pasando por el nuevo Emperador
coronado de laurel a imitación de su antecesor, el mismísimo Julio César, y acabando con el Cardenal de París y princesas, mariscales, senadores y damas de palacio y
de la galantería, todos con ricos tejidos y deslumbrantes joyas en un afán compulsivo de reunir en el nuevo Imperio todas las grandezas de los antiguos.

El porqué del título de emperador y no el de rey, pudo estar en esta justificación
del general. «Este título [de rey] –decía– lleva consigo ideas ya conocidas, y haría de
mí una especie de heredero. No quiero serlo de nadie. El título de emperador es a la
vez más grande y más vago; habla a la imaginación». Por su parte Talleyrand co-
mentaría sobre el carácter del nuevo Emperador y su egolatría: «En el título de emperador hay una combinación de República romana y de Carlomagno, lo que le hace
perder la cabeza». Con este acto solemne quedaban atrás, y olvidados, tantos sueños
de extender al mundo los principios de la Revolución Francesa y atrás se quedarían
también muchos que creyeron que Napoleón sería el elegido para tan magna, y al-
truista, empresa. Uno de ellos fue el compositor Ludwig van Beethoven, temprano
admirador del corso, al que le había dedicado su Tercera Sinfonía, y que al conocer
la noticia de su coronación, comentó desilusionado: «¡Era un hombre como los de-

más!». Para pasmo de todos (además de Beethoven), y en especial de los propios franceses «que odiaban el nombre de los reyes», tuvo lugar aquella increíble ceremonia que sobrepasaba en boato y magnificencia la de los viejos monarcas.

El acto de la coronación no fue sino anuncio y advertencia de lo que vendría más tarde, porque estaba meridianamente claro que, a la hora de la verdad, el Emperador imponía su despotismo sin pararse en barras. Así, apenas un lustro después de que Pío VII intentara colocar la corona sobre sus sienes, Napoleón privaba al Pontífice y a sus seguidores, de parte de sus territorios en Italia, para lo cual publicó un decreto por el que pasaban a depender del Imperio francés los llamados *Estados romanos o pontificios*. Decía así el decreto en algunos de sus apartados:

> *«Nos, Napoleón, Emperador de los franceses, Rey de Italia, Protector de la Confederación del Rhin, etc. (...) hemos acordado y acordamos lo siguiente:*
>
> *1.º Los estados del Papa serán anexionados al Imperio francés*
> *(...)*
> *4.º La Deuda Pública será declarada Deuda Imperial.*
> *(...)*
> *7.º El día 1º de Junio, una Junta extraordinaria tomará en nuestro nombre posesion de los Estados del Papa y adoptará las medidas convenientes para que se organice la administración constitucional, de manera que pueda entrar en el ejercicio de sus funciones el día 1º de enero de 1810.*
>
> *Dado en nuestro cuartel general de Schaembrunn (Austria), a 17 de mayo de 1809. Napoleón».*

Ante este expolio, el Papa elevó su más enérgica protesta ante el Emperador, que le respondió deteniéndolo y enviándolo, como prisionero, primero a la ciudad de Avignon y después a Savona. Pero tampoco pararía allí el viaje forzado del sucesor de Pedro, y ante el peligro de que llegara a ser liberado por los ingleses, se ordenó su traslado a Fontainebleau, y se le impidió el vestir sus hábitos eclesiásticos y sin tener en cuenta sus muchos años y su precario estado de salud. Tan fue así que, a mitad de camino hacia la capital de Francia, el Papa apresado tuvo que ser atendido por un cirujano y ser operado con toda urgencia.

Napoleón pretendió, a partir de su acceso al trono imperial, una especie de unificación europea *manu militari* o por presiones diplomáticas o convenios con las familias gobernantes del viejo continente (excepto Gran Bretaña en un primer momento), bajo el patrocinio de Francia. Idea –¿descabellada, prematura?– que provocó la coalición de las más rancias monarquías europeas contra el Emperador. A partir de esa declaración, Napoleón empezará una guerra total contra los países que se habían coaligado contra él, viviendo su alfa y su omega en el transcurso de más de dos décadas en aquella lucha formidable. Fue, desde entonces, un emperador *inquieto* que apenas descansaba –salvo cortísimas temporadas– en su residencia de Malmaison (dentro de su acogedor gabinete de trabajo). Y, por el contrario, sus continuos desplazamientos junto a sus ejércitos lo llevaron y trajeron por todo el continente una y otra vez. Sin embargo este ir y venir lo compatibilizaba con la atención que seguía prestando a la política interna, con proyectos importantísimos como, por ejemplo, el embellecimiento y engrandecimiento de la capital, París, a la que decidió mimar y para lo cual inició numerosas obras públicas que tenían como fin una nueva urbanización y trazado de la ciudad. También se rodeó de intelectuales y artistas o, simplemente, binévolos nuevos cortesanos como, entre otros, Chateaubriand, Madame de Stäel o, el pintor David, artista éste que será el pintor de cámara del emperador.

Napoleón se adelantaría más de un siglo a la Alemania de Hitler en su intención por conquistar Inglaterra, en principio fuera de sus planes pero enseguida incluida entre ellos. Para ello preparó una Grand Armée que, al final, sería vencida en Trafalgar (1805). No obstante, y en este mismo año, en el continente obtendría el sucesor de Carlomagno su más legendaria batalla contra las potencias coaligadas: Austerlitz, en la que, sólo contando a las víctimas producidas al enemigo, se contabilizaron 27.000 muertos. Sin embargo, su deseo de llevar la guerra a Portugal y España (países que pretendía invadir), le produciría un gran descalabro en las filas de su ejército y en su propio prestigio militar. De hecho nunca llegaría al primero de esos países y se enfangaría en el segundo, sorprendidos sus generales y mariscales por la resistencia de un puñado de brutos que practicaban una infernal forma de lucha, la guerra de guerrillas. Claro que estos inconvenientes no dejarían de parecerle nimios a quien, en esos momentos, vivía la gloria del poder más absoluto. El endiosamiento y el posteriormente llamado *culto a la personalidad* estaba servido. Como ejemplo, he aquí algunos mandamientos dirigidos a los jóvenes de los países sometidos a sus soldados en forma de atípico catecismo:

«–*¿Qué deberes tienen los cristianos para con los príncipes que les gobiernan, y cuáles son especialmente los que tenemos para con Napoleón I, nuestro Emperador?*

—Los cristianos debin a sus príncipes, y nosotros debemos especialmente a Napoleón I, nuestro emperador, amor, obediencia, respeto, fidelidad, servicio militar y las contribuciones que se impongan para conservar y defender el Imperio y su trono. Debémosle también fervientes oraciones por su bienestar y por la salud temporal y eterna de sus Estados».

Prescindiendo del Emperador, y volviendo de nuevo al hombre, resultaba ser un caballero no muy galante con las damas sin las que, por otro lado, no podía pasarse. Su primera esposa, la madura criolla, le perdonó sus deslices sentimentales siempre que fuesen pasajeros. En realidad, Bonaparte era más eróticamente cerebral que pragmático sensual. Y, en cuanto a la mezcla de asuntos de alcoba con intereses de Estado, los dosificaba a convenir. Por ejemplo, tras mantener relaciones con una Eleonora Denuelle que le dio un hijo, se sintió fuertemente atraído por una condesa polaca llamada María Walewska, quien se atrevió en principio a rechazarlo, como patriota ofendida que era, al pretender sus favores el emperador de Francia que ocupaba su país. Pero, sorprendentemente, la élite de la corte polaca (incluido su valetudinario esposo hasta el príncipe Poniatowski, amo de Polonia mientras no decidiera lo contrario el propio Napoleón), sin excepción, todos a una solicitaron a la pudorosa condesa que cediera y otorgara sus favores al corso, pues era más importante la salvación de la patria polaca que la de su propia honorabilidad. Como quien va al sacrificio, María Walewska se dejó seducir por Napoleón al que acabaría por amar y al que también le dio un hijo.

Estas paternidades al margen de su matrimonio paliaron el susto anterior del Emperador por su falta de descendencia, y que él mismo había achacado a sus frágiles espermatozoides y a la debilidad de su semen. La creencia en su propia esterilidad dejó paso, tras la maternidad de la Walewska, a un desprecio nuevo y a un repudio posterior dirigido hacia la Emperatriz, de la que no tardó en separarse por, ya estaba demostrado, no poder darle un heredero, hecho, por otro lado, muy difícil, teniendo en cuenta la edad de Josefina a la sazón: cuarenta y seis años. (En todo este entramado de política divorcista, ayudó lo suyo Paulina, la eterna enemiga de Josefina, que apostó entusiasta por una nueva esposa para su hermano.) Josefina, una vez decidido el divorcio por el Emperador, se retiró prudentemente a su residencia de Malmaison. No podía quejarse demasiado puesto que su esposo, como compensación a su ostracismo, le había hecho magníficos regalos además de señalarle una pensión de dos millones de francos.

Tras hallarse de nuevo libre, inició rápidamente la búsqueda de su sustituta a la cabecera del Imperio. La nueva dueña de su corazón (y de su corona) resultó ser una Habsburgo, María Luisa, hija del emperador de Austria Francisco I, su gran enemigo, y de la que le nacería un hijo que sería conocido como Napoleón II y, también, como *rey de Roma*. No obstante, en el capítulo de su vida privada, habría que hablar además de amores y amoríos y entonces sería otra historia. Baste decir que, entre las mujeres que intentó amar pero que tuvieron la actitud valiente de no dejarse rendir al poder del Emperador, hubo un listado numeroso de nombres de mujeres que se jugaron el todo por el todo con sus rechazos. Las hubo de todas partes y de todas las clases sociales, desde cantineras anónimas a damas encumbradas y nobles, como, por ejemplo, Madame Recamier, una de las que le daría calabazas sin remisión. O como una hermosa actriz llamada mademoiselle Georges, de la que se prendó al admirarla en el teatro haciendo la Hermione de *Andrómaca*, de Eurípides. La Georges saltaría al primer plano de la actualidad por un hecho escandaloso y un tanto oscuro: estando en la cama con el Emperador, éste sufrió un ataque de epilepsia que asustó mucho a la actriz, hasta el punto de que ésta, desnuda como estaba, salió en busca de auxilio, siendo testigos todos los que en esos momentos se encontraban en palacio de la verdadera ocupación del emperador. Cuando éste se recuperó, lleno de rabia, ordenó la expulsión de la Georges de Francia. La ira del emperador no había sido tanto por el escándalo de aquellas relaciones (que practicaba de continuo con la actriz) como por la difusión de su enfermedad. De hecho, y en el cénit de su poder y su megalomanía, caían en desgracia los que llegaban a admitir públicamente que el Emperador podía padecer las mismas enfermedades que el resto de sus súbditos.

En sus momentos de máximo enfado, Napoleón llegaba a dar puntapiés en el trasero a los que estaban más cerca, sin hacer distingos de sexo, edad o condición. Se atribuían estos accesos a una herencia de un padre alcohólico como lo fue siempre Carlo Buonaparte. Y enfado máximo sería el que soportó en más de una ocasión por los chismorreos y murmuraciones que corrían entre la gente sobre una de sus muchas infidelidades, y que, para más inri, se producían mientras todavía estaba casado con Josefina. El enfado en este caso alcanzaba altas cimas de mal humor en la persona del Emperador y anunciaba peligro máximo, puesto que la nueva amante se llamaba Hortensia y era hija de la misma Emperatriz y del guillotinado Beauharnais. El amor de Napoleón por su hijastra fue volcánico, hasta el punto de que, al tener que cumplir con sus deberes conyugales con Josefina, se había hecho colocar en la cabecera de su cama un retrato de Hortensia, a la que miraba mientras abrazaba a su madre para hacerse la ilusión de que a la que en realidad poseía era a ella y no a la ya envejecida viuda criolla. Al enterarse de aquellos amores, Josefina logró enviar a su hija lejos de París, pero Napoleón la siguió. Enloquecido con su hijastra, el Emperador llegó a ofrecerle a Hortensia el ser reina de Holanda. Una primera negativa se volvería en aceptación cuando, poco después, al anunciar su embarazo, Napoleón la casó rápidamente con su hermano, y los nombró, ahora sí, reyes de Holanda bajo su tutela.

1812 fue el año de la culminación del Imperio napoleónico, que se extendía ya sobre más de 50 millones de europeos. Pero, a partir también de esa fecha, se iniciaba el principio del fin del mismo con la equivocada campaña de Rusia, letal para el Emperador como lo sería, también en el mismo escenario, siglo y medio después, para Hitler. Contra el Imperio zarista, Napoléon lanzó 450.000 hombres, escogidos entre los mejores de sus ejércitos, con los que logró llegar hasta las puertas de Moscú. Pero primero el incendio de la capital rusa por sus habitantes, y después a causa del general invierno (como años más tarde), todo ello le obligó a iniciar una desordenada retirada en la que murieron, sobre todo de hambre y frío, 440.000 soldados de entre aquellos que habían iniciado la abortada conquista. Algunas muestras de su desprecio por las vidas ajenas por Bonaparte las ubicaron algunos autores en esta durísima campaña, como aquel macabro espectáculo del puente destruido. El asunto fue que, en el acceso a una localidad, los rusos habían volado un puente, lo que imposibilitaba al ejército napoleónico alcanzar la plaza. Entonces, parece que al Emperador se le ocurrió una idea luminosa que consistiría en llenar el espacio del puente derruido con los cadáveres apilados de la batalla anterior, ordenando que se recurriera, si no eran suficientes, a rematar a los heridos. Así parece que se hizo, y tras cumplir tan macabra orden, sus hombres pudieron atravesar al otro lado del río pisando sobre un montón de cadáveres.

Una vez se hubo iniciado la que sería implacable descomposición del Imperio, estos descensos a los infiernos suelen durar poco. En el caso del poder de Napoleón, su ocaso total le llevaría, apenas dos años más tarde, a tener que abdicar. Su buena estrella se ocultó para siempre en el palacio de Fontainebleau, lugar en el que hizo efectivo su alejamiento del poder y en el que firmó su abdicación en abril de 1814 tras un dudoso intento, abortado, de ingerir un fuerte veneno para no asistir a tamaña humillación. El acta por la que admitía su derrota ante los países coaligados contenía la siguiente introducción:

> «*Habiendo proclamado las potencias aliadas que el emperador Napoleón era el único obstáculo para el restablecimiento de la paz de Europa, el emperador Napoleón, fiel a su juramento, declara que se halla pronto a descender del trono, dejar la Francia, y aun la vida por el bien de la patria, inseparable de los derechos de su hijo, de los de la regencia de la Emperatriz, y de la conservación de las leyes del Imperio.*
>
> *Hecha en nuestro palacio de Fontainebleau, el 4 de abril de 1814*».

Sin embargo no fue privado de su título de Emperador, aunque su Imperio quedara reducido a la extensión de la pequeña isla de Elba. Hasta allí marchó y allí vivió durante un año con ochocientos de sus seguidores, vigilado por el general Collet, en representación del emperador de Austria, y del coronel Campbell, por parte del Reino Unido. Aunque llamó a su lado a su familia, sólo le visitaron su madre, madame Leticia, y su hermana más querida, Paulina. Ésta organizó enseguida toda clase de divertimentos para sacar la abulia del interior del Emperador, inaugurando la temporada de festejos con un gran baile de máscaras en Porto Ferrajo. Curiosamente, el mismo día elegido para su fuga, se organizó otro baile al que fueron invitados, para despistar, el general Campbell, que no acudió porque a esa misma hora abandonaba la isla, hecho insólito que despertó las dudas sobre la posible complicidad con el plan urdido por los bonapartistas. Aquella aburrida isla fue abandonada por Napoleón y un puñado de fieles apenas unos meses después de ser confinado allí, para sorpresa de los que no estaban en el secreto. El emperador desembarcó en la Riviera, cerca de Cannes, con lo que dio comienzo el conocido como *reinado de los Cien Días.*

Desde allí, a París, y en la capital de nuevo, el espejismo de la gloria y de los buenos tiempos le empujaron a tratar de reorganizar sus ejércitos y en su mente calenturienta, anidó el convencimiento de repetir las hazañas y las glorias del pasado, como si nada hubiera ocurrido. El cruelísimo despertar culminó en la derrota, ahora definitiva, de Waterloo (18 de junio de 1815). Esta última batalla, del corso tuvo lugar en una planicie al sur de la capital belga, Bruselas, y en ella hubo 25.000 víctimas entre muertos y heridos, y 16.000 desertores (todos entre las filas napoleónicas). Por su parte, los aliados contra el Emperador sufrieron 22.000 bajas. Sin embargo, a punto estuvo el ejército imperial de ganar aquella batalla pues se dio el caso absurdo de que ingleses y prusianos, aliados circunstanciales contra Napoleón, se dispararan entre sí cañonazos nada inocuos, que prosiguieron incluso cuando un oficial prusiano llegó hasta las filas enemigas (británicas) para aclarar el error de que se peleaban los teóricos aliados, y no contra el enemigo común. Pero, incluso una vez recibido el aviso, la terca respuesta de los ingleses fue que sólo dejarían de disparar si lo hacían primero los prusianos.

Pero, anécdotas aparte, hay que decir que el nombre de Waterloo no correspondió exactamente con el del campo de batalla al que se adjudicó (en Waterloo lo único que sucedió fue que Wellington redactó la rendición que después rubricaría Bonaparte). Por el contrario, el escenario real de la última escaramuza del ex Emperador fue una granja conocida como *La Belle Alliance,* que era también el cuartel general napoleónico. Se dijo que, una vez hubo pasado algún tiempo y reconocido el

escenario del sangriento encuentro bélico, entre los objetos personales que el enemigo encontró en el que fue el cuartel general napoleónico estaba un libro que correspondía a una versión francesa de *El Príncipe*, el manual de gobernantes poco es-
crupulosos del florentino Nicolás Maquiavelo. Aquel volumen contenía valiosos
comentarios del propio Napoleón (de su puño y letra) sobre cada uno de los capítulos de la famosa obra y que, al parecer, el Emperador había anotado en su exilio de
Elba y que, por lo que había ocurrido después, no fue, precisamente, un vulgar pasatiempo de desterrado abúlico.

Una vez tuvo que admitir su derrota, hubo un primer intento por parte del emperador vencido de marchar a los Estados Unidos, pero esto no pasaría de un sueño utó-
pico del que despertó al ser hecho prisionero por los ingleses y deportado a otra isla, la
de Santa Elena, más bien un islote situado a 1.900 kilómetros de la costa africana más
próxima, en el Atlántico Sur. A bordo del navío *Nothumberland* que le conducía a su
destino, el que fuera amo de Europa reconocía a los contados incondicionales que le
acompañaban que «en mi carrera faltaba la adversidad». Sus vencedores le habían puesto una atenta guardia de un millar de soldados ingleses que le vigilaban constantemente. Sin embargo, aunque muy contados, en Santa Elena hubo también franceses que no
se separaron de él, incluidos algunos que ya le habían hecho compañía en Elba, como
Henri-Gratien Bertrand, ex mariscal de Francia y amigo de Bonaparte desde 1798; y el
conde Charles-Tristan de Montholon, aristócrata que se había hecho bonapartista y al
que acompañaba en la isla su joven y hermosa esposa quien, al parecer, y con el visto
bueno del conde, visitaba al ex Emperador en la intimidad, hasta el punto de que, según
parece, llegaría a nacer en Santa Elena una niña a la que se habría bautizado con el nombre de Napoleone. Pero aparte de estos y alguno más de su círculo, nada ni nadie le unía
al resto del mundo pues sus guardianes no le dieron la más mínima noticia de su esposa, la emperatriz María Luisa de Habsburgo, ni de su hijo, el llamado *rey de Roma*.

El que fuera emperador de Francia y terror de Europa, junto a sus acompañan-
tes, tenía a su disposición para su descanso una enorme villa llamada Longwood
House, de unas 23 habitaciones, pero muy sucia, abandonada e inhóspita. Sin nada
que hacer en todo el día, el que se consideró a sí mismo émulo de Alejandro y de César, se entretenía dictando sus recuerdos (el luego famoso *Memorial de Santa Elena*)
a un paciente conde de Las Cases. Pero él mismo escribía a ratos otra clase de textos, como el de una novela a la que consiguió dar por finalizada y que tituló *Clisson
et Eugénie*, basada en sus amores frustrados con aquella preciosa marsellesa llamada Desirée que acabaría casándose con su amigo Bernadotte.

El que sería su definitivo destierro le dio todo el tiempo para pensar en su vida
pasada, puesto que la futura la tenía ya hipotecada. Su estancia en la *isla maldita* le

hacía añorar la de Elba (tan inhóspita la consideraba), y afirmaba pesimista, que en Santa Elena no había ni sol ni luna, todo un panorama mental y anímico verdaderamente destructivo. Allí alguien le oyó decir unas palabras sorprendentes salidas de la boca de quien salían: «¿Qué es la guerra? Un oficio de bárbaros». También en la soledad de su isla-prisión volvió a sus viejas aficiones, como el estudio de las Matemáticas, Historia y Geografía. Volvió así mismo a la lectura, su otro gran pasatiempo, releyendo los Evangelios, la *Odisea* y algún volumen del gran Corneille, autor que se sabía casi de memoria. Pero esta especie de vida bucólica relativa cambió drásticamente cuando, en abril de 1816, llegó a su isla-prisión un nuevo gobernador-carcelero, Hudson Lowe. Obsesionado el nuevo responsable con la posibilidad de que, una vez más, Napoleón se escapara, el militar inglés endureció las condiciones de vida del prisionero, hasta el punto de que este estaba seguro de que Hudson lo estaba envenenando lentamente.

Después aparecerá en su vida, de nuevo, la amada hermana Paulina quien, sin arredrarse, escribirá a lord Liverpool solicitando el traslado de su hermano enfermo a un mejor clima, ya que «si nuestra petición es rechazada –advertía– será para él una sentencia de muerte». Lo cierto fue que, desde marzo, el enfermo empeoró gravemente. Ante el cariz que tomaba la salud de Bonaparte, además del doctor Antomarchi, le trató el doctor Arnott, médico del 20 Regimiento, aunque ambos se encontraron con la cerrazón del ilustre enfermo a medicarse, pues no hacía más que repetir, fatalista, que «nuestra hora está marcada». Lo cierto era que el Emperador se moría muy lentamente, tanto si se debía a un hipotético envenenamiento o a causa de una grave enfermedad. Si se admitía lo segundo, muy grave debía ser el mal ya que el general Bonaparte falleció en Longwood el día 5 de mayo de 1821, coincidiendo su muerte con una jornada infernal en la que durísimos fenómenos atmosféricos se volcaron sobre Santa Elena, sobre todo una horrísona tempestad que pareció sumarse, escandalosamente, al adiós al Emperador de los franceses.

Entre los papeles encontrados al muerto estaba aquella parte de su testamento que hablaba de su deseo de descansar junto al Sena, y en medio del pueblo francés. En este caso especialísimo, el último deseo del moribundo no sería aceptado, y el gobernador inglés puso el grito en el cielo ante semejante petición. Según éste, los restos de Napoleón habían de permanecer también en aquel islote del diablo. Convencidos los partidarios de respetar el último deseo de Napoleón de lo inútil de sus súplicas, decidieron buscar un lugar adecuado en aquel islote ingrato digno de recibir los restos del corso. Algunos recordaron uno de los pocos rincones agradables de la isla de Santa Elena, un escondido rincón del que manaba un agua cristalina que le había aliviado, mientras vivió allí, sus fuertes dolores de estómago. Todos estuvieron de acuerdo, y se procedió a su enterramiento. También le pareció aceptable a Hudson, y en medio de una solemne procesión, el ataúd del Emperador se dirigió al lugar elegido, descansando bajo los sauces. Hasta 1840 estuvo allí la tumba de Napoleón, dentro de un féretro colocado en dos cajas de madera y aislado del exterior.

Tras la larga pesadilla, no sólo del Imperio sino de las grandes convulsiones de Francia desde 1789, al enterrar a Bonaparte, por fin respiraron tranquilos los monarcas europeos y las familias de la nobleza, no tan convencidos de su muerte real, a pesar de conocer la prisión sin posibilidad de escape en la que se encontraba el odiado advenedizo, sintiendo un latente terror supersticioso de que también del más allá pudiera regresar. Cuando se corrió la noticia por todo el continente de que, en efecto, estaba muerto y bien muerto, aquellos celebraron el fin del _Monstruo,_ el más suave apelativo con el que se referían en las cancillerías monárquicas al pequeño cadete de Ajaccio que los había hecho, en más de una ocasión, serviles lacayos o humillados aliados. Pero allí estaba el certificado de defunción extendido tras la autopsia y que estaba firmado por Shortt (oficial de sanidad), Arnott (cirujano del Regimiento número 20), Mitchell (cirujano de navío), Burton (médico del regimiento número 66) y Livingstone (cirujano al servicio de la Compañía de Indias). Apenas un mes antes de su muerte, el 15 de abril, había firmado su testamento que, entre otros apartados, decía:

> «(...) _Deseo que mis cenizas descansen a orillas del Sena, en medio del pueblo francés, que tanto he amado._
>
> _(...)_
>
> _Recomiendo a mi hijo que no olvide nunca que ha nacido príncipe francés, y que no se preste jamás a servir de instrumento en manos de los triunviros que oprimen a los pueblos de Europa. Jamás debe combatir ni perjudicar de ningún modo a la Francia; debe adoptar mi divisa: «Todo para el pueblo francés»._
>
> _Muero prematuramente, asesinado por la oligarquía inglesa y su sicario; el pueblo inglés no tardará en vengarme. (...)»._

Por cierto que, si consideramos en la personalidad del Emperador y sus sempiternos idólatras, se cuenta la odisea de una célebre mascarilla que fue sacada del cadáver de Bonaparte por su médico, el doctor Arnott. El médico aprovechó unas horas de soledad junto al cadáver para intentar reproducir en cera el rostro del muerto, sabedor de que aquella reliquia tendría muy pronto un gran valor. Cuando Arnott llegó a Europa, ofreció su reliquia en la corte de Wurtenberg, siendo gratificado con una sustanciosa cantidad de dinero. En el año 1827, la mascarilla fue robada, y ya no se volvió a saber de ella hasta 1855, cuando un militar del ejército de Baviera, Winnenberg, dio la campanada exhibiéndola en pleno Oxford Street de Londres, y concitó a su alrededor toda una multitud de curiosos que taladraban con la mirada el rostro con la serenidad de la eternidad del emperador. El gobierno francés protestó y el capitán fue detenido, aunque enseguida recobró la libertad y otra sustanciosa cantidad de dinero por desprenderse de ella. La mascarilla le fue devuelta entonces a Jerónimo, el hermano menor de Bonaparte, quien la conservó en su poder hasta su muerte, en cuya oportunidad la recibió Napoleón III, sobrino del corso. El nuevo Emperador mantuvo la *viajera* mascarilla muy aderezada y adornada en un lugar destacado de palacio hasta que, durante la guerra franco-prusiana y en la posterior revolución de la Comuna, ya no se volvió a saber de ella.

La anécdota anterior prueba que el hombre que había fallecido en el islote de Santa Elena resultaba inolvidable para partidarios y enemigos, y no sólo para sus contemporáneos, sino después, pues todavía dos siglos más tarde se seguían discutiendo sucesos y hechos como, por ejemplo, la causa real de su muerte, de tal forma que si hacía unas décadas se llegaba a admitir que había sido envenenado con arsénico, últimamente se ha vuelto a discrepar, los especialistas dan como causa del fallecimiento, una vulgar úlcera de estómago. Fuera una u otra la causa última del desenlace, lo cierto había sido que, hasta concluir su vida, al ex Emperador se le empezaron a descubrir lacras, males congénitos, debilidades orgánicas y aberraciones psíquicas en las que resultaba difícil separar la verdad de un diagnóstico médico de la venganza *a posteriori* de sus vencedores.

Incidiendo en esto, se sacó a colación, además de su conocida epilepsia, que sufrió de tiña, que tenía problemas de vejiga, que padeció el acoso de las enfermedades venéreas y que, en fin, lo pasó muy mal con las hemorroides. No se libró tampoco de ser señalado como impotente, hasta el punto de que, a raíz de esta aseveración, se corrió el rumor de que el hijo habido con María Luisa había sido engendrado por otro. Pero sobre todo, sus enemigos sacaron a la luz mil y una frases atribuidas al muerto con las que evidenciar su tiranía, actitud por otro lado común a todos los grandes conquistadores y absolutamente coherente con el desprecio por las vidas ajenas que tenían todos ellos. En este caso el Emperador de los franceses no había sido una excepción sino al contrario. En sus últimos tiempos, Metternich le había afeado el que sus ejércitos estuviesen compuestos por numerosos contingentes de soldados-niños. Fuera de sí, Napoleón le respondió desde su atalaya de soldado y militar, casi desde la cuna: «Usted no es soldado e ignora lo que ocurre en el alma de un soldado. Yo he crecido en los campos de batalla, y un hombre como yo se cisca en la vida de un millón de hombres». Toda una confesión que no resultaría hiperbólica si creemos a Hipólito Taine, que calculó en más de tres millones las víctimas de las guerras napoleónicas, entre 1804 y 1815.

Acababa así la vida de un déspota que, sin embargo, con las armas, la guerra y la muerte, intentó llevar también al mundo los principios teóricos de libertad y progreso propios de la Revolución. (No hacía mucho, allí mismo, en su isla-prisión de Santa Elena, Bonaparte decía no vanagloriarse de sus más de 40 batallas victoriosas, pero sí del Código Civil o de la Legión de Honor, entre otras obras civilizadoras por él impulsadas.) El ex Emperador había pedido expresamente que enviaran su corazón a María Luisa, su esposa, solicitud que también fue rechazada por sus carceleros. Con su muerte no acabó su poderío e influencia (para algunos, incluso, nefasta), de tal forma que incluso su más perseverante perseguidor, Metternich, opinó al conocer su fallecimiento algo así como «yo no quería su desaparición, sólo cortarle las alas».

Años más tarde, en 1840, el entonces nuevo rey de Francia, Luis Felipe (duque de Orleáns) permitió que los restos del Emperador volvieran a París. Una vez en la ciudad, desfilaron por las principales avenidas, a cuyos laterales se agolpaban miles de personas absolutamente entregadas al recuerdo de su emperador y que alcanzaron su punto más alto de emoción cuando el féretro pasó bajo el Arco del Triunfo que se había levantado en honor de las victorias de Bonaparte. Poco después, sus restos llegaban al lugar destinado para su eterno descanso: la cripta ubicada bajo la cúpula de la iglesia de los Inválidos donde fueron encerrados en un marmóreo féretro obra del escultor Visconti.

Comparado con Alejandro Magno, Julio César o Carlomagno, como ellos, Napoleón I pasó a la Historia como un genio y como un criminal, según sus panegiristas o sus detractores, aunque al final en su balanza pesarían los centenares de miles de muertos que sus guerras provocaron, además de traicionar en su favor la fuerza que la Revolución había puesto en sus manos. No obstante, a su muerte, y durante todo el siglo XIX, sus exaltados partidarios (que los tuvo, y durante muchos años), decidieron a la vista ya del final de aquella centuria que el siglo que moría debería llamarse en el futuro «el siglo de Napoleón».

Haciendo un balance final, hay que admitir que, como con todas las grandes figuras de la Historia, el blanco y el negro nunca son absolutos en la vida de Napoleón, y junto a virtudes como una imaginación alumbradora, una voluntad férrea, y unas decisiones de una audacia temeraria, junto a ellas, los historiadores oponen una genialidad un tanto espantable, una ambición conseguida sin ponerse freno alguno, una entrega total a lo hiperbólico, y una crueldad para la que él mismo no conocía atenuantes. Tras su muerte, nacía el mayor mito de la Historia moderna, en el sentido de no poder evitar su vivisección por miles de literatos, artistas y, ya en el siglo XX, los guionistas cinematográficos.

Fue un personaje que parece que hubiera existido para ser filmado. Desde muy joven, el séptimo arte lo llevó a la pantalla, con el legendario y monumental *Napoleón* de Abel Gance (1927), en el que el director francés puso a su servicio toda la técnica del momento para rendir un homenaje a su importante paisano, entre otros logros, la proyección en pantalla triple, sobreimpresiones y una ágil cámara que no descansa un minuto. En 1934 fue sonorizada, con lo que el valor y el homenaje al gran corso se enriquecieron aún más. Luego vendrían otros muchos, como *María Walewska* (Clarence Brown, 1937) con un enorme Charles Boyer en el papel del Emperador y una deliciosa Greta Garbo en el personaje de la aristócrata polaca. Para finalizar con la *Desirée* de Henry Koster (1954), con Marlon Brando representando a un atormentado Bonaparte. Una muestra mínima de lo anteriormente citado puesto que se contabilizan más de 150 películas que de una forma u otra, hicieron al *petit Caporal* protagonista de la pantalla.

Capítulo XLIII

Fernando VII

(1784-1833)

Aunque en los manuales de Historia se le conoce con ese sobrenombre, realmente, y al final, fue el menos *deseado* de los monarcas españoles, aunque blanco de toda clase de descalificaciones por historiadores y escritores monárquicos, caso, quizá único en nuestro pasado histórico. Sin embargo el apelativo tenía su lógica, sobre todo dada la animadversión del pueblo hacia su madre, la reina María Luisa de Parma, y su amante, Manuel Godoy. El pueblo amaba al Príncipe de Asturias (fue jurado como tal en septiembre de 1789) no por él mismo, sino como recambio a un poder corrupto y licencioso encarnado por la Reina y el favorito. Después, el largo destierro de España a partir de abril de 1808 y su regreso seis años más tarde con un Napoleón vencido, añadió esperanzas de felicidad a un pueblo que deseaba pasar página.

Pero, enseguida, Fernando aparecerá como la encarnación perfecta del despotismo. Al hijo y heredero de Carlos IV es cierto que le tocó vivir una de las etapas más extraordinarias y revueltas de la moderna historia española y europea, con la Gran Revolución en Francia y su posible –y no deseado– contagio a la España del despotismo ilustrado. También tuvo la mala suerte de coincidir con el esplendor y la fuerza de un Napoleón I que, no sólo era un vecino fanfarrón y peligroso, sino que, mucho más grave, acabó siendo un vecino que quiso colarse en nuestra casa. Pero, al margen de esto, Fernando siguió una errática y servil conducta para con los más fuertes (Napoleón) y, al mismo tiempo, una persecución cobarde propia de un tirano para con su pueblo (los débiles) que, ignorando la verdadera calaña de su príncipe, no sólo lo llamó *el Deseado,* sino que, en su nombre, España se levantó en armas contra el invasor de más allá de los Pirineos en la que se llamaría Guerra de la Independencia.

Fernando era hijo del rey Carlos IV y de la reina María Luisa de Parma y nació en el Real Sitio de San Ildefonso, en las cercanías de Madrid. Siendo todavía Príncipe de Asturias, pero teniendo, aparentemente, muchas prisas por heredar la Corona, se quiso atraer a Manuel Godoy a su partido incitándolo para que, unidos en la conspiración, hicieran más presión y obligar así a que, lo antes posible, Carlos IV, su padre, abandonara el trono. Al negarse el favorito a entrar en este juego, volvió su odio contra él, aunque no cejó por eso de seguir, por su cuenta, el camino del derrocamiento paterno. Descubiertos estos manejos, Fernando apareció muy asustado ante Carlos IV, al que hizo toda clase de promesas de no volver a hacerlo, además de otras humillaciones que, por lo menos, consiguieron granjearle el perdón del monarca.

Tras sufrir un enorme susto con motivo del Motín de Aranjuez (marzo de 1808) que acabaría provocando la caída de Godoy, Fernando y sus padres fueron atraidos hasta Bayona por el emperador Napoleón, abdicó allí Carlos IV a favor del Príncipe de Asturias. Pero un Fernando achicado ante la presencia del gran corso devolvió la corona a su padre que, a su vez, en una escena bochornosa, la cedió a Napoleón. Pero no acabó en el emperador de Francia el «viaje» de la tan desgraciada y prostituida corona española, ya que Napoleón se la acabaría entregando a su hermano José, que al final, sería el nuevo rey de España.

Durante los seis años que duró la Guerra de la Independencia, Fernando permaneció retenido en Valençay, hasta que vencido Napoleón, regresó a España en 1814. La alegría de los españoles fue inenarrable, y de ahí le vino lo de *el Deseado.* El paso de la comitiva por media España produjo, además de un entusiasmo evidente, escenas humillantes y sonrojantes, como la de que, en algunas villas y poblaciones del recorrido, fueran sustituidas las bestias de tiro de la carroza real por entusiastas realistas que, ocupando el lugar de aquellas, tiraban del carruaje.

Pero la euforia duró poco ya que lo primero que hizo Fernando fue declarar nula la Constitución liberal gaditana de 1812 y todos sus decretos. De inmediato, se proclamó Rey absoluto sin obligación de dar cuenta a nadie de sus actos, incluidas

–y sobre todo– las Cortes. Con su regreso y su descalificación de *la Pepa* y la brutal persecución a sus redactores y seguidores, Fernando VII contribuía poderosamente al nacimiento de esas «dos Españas» que, más de un siglo después, habían de helarle el corazón a Antonio Machado. A tenor de la época, unos y otros (absolutistas y liberales) se defendían o se atacaban con versos satíricos que, por desgracia, solían concluir en actos menos lúdicos como ejecuciones y cárceles. Así, los constitucionalistas, cuando aún creían que Fernando juraría la Constitución, cantaban: «Trágala o muere / tú, servilón, / tú que no quieres / Constitución». Los serviles, a su vez, contraatacaban con letrillas como ésta: «Pitita bonita, con el pío, pío, pon / viva Fernando y la religión».

A partir de ese momento, el mismo individuo fue rey constitucional o monarca absoluto, según vinieran los vientos y siempre dispuesto a salvarse adaptándose a las circunstancias. Los españoles, al ritmo de los vaivenes de su rey, aseguraban o arrancaban las miles de placas que, en toda España, daban nombre a las plazas principales llamándolas *de la Constitución*. Los súbditos de tan antipático monarca, que sólo lo habían soportado durante mes y medio antes de su exilio dorado en Francia, pasarían a su regreso por hasta tres períodos opuestos con el mismo individuo a la cabeza de la monarquía, bien al frente de los liberales, o persiguiéndolos y haciéndolos fusilar. Entre 1814 y 1820 Fernando usó y abusó de su absolutismo recién estrenado. Después, desde 1820 a 1823, en el llamado *Trienio Liberal,* fue el más constitucionalista de todos, el primero incluso; y desde 1823 a 1833, año de su muerte, gobernó a un pueblo desgraciado en la que será conocida como *Década Ominosa*.

Sus enemigos, salvo el corto período del trienio liberal, fueron masacrados sin piedad. Quedaba el derecho a la protesta mediante la proliferación de pasquines insultantes y la popularización de apodos denigrantes para el monarca, como *el Narizotas* o *Cara de pastel*. Apelativos, por otro lado, bastante acordes con la realidad del Borbón a quien, por cierto, retrató todavía en 1814, un Francisco de Goya tan inmisericorde con él como lo fue, años atrás, con toda su familia. Sobre este retrato de Goya, escribirá después Gómez de la Serna:

> *Tiene el último* Fernando VII *de Goya (...) una expresión siniestra que provoca inevitablemente en quien la contempla una impresión acre, de repulsa, casi de repugnancia física. No hay un jayán igual en ninguna galería de retratos de reyes de ningún otro país.*

Para su dictadura real, Fernando no tuvo, como sus antecesores, un favorito, sino varios. Claro que, a tenor de la calidad del Rey, así fueron sus consejeros. Entre otros, se pueden citar a Escoiquiz (prelado ultramontano), el duque de San Carlos (un noble de la España más negra), *Chamorro* (un tal Collado, ex aguador), Ugarte (esportillero en su juventud) y un personaje foráneo pero tan siniestro como los de la camarilla española: el embajador del otro gran autócrata, el zar de Rusia Nicolás I, Tatischev, partidario de la mano dura con toda clase de liberales. Sin embargo, y a pesar del alto precio en sangre de la represión del odiado Fernando, se prodigaron cada vez más, nuevas sublevaciones y motines que jalonaron todo su reinado.

Pero, al margen de su despotismo y su desprecio para del pueblo, al mismo tiempo vivía muy alejado de la, por otro lado, cercana religión tridentina que le sostenía y, en su vida privada seguía una conducta poco pía. Para empezar, el rey de España contrajo cuatro matrimonios en su vida: el primero con su prima carnal María Antonia de Borbón, hija del rey de Nápoles; el segundo con una sobrina, también carnal, llamada María Isabel de Braganza y Borbón, hija del rey de Portugal; la que hacía el número tres se llamaba María Josefa Amalia de Sajonia, hija del príncipe de Sajonia; y la cuarta y última sería María Cristina de Borbón y Borbón, que le sobreviviría. Pero, además de sus cuatro matrimonios, Fernando fue muy aficionado a las faldas en general. Una de las amantes más conocidas fue Pepa, *la Malagueña*, una aspirante a cortesana de otros tiempos que, según las malas lenguas, además de acostarse con el Rey, lo hacía con otros empingorotados personajes del entorno real. En este apartado de su vida, todos los autores coinciden en la gran actividad sexual del Monarca que, en palabras de Juan Balansó, si al contraer su cuarto matrimonio contaba cuarenta y cinco años de edad, en realidad podía presumir de «ochenta de experiencia erótica».

Pero, en el pecado llevó la penitencia, y fue en la misma casa de aquella Pepa sandunguera y promíscua donde se decidió, un día, dar muerte al déspota, según decisión de los que formaban parte de la que se llamaría la *Conspiración del Triángulo*. El nombre no tenía nada que ver con algo parecido a la francmasonería, sino al sistema seguido por los conspiradores para no ser descubiertos y que consistía en que cada conjurado sólo debía conocer a un superior y a un inferior. A la cabeza de la idea del magnicidio se encontraba un abogado alicantino llamado Vicente Ramón Richart Pérez. Gracias a este sistema, y a pesar de ser sometidos a tormento algunos de los participantes, no pudieron dar nombres. Pero lo cierto es que el complot acabó por ser descubierto, y se iniciaron entonces una serie de ejecuciones espantables. Así, el jefe visible, Richart, fue ahorcado y, una vez cumplida la sentencia, se decapitó su cadáver y fue colocada la cabeza en una jaula junto a la Puerta de Alcalá.

Pero lo anterior no fue sino un hito más en un reinado plagado de abusos y torpezas. Como lo fue, por ejemplo, el restablecimiento de la Junta Apostólica, agrupación nefasta que, alentada por el Papa, tenía por objeto exacerbar la persecución con los liberales y los defensores de la Constitución. Trasunto exacto de la Inquisición, la Junta fue la responsable del último ajusticiamiento del Santo Oficio en España, en la persona de un humilde maestro de escuela llamado Antonio Ripoll, que ejercía su magisterio en el pueblo de Ruzafa. Denunciado por leer *libros prohibidos,* fue conducido a la horca en la que debía ser colgado, tras lo cual, su cadáver fue metido en un tonel adornado con llamas y diablos mal pintados, y arrojado a un río. También la Junta Apostólica, brazo derecho del Rey, fue la que llamó en auxilio del absolutismo a los monarcas europeos, que acudieron como un solo hombre a reponer a su hermano en el trono. Lo hicieron invadiendo España con los que serían conocidos como los *Cien Mil Hijos de san Luis*. También pereció en este oleaje de sangre una muchacha granadina de veintisiete años llamada Mariana Pineda, por el terrible delito de ser descubierta bordando en una bandera la leyenda «¡Viva la Libertad!».

Una de las revueltas más sonadas contra Fernando VII estuvo capitaneada por el general Riego en 1820, que fue sofocada a sangre y fuego por las tropas francesas llamadas por Fernando para que acudieran en su ayuda. Sin embargo, hubo otras antes y las habría más tarde. Entre las primeras, las de los generales Díaz Porlier (1815) y Lacy (1817), la de Vidal en 1819 y, después, en 1827, la de *los Agraviados*. Si ello era posible, a partir de estos sucesos se intensificó la represión, siendo imposible de cuantificar el gran número de ahorcados, encarcelados, perseguidos con saña o los que, sin quererlo, tuvieron que coger el camino del exilio si querían salvar la cabeza. Uno de los que escaparon (en su caso, a Portugal) fue *el Empecinado* (Juan Martín Díaz), un rudo campesino castellano que, con motivo de la invasión napoleónica, se había levantado contra el invasor en nombre, precisamente, de Fernando VII, aquel todavía *Deseado*. Ahora, y después del restablecimiento del absolutismo tras la otra invasión francesa de los *Cien Mil,* creyó oportuno quitarse de en medio, aunque, herido por la nostalgia, decidió regresar a su país. Fue detenido en el pueblo burgalés de Roa y, en una parodia de juicio, condenado a muerte. Caminaba tranquilo hacia el cadalso cuando, viendo llorosa entre el público a su esposa, en un momento de furia, rompió sus ataduras, le robó un sable a alguien, y empezó a dar mandobles a diestro y siniestro. Tras ser reducido, los soldados lo asaetaron a bayonetazos, procediendo después a colgarlo de la horca. Pero lo que pendía de la misma no era ya sino un amasijo de sangre y carne lacerada, sin vida. Era el final no merecido de uno de aquellos heroicos guerrilleros populares que habían logrado detener la marcha triunfal de Napoleón a partir de aquel año legendario de 1808.

El que también sería conocido como el *rey felón,* dejaría una terrible herencia: la guerra civil. Y es que, aún antes de morir él, se levantó en armas su hermano, el infante don Carlos, que hacía valer sus derechos al trono mejor que Fernando. La razón de la disputa era la *Ley Sálica,* una ley borbónica que prohibia reinar a las mujeres. Cuando nació la princesa de Asturias (la futura Isabel II), don Carlos recordó la vigencia de aquella ley, aunque realmente había sido derogada por la sobrina y última esposa de Fernando, María Cristina de Nápoles, que obligó a su esposo a que la derogara. Así daba comienzo un desgraciado enfrentamiento que se agravaría a punto de morir, Fernando VII. El Rey era manejado por las camarillas que, es cierto, no respetaron la agonía del Monarca. Como éste, moribundo, hubiera restablecido en el último minuto la controvertida *Ley Sálica,* en el último momento irrumpió en la estancia del agonizante su cuñada Luisa Carlota, obligándole a que las cosas quedaran como las habían restablecido su hermana Cristina y el mismo Rey, y llevó con la suya, la mano temblorosa que firmaba la restitución de aquella ley. En consecuencia, don Carlos fue desterrado y las Cortes juraron como heredera a la corona de España a una niña llamada Isabel II. Poco después fallecía uno de los reyes más indignos que ha tenido España, dejando encendida la guerra civil y al frente del reino, a una mujer, su viuda, María Cristina, y a una niña de apenas tres años de edad. Allá en el norte, en las montañas, se preparaban los que serían llamados *carlistas.* Todo un futuro para nada halagüeño, como poco o nada positivo (muy al contrario) había sido aquel reinado. Un reinado, quizá caso único en nuestra historia, que concitará contra Fernando VII todas las invectivas y prácticamente ningún elogio.

No obstante, y a fuer de justos, hay que reseñar también algunos aspectos positivos, si no del Rey como tal, sí de su tiempo y bajo su reinado. En efecto, coincidiendo con sus años en el trono, sobre todo en Madrid, nacieron instituciones y se remataron edificios como el Museo del Prado (realmente, se finalizó en aquellos años), el Museo de Artillería, el Conservatorio de Música y Danza, se concluyó la Puerta de Toledo, se erigió el Obelisco en honor a las víctimas del 2 de mayo de 1808, se fundó la Bolsa de Comercio, se alzaron las Caballerizas, se iniciaron las obras del futuro Teatro Real, y se autorizó la apertura de un Ateneo Científico y Literario. Bien es cierto que muchos de estos logros habían nacido de la España de la Ilustración anterior, y que muchos otros sólo serían realidad en el siguiente reinado de Isabel II.

Militares sin honor

Capítulo XLIV

General Custer

El caso del Séptimo de Caballería y de su jefe, el general Custer, es el ejemplo más paradigmático de manipulación de la Historia. Claro que hablamos del cine, por sistema el gran tergiversador de los hechos pretendidamente históricos que suele narrar en imágenes. Y, claro también, que no todos las cinematografías nacionales actúan de la misma manera. Pero, en general, los guionistas metidos a historiadores, barren para casa, y si son de Hollywood, el barrido suele consistir en empujar toneladas de basura bajo la alfombra. El caso Custer resultó clamoroso al ser recuperado para el cine en una mítica cinta titulada *Murieron con las botas puestas*. En aquel *film* el último espectador estaba convencido de que había asistido a la recreación de una heroica y bellísima estampa de heroicidad sin mácula. Y, por supuesto, no fue así.

En 1876, los *sioux* y los *cheyennes* (alrededor de tres mil guerreros) derrotaron a Custer en la batalla de Little Big Horn. Mandados por los jefes Toro Sentado y Caballo Loco, los indios diezmaron drásticamente las filas de los soldados estadounidenses, hasta el punto de que, tras la batalla, sólo apareció con vida un caballo. Custer –*Cabellos Largos* para los atacantes– fue encontrado tras la batalla limpiamente muerto. Tenía un solo disparo en la sien y una herida en el pecho. Esto era algo extraño si se admitía la fama de crueles que tenían los indios cuando acababan con la vida de los *soldados azules,* fama que hablaba de ensañamiento y arranque de cabelleras. Incluso se llegó a barajar la posibilidad de que el militar americano se hubiese quitado la vida, acción que los indios solían respetar no tocando los cadáveres de los suicidas. Lo excepcional del caso resaltaba aún más al comprobar que un hermano de Custer, Tom, también participante en aquella batalla, sí que fue matado bárbaramente y mutilado a conciencia, y le fue extraído el corazón por un guerrero *cheyenne* cuando el cuerpo del otro Custer aún estaba caliente.

Años más tarde, Toro Sentado contaría su versión de la muerte de George Custer, y afirmaba que murió con una sonrisa en los labios y evidenciando su impotencia al comprobar que no tenía ni una modesta pistola con la que defenderse del cerco infernal de los guerreros indios que le impedían cualquier intento de evasión. Otro guerrero, el *sioux* Toro Blanco, completó el testimonio asegurando que Custer, tras un feroz cuerpo a cuerpo y tras acabar malherido, había sido muerto de varios disparos. Por último, un tercer jefe *kunkpapa* justificaría el encarnizamiento de la batalla de Little Big Horn en el sentido de que «la sangre hervía en nuestros corazones, que estaban llenos de maldad». ¿Qué *película* de su vida se proyectaría en los últimos de un Custer condenado instantes antes de morir? Probablemente, los *fotogramas* que habían precedido al gran encuentro entre los dos ejércitos, cuando el astuto jefe indio Caballo Rojo le había conducido a la trampa mortal para él y sus hombres, en la que se hallaba. Y, sobre todo, pensaría en su Séptimo de Caballería, que mirando a su alrededor, no era ya sino un «batallón de espectros», de cuerpos amputados y de muñones sanguinolentos, próximo festín para las aves de rapiña que ya revoloteaban alrededor.

George Armstrong Custer había nacido el 5 de septiembre de 1839 en el seno de una modesta familia de Ohio. A los dieciséis años entró en la academia militar de West Point, aquella escuela militar casi prusiana que era ya uno de los peldaños para ascender en la escala social. Sin embargo Autie Custer (como se le conocía familiarmente) no sería, precisamente, un cadete modelo; al contrario, fue un alumno díscolo e indisciplinado, aunque compensaba estas carencias con buenas aptitudes para el deporte y un gran sentido del compañerismo. Participó en el bando nordista en la Guerra Civil, siendo el encargado de recibir la bandera del vencido general sudista Lee. Con sólo 23 años de edad, era ya el general más joven de América estando al mando del Cuerpo de voluntarios (en el ejército regular seguía siendo capitán). Desde muy pronto sus superiores observaron la costumbre del capitán Custer de lanzarse a ojos cerrados contra el enemigo, sin valorar el número de los mismos ni su peligrosidad. Esto, que le daría prestigio y le produciría rápidos ascensos, sin embargo tenía un precio: el de la muerte gratuita de muchos de sus hombres, precio que, sin embargo, para él supuso sólo honores y gloria.

Con el grado de teniente coronel, Custer fue destinado en 1867 a Fort Riley, Kansas, para incorporarse allí al recién creado regimiento conocido como Séptimo de Caballería. Tras intervenir en algunas escaramuzas menores, el 27 de noviembre de 1868 atacó por sorpresa una aldea *cheyenne* junto al río Washita, dando muerte indiscriminadamente tanto a los guerreros como a niños, ancianos y mujeres. A partir de esta sangrienta *razzia* contra aquellos –para Custer– *salvajes*, sería conocido entre las diferentes tribus como *Squaw Killer* (asesino de mujeres) o, como ya se dijo, *Cabellos Largos,* con que le bautizaría después el jefe Caballo Loco.

A partir de estos primeros ejemplos de cómo entendía Custer la guerra, el audaz militar, que además tenía una despierta inteligencia, se propuso no obedecer las órdenes de sus superiores sino, interpretarlas cuanto más libremente, mejor. Ello le acarrearía no pocos roces con ellos, hasta el punto de ser enviado ante un Consejo de Guerra. No obstante la cosa no pasó a mayores, ni en esta primera ocasión ni en otras, gracias al corporativismo de sus antiguos camaradas de la academia en la que había estudiado, aquella West Point que siempre solía llegar en su auxilio a tiempo e impedir que sus faltas fueran castigadas más duramente. Esa misma presión de sus antiguos compañeros y superiores le empujó a intentar, sin abandonar el Ejército, la carrera política.

Tentado por el poder, en efecto, se afilió al Partido Demócrata, llegando a acariciar la posibilidad de acceder a la presidencia de los Estados Unidos. Esta misma lejana y difícil meta le acuciaría a nuevos éxitos bélicos que sumaran en el haber de su candidatura para la Casa Blanca. La que iba a ser su última batalla entraba de lleno de su *programa* de éxitos con que presentarse ante los electores, siempre muy sensibilizados con el miedo a los pieles rojas. Custer estaba convencido de que si ganaba aquella batalla, su camino hacia la presidencia estaría bastante despejado. Por eso, aguijoneado por una ambición extrema, se lanzaría a la gran aventura de su vida. Ya paladeaba el triunfo de su fiel Séptimo de Caballería y sus 611 hombres. La trágica realidad le demostraría, demasiado tarde, que sus ansias de victoria no iban a pasar de un acariciado sueño roto por las flechas y las balas.

Aunque su vida estaba entregada absolutamente a su carrera militar, Custer dedicó algunos momentos de su existencia a otros menesteres (señalado ya el de su intento de entrar en la carrera política). Por ejemplo, las mujeres. De sus primeros encuentros sangrientos con los *cheyennes*, de los que había exterminado a todo un poblado, sólo había salvado a una bellísima india *squaw* llamada, en su lengua, Minah-seh-tab. No sólo le evitó una muerte más que segura (el odio de sus soldados era visceral para con los cobrizos en general), sino que tras rescatarla de su poblado humeante, la incorporó a su pintoresco y extraño séquito, que le acompañaba en todos sus desplazamientos, y que estaba compuesto por su esposa Libbie (la dulce y pálida Libbie, hija de un magistrado que no veía con demasiados buenos ojos a aquel militar audaz y pretencioso, pero que tuvo que acceder a concederle la mano de su adorada hijita), una cocinera negra, cuatro caballos de carreras y sus *jockeys,* seis perros (entre ellos un lebrel, un bulldog y dos bracos) y una banda militar al completo, que no dejaba de interpretar marchas militares, ni siquiera en lo más horrísono de una batalla, obligando a que, en el repertorio, nunca faltara la interpretación, una y otra vez, de la célebre marcha *Sillas y Botas*. La hermosa india se convertiría en su concubina, sin importarle en esta ocasión a Custer, ni poco ni mucho, su animadversión ante las razas inferiores y su defensa de los *rostros pálidos* más puros, del que él mismo se mostraba como genuino representante.

Colinas Negras (*Paha Sapa* en lengua india) era un lugar considerado sagrado para los pieles rojas, donde, según éstos, residía el Gran Espíritu y el centro del universo. Desde el año 1868, por el Tratado de Laramie, el lugar había pasado a propiedad de las tribus indias. Era un difícil equilibrio de mano dura y concesiones del Gobierno de Washington, único viable contra quienes vivían en aquellas tierras desde la noche de los tiempos. Todo hubiera sido más o menos normal tras aquel tratado a no ser porque, en 1874, se descubrieron allí riquísimos yacimientos de oro, obligando al mismo Gobierno a echarse atrás y proponer, ahora, la compra del territorio a los indios. Para reconocer el terreno y la veracidad de lo que se decía (la riqueza escondida), el Séptimo de Caballería, al mando de su comandante, hizo un reconocimiento a fondo por la zona de Black Hills, en Dakota del Sur, con la excusa de buscar el lugar más idóneo donde emplazar un nuevo fuerte con el que proteger a los indios –eso se les dijo– de las incursiones de colonos blancos ilegales.

Sin embargo, la razón verdadera de Custer y sus hombres, ya se ha dicho, era la busca del oro, si es que existía. Se hacía acompañar por un numeroso grupo de periodistas y aventureros que lanzaron a todo el país la buena nueva de que, en efecto, allí dormían enormes riquezas casi al alcance de la mano. Ante la nueva situación (quienes les dieron las tierras ahora se las querían comprar) las diversas tribus indias aparecieron divididas, y acaudillaban a los puros e insobornables (los del no a la venta) las mandadas por Caballo Loco y Toro Sentado. Cuando las demás se enteraron de que ambos jefes se habían unido en el rechazo a la oferta del gobierno, decidieron sumarse a ellos, llegando a juntarse al final un gran ejército de cuatro mil guerreros, constituyendo la concentración de pieles rojas más numerosa en varias décadas.

Los roces con el ejército y los aventureros eran cada vez más insoportables para los indios, que veían cómo todos ellos (uniformados y civiles), empezaban a ocupar sus tierras, no respetando en absoluto el aún vigente Tratado de Laramie, además de cazarles sus animales y abusando de sus pueblos. Los jefes intentaron razonar con los intrusos, incluso haciendo ver al Gobierno Federal sus obligaciones para con ellos tras la firma de aquel tratado. Pero, ante la nula respuesta, decidieron marcharse a otras tierras, abandonando las reservas. Ante este éxodo, el Gobierno sí que decide reaccionar, ordenando la inmediata vuelta de todos a sus lugares, bajo la amenaza de un castigo ejemplar si desobedecen. A partir de ese momento, la guerra se veía ya como inevitable, y el ejército empezó a organizar su plan estratégico basado en la *tenaza*.

Se trataba de que tres columnas partirían de diferentes puntos y confluirían en Yellowstone. Estas columnas estarían mandadas por los generales George Crook, John Gibbon y Alfred H. Terry (que tenía como segundo a George Custer, relegado a este puesto secundario como castigo a las acusaciones gravísimas que había tenido la audacia de dirigir al equipo del presidente Grant). La columna de Crook fue atacada a medio camino por los guerreros de Caballo Loco, viéndose obligado el general a replegarse hacia el sur. Las otras dos columnas lograron avistar Yellowstone y se dispusieron a evaluar las fuerzas enemigas, contando muy mal pues llegaron al convencimiento de que aquellas no sobrepasarían los mil individuos.

Desde su discreto segundo puesto, Custer, ante la indecisión de sus jefes, y deseoso de una fulminante victoria que le diera el muy buscado prestigio ante los electores, solicitó permiso para, al frente de su Séptimo de Caballería, atacar y despejar el camino que permitiera avanzar a la columna Gibbon. Ante su impaciencia, uno de sus oficiales le aconsejó, medio en broma: «No seas codicioso. Hay suficientes indios para todos. Espéranos». Custer no esperó, y sus hombres tomaron posiciones para, desde estas, lanzarse contra el enemigo. George Custer iba acompañado por sus hermanos Boston y Thomas, su sobrino Henry Armstrong Reed y su cuñado James Calhoun, además de por sus hombres y, sobre todo, por una fe ciega en la victoria que, de producirse, le elevaría al olimpo de los héroes y, estaba seguro, se le perdonaría su desobediencia.

Pero los *casacas azules* (los soldados americanos) de Custer ignoraban que les espera un guerrero que va a utilizar la misma táctica y técnica de la tenaza ideada por su jefe. Se trata de Caballo Loco, el cual, al frente de sus guerreros, espera muy atento la cercanía de los soldados de Custer. Era el alba del 25 de junio de 1876, y tras una agotadora marcha nocturna, los exploradores de Custer descubrieron en el valle conocido como Little Big Horn un campamento indio de tan grandes dimensiones, que se perdía la vista sobre sus tiendas. Ante la noticia, Custer no se preocupó demasiado y decidió que aún no tenía todo perdido si utilizaba correctamente sus doce escuadrones y sus modernos fusiles Springfield 45/70. Esto a pesar de que, su espía favorito, Cuchillo Sangriento, ya le había anticipado la presencia de muchos más guerreros de los pensados. Pero en lo que más confiaba, y que acabaría siendo su fin, era en su propia buena estrella y en su audacia suicida. Creyéndose realmente casi invencible, decide dividir sus fuerzas para acorralar al enemigo y cortarle el camino. Pero demasiado tarde descubre que, precisamente, Caballo Loco ha utilizado con él y sus hombres otra temible tenaza, y les ha cogido entre dos fuegos.

Sin posibilidad de ayuda por parte de las otras columnas, que consideran el más mínimo intento de echarle una mano un auténtico suicidio, el Séptimo de Caballería sólo aspirará a morir matando. El acoso y las matanzas de los pieles rojas se iniciaron en la ladera de la colina, y en un primer ataque, fueron exterminados más de 250 de sus hombres. Los demás seguirían cayendo sin remisión incluido su propio lunático general. No hubo supervivientes, aunque muchos de los muertos lo fueron por sus propias manos, ante la perspectiva de una muerte terrible a manos de los indios, que empujaron a muchos de aquellos soldados a dispararse sus últimas balas. Si al final de la batalla se ha dicho que no hubo supervivientes, hay que rectificar: hubo un superviviente. Se llamaba John Martini y era un trompeta del regimiento de origen italiano que, al poder escapar de entre aquel inmenso cementerio, llevará la noticia del desastre al capitán Binteen.

Nunca se culpó al fallecido e impetuoso general del desastre de aquella batalla. Por el contrario, los culpables señalados fueron los indios, que sufrieron la nueva afrenta tras ser burlados, engañados y mandados exterminar. Las represalias contra los pieles rojas alcanzaron cotas de ferocidad extraordinarias. Además, todos los guerreros que habían luchado en Litlle Big Horn fueron apresados o expulsados al norte, a Canadá. Incluso hubo una fría venganza contra Caballo Loco, ejecutado sumariamente por los soldados que, después, dirían que lo mataron al intentar oponerse a ser detenido.

Ya en vida del héroe, algunos de sus contemporáneos vertieron juicios no muy lisonjeros para con el exaltado Autie. Entre otras cosas, se le acusó todavía en vida, de alumno deplorable, pésimo estudiante, sucio, bastante vago y, para algunos de sus compañeros de la época, una vergüenza para la academia de West Point. Otros hablaron de su fanfarronería e incultura y de su enfermiza entrega a la guerra y al derramamiento gratuito de sangre. En fin, algunos de sus jefes ponían en entredicho sus ciegas ofensivas, que causaban más bajas que las flechas de los indios.

Incidiendo en lo apuntado al principio, como en tantos casos de «héroes americanos», será Hollywood el que popularizará el nombre y, sobre todo, la leyenda de

Custer y su Séptimo de Caballería. Y lo hizo según venían los vientos políticos de cada momento. En una primera versión titulada *Murieron con las botas puestas* (Raoul Walsh, 1941), se trataba de un canto al héroe yanqui personificado en el galán del momento: un más que probable –en su parecido al original– George Custer encarnado por el actor Errol Flynn. Años más tarde, y en pleno revisionismo histórico de tantas falsas heroicidades, las sombras serían mayores que las luces en el *film Pequeño gran hombre*, que nos presentaba a un Custer limítrofe con un auténtico sádico y enloquecido asesino.

Capítulo XLV

Walsin-Esterházy

(¿-1923)

Parece que cada siglo, ha de tener, al menos, su villano. El del último tercio del siglo XIX fue este mayor del ejército francés que espiaba más por conseguir un dinero fácil que por vocación, no dudando en dejar que pagara por él un inocente: Alfred Dreyfus.

Aunque este último fue la figura estelar de un proceso que pasaría a los anales, y siendo él inocente, evidentemente hubo otro, el auténtico culpable. Si Dreyfus pasó a la posteridad a costa de sus sufrimientos y a lo perverso e injusto de su condena, debió acompañarle en el reino de la fama el *traidor* clásico, repetido, por otro lado, hasta la saciedad desde el comienzo de los tiempos. Pero el auténtico culpable, no sólo de traicionar a su país, sino de que un inocente fuese lanzado a un enterramiento en vida en la Isla del Diablo, no sólo no conoció la cárcel, sino que, al cabo de los años, moriría de muerte natural.

Todo había empezado (o todo parecía concluir) el día 5 de enero de 1895. La víspera de Reyes, en el patio del Colegio Militar de París, se procedía a la solemne ceremonia de la degradación de un oficial llamado Alfred Dreyfus. Causas, el ser traidor y espía, y –aunque esto no se decía– judío. El general Darras, desde su caballo, asistía a la degradación que se iniciaba con estas palabras leídas por un oficial: «Alfred Dreyfus, no eres digno de llevar las armas. En nombre del pueblo francés, se te degrada». Cuando le fueron arrancadas las insignias y se le partió en dos su espada, apenas pudo gritar: «¡Soldados! Degradan y deshonran a un hombre inocente». Pero sus palabras se perdieron entre los gritos de «¡Vive Francia! y ¡Muera el traidor!». Tras ser exhibido ante los soldados que formaban en el patio, Dreyfus fue trasladado a una prisión civil. Dos semanas más tarde, cargado de cadenas, subirá a un tren que le conducirá hasta la Rochelle, donde será embarcado con destino a un lugar siniestro: la Isla del Diablo.

Situado en la Guayana Francesa, aquel islote-prisión era igual a sentencia anticipada de muerte para los desgraciados que acababan dando con sus huesos en el tétrico penal. Pero si la Isla del Diablo era aterradora para cualquiera, si además, el prisionero era, o se creía, inocente, la pesadilla hubo de ser insoportable. Sobre todo si se tiene en cuenta que Dreyfus permaneció allí cinco años. En junio de 1899, reabierto el caso, un Dreyfus avejentado y famélico, se presentó, de nuevo, ante sus jueces. Pero, ¿cuál había sido el origen de esta clamorosa injusticia? Volviendo a los años anteriores a 1894, incluso regresando a los de la última, por entonces, guerra franco-prusiana de 1870, puede que se encuentre la clave de estos hechos que explotarían un cuarto de siglo más tarde.

Tras el final de aquella espantosa guerra, la animadversión y el odio, sino entre sus pueblos, sí que fue evidente entre los ejércitos francés y alemán desde entonces. Cualquier chispa podía reiniciar el fuego de los despropósitos, y cualquier excusa era buena para avivar el desencuentro entre los dos países. Así, el ejército galo tenía montado el contraespionaje más severo alrededor de la embajada alemana. Un día, la señora de la limpieza de la misma, sacó la basura y la arrojó al lugar señalado para ser depositada. De ese lugar, los agentes del contraespionaje extrajeron lo que parecían unos planos de fortificaciones francesas hechas por un agente que, en clave, era llamado *Jacques Dubois*. En septiembre de 1894 el segundo jefe de la inteligencia, coronel Hubert Joseph Henry, anunció grandes novedades, comunicando a sus superiores que, habiendo recibido un *bordereau* (memorando escrito en papel cebolla), éste exponía, clasificada, la información encontrada en la basura, en especial la referida al nuevo cañón de 120 mm. Datos que, afirmaba, sólo podían haber salido del Estado Mayor.

Henry se puso a revisar la nómina de los oficiales de aquel departamento y se topó con una nota manuscrita de un oficial llamado Dreyfus. Creyó, o quiso creer, que aquella letra era la misma del *bordereau* y dado que el agregado de la embajada alemana se refería a su espía como «ese sinvergüenza D», ya no tuvo duda de que la «D» era de Dreyfus. Cuando se averiguó que era originario de Alsacia (la eterna provincia disputada entre Alemania y Francia) y, sobre todo, que era judío, los altos mandos (incluido el máximo responsable de las Fuerzas Armadas, el propio ministro) decidieron achacarle el delito al capitán Dreyfus. El juicio se prolongó en sesiones maratonianas y apasionadas, en las que se hablaba de razas y de traidores más que de pruebas concluyentes. En definitiva, que Dreyfus fue condenado y enviado a la Isla del Diablo.

En 1895 fue nombrado nuevo jefe del contraespionaje el teniente coronel Picquart, un hombre menos impulsivo que su antecesor que supo de la endeblez de las pruebas que habían enviado a presidio a Dreyfus. En consecuencia, siguió vigilando la basura que se sacaba de la embajada alemana y pudo descubrir una carta dirigida al mayor Esterhàzy, en la que el agregado alemán se refería, misteriosamente, «a que nos debe una explicación detallada de la que nos dio el otro día acerca de la cuestión suspendida...». Conseguidas nuevas pruebas caligráficas, Picquart ya no tuvo dudas de que el traidor era Esterházy, y Dreyfus el chivo expiatorio.

Esterházy era hijo de un general, a su vez, descendiente de una rama ilegítima de unos grandes propietarios húngaros. El hijo había salido calavera, y todo el dinero era poco para sus francachelas y juergas. Y eso que estaba casado con una mujer aún más rica que su propia familia. En consecuencia, pensó en sacarse un dinero extra y se ofreció a los alemanes. Pero, aun con las pruebas en la mano, los superiores de Picquart intentaron que no siguiera adelante. Incluso Henry, falsificó nuevas pruebas contra Dreyfus para impedir su rehabilitación y la condena de Esterházy. Pero la cosa se complicó enormemente cuando todo este barullo saltó a la prensa, en noticias filtradas por Mathieu Dreyfus, hermano del prisionero. Llevado ante una corte marcial, ésta siguió con la pantomima y absolvió de forma precipitada a Esterházy. Fue entonces cuando el más popular de los novelistas del momento, Emilio Zola, publicó el 13 de enero de 1898 en la primera página del diario *L'Aurore* su célebre artículo «¡Yo acuso!», una carta abierta al presidente Félix Faure, en la que desenmascaraba a Esterházy y pedía la inmediata liberación de Dreyfus.

Zola fue acusado de difamación y tuvo que huir a Londres para no ingresar en prisión. También el honrado Picquart fue expulsado del Ejército. Curiosamente, al mismo Londres donde vivía Zola huido de la justicia de su país, acabó huyendo el gran traidor Esterházy quien, una vez a salvo, no dudó en reconocer que él había sido el espía a favor de Alemania. Ya no volvió nunca más a Francia, falleciendo en el exilio un cuarto de siglo después. En cuanto a Dreyfus, consiguió que se reabriera el caso y en junio de 1899 se anuló su anterior condena. Pero, en un nuevo, absurdo, juicio, la corte marcial volvió a acusarle de traición, aunque con atenuantes. Lo salvó de una nueva injusticia el indulto concedido por su precaria salud. Todavía pasaron otros siete años hasta que, en julio de 1906, sus partidarios consiguieron para Alfred Dreyfus la total rehabilitación, que tuvo lugar en el mismo patio del Colegio Militar en el que, 12 años atrás, había sido humillado. Desde el otro lado del Canal de la Mancha, Esterházy, seguramente, se encogió de hombros.

Bandidos

Capítulo XLVI

Billy El Niño

(1859-1881)

Como tantos otros malvados que en el mundo han sido, y especialmente si nacieron en Norteamérerica, el cine popularizaría hasta límites inconcebibles sus vidas y sus hechos. En el caso de Billy El Niño, la insistencia de la pantalla por narrar sus proezas ha sido constante. Como lo ha sido la producción literaria, con numerosísimos títulos publicados sobre su vida y hazañas, tras el primero, que escribiría uno que le conoció bien: el mismo hombre que lo capturó, Pat Garret. Pero la existencia de Billy the Kid sería un filón prácticamente inagotable para los creadores tanto literarios como cinematográficos. Un delincuente que, para empezar, y además de usar el más conocido de su alias y su propio nombre, decía llamarse también Henry McCarty y/o William Antrim.

Nacido en Nueva York, William Bonney fue un niño prodigio, si bien sus prodigios no hay que encajarlos en el de los actos dignos de ser enaltecidos, precisamente. Desde que fue un adolescente, la violencia será, ya y para siempre, su mejor amiga. Algunos sitúan su entrada en el mundo violento y en el de la delincuencia en el que viviría para siempre a una edad tan temprana como los 12 años, la que tenía cuando, defendiendo a su madre que había sido insultada, acabó matando al ofensor y emprendiendo desde ese momento una huida que ya no cesaría hasta su muerte. Billy pudo anotar en la que sería su sangrienta contabilidad, aquel su primer muerto, que fue enviado al otro mundo utilizando para ello un descomunal *colt* (al menos así lo parecía en proporción al raquitismo del jovencísimo asesino). A partir de ahí, todo un rosario de actos violentos en una cadena sin fin marcarán la breve vida de este marginal.

Apenas cumplidos 17 años, ya se le adjudicaron entre once y diecisiete asesinatos, tras una época turbulenta y desquiciada que se había iniciado, como ya se sabe, al defender a su madre y que se agravaría sobremanera a la muerte de la misma. Entonces, un joven desorientado empezó a trabajar en un hotel, y después en un lavadero controlado por un chino, de donde sustrajo ropa que luego vendería, y a raíz de lo cual conocería por primera vez la cárcel. Tras su puesta en libertad, trabajó en algunos ranchos, donde empezó a familiarizarse en el uso de las armas. Un día, de broma, empezó a presumir de su aprendizaje en el manejo de la pistola con un compañero llamado Cadhil. Éste, medio jugando, le dio un empujón dudando de su presunción, lo que le valió recibir inmediatamente una lluvia de plomo que lo dejó tendido ante el humeante cañón del arma que pendía de la mano de Billy.

Este muerto madrugador le obligó a huir y buscar refugio en el valle del Río Grande, donde volvió a entrar como vaquero en otro rancho, el de un tal Tunstall. Ambos congeniaron muy pronto, y el joven Billy apreció de veras a su amo. Pero éste murió un día bajo las balas del *sheriff* Brady y su acompañante Morton, dentro de una guerra a muerte entablada a la sazón entre ganaderos y campesinos. Muy afectado por la muerte de Tunstall, Billy buscó al *sheriff* y lo mató, cuando hacía ya un tiempo que capitaneaba su propio grupo de malhechores. Después de hacer *justicia,* él y sus muchachos libraron una batalla enconada en la plaza de Lincoln, matando Billy en su huida a un funcionario llamado Berstein.

Para intentar poner un poco de sensatez en la violencia que azotaba la zona, el gobernador de Nuevo México dio una amnistía para todos excepto para el Niño. Al verse excluido, Billy se ofreció voluntario para colaborar con las autoridades si llegaban a perdonarlo. Éstas parecieron aceptar el trato, y William acusó a un gran número de forajidos que él conocía muy bien. Sin embargo, y al celebrarse el juicio en el que, en pago a sus delaciones, sería absuelto, observó algo que no le gustó y dudó de que, en realidad, fuesen a absolverlo, admitiendo demasiado tarde, que había caído, y le habían conducido a una trampa absurda. Durante uno de sus encierros en el transcurso del juicio en un calabozo, logró huir del mismo. Reinició su carrera interrumpida y, en la nueva entrega de sus hazañas criminales, perecieron Joe Grant, que tuvo la debilidad de aceptar un desafío de Billy, y Joe Berstein, que se opuso a ser despojado de sus caballos. Ya en plena guerra contra la Justicia, Billy El Niño sufrió el acoso de todas las policías de la nación, que cumplían órdenes de una busca y captura generalizadas.

Era el año 1880 y Billy había cumplido los 21 años pero no llegaría a cumplir los 22. De esa imposibilidad se encargó el *sheriff* de Lincoln County, de nombre Patt Garret, quien ayudado por un amigo de Billy llamado Pete Maxwell, le tendió una trampa e hizo llover sobre el joven asesino, una lluvia de plomo similar a la que él había prodigado tan asiduamente. Pat Floyd Garret, antiguo vaquero y cazador, conocido por los mexicanos como Juan *el Largo,* había sido camarada y amigo de Billy, con el que se había emborrachado y jugado más de una partida en otros tiempos. Aquel primer encuentro entre los dos ex amigos no fue coronado por la captura de Billy, que logró huir. Sin embargo sí que cayó muerto su lugarteniente, Yom O' Folliard. Poco después *sheriff* y bandido se enfrentaron de nuevo cerca de una granja conocida como Stinking Spring, y aunque otra vez él escapó con vida, cayó otro de sus hombres llamado Charlie Bowdre. Entonces se entregó.

El juicio contra Bonney se abrió en diciembre de 1881 y, tras ser condenado a muerte, se le trasladó a la prisión de Lincoln, donde estaba bajo la custodia de dos guardianes. No estuvo muy claro cómo, pero lo cierto fue que pudo coger un fusil y disparar sobre sus vigilantes, matándolos en el acto. La fuga estaba cantada a partir de ese momento ya que, además, tuvo tiempo de robar varias armas y un buen caballo. Dos meses y medio más tarde su eterno perseguidor Pat Garret le tendería otra trampa, que se decidiría como definitiva. Sabedor de que Billy merodeaba en las proximidades de Fort Summer, dirigió toda su estrategia hacia ese lugar. El suceso, el ajuste de cuentas, la muerte en fin de Billy El Niño tuvo como escenario aquel lugar miserable, cuatro casuchas, el citado Fort Summer. El *sheriff* y sus hombres rodearon la cabaña que un espía le había señalado y en la que aseguraba que se encontraba el joven bandido. En un momento dado, y al recortarse su figura tras una ventana, el revólver de Pat Garret disparó por dos veces sobre la silueta andrajosa y deforme de Billy El Niño, muriendo de una de las heridas recibidas, la que le traspasó el pecho.

Era el 14 de julio y el cadáver del delincuente yacía sobre el polvo grotescamente desfigurado. Los pocos habitantes del lugar rodeaban sus despojos, pero nadie, ninguno de aquellos mirones, parecía decidido a tocarlo y, menos, a enterrarlo. Y es que, aún siendo irrefutable que yacía ya sin vida, el Billy El Niño muerto continuaba aterrorizando a los lugareños. Porque tras ser tiroteado y abandonado, la agonía y la lucha con la muerte se habían prolongado durante doce horas eternas, a lo largo de las cuales las maldiciones y las blasfemias que lanzaba el moribundo, se mezclaban con sus propios quejidos y los estertores de la muerte. Por fin murió, permaneciendo otras tantas horas insepulto hasta que algunos decidieron, rápidamente y sin mirar mucho aquel cuerpo, enterrarlo en una fosa sin nombre.

Modesto representante de la leyenda criminal de los Estados Unidos, Billy El Niño fue enterrado en aquel mismo lugar, permaneciendo en la actualidad su modesta tumba que, cercada, recuerda en una lápida que allí yace William H. Bonney II, además de sus dos compinches O'Folliard y Bowdre. Su ejecutor, Pat Garret, también moriría de forma violenta años después, en 1908, como resultado de una pelea con un granjero, que había disparado contra él.

Años después, la *meca del cine* explotaría insistentemente la historia del *Kid* en films como *El zurdo* (Arthur Penn, 1958), con Paul Newman como protagonista, o *Pat Garret y Billy the Kid*, de fecha posterior, de Sam Peckimpah.

Capítulo XLVII

El Pernales

(1879-1910)

Sobre todo en la España del siglo XIX, la figura del bandolero ocupará gran parte de aquella centuria, basculando su realidad entre los retratos en negro y la exaltación romántica. Aunque los había habido anteriormente y algunos habrá, también, en el siglo XX, el mil ochocientos y, dentro del país, Andalucía, serán el cliché que utilizarán novelistas e historiadores para presentar una España bronca y dura donde el delincuente de la serranía era, a veces justiciero y repartidor de la riqueza, y en ocasiones, simplemente un sádico asesino. La leyenda y los novelistas harían el resto con la valiosísima contribución de los viajeros extranjeros que, en oleadas, decidieron venir aquí, muchas veces exclusivamente para encontrarse con El Tempranillo o con Diego Corrientes. La supervivencia del bandolerismo más allá de aquella centuria sería esporádica, aunque no por ello desaparecería totalmente. El Pernales sería uno de estos retrasados en «su» tiempo que llegó a actuar en los primeros años del nuevo siglo.

El apodo corresponde a la contracción de pedernales («tan duro como el pedernal»), una variedad del sílex que ya utilizó el hombre del Paleolítico como antecedente de las armas ofensivas. El propietario de tan descriptivo alias había nacido en Estepa (Sevilla), y era sobrino del Soniche y El Chorizo, famosos caballistas. Como tal caballista, y con el apodo citado, será conocido en su etapa de bandolero Francisco Ríos, el verdadero nombre de este hombre casi tan primitivo como su apodo y que, no obstante, estuvo a punto de hacer las Américas como tantos otros aventureros y aliados de la miseria y la pobreza como embarcaban continuamente en busca de la *tierra prometida* del nuevo continente. Le salió mal y antes de poder cumplir su sueño, se encontró con las bocas negras de los fusiles de la Guardia Civil.

Su padre se llamaba Francisco Ríos Jiménez, campesino y bracero. Su madre, Josefa González Cordero. La familia vivía rondándoles la miseria en una chabola en las afueras de la población. El trabajo era escaso e inseguro, y el padre tenía que hacer equilibrios malabares para poder dar de comer a la familia. Cuando el ya de por sí mísero jornal tampoco llegaba, Francisco padre se echaba al campo y robaba lo que podía y tenía más a mano, como aceitunas, almendras o fruta. También, muy a menudo, se dedicaba a la caza furtiva para que en su casa no se olvidara, definitivamente, el sabor de la carne. Ante las crecientes dificultades, en el corazón del bracero fue incubándose un rencor sin paliativos contra el orden establecido.

El pequeño Francisco, que con apenas diez años ya acompañaba a su padre en sus correrías, aprendía muy rápido de su progenitor, tanto los trucos para hacerse con los alimentos como para poder huir en caso de ser descubierto. También imitaba al padre, superándolo pronto, en aquel odio palpable en su chabola y rumiado constantemente, contra los que tenían de todo y en abundancia. Este desprecio, el padre y el hijo, lo personificarán en un uniforme y un nombre: la Guardia Civil. Rencor que se irá acrecentando en el interior del niño cuando, un día, los guardias los pillen *in fraganti,* y se apoderen de la magra comida del día en las lindes de una huerta, y allí mismo le propinen una gran paliza a Francisco Ríos. El hijo asiste, impotente y acobardado, al castigo, y en lo más íntimo de su ser, se prometerá a sí mismo, tomarse cumplida venganza algún día.

No obstante, el pequeño también descubrirá que no todo el mundo es malo. Por ejemplo, aquel médico de Estepa que, encariñado con él, había intentado enseñarle a leer y escribir sin cobrarle nada por las clases, dada la penuria familiar. Parecía que el niño, a pesar del ambiente de su casa, podía llegar a salir de la endemoniada espiral de delito-represión cuando un luctuoso suceso lo echó todo patas arriba. Algo más tarde, uno de los agentes de la Guardia Civil, al pillar de nuevo al padre delinquiendo, le propina un tremendo culatazo a consecuencia de lo cual fallecerá días después. Desde ese instante, superado por los acontecimientos y jurando venganza de nuevo, Francisco Ríos huirá de su casa y se dedicará, para sobrevivir, a la pequeña delincuencia. Muy pronto, el joven bandido será ya una figura habitual y, en cierto modo, popular en tabernas y lupanares, donde llamará la atención por sus pocos años reales, que no se corresponden con una precoz madurez en cuanto a responsabilidad y autoría de algunas bellaquerías que le empujarán a la utilización de una gran picardía para engañar a cualquiera y también, a perderse por montes y cuevas cuando olfatea el peligro. Así llegará a los veintiún años, con una fama que rebasaba ya los alrededores de su pueblo y empieza a extenderse por toda la comarca. El joven Francisco parecía haber perdido ya para siempre algún retazo de bondad, y sus golpes y robos empezaban a ser indiscriminados, asaltando y robando incluso a personas pobres y desvalidas.

Si se merecía el alias que, muy pronto, le adjudicaría la gente, se juzgará por un detalle de su vida: como dos de sus hijas pequeñas no lo dejaran dormir tranquilo, se levantó una noche y las marcó a fuego como si fueran reses, método salvaje y excesivo, sin duda, para poder conciliar el sueño. Aunque tras su huida a la muerte de su padre intentó trabajar en el pastoreo, muy pronto, sin embargo, contactó con la partida de El Vivillo, en la que acabó integrándose. Esta asociación limitada duró poco, pues El Vivillo logró salir de España y embarcar a la Argentina. Ante la ausencia de aquel legendario bandido, no tardó El Pernales en formar su propio grupo, en un primer momento formado por él mismo y el Niño de la Gloria (Antonio López Martín), más algunos hombres de ambas partidas. Juntos ya, se lanzaron al robo indiscriminado en cortijos y en asaltos a diligencias. No se paraban ante el maltrato físico y la humillación de sus víctimas, ni ante la violación si había mujeres, llegando, a veces, a torturarlas antes. El Pernales se descubrió como un gran maestro en el arte del chantaje y en el de los secuestros, especialidad ésta que le proporcionó pingües bineficios.

Sus hazañas empezaban a sembrar el miedo en las provincias de Sevilla y Córdoba en las que continuaba cometiendo toda clase de tropelías (en Cazalla y otros lugares, a él y a los suyos los recordarían con pavor), en especial, como ya se ha dicho, practicaban el secuestro y posterior petición del rescate correspondientes. Pero esto no era lo cotidiano por su propia dificultad, y en consecuencia, para poder comer todos los días, sus golpes eran mucho más modestos, teniendo como fin último la sustracción de alimentos y bebida con las que sobrevivir en sus escondrijos. Sin embargo esta primera etapa de su biografía acabó pronto para El Pernales ya que en un tiroteo con la Binemérita cerca de Villanueva de Córdoba, El Niño de la Gloria, su compinche, murió acribillado a balazos a principios del año 1907. También Francisco resultó herido, aunque no tanto como para no poder escapar rápidamente y burlar a sus perseguidores. Poco después estaba curado y de nuevo dispuesto a proseguir su carrera delictiva, para lo que, ante la muerte del Niño de la Gloria, se juntó con otro cabecilla conocido como El Niño del Arahal (Antonio Jiménez). Pero si cambió de socio, pocas novedades hubo en sus hazañas, que continuaron teniendo como activos más importantes los asaltos a las casonas de los terratenientes.

Sin embargo, quizás por no negar la leyenda de los «bandidos generosos», y a pesar de su pésima catadura moral, el Pernales repartía en ocasiones el producto de su botín entre los braceros y los campesinos muy pobres, incluso él mismo no pudo disfrutar de sus rapiñas ya que enlazaba una fechoría con otra y, por si fuera poco, siempre llevaba detrás a los agentes de la Binemérita, que no le daban ni un minuto de respiro. Sobre todo sentía que los llevaba pisándole los talones en sus correrías en busca de intendencia para poder mantenerse ocultos en sus escondrijos, ya que, como siempre, el grueso de sus hazañas seguían siendo, como antes, los provechosos secuestros de personas y su correspondiente exigencia de fuertes sumas de dinero si se quería recuperar al secuestrado. La mayoría de las veces la gente pagaba, pero si alguno fallaba, a Francisco Ríos no le temblaba la mano para mandar a la víctima al otro mundo.

Dentro de la vida sin ley que llevaban los bandidos de las sierras en los inicios del siglo XX, había, no obstante, ciertos principios y límites éticos no escritos que se solían no traspasar, como era, por ejemplo, el de respetar a los que, en alguna ocasión, los habían tratado con deferencia o, mucho más habitual, no debía haber ensañamiento con aquellos que no podían defenderse o se presentaban excesivamente frágiles por edad o condición sexual. El Pernales se saltó estos conceptos y tuvo la sangre fría de eliminar a un niño que había secuestrado y que era hijo de su antiguo amo, cuando ejerció, por poco tiempo, el oficio de pastor. Por supuesto, si no tenía empacho en asesinar a inocentes, menos iba a tenerlo para los *ajustes de cuentas* entre colegas. Y un ajuste en esa dirección fue el que decidió con el Macareno, un siniestro personaje que, años atrás, había asesinado al Chorizo y al Soniche, parientes y camaradas de un, entonces, joven Francisco Ríos.

El tal Macareno, en aquella lejana ocasión, había invitado a una gran paella al Chorizo y al Soniche, y a él mismo, entonces apenas un adolescente (parece que el padre biológico de Francisco Ríos no habría sido el marido de su madre, sino El Chorizo que, ese día, compartía paella y compañía con el Macareno). Sería aquella una paella letal pues, al haber sido introducido y mezclado con el arroz una cierta cantidad de veneno, al poco rato los dos maleantes habían muerto tras fuertes convulsiones, ante la vista horrorizada de Francisco, que él mismo también afectado, logró salir corriendo, permaneciendo oculto durante tres días, luchando por sobrevivir, y salvándose *in extremis*. Para sus adentros juró una terrible venganza contra aquel

Macareno, allí donde lo encontrara y sin importar cuándo sucedería. Ese momento dulce había llegado ahora, y el Pernales lo mató con ensañamiento y sadismo, como aquel célebre mártir, San Sebastián, que siempre aparecía en las estampas religiosas atado a una columna y asaetado hasta la muerte. No obstante tener decidida ya la forma en que iba a vengar aquellas lejanas muertes, tuvo la *delicadeza* de preguntarle al Macareno la forma de morir más acorde con sus gustos, prometiendo que sería complacido. El desgraciado parece que se inclinó por el arma blanca, siendo apuñalado por el Pernales repetidas veces pero no tantas que lo mataran inmediatamente, asistiendo impasible y sonriendo a la lenta agonía de su enemigo.

Dentro de una vida tan arrastrada como la de aquellos serranos sueltos como alimañas y ahítos de dinero y de sangre, se podía observar la extraña circunstancia de, en el caso de El Pernales, cómo un tipo como él, tan desagradable por fuera y por dentro (su fealdad era manifiesta a simple vista), sin embargo tenía un gran éxito con las mujeres, sumando en el transcurso de su agitada existencia varias amantes, como, por ejemplo, María *la Negra* (que llegaría a posar como modelo para el escultor Julio Antonio) o Encarna *la del Rubio,* que parió una hija del bandido en 1907, tras su muerte, y que se convertiría en la *viuda* del bandolero. (Cuando las autoridades se hicieron cargo del cadáver de El Pernales, le encontraron una carta dirigida a Encarna en la que su amante le adelantaba que estuviera preparada para juntarse con él, sin que –añadía– necesitase llevar nada con ella, ni ropa ni dinero.) Ambas mujeres, y otras circunstanciales, se dejaron llevar por el atractivo del *vivir peligrosamente* de Francisco, aunque este, sin escrúpulos tampoco en el campo amatorio, no dudaba en violar a las que, si las había elegido, le oponían alguna resistencia.

Sin embargo, Francisco Ríos también había cumplido en tiempos, con el rito matrimonial similar al de los que llevaban una vida normal antes de echarse al monte. A tenor de esto, en la Navidad de 1901 se había casado con María de las Nieves Caballero, que pariría dos hijas del bandolero. Sin embargo, al echarse al monte, no dudó en abandonar a esposa e hijas, topándose entonces con una mujer, la suya, de la que le sorprendió su fuerte carácter, hasta tal punto que, en lugar de intentar seguir a su hombre en sus correrías, optó por abandonarle y, junto a las niñas, huir de su lado para siempre. Era el año 1904, y a partir de ese momento, solo, sin familia ni limosna de amor alguna, El Pernales se lanzaría, con todas sus consecuencias, al vivir peligrosamente del bandolerismo.

Los buenos tiempos de las partidas serranas, sin embargo, habían pasado, y la Guardia Civil seguía de cerca a la partida de El Pernales y los iba acorralando con paciencia pero sin darse un respiro, sintiendo El Pernales y los suyos que empezaban a ser muy vulnerables. En vista de lo cual decidieron cambiar de aires y emprender la huida, pero no una huida cualquiera, sino una definitiva: a imitación de su antiguo jefe El Vivillo, El Pernales proyectó escaparse a la Argentina, para lo cual él y los suyos, emprendieron por montañas y desfiladeros, el lento camino que les debía conducir al puerto de Valencia. Allí intentarían embarcar en el vapor que hacía la travesía hasta aquellas lejanas tierras americanas. Iniciaron, pues, la lenta huida hacia el puerto levantino, pero a finales de agosto de 1907 fueron localizados en un cortijo próximo a Linares, de donde, no obstante, logran escabullirse, aunque, de nuevo, serán alcanzados en el Puerto de Aceiteros, en plena Sierra Morena, aunque, dueños de una astucia poco común, por enésima vez dieron esquinazo a sus perseguidores. Momentáneamente se les perdió la pista hasta que, al hacer un alto en un paraje de la Sierra de Alcaraz para reponerse de una jornada agotadora, serán avistados. Será cuando se crucen con un leñador a quien tuvieron la ingenuidad de preguntarle sobre el camino más seguro para cruzar la sierra. El hombre les indica el camino y los que huyen, agradecidos, le ofrecen unos cigarros.

Pero el leñador (que ejercía también de guarda forestal), cuando los perdió de vista, se fue con la noticia directamente al cuartelillo de la Guardia Civil del puesto más próximo. Inmediatamente los guardias, mandados por el teniente Juan Haro López, salieron en persecución de los bandoleros, que fueron avistados cerca de la cortijada de *El Bellotar*, plácidamente echando una siesta bajo un nogal. Sin embargo, El Pernales, que sin duda dormía con un ojo abierto y el otro cerrado, presintió que alguien les observaba, iniciando de inmediato la que sería una nueva huida y su correspondiente persecución, sólo que en esta ocasión sería la última. En efecto, los agentes lograron darles alcance en la tarde del 31 de agosto en Arroyo de Tejo, rendidos y asustados, mirando desconfiados y aterrados, e intentando escudriñar cada rincón de la sierra por si había algún lugar por donde escapar de nuevo. Una vez descubierta la imposibilidad de la huida, se entabló un graneado tiroteo con los agentes de la Binemérita en el que los de la partida, y El Pernales también, acabarán acribillados. El Pernales morirá de dos balazos, y su lugarteniente, El Niño del Alahar, recibirá uno sólo en mitad del corazón.

Cuando los guardias, acabado el tiroteo, se lanzaron a registrar las alforjas del Francisco Ríos ya cadáver se llevaron una gran decepción, pues sólo encuentraron dentro una manta, un par de calcetines, una bota de vino, dos pepinos y unos mendrugos de pan duro. Magro *tesoro* para el terror de la Sierra y su leyenda de desvalijador de ricos. Después, los cuerpos sin vida de los bandoleros, como ejemplo y escarmiento de futuras almas descarriadas, serían expuestos a la pública exhibición en la plaza del pueblo de Alcaraz. Finalizaba así la vida rocambolesca de uno de los últimos bandoleros andaluces, sin que El Pernales hubiera conseguido llegar a Valen-

cia y subir al buque que, como a su antiguo jefe El Vivillo, le llevaría a una tierra lejana donde, como tantos otros, empezaría una nueva vida. Sin embargo –la leyenda
siempre aparece en estos casos–, hubo quien negó la muerte tal como queda narrada
de El Pernales. Estas versiones afirmaban, por el contrario, que Francisco Ríos no
murió en aquel tiroteo, y que *cedió* su alias y su fama a otro fuera de la ley (era normal que los jóvenes bandoleros usaran el sobrenombre de viejos *maestros* en el arte
de la marrullería, el latrocinio o el crimen). En cuanto a él, siguen estas mismas versiones, se habría confundido con la cuadrilla del torero Fuentes (al que había atraca-
do alguna vez en su cortijo, pero del que acabaría siendo amigo) y embarcado con el
matador a tierras americanas, realizando así su sueño, aunque con la cuadrilla del torero, y en lugar de llegar a la Argentina, que era su destino, a México, tierra hermana donde habría muerto todavía joven (alrededor de los 30 años) de una vulgar pul-
monía.

Capítulo XLVIII

Bonnie y Clyde
(1910/1909-1934)

Estos dos jóvenes amantes y camaradas de la marginalidad pueden considerarse como los prototipos del gangsterismo menor americano de los años treinta. Destaca, en un ambiente absolutamente masculino como era el de la gran delincuencia, la presencia activa de una mujer, Bonnie Parker, dentro de la común vida criminal ejercida por ambos, por cierto, mucho más fría y sanguinaria en Bonnie que en la de su compañero Clyde Barrow. Antes de ser acribillados y muertos por los *rangers* de Texas que les habían dado alcance ya cerca de Louisiana, habían acumulado en su sangrante lista de delitos hasta una docena de muertes y numerosísimos atracos y asaltos en el suroeste de los Estados Unidos, todo en apenas dos años de enloquecida actividad homicida.

Clyde Barrow nació el 24 de marzo de 1909 en Teleco (Texas), en el seno de un hogar campesino con padres analfabetos y ocho hermanos. Muy pronto, como hicieran los otros siete, abandonó la escuela y se integró en un precoz grupo de salteadores. Tras muchas correrías, como consecuencia de las cuales entró y salió de prisión en numerosas ocasiones, en 1930 inauguró su *brillante* carrera de ladrón armado, lo que le llevó directamente a la cárcel de Huntsville.

Bonnie Parker había nacido en Rowena, también en el estado de Texas, el 1 de octubre de 1910. Su padre era albañil, y tenía dos hermanos, Hubert y Billie. Aunque su imagen posterior lo haga increíble, la joven Bonnie tenía veleidades de poeta, aunque su incursión en el mundo del crimen abortaría tan sensible vocación lírica. Compaginaba sus elucubraciones versiculares con un gris empleo como camarera. Llamaba la atención, entre otras razones, por su mínima estatura (1,45 metros) y su ausencia total de grasa, pues pesaba alrededor de 35 kilos. Llevaba el pelo teñido de rojo y las uñas, tanto las de las manos como las de los pies, pintadas de color rosa. Hasta que, en ese mismo año de 1930, en enero, conocerá a Clyde Barrow y se enamorará locamente de él, siendo correspondida con similar intensidad.

El apasionamiento amoroso de ambos convivió perfectamente, desde el primer momento, con el no menos excitante de madrugadora asociación de malhechores, iniciando entonces una carrera enloquecida que acabaría tan sólo con su doble eliminación. Empezaron por lo más fácil: el atraco de gasolineras y tiendas aisladas en carreteras y aldeas. Todo iba bien (relativamente) hasta que, un día, mataron a un sheriff llamado Moore tras una discusión y posterior alboroto en un baile en Atoka, donde la pareja había hecho un alto para divertirse un poco. Otro agente que acudió en auxilio de Moore –Maxwell– corrió igual suerte. Aprovechando el barullo, decidieron robar un coche y escapar a todo gas de allí. Era el principio de una popularidad jaleada desde los medios de comunicación, que los convertirán muy pronto en famosos. Y es que la prensa no dejaba de agrandar sus hazañas lo que, en sus mentes no muy despiertas, se tradujo en que, en realidad, eran casi invencibles.

A partir de esa popularidad, tomaron la determinación de proseguir por aquella senda que les conducía, aparentemente, a la obtención de un dinero de manera bastante fácil, tal como consideraban al secuestro, especialidad que iniciaron en la persona de un policía en agosto de 1932. Como aquello acabó bien, quisieron repetir el mismo delito en otras víctimas, también de uniforme, hasta lograr actuar de igual manera en otros ocho casos idénticos. Una vez habían coronado con éxito sus últimas hazañas, y después de haber liberado a los retenidos, emprenden una nueva huida en la línea de las anteriores. El vértigo de la velocidad empieza a apoderarse de ellos, y a bordo de otro automóvil, devoran kilómetros viviendo su propia leyenda de ases del volante que logran con toda agilidad, dar sus golpes y escapar.

En enero de 1933 asesinaron a otro *sheriff,* Malcolm Davies, y otra vez emprenden otra carrera suicida en su último automóvil, cruzando con él el límite de un estado a otro, camino de Joplin (Missouri). En este lugar se les unió el hermano de Clyde, Buck, y la esposa de éste, Blanche. Ahora serán cuatro los buscados por la policía, que seguía sin tenerlo fácil, aunque la borrachera de éxitos en los continuos atracos les hará bajar la guardia y ser, de esta manera, más vulnerables. En un insólito alto en sus correrías, llegarán a alquilar un piso en el que todavía tienen tiempo para organizar alguna que otra fiesta desmelenada, con ribetes orgiásticos, aderezadas con un final anunciado de borracheras monumentales que, obviamente, molestarán a la vecindad, que terminará por denunciar a la policía a los ruidosos.

Era un día de abril del mismo año cuando los agentes rodearon la casa al mando del policía jefe Harryman, siendo éste el primero en caer abatido por los disparos que los bandidos hacían desde el interior. Pero, a pesar de la batalla campal y de los disparos por una y otra parte, una vez más, lograrán romper el cerco y emprender la huida, ahora hacia Oklahoma. Sin embargo, en su rápida escapatoria, se olvidaron de algunas pertenencias, entre ellas un rollo de película fotográfica. Esta película, tras ser revelada, asombrará a todos con imágenes de instantáneas en serie de los dos criminales. En efecto, el narcisismo de los amantes llegaba al hecho de rozar la autopromoción como fenómenos sociales a través de sus propias fotografías. Bonnie y Clyde aparecían en ellas en las poses más absurdas, bien los dos juntos, o bien uno fotografiado por el otro, y al revés. En las sorprendentes instantáneas aparecían, sonrientes y haciéndose burlas, junto a su temible y abundante arsenal armamentístico, que en una de las fotos les servía de pavimento y que pisaban como si fuesen mullida alfombra. En otra foto de Bonnie, ésta aparecía fumando un monumental puro y blandiendo un fusil espantable, tocada con una boina ladeada que ocultaba parcialmente su cabellera pelirroja. A Clyde, por su parte, se le podía ver frente al objetivo impecablemente vestido con un traje a la medida, sombrero de fieltro, también sujetando entre los dientes otro cigarro puro, y como su colega, armado hasta los dientes con toda clase de chatarra armamentista.

En junio, la endiablada persecución de los malhechores continuó y, de nuevo, al ser localizados en un motel en Platte City (Missouri), se entabló el correspondiente tiroteo en el que resultaron heridos los perseguidos, aunque no de suficiente gravedad, lo que les permitió, aun con dificultades, escapar ante las propias narices de sus perseguidores. La policía ya no sabía cómo acabar con ellos y parecía dispuesta a tirar la toalla, cuando entró en escena Lee Simmans, director de prisiones del estado de Texas, que llegó con un plan muy madurado bajo el brazo para, según dicho plan, poder cortar las alas definitivamente a tan escurridizos sujetos. En su ayuda llamó a un ex *rangers* llamado Frank Hamer, y a principios de febrero de 1934, tuvo a punto todos los detalles para poner en marcha el plan ideado por ambos policías y la caza, que debía ser definitiva, de los maleantes.

La nueva etapa persecutoria duró más de cien días en que los agentes persiguieron a los asesinos, sin darse un minuto de descanso, conduciendo un Ford V8, que era el mismo modelo y marca que pilotaban Bonnie y Clyde. Los estados, y las carreteras, de Texas, Missouri, Louisiana, Nuevo México e Iowa, fueron testigos de ver pasar como una exhalación los automóviles de perseguidores y perseguidos. Por cierto que estos últimos, en un *tour de force* agotador, recorrieron algunos días –y con ellos los policías– hasta 1.500 kilómetros. En medio de esta locura en el más puro estilo *road movie,* los malhechores lograron despistarlos y desviarse a la casa de los padres de Bonnie. La razón, pueril, evidenciaba el infantilismo latente en los dos criminales, pues se trataba de que Bonnie le había prometido a su madre que le regalaría un conejo blanco el día de su cumpleaños. Y, mujer de palabra y buena hija, la pelirroja entregaba lo prometido.

Al regreso, ella y Clyde se encontraron de frente con los policías, uno de los cuales, apoyando la culata contra su hombro, disparó su Remington con capacidad para 20 balas. Por esta vez, el plomo de los agentes dieron en los blancos, e hirieron gravemente a la diabólica pareja. Sin embargo, parecería que inmortales, ni Bonnie ni su compañero se rindieron y por enésima vez lograron alcanzar con dificultad su coche para intentar la última escapada. Pero no llegarían muy lejos. Cuando los agentes se acercaron al coche agujereado por nuevos disparos, comprobaron que estaban muertos.

Llegaban al final de su camino los dos amantes enloquecidos que, en apenas veinticuatro meses, habían asesinado al menos a una docena de personas, entre ellas a nueve policías. Cuando la policía procedió a registrar el maletero del coche de los fallecidos, el inventario fue el siguiente: tres rifles Remignton calibre 30; dos escopetas calibres 12 y 16; dos *colt* calibre 32 y 38; un revólver de repetición calibre 45; siete pistolas automáticas *colt* calibre 45; cien cargadores para armas automáticas con veinte cartuchos cada uno; tres mil proyectiles... Pronto llegaría un remolque que trasladó el automóvil de los bandidos hasta el pueblo de Arcadia (nombre absurdo en aquellas circunstancias), donde más de 6.000 curiosos (prácticamente todo el pueblo) esperaban, expectantes, la llegada de la tétrica caravana. Una multitud histérica contra la que se tuvo que emplear a fondo la policía, ya que todos querían llevarse algo de los asesinos, bien alguna prenda, los zapatos, algún mechón de sus cabellos o, incluso, alguna pieza del coche con el que burlaron tantas veces a los que les seguían, todo ello en un ambiente de frenesí y nerviosismo colectivos.

Aunque en algunos de los poemas escritos por Bonnie Parker en honor, y en amor, de Clyde Barrow, había reflejado su deseo de ser enterrada junto a su amante, su madre se negó a cumplir este deseo. De tal forma que cada uno fue acogido en un cementerio diferente: Bonnie en el West Dallas Fishtrap, y Clyde en el West Dallas. Sin duda, de no haber estado unidos por tanta sangre derramada, Bonnie y Clyde podrían haber pasado a la posteridad como una enésima versión de aquellos Romeo y Julieta que tantos seguidores tuvieron siglos atrás. Y, sin embargo, ambos eran muy diferentes, hasta tal punto que siendo ella ninfómana, no podía ser correspondida con una pasión tan desmedida por un compañero que se consideraba bisexual y que, por si fuera poco, sufría de impotencia. Pero resulta obvio que hay algo aún más poderoso que el sexo en la relación entre dos seres: el crimen compartido. Y la fama. Porque poco después de su muerte, un periódico publicó uno de los poemas que, previamente, había recibido remitido por Bonnie Parker y que empezaba así: «Un día de estos, caerán codo con codo...»

Aunque un poco tarde, el cine se decidió, por fin, a plasmar la violenta historia de estos atracadores y asesinos en la gran pantalla. Lo hizo, en 1967 con *Bonnie and Clyde*, de la mano del director Arthur Penn, y con dos actores que, sin parecerse realmente a los originales, consiguieron prestar a sus personajes un diabólico encanto romántico con un fondo de muerte y tristeza. Aún existiendo aquellas instantáneas fotográficas de la pareja, en el futuro, Bonnie sería ya para siempre la turbadora actriz Faye Dunaway, y Clyde, el apuesto Warren Beatty, que también fue productor del film.

Capítulo XLIX

Al Capone
(1899-1947)

Aunque físicamente nació antes, para la celebridad Alfonso Capone daría sus primeros pasos en un mes de noviembre de 1924. Ese día mandaba asesinar al florista Dion O'Bannion, un irlandés en realidad jefe del ilegal tráfico de bebidas alcohólicas en la ciudad de Chicago. Una jefatura que le disputaba este joven italiano llamado Capone, al que no impresionó la multitud asistente al entierro de su enemigo (unas 20.000 personas) ni la amenaza de sus secuaces de tomar puntual venganza contra él.

Veinticinco años antes había nacido en Castel Amara, Nápoles (Italia), en el seno de una familia muy pobre que, cuando apenas había cumplido cinco años, emigró a Norteamérica. En la agitada ciudad de Nueva York (y en su barriada de Brooklyn) empezó a frecuentar los guetos de italianos, poniendo en evidencia desde muy pronto su carácter bravucón y pendenciero. Sería en una pelea de barrio contra otro italiano llamado Calluccio donde Capone quedaría marcado para siempre en el rostro por una cuchillada de su paisano y que sería su *identidad* casi por encima de su verdadero nombre, pues como *Caracortada* pasaría a la historia. Pero no estaría mucho tiempo en

Nueva York, y se trasladó pronto a Chicago, ciudad en la que, el año 1919, entró a formar parte de la banda de Jim Colosimo, al que fue presentado por Jhonny Torrio, guardaespaldas del primero. Como en el gansterismo también hay jerarquías, el joven Capone hizo su entrada por la humilde puerta del *bouncer* (matón), una obligada escala inferior por la que tuvo que pasar y durante la cual utilizó su sobrenombre de Al Brow.

Al año siguiente mataron a Colosimo, y heredaron su imperio Torrio y Capone, al alimón. La *sociedad* duró poco, ya que se iba imponiendo la falta de escrúpulos del calabrés sobre un Torrio que no las tenía todas consigo y que pensaba que su socio podía eliminarlo en cualquier momento. Actuando en consecuencia, en 1925 Torrio hizo mutis y, discretamente, desapareció de la escena, dejándole el campo libre a Caracortada. Para ese instante, el nuevo jefe tiene a su servicio a 750 pistoleros, 18 guardaespaldas y un coche fabricado especialmente para él con el máximo blindaje jamás instalado en un automóvil. Su boato no era gratuito: era una forma sutil y evidente de pregonar su fuerza y su poderío, que se elevaba por encima, incluso, de alguien tan importante teóricamente (pero tan insignificante en realidad) como el mismísimo alcalde de Chicago, William Thompson (conocido como *Big Bill*). En realidad, el *bueno* de Al se quejaba de que tenía que atender al mismo tiempo dos frentes: el de sus competidores en el mundo de los *gangs* y sus rifirrafes con los políticos (para él, mucho más fáciles de manejar que los primeros).

Así llegaría la gran fecha en la que Al Capone ejecutó su primera gran hazaña capaz de catapultarlo a la celebridad. Tuvo lugar el día de San Valentín de 1929, y para entonces hacía ya tiempo que tenía bajo control el monopolio del alcohol, el juego y la prostitución, y era la cabeza visible del *Syndicate* (aunque todavía hubiera alguno que se empeñara en oponérsele). Un año antes, se le contabilizaban 367 asesinatos, si bien él no se manchaba, y dirigía todo desde su residencia tropical de Miami (Florida), en la que llevaba una vida respetable junto a su esposa y su hijo. Y en esa tesitura lo sorprendió (aunque no tanto) el sangriento día de San Valentín. Aquella jornada, un grupo de sus hombres, aparentando ser de la policía, dispararon sobre la banda de su suicida competidor en el ilícito comercio del alcohol, George Moran. Los chicos de Moran permanecieron tranquilos al ver llegar a los falsos *polis,* pues estaban acostumbrados a las visitas rutinarias de los agentes, que efectuaban exclusivamente para cubrir el expediente. Obedientes, pues, a los que creían agentes de verdad, levantaron los brazos y se pusieron cara a la pared: lo último que oirían fueron los disparos que los enviarían al otro mundo. La matanza tuvo lugar en un almacén y garaje apartado de la ciudad de Chicago, y el reconocimiento del lugar produjo escalofríos a los verdaderos agentes policiales llegados después: cada muerto de la banda de Moran (siete), tenía alojadas en el cuerpo medio centenar de balas.

Tras esta hazaña, la carrera de Capone llegaría a su cénit, y al mismo tiempo iniciaría su ocaso la guerra de los gangsters (*gang warfare*) que concluiría, tras doce años de escaramuzas mortales, con la victoria absoluta de Alfonso Capone, que sería llamado desde ese momento, el César o el Napoleón de las bandas criminales norteamericanas. Curiosamente, para la población de Chicago el rey de los gangsters era todo un ídolo, y es que, salvo *accidentes*, la violencia y los ajustes de cuentas, se producían exclusivamente dentro del ámbito de los propios malhechores de las distintas bandas.

Pero se acercaba el *crack* del 29 y la gran crisis económica. Y llegó Herbert Hooper, el nuevo presidente de los Estados Unidos, elegido con los votos de la América campesina y protestante, y como sus votantes, enemigo irreconciliable con aquella otra de las grandes urbes, obrera, católica y, según ellos, corrupta. Aunque, paradojas de la vida, este mismo nuevo presidente, siendo secretario de Comercio con Coolidge, había apoyado la polémica *Ley Seca,* que daría origen, o agravaría hasta límites inauditos, las grandes mafias de *gangsters* y contrabandistas de alcohol. Desde el primer momento advirtió que su obsesión iba a ser capturar a Capone. En él era en lo primero que pensaba al levantarse cada día, según había respondido a un periodista. Para ayudarle en la tarea contaba con un dinámico policía llamado Edgard J. Hoover, jefe absoluto de los G-Men, un escogido grupo de policías de una peligrosidad (para los *gangsters*) excepcional.

Capone fue un tipo sin escrúpulos al que se le achacaron más de 400 muertes. Amante de las cifras elevadas en todas las actividades en las que participaba, además de este abultado *negocio funerario,* en sus mejores años obtuvo unos bineficios de 20 millones de dólares anuales (en alguno se llegó a decir que los bineficios habían ascendido a más de 100 millones), lo que le permitía llevar una vida fastuosa y despilfarradora. Sin embargo, no era avaro, y sus liberales entregas de dinero las repartía entre el soborno y la compra de voluntades y, también, entre colectivos de marginados, como mendigos y pobres de solemnidad. Entre sus excesos (siempre de cara a la galería, y para humillar a los demás), se podía contar el de desplazarse dentro de un Cadillac de más de 30.000 dólares absolutamente blindado, además de encargarse todo su vestuario en los establecimientos más caros y distinguidos de la ciudad. Vestuario con el que acudía puntualmente a la ópera, espectáculo del que era un gran aficionado. Solía llegar a la puerta de la Ópera House en su epatante vehículo antes descrito, acompañado de sus 18 guardaespaldas (en varios coches que le precedían y le seguían) a los que obligaba a vestir también de rigurosa etiqueta, como él mismo. El enemigo público del país, una vez acomodado en su localidad, se emocionaba realmente con los protagonistas de sus óperas preferidas, a la cabeza la tríada compuesta por *Aida, Rigoletto* y *Il Trovatore.*

En su época de mayor poder, alrededor de 1930, llegaría a dominar más de 10.000 bares clandestinos (*speakeasies*) en la ciudad de Chicago. Pero ese mismo año iba a ser su canto del cisne, pues entrará y saldrá de la cárcel para volver a ser encerrado, en esta ocasión acusado de fraude legal en octubre de 1931. Ahora la cosa iba en serio, y su estancia entre rejas lo será para cumplir una condena de 11 años de privación total de libertad y el pago de 137.000 dólares como compensación por impuestos no abonados en su momento. El responsable (y para muchos, el héroe) de que Caracortada acabara encerrado se llamaba Eliot Ness, un avispado agente del Departamento de Justicia. Al Capone empezó a cumplir su encierro en la penitenciaría de Atlanta, y al año siguiente en la de Alcatraz. Sin embargo no llegaría a cumplir la condena completa, pues saldría libre en enero de 1939 por buena conducta. Ya no volvió.

En el resumen final sobre este personaje, se podrían reflejar algunos datos y anécdotas de un individuo tan controvertido y contradictorio. A la hora de los balances (coincidiendo con su muerte en su finca *Las Palmas,* en Miami, el 25 de enero de 1947), se dijo que había dado la orden de más de 500 asesinatos, aunque algunos lo fueron por su propia mano. Sin embargo, en realidad el *impulsor* de Capone y tantos Capones tenía un nombre: el diputado Volstead, al que se le ocurrió la luminosa idea de la prohibición, obligando para ello a efectuar una enmienda en la Constitución que penaba el consumo de alcohol, según una ley que sacó adelante el 16 de enero de 1920. Hasta la abolición de la misma en diciembre de 1933, este decreto absurdo contribuyó al crecimiento monstruoso de todo ese submundo en el que, de forma innegable, reinó Al Capone. Un Caracortada que, con su cínica justificación, acertaba en el diagnóstico: «Me dedico –afirmaba– a satisfacer una necesidad popular». Pero todo eso era ya historia aquel día de enero de 1947, en el que el pacífico ciudadano aficionado a la pesca y dueño de la finca *Las Palmas,* dejaba este mundo a la edad de 48 años, según parece a consecuencia de la sífilis. Un buen burgués y católico practicante que recibió humildemente los últimos sacramentos en su lecho de muerte. En el posterior funeral, su hermano Ralph repartía entre los numerosos periodistas acreditados, crujientes bollos y humeantes tazas de café. Cuando alguien se acercaba al ataúd, podía comprobar que, también para el viaje al más allá, Caracortada prefería los vehículos aparatosos, toda vez que su última *cama* había costado un cuarto de millón de dólares.

En cuanto a la ya habitual relación de estos malvados de la Historia y el cine, tanto los *gangsters* en general como Capone muy en particular, aportaron al séptimo arte todo un filón del que éste tardó en cansarse, si es que se ha cansado ya. Hubo algunos precedentes en el cine mudo, pero sería el sonoro el que, a pesar de la cercanía de los acontecimientos, tuvo el valor de rodar una aproximación a nuestro personaje en el film *Cara cortada* (Howard Hawks, 1932), con una extraordinaria interpretación del actor Paul Muni metido con todas las consecuencias en la tortuosa personalidad de Al Capone. Después, de una forma directa o haciendo meandros, Capone estaría presente en multitud de películas, una de las más célebres la titulada *La matanza del día de San Valentín* (Roger Corman, 1967).

El terror nazi

Capítulo L

Hitler

(1889-1945)

Es probable que pasen muchos años y muchas cosas en el mundo, para que alguien supere este punto de referencia en cuanto a maldad y desprecio por la vida humana, y se iguale con Adolfo Hitler. Es difícil, aunque tampoco imposible, ya que la Humanidad ha dado pruebas, a lo largo de la Historia, de que no sólo se pasa la vida tropezando con las mismas piedras, sino que si no uno similar, sí que han vivido detrás de él, nuevos aprendices de verdugos como el oscuro personajillo austriaco. Y, aunque también antes de él se pudieron constatar ejemplos que podrían parangonarse con su posterior trayectoria, lo cierto es que Hitler será el gran baldón de la Humanidad y de, en parte, el propio pueblo alemán que lo aupó y lo mantuvo en el poder. De hecho, la palabra *nazi* como insulto lleno de desprecio, se aplica ya no sólo a los contados admiradores que aún hay por ahí, sino a cualquiera que ignore y persiga a los que son diferentes y, todavía más, actúe con estos segmentos de la población con violencia o discriminación.

Adolfo Hitler nació en Braunau, a orillas del río Inn, en la Alta Austria. Era hijo de un agente de aduanas llamado Alois Schickelgruber (o Hiedler –después convertido en Hitler–) y de una mujer llamada Klara Polzl, prima segunda y tercera esposa de Alois. Como germen aleatorio de su posterior paranoia y violencia en su contradictoria personalidad, hay que tener en cuenta las duras y constantes palizas que le propinaba su padre con una fusta, y su huida hacia las faldas de su madre, dulce y cariñosa, que siempre sería su cobijo. El padre murió en 1903 y la madre en 1907, lo que le provocó en este caso un gran dolor y terror a la soledad por la ausencia de aquella idolatrada, refugio de sus obsesiones hasta el día de su muerte, y que evidenciaba su visible complejo de Edipo que ya le acompañaría siempre. Años después, asegurará a sus íntimos que era su madre, desde el sepulcro, la que le guiaba en la dirección de lo más conveniente para él y para Alemania y en sus más importantes decisiones.

Alumno espabilado, aunque ya difícil, desde la escuela primaria, por el contrario sus estudios medios en Linz nunca los terminó. Se trasladó posteriormente a Viena donde intentó entrar en la Academia de Bellas Artes, también sin éxito al fracasar en los exámenes de ingreso. Por último, quiso ser arquitecto, pero no haber aprobado la reválida le impedía iniciar la carrera, por lo que tuvo que conformarse entonces con entrar como ayudante en el estudio de un arquitecto, para cambiar otra vez y dedicarse por poco tiempo a decorar edificios de nueva construcción. Estos fracasos continuados, sobre todo los últimos, y sus constantes rebotes de un oficio a otro, llegaron a crear en el joven Adolfo una indisimulada aversión al mundo universitario, desprecio por ese mundo que se prolongará en el futuro en que despotricará contra las aulas universitarias y sus moradores. Él mismo se tomará como ejemplo de aquellos que no pasaron por las aulas de la enseñanza superior, y señalará y vituperará a los que sí estudiaron una carrera como pigmeos que no le llegaban a él a la suela de sus zapatos.

Entre los 16 y los 19 años se movió y confluyó en los límites del mundo de los marginados, adoptando la postura ante la vida de un perfecto vago que logró sobrevivir a costa del dinero que le daba su madre. Pero, a partir del año 1907, con la desaparición de ésta, conocerá de cerca la verdadera miseria, llegando a tener que vivir en un asilo de indigentes. Tras la muerte de su progenitora y quemar rápidamente la magra herencia materna, intentó dar algún rumbo a su, hasta ese momento, errática existencia. Un último intento por destacar en algo le empujó a escribir una obra dramática que tituló *El Forjador*.

Pero enseguida otras cosas atraerán su atención en la agitada capital del, todavía, Imperio austro-húngaro. Allí vivirá de cerca el ambiente antisemita que se propagaba a través de panfletos y periódicos racistas, al mismo tiempo que empezaba a sentir una especial animadversión por los poderosos sindicatos socialistas. Descubrirá, sorprendido, cómo entre sus nuevas amistades conseguía cierto éxito con su oratoria, lo que le empujará a pedir la palabra continuamente, con una verborrea *in crescendo* con que se exaltaba él mismo. Al principio de estas intervenciones, vacilante e inseguro, sin, al parecer, saber por dónde salir, poco a poco iba cogiendo confianza para finalizar sus discursos dando grandes voces y lanzando furibundas miradas sobre su auditorio que, al final, y sin comprender muchos de los asistentes casi nada de lo que habían escuchado, se descubrían sintiéndose ganados, sin embargo, por la *forma* en que aquel joven se había dirigido hacia ellos.

Tras ser llamado a filas al ejército austro-húngaro de Francisco José, soportó muy mal la vida cuartelera y menos aún las pesadas bromas que le gastaban sus compañeros. Así que decidió cambiar de aires y tomó la decisión de desertar, huyendo de Austria y entrando en Alemania, el país que en realidad amaba. En 1912 llegó a Munich, donde se empapó al principio de la vida cultural de la capital bávara y visitó, incansable, sus museos. Después, en los meses posteriores, se impregnará aún más de estas ideas tan acordes con las que empiezan a anidar en él. Así transcurrirá su vida hasta la llegada de los meses previos al estallido de la guerra, con su gran frustración por no poder haber accedido al Ejército de su nuevo país, al que había pretendido incorporarse, al haber sido declarado inútil total para el servicio militar. Eran los días en los que el káiser, Guillermo II, había hablado muy claro –demasiado– al anunciar que no reconocería validez ni legalidad alguna a los partidos políticos pero sí al pueblo en su conjunto.

Una vez desatado el conflicto generalizado que será conocido como Primera Guerra Mundial en 1914, envió una súplica al rey de Baviera para que le dejara luchar en las filas del ejército contra el enemigo. Y, el antes rechazado joven Hitler, fue admitido en esta ocasión en las filas germanas formando parte del regimiento List. Una vez incorporado a filas, luchó en el frente occidental donde sería herido en el mes de octubre, y evacuado a Berlín con la alegría de conocer que le había sido concedida una Cruz de Hierro de segunda clase. Tras una corta convalecencia, volverá a los frentes, donde peleará hasta 1916, año en el que, de nuevo, es dado de baja por inhalación grave de gases. Nueva convalecencia y nuevamente entrando en fuego en 1917, su regreso a los campos de batalla de la patria en guerra se prolongaría hasta agosto de 1918, con el final de la contienda, momento en el que recibirá su segunda Cruz de Hierro, ahora de primera clase. Como secuela de la guerra, se anunciaría algo que le acompañaría para el resto de su vida. Se trataba de una, entonces, naciente histeria a consecuencia de la cual perdería la visión temporalmente.

Finalizado el conflicto europeo llegó el momento de realizar su viejo sueño de dedicarse a la acción política, toda vez que no soportaba, ni la derrota del káiser ni la subsiguiente revolución que se instauró una vez hubo llegado la paz. Y, como él mismo escribiría más tarde, decidió hacerse político. En principio, parece que entró en política para algo muy simple, como era el de acabar con aquel marxismo que lo impregnaba todo en la Alemania de posguerra y que amenazaba con inundar el país con la segunda revolución bolchevique, tras la de Rusia. Un día, de la mano de un ingeniero llamado Feder, pudo colarse en una reunión clandestina que tenía lugar en un reservado de la cervecería Das Alte Rosenbad. Allí había otras siete personas, que junto a él, constituirían muy pronto la ejecutiva del nuevo Deutsche Arbeiterpartoi (Parito Obrero Alemán). Al salir de aquella reunión, Adolfo Hitler miraba, orgulloso, su reluciente carnet de afiliado coronado por el número 7.

Hitler y sus pocos camaradas, acabarán uniéndose al resto de los partidos de extrema derecha nacidos de la posguerra para hacer frente a la marea roja que amenazaba con llegar a Baviera y que tuvo su breve existencia en la llamada República de los Consejos (comunista). Tras ser desalojados violentamente del brevísimo tiempo en el que intentaron gobernar, sus enemigos de la derecha más extrema decidieron perseguir y amedrentar a los ya defenestrados *rojos* bávaros, y convertirse desde ese momento aquel *land* en el edén de la ultrarreacción. La Gran Guerra había dejado a Hitler otra *herida,* ésta invisible a simple vista, y era la percepción de una *voz interior* que, decía, le indicaba el camino a elegir en cada momento de su vida. Las otras secuelas físicas habían sido una ceguera y una mudez neuróticas, males ambos pasajeros y de los que, en el futuro, nadie osaría hablar en su presencia.

Como ya se ha dicho, en 1919 entró en el Partido Obrero Alemán (DAP), cuyos dirigentes procedían, en su mayoría, de la Sociedad Thule, entre otros Hess, Rosenberg, Frank y un fraile jerónimo llamado Bernhard Stempfle, director de un combativo periódico antijudío. Todos ellos se consideraban a sí mismos como parte de una élite nacionalista, antisionista y rescatadora de la mitología nórdica, que deseaban actualizar. Y es que, antes que el propio partido nazi, los que luego serían sus dirigentes, habían sido captados procedentes de ciertas sociedades y grupos como, además de la Sociedad Thule, los seguidores de Gurdjieff, los rescatadores de la antigua religión germánica, los que, como Rosenberg, querían refundar el cristianismo *lavándolo* de sus orígenes judíos, o los delirantes soñadores que se consideraban herederos de la medieval Orden de los Caballeros Teutónicos.

Como ya se ha apuntado, apenas un año más tarde, varios pequeños partidos de similar ideología (extrema derecha) se unieron, dando nacimiento al nuevo NSDAP –Partido Obrero Alemán Nacionalsocialista– (sin embargo, era cierto que ya desde hacía dos décadas algo similar a esta unión existía, al menos sobre el papel). La primera asamblea de la nueva formación política tuvo lugar en febrero de 1920, y a la misma asistieron ya setecientos militantes y más de dos mil simpatizantes. Abrió el turno de oradores Adolfo Hitler. Y el primer gran mitin masivo de la nueva organización tuvo lugar un año más tarde en un escenario tan sorprendente como el mítico circo Krone, adonde acudieron más de 6.000 personas (curiosamente, casi la mitad eran mujeres). Hitler será elegido por aclamación presidente de la organización. El éxito cosechado por los diferentes oradores (entre ellos, Hitler) fue total, y entre las razones últimas de este éxito podrían figurar, por ejemplo, el majestuoso decorado wagneriano preparado al efecto, el dramatismo auténticamente teatral de los intervinientes, y, sobre todo, la liberación del histerismo colectivo –la catarsis– de todo un auditorio a través de la comunicación directa con aquellos líderes iluminados, a los que traspasarían todas sus frustraciones y sufrimientos y que, a su vez, ellos prometían vengar en algún enemigo todavía por descubrir. Allí aparecía ya la nueva enseña del partido: la *hakenkreuz* (cruz gamada o svástica), símbolo de un ancestral círculo o rueda solar. El nuevo dirigente absoluto del partido puso en evidencia todavía de forma más cruda, por si no lo estaba ya de forma latente, el componente de la raza aria como consustancial al pueblo alemán y la necesidad de, en su nombre, imponer la dictadura de los arios sobre las demás razas inferiores.

En 1923, un Hitler impaciente y hambriento de poder, dirigió, junto a Ludendorff, un conato de golpe de Estado (*putsch*) que no tuvo éxito. El 8 de noviembre Hitler y los suyos entraron violentamente en la cervecería Burgerbrau Keller (Plaza de Maximiliano) de Munich en la que se celebraba un mitin político con la participación y la presencia de algunos miembros del Gobierno de Baviera. Tras Adolfo Hitler, que hizo su aparatosa entrada agitando una pistola en su mano, irrumpieron varios de sus correligionarios, algunos de ellos provistos de ametralladoras que apuntaban al público y a los oradores allí presentes. El ya Führer de los suyos accedió, imparable, a la tribuna y, tras un convincente disparo al aire, empezó una de sus peroratas que le habían hecho popular entre los suyos. «El Gobierno bávaro queda destituido desde este momento; le sustituye un Gobierno revolucionario. ¡La revolución nacional ha comenzado!», fueron sus primeras palabras. Tras encerrar en una habitación próxima a los ministros bávaros, llegó a la cervecería el general Ludendorff, que se fundió en un abrazo con Hitler, tras lo cual éste lo presentó como «el nuevo jefe del Ejército alemán» (en realidad, este general, absolutamente monárquico, creía que estaba utilizando a Hitler para restaurar la monarquía). Aquel acto audaz pretendía ser la culminación de una pretendida e inmediata *marcha sobre Munich,* compuesta por unos 2.500 atrevidos y amenazantes individuos, y calcada de la misma acción que, sobre Roma, había organizado su admirado Benito Mussolini el año anterior en Italia.

Pero aún tendría que esperar dos lustros para eso, ya que alguien había comunicado con Berlín, y cuando los sublevados pretendían, creyendo Munich conquistada, marchar también sobre la capital alemana, en la Marienplatz estaba esperándoles un fuerte contingente de policías a los que, aunque quisieron hacerles frente, en realidad provocaron en las filas nazis una desbandada general y una persecución de la policía a los más rezagados. Al final de la refriega, sobre las calles de Munich se contabilizaron 16 muertos y varios heridos, tras lo cual los cabecillas fueron detenidos pasados algunos días, exactamente el día 12.

Adquirió una enorme popularidad con motivo del juicio por el fracasado *putch,* cuyas sesiones se habían iniciado el 26 de febrero de 1924 y que le servirán de tribuna inmejorable desde la que lanzar su proyecto de una Gran Alemania. Adelantándose a otros dirigentes posteriores, Adolfo Hitler vino a decir a quienes le juzgaban algo parecido a que el futuro le absolvería por deferencia de «la diosa que vela sobre el eterno tribunal de la Historia» (fueron sus palabras textuales). Adolfo Hitler fue encarcelado durante nueve meses en la fortaleza de Landsberg a partir de abril de 1924 (fin de la vista citada por los sucesos del frustrado *putch*), donde sería encerrado en una celda bastante cómoda donde contaba con libros, material para escribir, y libertad para recibir las visitas de sus camaradas, entre ellos Rudolf Hess, a quien, día a día, le irá dictando el texto de lo que será *Mein Kampf (Mi lucha),* biblia de los suyos, y en el que animaba a los alemanes a defender la raza germánica y a luchar, violentamente, contra la influencia del marxismo y el judaísmo. Para redactar su libro, Hitler bebió en textos del más diverso origen, entre ellos de los apócrifos *Protocolos de los sabios de Sión*, nacidos en los despachos militaristas del último zar para justificar los *pogroms* que se llevaban a cabo allí en aquellos años.

Sin embargo, a partir del fracaso del golpe de 1923, el nombre de Hitler se popularizó extraordinariamente y muchos sabin ya muchos detalles de su vida y de su carácter. Por ejemplo, que es vegetariano, que está muy interesado e influenciado por los curanderos, y que lleva una existencia próxima a la de un asceta. (Años después, sus valedores se aferrarán a este vegetarianismo y a su abstinencia en el consumo de alcohol y tabaco, incluso por haber promulgado alguna ley que prohibía el maltrato de animales, para llegar a la conclusión de que un hombre con aquellas buenas notas en su biografía, era del todo imposible que fuese el monstruo que el mundo afirmaba que era.) Su encierro aumentó, si cabía, la aureola de caudillo de un irredento pueblo alemán, hundido y humillado por los vencedores de la guerra. Muy tranquilo, tras cumplir su encierro, Adolfo Hitler abandonó su encierro a principios de 1925, y se paseó, de nuevo, ufano, por las calles de su querida ciudad muniquesa. Sin embargo, de allí había salido (de su cómoda prisión) con una prohibición para él insufrible: en efecto, se le prohibiría terminantemente pronunciar cualquier clase de discursos o mítines, bajo amenaza de volver a ser encerrado.

En su no muy conocida vida privada de aquellos años, por entonces no se le supo aventuras de faldas (los que estaban más cerca de él hablan de una primera novia que había conocido en Linz llamada Stefanie y a la que habría enviado algunos poemas amorosos), y en cuanto a su día a día, vivía modestamente en un piso de dos estancias del que raramente salía a no ser por sus obligaciones políticas.

En estos años el poder de Hitler sobre las organizaciones nacionalistas fue en aumento, a pesar de las dudas de muchos de sus correligionarios que se preguntaban cosas como el porqué de sus proclamas casi rastreras a favor del pueblo cuando, al mismo tiempo, evidenciaba una indisimulable alergia al contacto con la gente normal. Por otro lado, su desprecio por los sindicatos fue parejo pronto a su entusiasmo por acercarse y contactar con los ambientes aristocráticos y la aproximación sistemática a los tiburones de la gran industria. No obstante, todos olvidaban estas contradicciones de su *führer* cuando éste les dirigía la palabra. Palabra, palabras que salían de su boca como trallazos, como disparos de ametralladora que, unidos a su mirada de alucinado, electrizaba a sus auditorios. Aunque en realidad, esas palabras fueran muy limitadas en su variedad y giraran alrededor de algunos contados conceptos, eso sí, repetidos machaconamente, constituían los auténticos pilares sobre las que se levantan las demás. Estas palabras-fetiches no eran otras, en todos y cada uno de sus discursos, que las de patria, fidelidad, honor nacional, judíos y, a veces, también, franceses (en los dos últimos ejemplos, para despreciar a unos y a otros).

Pero después de su verbo encendido intervenían sus ojos, una mirada que parecía fascinar sin remisión a sus incondicionales y que aterraban al mismo tiempo. La mirada, sí, pero también aquella mandíbula agresiva, o sus botas, escandalosamente utilizadas al andar aplastando con rabia el suelo que pisaban. Todo lo anterior formaba parte de sus artes marrulleras con las que encandilar a un auditorio, en realidad, poco exigente. Además, entre él y los que le escuchaban, corría una corriente de ida y vuelta por la que unas gentes excitadas y fanatizadas enardecían al orador que, a su vez, les devolvía con creces aquel estado de ánimo visceral. Algo de cierto habría en esto cuando, hasta enemigos declarados en aquel momento, cuando estaban en su presencia, se rendían. Fue el caso de Paul Joseph Goebbels, que llamaba a Hitler «ese pequeño burgués» y consideraba sus ideas como «horribles» y «repugnantes» para, tras conocerlo personalmente en abril de 1926, dar un giro copernicano en su anterior opinión, y llegar a reproducir en su diario una jaculatoria de esta índole: «Adolfo Hitler, te amo porque eres grande y sencillo. Éstas son características del genio». También Rosenberg lo definiría como «el hombre nuevo de raza purísima».

Tras ganar las elecciones de enero de 1933, el presidente Hindenburg le nombró canciller y le encargó formar gobierno. Sin perder un minuto inició la persecución y olvido de las formas y reglas democráticas que le habían posibilitado el acceso al poder, imponiendo su dictadura absoluta. Por ejemplo, uno de los primeros síntomas de su odio para con la inteligencia será la orden para que miles de libros se consumieran en espantosos *autos de fe* cuyas llamas alentaban las mentes más obtusas de los jóvenes del partido nazi. Su prisa por llevar a la práctica el programa del partido era, por otro lado, frenética. (Recordemos algo siniestro del programa citado. Aquello de que «el pueblo alemán tiene una misión individual que cumplir que el mismo Creador le ha confiado al principio del Universo», para caer en picado y afirmar, tajantemente: «Todo lo que no es raza es basura».)

Antes y después de su acceso a la cancillería, Adolfo Hitler y sus camaradas eran habituales visitantes del salón de un tal Hanussen, una especie de *mago* que en la capital alemana celebraba sesiones públicas en las que demostraba sus poderes hipnóticos y telepáticos. Sus presentaciones se desarrollaban en un grandioso salón de un denominado *Palacio del Ocultismo,* y recibía a sus admiradores y seguidores en un gran despacho presidido por una especie de trono en el que se ofrecía a sus incondicionales. Sin embargo, si ésta era la fachada, tras ella estaba la ya citada Sociedad Thule, que el propio Hanussen presidía como sucesor de un Haushofer, a su vez discípulo de Gardjieff. Además de Hitler, eran socios del grupo Thule, entre otros, Himmler, Göering y el doctor Morell. Anunciaban aquellos iluminados la llegada de una nueva era en la historia del Hombre en la que la vida en la Tierra debía girar al revés, o moverse en sentido contrario a como se conocía hasta entonces. Haushofer, el anterior dirigente de la secta, había sido el que había adoptado como símbolo de esta inversión, la esvástica o cruz gamada.

Pero volviendo a temas más terrenales, y una vez canciller, sin embargo Hitler tenía que contenerse a su pesar para no descubrir demasiado pronto sus intenciones dictatoriales. Lo hizo no por su gusto sino porque estaba aún junto a él la presencia de la figura –bien es cierto que nula– del presidente de la República, Hindenburg, el viejo militar que, en la intimidad, despreciaba a ese *cabo de Bohemia* con quien le había tocado compartir el poder. Pero sería por poco tiempo, ya que el anciano mariscal falleció meses más tarde. Entonces el *führer* de los nazis, ya sin necesidad de guardar las formas, anuncia que asumirá todos los poderes, dando con esta decisión nacimiento al que llamará «III Reich» (número ordinal que le corresponde tras el ya lejano en el tiempo de Carlomagno –el Sacro Imperio Romano Germánico–, y al de 1871, creación que fue del káiser Guillermo II y de Bismarck).

Un nuevo *reich* que ya no necesitará un Parlamento, aquel «barracón de la mentira» según los nazis. En consecuencia, a las pocas semanas de gobernar (febrero de 1933) el Reichstag quedó consumido por un aparatoso incendio, del que se acusó inmediatamente a los comunistas en general y a un *chivo expiatorio* en particular, un disminuido mental con carnet del partido que fue juzgado sin ninguna garantía y condenado a muerte. La prueba del *dolor* de Hitler por el incendio del Parlamento fue que el edificio nunca se reconstruyó (era una institución ya inútil en la nueva Alemania). Desde ese instante el acomplejado hombrecillo del bigote, al sentirse jaleado y endiosado por las masas, se transformó en un líder carismático que no tuvo empacho en asumir, complacido, su propia –engañosa– divinización. De hecho la tan popular consigna «Heil Hitler!», era algo más larga, completada por las masas enfervorizadas con un más extenso grito de fanatismo: «¡Heil Hitler, nuestro Salvador!». Estas barbaridades ya no chirriaban, pues el enloquecido tirano estaba convencido realmente de ser un «Elegido del Destino». No obstante algunos, muy pocos, anticipaban el peligro. Fue el caso de su ex camarada golpista de 1923, el general Luddendorf, quien, a la vista de los primeros pasos del nuevo régimen llegó a profetizar el desastre total de Alemania cuando Hitler impusiera, con todas sus consecuencias, su delirante dictadura.

Una vez eliminado cualquier vestigio de crítica, el flamante gobierno hitleriano empezó a alumbrar leyes y más leyes destinadas a ir desmontando, implacablemente, lo que quedaba de la progresista República de Weimar. Por ejemplo, en enero de 1934 se publicó la nueva ley eugénica que creó hasta 205 tribunales dotados de un buen plantel de funcionarios técnicos y jurídicos que habrían de vérselas con unos delitos en verdad bastante especiales ya que los condenados iban a sufrir la esterilización. En realidad, no eran delincuentes en sentido estricto, si no se consideraba tal cosa el haber nacido con alguna tara desagradable o alguna minusvalía. Pero saltaba a la vista que para el nuevo régimen, estos *defectos* de origen sí que constituían un tremendo *delito* que había que castigar en el sentido de culpar a la Naturaleza por haber dejado que se desarrollaran aquellos seres incompletos.

De inmediato empezaron las vistas y las aplicaciones de las penas previstas. Se inició la ejecución de este repugnante reglamento entre los internos de la cárcel berlinesa de Moabit, donde como ensayo previo, fueron esterilizados más de cien *delincuentes sexuales*. Aunque en un principio se habló de esterilización que no llevaba necesariamente adjunta la castración, apenas un año después esta última se aplicó, no sólo a los criminales no suceptibles de recuperarse para la sociedad, sino también a un amplísimo abanico cobijado bajo el paraguas de *los enemigos de la patria*. En uno y otro caso, se englobaban las posibles víctimas en un amplio espectro de des-

graciados como débiles mentales, locos precoces, maniacodepresivos, los que pade-
cían el *mal de San Vito* (o enfermedad de Huntington), alcohólicos, deformes en general y, para que no hubiera muchos resquicios por donde evitar que alguien pudiera escapar a la *higiénica* medida en marcha, también entraban en el grupo los
epilépticos, los ciegos y los sordomudos. El resultado sería que, en su primer año de
aplicación, casi 90.000 personas sufrieron la esterilización, y casi la mitad de éstos,
la castración definitiva.

Tras poner orden en casa, Hitler se dispuso a poner en marcha el rearme de su
país (prohibido por el Tratado de Versalles tras la Primera Guerra Mundial), con su
inmediata consecuencia: la reclamación y ocupación por cualquier medio, de territorios que los nuevos gobernantes nazis consideraban propios (de Alemania). Así, ya
en 1936, Adolfo Hitler reocupó la Renania, primera audaz marcha sobre territorios
a conquistar. En paralelo, ese mismo año promulgó las llamadas *leyes de Nuremberg,*
plasmación en la realidad de sus teorías anteriores sobre los judíos y que, después,
también pondría en vigor en los países ocupados durante la guerra. En esta nueva asfixiante legislación, los judíos alemanes eran absolutamente eliminados de la vida
activa del país, imposibilitándoles para cualquier actividad pública e, incluso, se les
prohibió drásticamente el matrimonio con miembros de la población aria (y a los
arios, bajo severas penas, a convivencia con judíos). A partir de este momento, el único contrato matrimonial válido en Alemania fue el celebrado entre arios puros.

Detrás de los focos, los micrófonos y los grandes desfiles y concentraciones de
masas, en estos años previos a la guerra, un Hitler ya asentado en el poder vivía una existencia poco acorde con la hiperactividad que parecían evidenciar sus constantes apari-
ciones en los noticiarios cinematográficos. Por el contrario, y sorprendentemente, serán
años de abulia en los que, según testigos próximos, el día a día de la gobernación le llega a hastiar, y escapa muchas veces, sin previo aviso a sus colaboradores, a su casa de
campo bávara, donde se evade invitando a sus amigos a exquisitas veladas gastronómi-
cas y se descubría al *otro* Adolfo, campechano, abierto y de buen humor. Aunque estos
paréntesis no dejaban de ser excepcionales y, en realidad, por entonces, Adolfo Hitler
era un hombre aburrido y que lograba aburrir a los demás que, por sus cargos, tenían que
permanecer cerca del tirano, y, por lo demás, tenía gustos vulgares y pequeñoburgueses,
como su costumbre de seguir el rito del té, hora sagrada casi siempre acompañado por
su amada Eva Braun. Tan sólo cuando la *voz interior* le insuflaba algo o la toma de alguna decisión importante, sólo en ese momento, lo abandonaba todo y abandonaba con
la misma celeridad con la que había llegado aquel su edén particular y regresaba a la capital del Reich dispuesto a enfrentarse, entonces sí, con cualquier problema que se pre-
sentase. Y se le presentaban en imparable avalancha. Pero el recuperado dictador los iba

solucionando uno a uno y sin aparente excesiva prisa, pero también sin un minuto de desfallecimiento. Con este ritmo de trabajo decidirá de forma taxativa e imparable, y sucesivamente, la anexión de Austria (1938) y la de Checoslovaquia (1939). Cuando en septiembre de este último año intente repetir jugada y ocupe por sorpresa el pasillo de Dantzig en Polonia, dará con ello motivo para que empiece la que iba a ser la Segunda Guerra Mundial del siglo XX.

Hasta llegar a ese momento del inicio de las hostilidades, y durante los últimos cinco años, el pueblo alemán había sido sometido a un implacable lavado de cerebro en el que, en su nombre, se eliminaba el individuo a favor del pueblo con eslóganes como este: «Tú no eres nada, tu pueblo lo es todo». Consignas como la anterior que coreaban las masas embrutecidas lanzadas al vacío de un delirante culto a la personalidad con otras consignas como: «*Führer*; manda: nosotros te obedeceremos». Un *führer* que, ya desde su juventud, y hasta ahora mismo, era un no muy fiable asceta que no fumaba, no bebía, comía frugalmente y solía vestir descuidadamente de civil, no así cuando, enfundado en sus arreos militares, ocultaba su pequeñez bajo el aire marcial de aquéllos. Un hombre que, insistimos, enfundado en su aparatoso uniforme, escondía bajo el mismo a un gran vago, un insufrible hipocondriaco y un pobre diablo que vivía rodeado de magos, quiromantes y echadores de cartas, viviendo –y sufriendo– por el temor a los posibles signos astrológicos adversos. Variable e irascible, pasaba de las depresiones más brutales a los entusiasmos más inesperados, sin solución de continuidad. Aunque muy disminuido respecto a sus años de juventud coincidentes con su más estridente activismo político, aún utilizaba algunos de sus viejos trucos con los que aturdía a sus enemigos, como era el hecho de tomar las decisiones importantes en sábado, de forma que pillara a sus contrincantes sin posibilidad de contraatacar por hallarse paralizadas las actividades burocráticas y políticas.

Adolfo Hitler era parco incluso en su pasión amorosa, si es que conoció alguna vez este estado anímico. Parece que en su currículum sexual no hubo muchas mujeres (la ya citada primera novia de Linz apenas cuenta), aunque algunas lograron, más tarde, pasar a la posteridad como, por ejemplo, la golfilla Henny, que le había sido presentada por su fotógrafo personal Hoffmann, y a cuyas orgías del amigo y la pilluela había asistido alguna vez Hitler. Esta mujercita en realidad dejó poca huella en la vida del dictador. No así su sobrina Geli Raubal, con la que convivió en la misma casa de Munich que ocupó durante un tiempo, y con la que, según algunos autores, practicaba el sadomasoquismo y la cropofilia, y que acabó suicidándose en septiembre de 1931 (otras versiones hablaron de la muerte de Geli por un disparo que pudo efectuar el propio *führer* o alguien enviado por orden directa de Himmler).

Muy afectado por la desaparición de aquella mujer, Adolfo Hitler mandaría elevar un templete en el lugar mismo de su muerte. Otro nombre que pudiera relacionarse con el jefe nazi fue el de René Müller, conocida y popular actriz, que se también acabó quitándose la vida arrojándose desde la ventana de un hotel, al parecer tras una entrevista con Hitler que había tenido lugar en la Cancillería, y en el transcurso de la cual la artista habría descubierto el enfermizo masoquismo de su idolatrado *guía*» al que abandonó de inmediato. Y por fin Eva Braun, una bonita florista de Munich que también le había presentado su amigo y fotógrafo personal, Hoffmann, y que ya no se separaría de él, ni siquiera en su último viaje.

Aunque en las elecciones al Reichstag de marzo de 1933, socialistas y comunistas sumaron casi 12 millones de votos frente a los 17 de los nazis, poco después de estos comicios se inició la caza de los militantes y simpatizantes de estos partidos (inmediatos en importancia entre las *bestias negras* de Hitler, tras los judíos), y fueron al final prohibidos, clausuradas sus sedes y cerrados sus periódicos y toda su prensa y publicaciones. Enseguida, en Alemania sólo se editaba una determinada prensa, la hitleriana, encabezada por el legendario diario *Völkischer Beobachter.* Como otros caudillos y déspotas anteriores y posteriores, cuando Hitler acabó *legalmente* con sus enemigos, empezó el ajuste de cuentas con los suyos, en un afán enfermizo de poseer el mando de todos los resortes del poder. Aplicándoles esta nueva limpieza sanitaria, serán asesinados Ernst Rhöm, jefe de la SA (secciones de asalto), y toda su plana mayor (más de un centenar de sus seguidores), secciones descabezadas que serían sustituidas por las temibles SS (secciones para la protección del Führer), más sumisas al jefe. Era el «todo el poder para el jefe» ya sin disimulos tras el fallecimiento, en agosto de 1934, del mariscal Hindenburg (que ostentaba la Jefatura del Estado). Todavía con el cadáver caliente del viejo guerrero, Adolfo Hitler asumirá, además de su cargo de Canciller, el de Jefe del Estado y, en definitiva, será ya la máxima –y única– autoridad del país, bajo la que unirá en sus manos el dominio sobre un país de forma totalitaria como pocas veces se había visto hasta entonces.

Aunque la persecución de los judíos empezó al día siguiente de obtener el poder, la labor de zapa para acabar con la *cuestión judía* continuó «in crescendo» hasta las vísperas mismas de la Segunda Guerra Mundial. Así, por ejemplo, en la noche del 9 al 10 de noviembre de 1938 tuvieron lugar los *pogroms* dirigidos por las SS en toda Alemania (conocida como *Noche de los cristales*) con un saldo terrorífico: quema de 300 sinagogas, profanación de todos los cementerios israelitas, destrucción total de industrias y negocios regentados por judíos, detención de 25.000 de estos y ejecuciones sumarias e inmediatas –vulgares asesinatos– de, al menos, 40. La excusa para esta masacre fue la muerte en París, a manos de un judío, de un diplomático nazi de la embajada alemana en París. Pero incluso entre las filas nazis hubo represión: la de aquellos que, pese a la «repugnancia» desde su condición aria tuvieron la debilidad de violar a mujeres judías, rompiendo así el pacto y el mandato de que no hubiera contacto alguno entre arios y no arios, ni siquiera para humillarlos o matarlos. Estos insensatos que, aunque fuese por unos minutos, quisieron yacer con unas mujeres, fueron expulsados del partido y juzgados por no haber recordado que no lo eran, y sí vientres que podrían haber contenido nuevos alemanes no arios en su totalidad. Con ser, seguramente, mucho más graves los delitos de asesinato cometidos también por eufóricos y patrióticos elementos del partido, si es que se les había ido la mano y habían acabado con algún judío, éstos tendrían más comprensión de los jueces que los que habían osado mezclar su sangre inmaculada con la sucia de los israelitas.

Ya durante la guerra, y dentro del desarrollo de la *solución final* (*Endloesung*), se ejecutaron en 1942 a 70.000 personas encuadradas dentro de aquella insidiosa ley creada para eliminar *vidas inútiles* (enfermos o incapacitados para el trabajo, según sus asesinos). Hay que observar dentro de este apartado que si los judíos fueron eliminados sistemáticamente, otros *enemigos* del nazismo sufrieron de una forma no menos feroz que los del pueblo elegido. Por ejemplo, a los *degenerados* (una expresión en la que cabían muchos) de la propia raza aria y aquellos residentes de los países ocupados, sucesivamente, por el ejército alemán, se les esterilizó y castró a decenas de miles. Como ya se ha dicho, en esta criba maldita quedaban también los alemanes que habían tenido la desgracia de nacer, o de adquirir, alguna malformación o alguna enfermedad mental. De hecho, y tras la derrota del III Reich, las tropas aliadas descubrieron en un hospicio de una ciudad alemana, a varios cientos de pobres locos que habían sido castrados sin excepción.

Si el judaísmo vivió tiempos de terror, el otro gran enemigo de los nazis, el marxismo soviético sería determinante para su propio fracaso como *führer* y el de su delirante y soñado *Imperio de los Mil Años,* derrota anunciada que Hitler y los suyos no supieron prever obnubilados por el delirante proyecto de colonizar Rusia (al menos la parte europea) y esclavizar a su pueblo. Muy diferente sería la conducta seguida para la ocupación de Francia y, sobre todo, de París. En aquella capital *decadente*, un Hitler provinciano asombrado a su pesar, visitó la tumba de su general más admirado: Napoleón, aunque sufrió una gran decepción al descubrir la ubicación de la tumba del corso *en un agujero* dentro del templo de los Inválidos (probablemente su propio monumento funerario, pensaría, estaría en alto para obligar a la gente a elevar la mirada para verlo).

Responsable principal de la mayor carnicería de todos los siglos, Adolfo Hitler pasó de sus victorias relámpago en la primera parte de la guerra a sufrir la ocupación y destrucción de su propio país por los aliados. Ya en la recta final, pudo escapar con vida a un atentado organizado por algunos de sus generales en junio de 1944. Duro con todos, no dudó en firmar la pena de muerte para más de 200 militares de élite, que fueron inmediatamente ejecutados, acusados de haber apoyado el complot. Sin embargo, la dureza de un hombre todavía endiosado no le evitaría el constatar su propia mutación. En efecto, estaba muy envejecido y con pasos vacilantes que empero-aban el conjunto con sus espaldas encorvadas y su rostro pálido y ajado. Desde 1942 estaba oficialmente enfermo, padecía insomnio, dolores de estómago y un Parkinson imparable. Además, se agrandaban sus lagunas de desmemoria, lo que con el poder absoluto que manejaba el dictador no dejaba de ser gravísimo.

En el mes de abril de 1945 le llegó su última hora entre las ruinas de la Cancillería en Berlín, poco antes de la entrada en la capital del Reich del Ejército Rojo. El edificio de la Cancillería, levantado para albergar el poder omnímodo del *führer,* cobijó las últimas horas del dictador, escondido en los sótanos del edificio, en un aparatoso bunker en el que se creía a salvo de los terribles bombardeos aliados que sufría la capital del Reich. En una última tormentosa reunión el 22 de abril, Hitler, que había perdido los nervios y bajo un ataque de ira, invitó a los que le rodeaban a que se salvasen, si querían, porque él permanecería allí hasta el final. Horas después, se le unía Goebbels y su familia, que acompañarían al jefe nazi en sus últimas horas de vida. Consciente ya, puede que con la llegada de una efímera lucidez precursora de la muerte, de que aquello era, en efecto, el fin, acabó por desinteresarse por todo pero, al mismo tiempo, en un afán de dejar las cosas atadas (al menos, las personales), contrajo matrimonio con Eva Braun durante la noche del 28 al 29 de abril. Veinticuatro horas más tarde, Hitler conoció el espantoso fin de su amigo Mussolini y el de Claretta Petacci, asesinados y colgados boca abajo en una plaza de Milán.

Si algo le había hecho dudar hasta entonces en el sentido de si debía, en efecto, suicidarse, el fin espantoso del *Duce* le animó a poner en marcha todo el ceremonial previsto para el suicidio. En las horas previas, la gran ceremonia fúnebre se había iniciado con el sacrificio de su perra favorita, un pastor alemán llamado *Wolf* (o *Blondi*), que fue envenenada por un veterinario cumpliendo la orden del *führer,* y que, de camino, sirvió para probar en el desgraciado can la eficacia del veneno. Tras el sacrificio de *Wolf,* el dictador ofreció a sus secretarias otras dos cápsulas, disculpándose por despedirse de ellas con un obsequio tan poco adecuado. En las horas siguientes, reunió al resto del personal femenino que aún permanecía junto a él. Puntual, el *führer* apareció acompañado por Martin Bormann, procediendo a estrechar las manos de todas ellas. Al día siguiente repitió la escena con el resto del personal, entre otros Bormann y Goebbels. Contritos todos ellos, tras el saludo al jefe (en realidad, una despedida definitiva), se retiraron a sus dependencias.

Después, Eva y Adolfo pasaron a su dormitorio. Serían las tres y media de la madrugada cuando el *führer* tragó de forma compulsiva las cápsulas de ácido prúsico que no lo mataron tan pronto como él hubiera deseado, retorciéndose dolorosamente hasta el punto de pedir a su flamante esposa Eva Braun que lo rematara, orden postrera que la desgraciada mujer cumplió disparándole un tiro en la boca. Enseguida, la fiel amante de tantos años, ingirió, a su vez, el resto del ácido prúsico, con lo que murió también. Los últimos leales que permanecían expectantes al otro lado de la puerta entraron poco después. Ya era la mañana del 30 de abril, y los que entraron en la estancia pudieron descubrir muerto sobre el sofá a su líder mientras a corta distancia yacía el cadáver de Eva Braun. A continuación, los cuerpos sin vida fueron envueltos en mantas y quemados con cien litros de gasolina, a los que Goebbels en persona prendió con una cerilla, y que el chófer personal de Hitler, Kempka, había preparado y que esperaban apilados en el jardín de la Cancillería la llegada –que ya se había producido– del momento final. Durante aquella rápida cremación, y coincidiendo con ella, Berlín sufrió uno de sus más duros bombardeos por parte de los aliados, lo que no impidió que los asistentes, tras el *auto de fe* de los restos de sus jefes, tras saludar brazo en alto, regresaran al interior del bunker.

Los rusos encontraron sus cuerpos muy poco después, quemados parcialmente entre los restos de la apresurada pira funeraria preparada por sus ayudantes. También pudieron identificar a Goebbels, nuevo canciller del Reich durante unas horas, según el testamento político emitido por Hitler el día anterior. Un testemento, por cierto, en el que nada agradable, ni siquiera un atisbo de agradecimiento, había en él para el sufrido pueblo alemán en general que Hitler no duda en denigrar por su *debilidad* ante el enemigo y al que le desea, sin duda desde su propio *más allá,* que desaparezca para siempre. Era el esperado fin de un psicópata con reacciones neuróticas, no tan distinto de tantos otros malvados de la Historia que le habían precedido, aunque hay que reconocerle que en ese *ranking,* hoy por hoy, continúa imbatible.

Desde el mismo instante de su muerte, la Historia –a pesar de la proximidad de los hechos– dejaría paso a una cierta parte de leyenda asumida como tal o, como mucho, mezclada con la musa Clío. El resultado, más 120.000 libros sobre su vida, en constante aumento. En efecto, como en otras ocasiones históricas, muy pronto empezó a rumorearse la no muerte de Hitler y el de su, incluso, supervivencia con otra identidad en algún lugar olvidado del planeta. De cualquier forma, vivo o muerto, Hitler sería responsable de la muerte de más de 40 millones de víctimas habidas durante los años de la Segunda Guerra Mundial, puesto que él la desencadenó. Respecto a su propio pueblo, al que le prometió un imperio de mil años, casi cuatro millones y medio de alemanes fenecieron en el conflicto.

Atrás quedaban, enterradas –o consumidas por el fuego– con él, sus ideas capaces de llevar a la autodestrucción a millones de personas. Por ejemplo, aquella opinión suya de que a las masas había que machacarles con la *música* repetitiva de una *gran meta final* sin caer en la tentación de argumentarles nada, única conducta para animarlas para que siguieran a su caudillo en ese largo y, sin duda, difícil y doloroso camino. Un camino transitado por él mismo, seguido por su pueblo, aunque sin un destino, ni fin, determinado a pesar de todo, ya que esa misma indeterminación le protegía de cualquier clase de razonamiento que, de producirse, descubriría la insensatez y ridiculez del mensaje. En realidad, Hitler no sería el único culpable, un hecho por lo demás, similar en muchos sucesos históricos, donde los pueblos no son absolutamente inocentes del tirano que padecen. Así, en aquella Alemania derrotada y humillada de 1918, al caudillo austriaco se unieron personas de todos los orígenes y clases: obreros y capitalistas, creyentes y ateos, aristócratas de la más rancia nobleza y el lumpen más irredento. Todos apretados bajo el haz con la leyenda «Hitler, Hitler». Adolfo Hitler, ¡el Mesías, el Salvador!, repetían las masas. En los días dudosos y preocupantes de su llegada al poder, y cuando aún podía ocurrir de todo, en un pequeño volumen escrito por dos periodistas, Tourly y Lvovsky (*Hitler*, edición española de 1933), se podían leer estas palabras premonitorias, con las que se cerraba el mismo: «¡Que los médicos intervengan con toda rapidez! ¡No hay tiempo que perder! Si no, es la hora de Hitler la que sonará...Y las hordas de Atila se pondrán en marcha...». Para concluir, no habrá que insistir en el aluvión de libros, obras de arte o ensayos y estudios sobre el personaje y su régimen.

Y, como siempre, lo que sobrepasaría toda ponderación serían las películas basadas en el III Reich y en su protagonista. Pero si sobre el primero hubo muchos títulos, sobre el segundo, su líder máximo, no se realizaron tantos. Además, curiosamente, la mayoría de estos pocos lo fueron en clave de humor y de sátira. No obstante hubo algunos intentos serios como *El fin de Hitler* que rodó en 1955 un ya veterano Pabst y que recogía las últimas horas, en las ruinas de la Cancillería, del monstruoso *führer* de los alemanes. Hubo otra aproximación en *Hitler* (1962), con Richard Basehart como *el bello Adolfo,* o su aparición en *La Batalla de Inglaterra* (1969), con un poco conocido actor, Rolf Stiefel encarnando a Hitler; y, en fin, en uno de los últimos intentos por descubrir verdadera personalidad del dictador, *Los últimos diez días* (1973), con una asombrosa caracterización del actor británico Alec Guinnes. Todavía otra aproximación desenfadada a cuenta de otro actor inglés, Peter Sellers, con la satírica *Camas blandas, batallas duras*, una saludable e irrespetuosa cinta más cerca de los *films* «X» que de la pretendida biografía del responsable de la II Guerra Mundial.

Capítulo LI

Los condenados en el juicio de Nuremberg

A continuación figuran juntos los condenados por el tribunal militar internacional en Nuremberg.

Aquel tribunal estuvo compuesto por funcionarios de Estados Unidos, Gran Bretaña, Unión Soviética y Francia, bajo la presidencia del juez norteamericano Robert H. Jackson. Este funcionario, ante la división entre los aliados a la hora de pronunciarse sobre las modalidades de enjuiciamiento a los jerarcas nazis (las opiniones iban desde el fusilamiento inmediato sugerido por Stalin, hasta la negativa de Churchill, pasando por De Gaulle, que limitaba la represión a los traidores de cada país), unificó tan dispares criterios con estas palabras: «no vamos a juzgarles por haber perdido la guerra, sino por haberla iniciado».

La vista se prolongaría durante un año desde su inicio el 29 de noviembre de 1945, durante seis días a la semana.

Al final, en el banquillo se sentaron un total de 21 acusados, y los condenados a la última pena fueron 12. Las sentencias fueron leídas a los acusados el día 1 de octubre de 1946, y la mayoría de ellos, las escucharon entre altaneros y/o cínicos. Los condenados a muerte que serían ejecutados por el sargento mayor Wood (del ejército de los Estados Unidos) en funciones de verdugo, el día 16 de octubre de 1946 entre la una y las tres de la madrugada.

Faltaron a la vista Hitler, Goebbels y Himmler, que se habían suicidado en los últimos días de la contienda. Y a su cita con el verdugo, tampoco acudieron Hermann Göering y Robert Ley (ambos se habían quitado la vida apenas unas horas antes de ser ejecutados). Décadas después, en 1987, un anciano desquiciado tras los muros de Spandau, Rudolf Hess, también se quitaría la vida. Con él se bajaba el telón de la tragedia definitivamente.

En la sala de prensa se hallaban acreditados 250 corresponsales de todo el mundo. He aquí otras cifras mareantes de este magno proceso:

- 4.000.000 de palabras.
- 16.000 páginas.
- 5.330 pruebas.
- 240 testigos.
- 300.000 declaraciones juradas.
- 27 defensores.
- 54 ayudantes legales y secretarias.
- 5.000.000 de hojas de papel en copias a máquina.
- 780.000 fotografías reveladas.
- 13.000 rollos de película.
- 27.000 metros de cintas magnetofónicas.
- 7.000 discos de vinilo.
- 22.000 lápices consumidos.
- 14.000.000 de palabras transmitidas por los teletipos.

BORMANN (MARTIN) (1900-1945?)

Político nazi alemán. Nació en Halbertstad y, con el tiempo, sería jefe de la Cancillería del Partido Nacionalsocialista.

Bormann entró por primera vez en una prisión en el año 1924 por un delito de terrorismo (había asesinado a un rival político). Al recuperar muy pronto la libertad, apenas un año más tarde, ingresó directamente en el partido nazi de Adolfo Hitler. Después sería general de las SS, Jefe de Estado Mayor con Rudolf Hess en 1933 y, a partir de 1941, sucedería a éste al frente de la Cancillería.

Una vez declarada la Segunda Guerra Mundial, Martin Bormann se convertiría en el brazo derecho del *führer*, hasta el punto de nombrarle éste su ejecutor testamentario. En la agonía del régimen nazi, Hitler le otorgaría el imposible cargo de nuevo ministro del Partido, poco antes de la rendición de Alemania.

El Tribunal de Nuremberg contra los criminales nazis le condenó a muerte en rebeldía, mientras otro tribunal de desnazificación, también en rebeldía, lo condenaba a pasar diez años encerrado en un campo de concentración y a la confiscación de todos sus bienes. Los cargos fueron «crímenes de guerra» y «crímenes contra la Humanidad».

No obstante, su desaparición con ocasión de aquel juicio sigue siendo un misterio, y el fin de este sanguinario jerifalte del nazismo absolutamente desconocido. Aunque según algunos se suicidó en plena calle cuando se vio rodeado por los pesados tanques soviéticos que entraban en Berlín, otros apuestan por la más rocambolesca teoría de que, huido a Sudamérica, vivió allí con otro nombre y tras haber pasado por una operación de cirugía estética que le habría cambiado su anterior apariencia.

FRICK (WHILHELM) (1877-1946)

Fue uno de los compañeros de complot que se unieron a Hitler en el fracasado *putch* de Munich el año 1923. Condenado a raíz de aquel golpe frustrado, su amigo Hitler le tendría destinados importantes puestos en el futuro.

Con la llegada del Partido Nazi al poder, en 1933 fue ministro del Interior en los primeros difíciles tiempos del paso desde el régimen democrático al autocrático.

Diez años más tarde, en plena conflagración mundial, de nuevo el *führer* le nombrará Protector de Bohemia. A partir de ahí, sería responsable de la dirección de la Oficina de los Territorios Ocupados, en todos los cuales aplicó y puso en práctica, las leyes antisemitas que ya se aplicaban en Alemania.

Al iniciarse la vista en Nuremberg, y a pesar de conocer ya el acta de acusación contra él, se le pudo ver en la sala leer detenidamente dicha acta traducida al alemán. Sería, junto a Hess, el único que rechazaría su derecho a declarar como testigo. En las diferentes sesiones, Frick presentó, alternativamente, un rostro distendido y despreocupado. Al oír su condena, de su inmovilidad manifestada hasta entonces, pasó a echarse para atrás, en un gesto de impotencia. Fue condenado por *guerra agresiva* a morir ejecutado en la horca.

Von Ribbintrop (Joachim) (1879-1946)

Nació en Wesel y perteneció a la carrera diplomática. Curiosamente, durante la Primera Guerra Mundial (1914-1918) combatió junto al ejército turco como oficial alemán, ya que Turquía era aliada de los Imperios Centrales en aquella conflagración. Allí también se encontraba un futuro camarada, Franz von Papen. Tras un breve período en el que fue empleado de banca en Gran Bretaña y tras la llegada del armisticio, se casó con la hija de un poderoso industrial fabricante de una popular bebida espumosa alemana, firma de la que fue representante internacional a partir de 1919. No sólo se binefició de un buen puesto de trabajo con el matrimonio contraído con la hija de Henkell, sino que ya se aficionaría para siempre al ambiente duro, pero aparentemente luminoso, de los magnates de la industria germana, relacionándose con importantes *tiburones* de la misma que, después, le serían de gran utilidad para que banqueros como Schröder, ayudaran económicamente a que los nazis accedieran al poder.

Entró en las filas del partido nazi en 1932, cuando ya estaba cantada la llegada al poder de Hitler y sus *camisas pardas*. Gran oportunista, era de los pocos dirigentes nazis que en el futuro podría presumir de serlo desde la primera hora (aunque sería una *tardía* primera hora con el gobierno ya en manos hitlerianas). Pero, con la fuerza del converso, enseguida ganó el tiempo perdido al ser un habitual en los encuentros entre Hitler y von Papen. Cuando los nazis entraron en el gobierno, Ribbintrop fue nombrado consejero del *führer* para los asuntos internacionales. La cartera de Exteriores le llegaría en 1938, tras dos años de embajador en Gran Bretaña, pues conocía bien este país al haber viajado allí como representante de los vinos de su suegro.

Ya como ministro del III Reich proseguiría su efectista carrera diplomática en la línea que había iniciado dos años atrás, al participar en la gestación del Pacto Antikommintern con el Japón militarista y la Italia fascista frente al peligro comunista soviético, además de propugnar y estimular las directrices de lo que debería ser, según él, la expansión del régimen hitleriano. Entre sus planes en esta línea, contaba con la no entrada de Gran Bretaña en la guerra, para lo que organizó un ministerio paralelo conocido como Bureau Ribbintrop, y que se esforzó en conseguir, al menos, una cómoda neutralidad del Imperio Británico una vez empezaran las hostilidades. Por el contrario, fue el más firme partidario de ayudar en todos los frentes al general Francisco Franco, para que no hubiera sorpresas y terminara por vencer en su guerra civil en España.

Sin embargo, su evidente oportunismo y su cinismo, lo acompañarían en otra firma muy diferente meses después, plasmada bajo un nuevo pacto, ahora con los ayer mismo criminales soviéticos. En efecto, él firmaría en nombre de Hitler, el vergonzoso Pacto de No Agresión Germano-soviético con el dictador Stalin apenas tres años más tarde, en agosto de 1939. Claro que sin inmutarse, en 1940 firmaría otro, de nuevo con Japón e Italia, el llamado *Pacto Tripartito* y tras el cual los tres países correrían ya la misma suerte al ser vencidos en la Segunda Guerra Mundial.

Nazi convencido, fue un estrecho colaborador de Adolfo Hitler. Sin embargo, sería acusado de participar en el atentado contra el *führer* de 1944, aunque pudo escapar con vida e incluso permaneció en su puesto como ministro de Exteriores hasta que el almirante Doenitz lo alejó de su gobierno relámpago en 1945, en los estertores del régimen nazi. Sería detenido el 14 de junio de ese mismo año y arrestado por los aliados.

Acusado de crímenes de guerra por el Tribunal de Nuremberg, fue condenado a morir en la horca. A pesar de su pánico y de su evidenciado complejo de inferioridad durante los interrogatorios, von Ribbintrop no dejó de expresar su admiración por Hitler y su gran aportación a la historia de Alemania. Junto a Göering, Rosenberg, Keitel, Jodl y Neurath, será de los únicos en ser acusado y condenado en relación con los cuatro puntos de la acusación. En el momento de serle leída la sentencia, Ribbintrop se hundió físicamente, aunque a la entrada a la sala, ya se pudo advertir su rostro palidísimo y su andar torpe que desembocarán en un mareo y posterior desvanecimiento. Trasladado a su celda tras oír la sentencia, no pudo dejar de moverse muy inquieto por el pequeño habitáculo sin dejar de pronunciar, insistentemente, la palabra «¡Muerte! ¡Muerte!». Sus cenizas fueron esparcidas por el viento.

Años después, en 1953, su esposa publicó el libro *Entre Londres y Moscú*, en el que trataba de justificar y rehabilitar a su esposo.

GÖERING (HERMANN) (1893-1946)

Nació en Rosenheim (Baviera, Alemania). Político y militar. Su padre era ex oficial de caballería y ejerció de cónsul en Haití. Su madre, de modesta familia, fue la segunda esposa de su padre. Fue, desde la escuela, un niño difícil que sería expulsado de varios colegios por su carácter despótico e intratable, aunque sus profesores tenían que reconocer que, al mismo tiempo, era bastante despierto e inteligente.

Ingresó en el ejército en 1912, cuando contaba 19 años. Tras participar en la Primera Guerra Mundial como teniente, pediría enseguida el traslado al arma de aviación, donde se convirtió en 1915 en un valorado piloto de caza que formó parte de la escuadrilla *Richtofen* del legendario as de la aviación alemana, el Barón Rojo. Dos años más tarde, el káiser le condecorará con la Cruz Azul al Mérito, por haber derribado más de veinticinco aparatos enemigos. Una vez finalizada la guerra, y sin un horizonte claro hacia el que dirigir su vida, un día conoce a Hitler en una manifestación, íntima con él, y decide entrar en el partido del dirigente austríaco. Era el año 1922 y, en realidad, Göering resultaba extraño en aquel grupo de brutos, pues él era un *bon vivant* y amante compulsivo del lujo y de las buenas formas. Sólo la enorme hecatombe de la posguerra en Alemania le empujaría hacia el extremismo de los seguidores de Hitler.

Desde ese instante empezó a escalar puestos en el partido nazi, de tal forma que el *führer* le encargó la creación de las SA (fuerzas de asalto), donde hizo un gran trabajo que conllevó el que más de 11.000 jóvenes se afiliaran a la nueva violenta organización de castigo. Más tarde, en el *putch* fracasado de Munich, resultó herido de gravedad, teniendo que huir a Austria y después a Italia para no seguir la suerte de su mismo jefe, que había sido encarcelado. En Italia permaneció hasta 1925, donde entabló allí conocimiento con el *Duce,* Binito Mussolini. Después su destino sería Suecia, hasta el año 1927 en el que, por fin, regresó a Alemania gracias a una generosa amnistía del gobierno de la República de Weimar.

De nuevo en la vorágine política, consiguió ser elegido diputado a los 34 años, siendo ya un adicto a la morfina como consecuencia de sus largas convalecencias a raíz de las heridas de 1923 en el *putch* muniqués. Enviudó en 1931 de la que fue su primera esposa, Karin Foch, una bellísima mujer sueca a la que Göering adoraba. Precisamente no era adoración lo que sentía por los enemigos del nazismo, ya que al poco de auparse al poder los de su partido en 1933, fue el responsable de la apertura del que sería primer campo de concentración: Dachau. En un principio, este campo estaba destinado para la ubicación de los miles de socialistas y comunistas que habían sido declarados fuera de la ley gracias a un ardid también ideado por él, el incendio del Reichstag (Parlamento alemán), del que se acusó a los comunistas en la persona de un pobre hombre, holandés, disminuido mental, y al que se le había tendido una trampa. En el frontispicio de aquel primer campo se avisaba de lo que, tras sus muros, y tras tantos otros muros de tantos otros campos, se viviría en el futuro. Se podía –y se debía– leer: «Tolerancia equivale a debilidad».

En 1932, vísperas de las elecciones que serían definitivas para su partido, fue elegido presidente del Reichstag. Una vez ganadas las elecciones a los pocos meses, fue ministro de la Aviación en el primer gabinete de Hitler. Uno de sus primeros actos como jerifalte del nuevo régimen fue la creación de la Gestapo. También reorganizó la policía, a cuyos agentes prohibió el uso de la porra de goma ya que, según él, si en algún momento se debilitara el orden público, tendrían que restaurarlo no con los suaves golpes de las porras, sino con el uso de armas de fuego.

En 1935 contrajo matrimonio de nuevo, ahora con una actriz llamada Emmy Sonnemann, que ya era su amante hacía unos años. Tres años más tarde empezó a perfilar la economía germana con vistas a una inevitable nueva conflagración. Aunque, al margen de sus cargos y obligaciones oficiales, en su vida íntima seguía viviendo como siempre le había apetecido vivir: a lo grande. Se construyó su nueva mansión, que bautizó con el nombre de *Karinhall* (en recuerdo de su primera esposa), en Schorfheide, un lugar paradisíaco junto al lago Wacher. Allí Göering y su familia eran dueños, también, de una hacienda de más de 100.000 acres de tierra, con una gran reserva de caza y la estampa bucólica de caballos salvajes correteando por los prados. Allí recibía a sus amigos y a los visitantes importantes, como hizo en 1937 con los duques de Windsor.

De natural amable y vitalista, de excelente carácter y amante de las bromas, este hombre que en 1938 era ya padre de una preciosa niña llamada Edda, será también el *padre* de las llamadas *Leyes de Nüremberg* que justificarían el racismo más demencial. Asimismo creó el arma aérea, la *Luftwaffe*, y dentro de ella, la Legión Cóndor, que tuvo su primera actuación (terrible para sus víctimas) en el pueblo vasco de Guernica, dentro de la Batalla del Norte en la guerra civil española. Así mismo, Göering fue el responsable del Plan Económico, y del emporio industrial conocido como H. Göering Werke.

Una vez iniciada la guerra, con el flamante nombramiento de mariscal del Reich por Hitler, los primeros y fulgurantes éxitos de la Luftwaffe le granjearon una gran popularidad, la misma que fue perdiendo a medida que la fuerza aérea enemiga reaccionaba y pasaba al contraataque con sus bombardeos sobre territorio alemán. Sin embargo, todavía era, nominalmente, sucesor del *führer*. Hasta que, en vísperas del fin, el 23 de abril de 1945 (ya demasiado tarde), decidió escribirle a un ya moribundo Hitler, una carta-ultimátum en la que le pedía hacerse él con el poder –cumpliendo la ley–, dado que él, Adolfo Hitler, era probable que, en sus circunstancias, no pudiera dirigir el país ni la guerra. La respuesta de su jefe, todavía dueño de una ira agigantada por los desastres, fue la de destituirlo de todos sus cargos y dar la orden de su busca y captura. Sin embargo, como en otros lejanos tiempos, Göering logró escapar a Austria, país en el que acabó por entregarse al ejército americano el 7 de mayo de 1945.

El 1 de octubre de 1946, en el Palacio de Justicia ubicado en la Fuertherstrasse de Nüremberg, los jueces daban lectura a la primera sentencia contra los jerarcas nazis. Göering será, de hecho, el cabecilla o líder de los demás acusados. Había hecho su entrada en la sala vestido de riguroso uniforme de mariscal del Aire y aparentemente tranquilo. Fue el primero en ser llevado al estrado para oír su condena: «Hermann Willhelm Göering, vistos los cargos por los que ha sido procesado, el Tribunal Militar Internacional le condena a la pena de muerte en la horca». Todavía hubo unos segundos de silencio en los que el acusado no pareció reflejar sorpresa alguna, los mismos que tardó en llegarle por los auriculares, la traducción al alemán. A partir de ese momento, los testigos presentes apenas pudieron percibir algún gesto facial, cuando inesperadamente, Göering procedió a arrancarse los cascos con rabia tras lo que abandonó la sala. Al día siguiente solicitará del tribunal la gracia de que le sustituya la «ignominia de la horca» por la muerte «ante un pelotón de ejecución», solicitud que le será denegada.

El día 16 de octubre de 1946 era el señalado para el cumplimiento de la sentencia, que el reo adelantaría suicidándose. La sorpresa de todos vino dada, no sólo por el suicidio, sino porque esta forma adelantada de morir confirmaba que Göering sabía el día y la hora de la ejecución, datos absolutamente escamoteados a todos los demás condenados y a él mismo, al menos oficialmente. Pero lo cierto fue que, apenas tres horas antes de la hora señalada para ser colgado de la horca, el centinela Alois Neckering, que vigilaba constantemente a través de la mirilla el interior de la celda número 5, descubrió que el dirigente nazi se agitaba y se quejaba sobre su camastro. Inmediatamente, el vigilante dio la alarma acudiendo el oficial. Éste procedió a forzar la puerta de la celda y, una vez en el interior, se inclinó sobre el prisionero, que sufría constantes espasmos. Se dio alarma general y acudieron, sucesivamente, el capellán y, tras él, el médico, el doctor Mücke, que advierte tras echarle un vistazo: «Parece un principio de envenenamiento». No acababa de pronunciar estas palabras cuando Göering, que vestía un pijama negro, se desplomó definitivamente sin vida. Poco después el mismo médico irá concretando: «Según parece se ha matado con cianuro». Nadie entonces, ni después, ha sabido aclarar quién proveyó a Hermann Göering de la ampolla de cianuro que le produjo la muerte. Una muerte digna para un hombre indigno.

KALTENBRUNNER (ERNEST) (1903-1946)

Político nazi alemán nacido en Ried, Austria. Se puso al frente de las SS en Austria y ejerció después la jefatura de la policía política del III Reich en sustitución de Heydrich en el año 1943.

Durante la apertura del Juicio de Nuremberg, Kaltenbrunner no pudo sentarse en los amplios banquillos de los acusados por estar aquejado en aquel momento de una hemorragia cerebral. No obstante, sería de los que intentarían encontrar algún resquicio para salvar el pellejo. Como hiciera Seyss-Inquart, Kaltenbrunner también solicitó confesar y comulgar en su celda en las horas previas a la ejecución, sentencia que sería cumplida poco después en la horca.

KEITEL (WILHELM) (1882-1946)

Mariscal del ejército alemán. Nació en Helmscherode en el seno de una familia de propietarios rurales de Brunswick. En 1901 ya era artillero.

Combatió en la Primera Guerra Mundial como comandante de batería. En la misma conflagración, destacaría por su arrojo en la grandes batallas del frente francés.

Años más tarde, en 1934, sería designado director del Servicio Nacional de Coordinación de Acción de las Fuerzas Armadas.

En 1938 fue nombrado por Hitler Jefe del Estado Mayor de la nueva Wehrmacht (OKW), algo parecido a un ministro de la Guerra.

Militar de despacho, a él se debió el endiosamiento del *führer* como hipotético genio militar y siempre fue un ciego servidor del dictador nazi. Y, sin embargo, sería este hombre el que tendría que firmar la capitulación de Berlín el 8 de mayo de 1945.

Ante el Tribunal que lo juzgó tras el final de la guerra en Nuremberg, Keitel se presentó en la sala donde tenía lugar el juicio, vestido con un impecable traje azul, con ademanes marciales y muy rígido, a la manera prusiana. Su gesto fue descrito como de enigmático por los numerosos periodistas acreditados en la antigua ciudad del nazismo. El mariscal será de los que pedirán al tribunal que se le reconozca su intento de dulcificar y atenuar las durísimas órdenes recibidas del dictador alemán. Tras su «no», común al de todos sus compañeros, al ser preguntado si se consideraba culpable, rectificó absolutamente ante una segunda pregunta cambiando el «no» por el «sí», pero aclarando en esa nueva respuesta que tuvo que obedecer como todo soldado tiene que hacerlo. Por inesperada y, al percibirse una aparente sinceridad en la respuesta, llegó a conmover a sus jueces por ser la primera en esa dirección oída en la sala. A la hora de escuchar su sentencia, Keitel permanece rígido y casi cuadrado militarmente. Condenado a muerte, murió en la horca.

ROSENBERG (ALFRED) (1893-1946)

Publicista, filósofo y arquitecto alemán nacido en Reval (hoy Tallín, Estonia, entonces perteneciente a la URSS). Se graduó en la Universidad de Moscú en 1917. En

1918 abandonó la revolucionaria Rusia y se instaló en Munich. En la capital bávara entró en el partido nazi, y fue presentado a Hitler poco después, al que fascinó la obra de Rosenberg, filósofo del racismo y alentador de la pretendida superioridad de los arios.

Dirigió desde 1918 el órgano periodístico del Partido Nacionalsocialista *Völkischer Beobachter.* Fue asimismo, el autor de miles de folletos, algunos libros y muchas páginas que justificaban los principios histórico-científicos de la pretendida superioridad de los arios. Su libro más conocido, *El mito del siglo XX*, alimentó a los nacionalsocialistas durante mucho tiempo. Junto a Rudolph Hess, fue uno de los *maestros* de Hitler, que le tenía por un importante pensador. En este libro Rosenberg identificaba a su partido y a su jefe con ese «mito del siglo XX», cuyos servidores habían elegido la pesada carga de imponer una cultura «estrictamente científica y cultural» llamada racismo. El nazismo, «la creación más formidable de nuestra época» (eran sus palabras), sería el cirujano que extirpara, definitivamente, el mal de raíz.

Entró en el Parlamento como diputado en 1930. En 1933, con la llegada de Hitler al poder, dirigió la Oficina de Política Exterior. Al año siguiente fue responsable de vigilar el sistema educativo del Reich. Poco después del inicio de la Segunda Guerra Mundial, puso en marcha un sistemático saqueo de colecciones de arte y de las bibliotecas de todos y cada uno de los países que iban ocupando los soldados alemanes.

En 1941 fue nombrado ministro para los territorios conquistados en el Este. En este puesto, será responsable de las deportaciones masivas para la germanización de Ucrania y otros territorios.

De estatura breve, bastante obeso y presa de inocultables tics nerviosos, Alfred Rosenberg oyó su sentencia por la que era condenado por el Tribunal Internacional de Nuremberg a morir ahorcado. Durante las sesiones del juicio, Rosenberg insistirá en que, mientras pudo, dejó de cumplir las órdenes más duras recibidas aunque, a renglón seguido, defendía apasionadamente la bondad del III Reich e, incluso, se atrevía a insinuar que, de repetirse la historia, él haría lo mismo. En sus respuestas, parecieron descubrirse una cierta elusión de culpa que cargó en los más allegados al círculo íntimo del *führer,* responsables últimos de la derrota. Muy otro hubiera sido el final –insinuó– si Hitler hubiera llamado a su lado a sus verdaderos camaradas, y no tener junto a sí a gentes de poco fiar cuando no auténticos y verdaderos enemigos encubiertos del Reich.

Al final, Alfred Rosenberg sería condenado por los cuatro apartados de la acusación. Al recibir la noticia, con aire displicente, Rosenberg se atrevió a sonreír mientras decía: «La soga, la soga: esto era lo que los americanos estaban deseando». La sentencia se cumplió con aquella misma soga invocada por el condenado.

Rosenberg fue autor de, entre otras, dos obras importantes: el ya citado *El mito del siglo XX,* que tuvo el honor de ser incluido en el *Índice de Libros Prohibidos* por la Iglesia Católica; y *Derecho por el poder*, auténtica biblia racista en la que se abogaba por la primacía de la raza germánica sobre las demás y, en consecuencia, se la reconocía como la única capacitada para gobernar una Europa unida bajo la esvástica.

FRANK (HANS) (1900-1946)

Jurisconsulto alemán nacido en Karlsruhe, que fue presidente de la Academia de Derecho alemana.

Miembro del Reichstag desde 1930 por el partido nazi, a los cuatro años, gobernando ya el nacionalsocialismo, fue nombrado ministro sin cartera.

En plena Segunda Guerra Mundial y repartida Polonia entre Alemania y la URSS, Frank fue puesto al frente de la parte ocupada por el III Reich. Su ensañamiento con la población polaca y, sobre todo, con los judíos de ese país, pasarían a la historia de la infamia.

El Tribunal de Nuremberg le acusó de la muerte de tres millones de polacos, genocidio que le valdría el ser conocido como *el carnicero de Polonia*. Previamente se había convertido al catolicismo y fue el único de los acusados que se autoinculpó. No obstante, quiso anotar que la burocracia y el cruce de competencias entre administraciones, influyeron en el desastre del régimen hitleriano. Además, ya absolutamente con nada que perder, sería el testigo de cargo que condenará al nacionalsocialismo como «la apostasía de Dios», y el que pronunciará los epítetos más descalificativos hacia el *führer* de Alemania. Tras escuchar la sentencia, y tras un imperceptible movimiento de cabeza, muy cortés, dio las gracias a todo el mundo, incluidos los soldados de la policía militar y los jueces. A éstos, llegó a decirles que merecía la horca y que la esperaba porque se había hecho acreedor de la misma. Murió, en efecto, colgado de una soga, tras haber confesado y comulgado en su celda.

STREICHER (JULIUS) (1885-1946)

Político alemán nacido en Fleinhausen. Combatió en la Primera Guerra Mundial, siendo condecorado por su heroísmo en la misma con dos Cruces de Hierro. Nada más finalizar la guerra, Streicher ingresó en un núcleo antisemita de la ciudad de Nuremberg.

Tras fundar el Partido Socialista Alemán, y siendo un peligroso rival de Hitler al principio, acabó, en 1921, entrando él y su partido, en el Nacionalsocialista del austriaco. Poco después colaboraría con Hitler en el malogrado *putch* de Munich de 1923.

A través de su periódico *Der Sturm* (fundado aquel mismo año), defendió un racismo totalitario y un antisemitismo enfermizo, lo que no le evitaba vivir como un rey absoluto a partir del momento en el que Hitler le nombró gobernador (*gauleiter*) de la Franconia. Escandalizó tanto a tantos, que al final fue destituido, aunque siempre conservó el aprecio del *führer*. Diputado desde 1932, sería el organizador y el cerebro de la terrible jornada antijudía del primero de abril de 1933. Apenas dos años después, será también el inspirador de las durísimas Leyes de Nuremberg para la pureza de la raza aria.

Era un hombre muy vital y amante de los placeres (ejercía de mujeriego insaciable). Lo prueban en noviembre de 1945 las autoridades de ocupación, quienes, tras un registro de la redacción del que fue su periódico, encontraron miles de libros y fotografías de contenido altamente pornográfico, un material de gran calidad y variedad, propio de un refinado coleccionista, pues había allí manufacturas de todos los países en los que se editaban aquellos productos. Apóstol de un cierto *neopaganismo,* confesó que apenas podía soportar a la mayoría de sus camaradas.

Aunque había permanecido absolutamente indiferente durante las sesiones del juicio de Nuremberg, en las que había querido incidir sobre su supuesta obediencia desde un puesto modesto, advirtiendo de que nadie le podría llamar otra cosa que *simpatizante* del nazismo, sin embargo, al escuchar su condena (mientras no dejaba de mascar chicle continuamente), se arrancó los auriculares que le traducían del inglés al alemán, y abandonó la sala muy indignado. Fue el único de los condenados que, explícitamente, rechazó una Biblia. Fue ahorcado.

SAUCKEL (FRITZ) (1894-1946)

Político alemán nacido en Hassfurt. Ingresó en el Nacionalsocialismo en 1922. En 1927 será *gauletier* de Turingia.

Desde su puesto de Alto Comisario y responsable de reclutar mano de obra en los países ocupados por el III Reich, a partir de 1942 más de cinco millones de hombres trabajaron como esclavos para él.

Cuando todo acabó y el Tribunal de Nuremberg le condenó a morir en la horca, el *obrero* Saucker no pudo reprimir un sollozo antes de abandonar el estrado, compungido y aturdido, pues no esperaba la máxima pena, hasta el punto de que, al ser llevado al patíbulo, seguía insistiendo en que «se trataba de un error de traducción». Antes había tenido la oportunidad de añadir algo al repetido «no culpable» de sus compañeros. Como alguno de sus camaradas diera a entender de que como simple funcionario, tuvo que cumplir con su deber y, sobre todo, con las órdenes emanadas de sus superiores, Saucker dijo, dirigiéndose al tribunal: «No me considero culpable en el sentido de la acusación, ante Dios y el mundo y sobre todo ante mi pueblo». Muy correcto, fue el único que agradeció sinceramente la defensa de oficio alemana de la que pudo disponer.

JODL (ALFRED) (1890-1946)

General del Ejército Alemán nacido en Wurzburgo. Durante la Primera Guerra Mundial fue artillero, accediendo después al Estado Mayor del Ejército imperial. Coronel en 1935, en 1938 Hitler le nombra responsable de la Oficina de Operaciones del OKW (Ejército alemán), donde permanecerá hasta 1945. Poco después, será nombrado brevísimamente Jefe del Estado Mayor del efímero gobierno del almirante Dönitz.

Antes, en el transcurso del conflicto y desde su puesto de Jefe de Estado Mayor General, participó activamente en la anexión por el Reich de Austria, así como en la invasión de Noruega, Grecia y Yugoslavia por Alemania en el transcurso de la Segunda Guerra Mundial. No obstante, tendría el ingrato deber de poner su firma en Reims, el 7 de mayo de 1945, del Acta de Rendición de Alemania ante los aliados.

Al oír durante las sesiones de Nuremberg su condena a muerte, gritó su desprecio hacia todos los que ocupaban la sala y abandonó su banco con aire altivo, sintiéndose estremecido por la muerte –ignominiosa– en la horca a la que había sido destinado, al igual que su compañero, el también militar, Keitel. Había sido hallado culpable de la totalidad de los puntos de acusación. Previamente había tenido la oportunidad de pronunciar algunas palabras: «De todo cuanto hice y me vi obligado a hacer –afirmó– puedo responder con la conciencia muy tranquila ante Dios, la historia y mi pueblo». Fue ahorcado.

SEYSS-INQUART (ARTHUR) (1892-1946)

Político austriaco nacido en Stannern. De una familia de sudetes, fue abogado en Viena. Ingresó en el partido nazi en 1928.

Desde la Cancillería de Austria facilitó la ocupación de su país por los nazis alemanes, siendo nombrado por estos *statthalter* de su tierra natal. Además, fue vicepresidente de la Federación Austro-alemana y Consejero de Estado. Después colaboró activamente en la ocupación de Polonia por parte del Ejército alemán, trabajando activamente en la represión ejercida por su camarada Frank en aquel país. Un nuevo destino dentro del régimen hitleriano sería el de Comisario del Reich para los Países Bajos, lugar en el que destacó su fortísima y despiadada represión contra la población judía y los resistentes de aquel territorio. A continuación, en 1943, fue nombrado presidente de la Academia Alemana y, un año después, ejerció en la Administración civil de Dinamarca.

Fue ejecutado en la horca, pena a la que había sido condenado por el delito de «guerra agresiva» dictada por el Tribunal de Nuremberg, y recibió la notificación de esta última pena con incredulidad y mirando a los jueces en espera de alguna señal que le informara de que no iba a morir. Durante el juicio, fue el único que, sin balbuceos, declaró su fidelidad al *führer*. Como Sauckel, agradeció sinceramente la defensa alemana puesta a su disposición.

VON NEURATH (KONSTANTIN) (1873-1956)

Diplomático alemán que nació en Klein-Glattbach. Fue embajador en Italia y el Reino Unido y ministro de Negocios Extranjeros hasta 1938. Sería el encargado de abandonar, en nombre del Reich, la Sociedad de Naciones. Entre 1939 y 1941, ya durante la Segunda Guerra Mundial, Hitler le nombró protector de Bohemia y Moravia, una vez ocupados ambos territorios por los alemanes.

En Nuremberg se le condenó a quince años de prisión acusado de los crímenes de Lidicia, y tras oír la sentencia y dejar los auriculares sobre un pupitre, salió de la sala sin excesivos aspavientos. Estuvo encerrado en la cárcel de Spandau hasta el año 1954, en el que fue liberado muy enfermo y casi ciego. Murió en Enzweihingen.

FUNK (WALTER) (1890-1960)

Político y economista alemán nacido en Trakehnen. Fue redactor jefe del periódico *Berliner Börsche Zeitung* desde 1916.

Ingresó en el partido nazi en 1922, y en 1931 llevó las riendas de las finanzas y la hacienda del NSDP.

En 1933, ya en el poder su partido, fue Secretario de Estado de Propaganda a las órdenes de Goebbels. Además, utilizó sus buenos oficios haciendo de intermediario entre su partido y los grandes industriales alemanes.

Fue ministro de Economía en el régimen de Hitler desde 1937 y colaborador entusiasta del III Reich y de su *führer*. Presidente del Reichbank desde 1939, le fueron otorgados por Hitler plenos poderes para que prepara la financiación de la guerra.

Compatibilizaba el administrar las finanzas de Alemania y una gran afición al coleccionismo, al que Funk se entregaba con fruición. Claro que el coleccionismo de Funtk era peculiar: se trataba de dientes de oro. Los coleccionaba igual que un filatélico que salta de alegría al hacerse con un sello raro. Sin duda, se trataba de un tétrico acaparador de piezas de valor si no hubiera sido, además, un espantable asesino.

Condenado en Nuremberg a reclusión perpetua, fue el único que se presentó ante los jueces vestido informalmente con un traje deportivo y evidenciando pasar frío en aquella sala. Fue acusado de transferir bienes a las SS desde las personas perseguidas por su raza o sus ideas. Salió de la cárcel en 1957 liberado por su delicado estado de salud. Falleció en Düsseldorf.

RAEDER (ERICH) (1876-1960)

Almirante de la flota alemana nacido en Wandsbeck. Ingresó en la Marina en 1894. Jefe de Estado Mayor al finalizar la Primera Guerra Mundial en 1918, durante la cual se había distinguido en la batalla de Jutlandia.

En 1922 era inspector de la Marina. Hitler le nombró comandante en jefe de la Armada nazi en 1935, puesto en el que permaneció hasta 1943.

Nombrado Gran Almirante del Gran Reich por Adolfo Hitler, sin embargo intentó que la marina alemana permaneciera lo más alejada posible de la política general. No sería su único choque con el *führer*, pues Raeder se opuso a la pretensión de su jefe de invadir Gran Bretaña en 1940, discrepando también por el uso que dio a los submarinos del dictador. Sería sustituido en su cargo en 1943 por el almirante Dönitz.

Condenado por el Tribunal de Nuremberg a cadena perpetua, todos pudieron verle tragar saliva tras escuchar su condena. Salió de la cárcel de Spandau en 1955. Autor, en 1956, de un libro autobiográfico titulado *Mi vida*. Murió en Kiel.

KRUPP VON BOHLEN UND HALBACH (ALFRED) (1907-1967)

....

Perteneciente a una vieja dinastía industrial alemana que se remontaba a los inicios del siglo XVI, y que desde el XVIII eran fabricantes de todo el acero alemán. La última saga familiar tenía su origen en el patriarca Friedrich Krupp, que había empezado como un pequeño propietario de una herrería y una fragua.

Alfred Krupp había nacido en Essen y era hijo de Berta Krupp (que había dado nombre al temible cañón usado por las tropas del káiser Guillermo II en la Primera Guerra Mundial). Llamado a suceder a su padre Gustav von Bohlen, en fechas tempranas ya se le fotografió junto a su progenitor, que saludaba en aquellas imágenes y sonreía amablemente, a un grupo de personajes tan especiales como Adolfo Hitler, Binito Mussolini, el doctor Goebbels, Himmler o el conde Ciano. Parecía el perfecto cachorro de la dinastía y, sin embargo, Alfred le había dado un buen susto a su padre al casarse con una muchacha llamada Anneline Bahr, guapísima pero pobre de solemnidad, lo que provocó el enfado de su padre con su hijo y la imposición de un divorcio apañado.

Pocos años después, en 1938, coincidiendo con su nombramiento como miembro del Consejo de Administración de las empresas familiares, Alfred Krupp formalizó su ingreso en el partido hitleriano. En 1943, en plena conflagración mundial, fue elegido Presidente de la Casa Krupp, sin ocultar su simpatía por el régimen fascista y colaborando activamente con él, colaboración que le llevaría ante el Tribunal de Nuremberg aunque por un camino sesgado. En efecto, aunque el verdadero acusado era su padre, Gustav, el derrumbamiento físico de éste y un cúmulo de enfermedades que lo habían convertido en un vegetal, decidieron al juez norteamericano a sustituir en el banquillo de los acusados al padre por el hijo. La teoría de Robert H. Jackson era la de que, más allá de la cabeza visible circunstancial de la firma Krupp, ésta compañía había colaborado siempre en el rearme alemán, por lo que era la familia, y no un miembro determinado de la misma, la que había ayudado a Hitler en la guerra. Sin embargo este cambalache de personalidad no gustó al fiscal británico, sir Hertley Shawcross, de manera que se consiguió un arreglo provisional por el que los debates previos a las vistas, y el propio juicio contra los Krupp, fueron aplazados.

El plazo se acabó en 1948, fecha en la que Alfred compareció ante los jueces proclamando solemnemente su decisión de no volver a fabricar ni una escopeta de caza en el futuro. Fue absuelto aunque no convenció a todos sus jueces, hasta el punto de que un tribunal militar designado e impuesto por el Presidente de los Estados Unidos, Harry Truman, aguó la fiesta al jefe de la Casa Krupp, y le dio la vuelta al primer resultado. La sentencia fue ahora de 12 años de prisión y confiscación de todos sus bienes. Tras aplicársele varias amnistías, fue liberado en 1951.

En 1953, tras liquidar sus inversiones en las industrias mineras y metalúrgicas, con las manos, también, libres, dedicó sus últimos años a la creación de otros negocios. Enseguida volvió a enriquecerse y a ser todopoderoso. Y el que fuera suministrador y mantenedor de la formidable máquina de guerra de los nazis apareció convertido en un respetable hombre de negocios que llegaría a decir poco antes de morir: «Nuestra empresa se ha convertido en la más importante del Mercado Común». Y, sin embargo, a partir de 1966 y ante el total endeudamiento de la empresa con los bancos, el último de los Krupp hubo de dejar grandes cantidades de su capital en determinadas entidades binéficas. Ése parecía ser el fin de una de las más legendarias dinastías de la industria alemana.

VON SCHIRACH (BALDUR) (1907-1974)

Nació en Berlín, hijo de madre norteamericana. Político alemán, ingresó en el partido nazi en 1925, tras *descubrir* su antisemitismo tras la lectura de *El judío internacional*.

Diputado en el Reichstag desde 1932, de 1936 a 1940 ejerció la jefatura de las Juventudes Hitlerianas (el nombre completo, Juventudes del Reich Alemán).

Desde 1940 a 1945 fue gobernador (*reihstatter*) en la Viena ocupada. Huido a Suiza al finalizar el conflicto, fue detenido en este país y encarcelado.

Poseía una imaginación desbocada, y llegó a componer poemas en honor de Hitler al mismo tiempo que luchaba por restaurar en Alemania el viejo paganismo.

En el momento de la verdad, el todavía joven y atractivo dirigente nazi, no pudo evitar que una intensa palidez le asomara al rostro cuando el Tribunal de Nuremberg le condenó a veinte años de prisión. Nada más oír la voz del juez, abandonó muy de prisa su asiento de la sala del Palacio de Justicia de Nuremberg. Salió en libertad en 1966, y falleció años después en Hackensack, Nueva Jersey, Estados Unidos.

DÖENITZ (KARL) (1891-1980)

Nació en Mecklemburgo, cerca de Berlín. A los 19 años entró en la Escuela Naval como cadete.

En la Primera Guerra Mundial, en una primera etapa, formó entre la dotación del crucero *Breslau*. Después, pasaría a convertirse en la pesadilla de la flota británica desde su mando absoluto sobre los submarinos alemanes, con los que acosa y hunde aquélla.

Esta experiencia pionera le valdrá para que, en 1935, Hitler le encargue la creación de una gran flota de submarinos para el III Reich, orden que ejecuta prudentemente y sin que el hecho se propale demasiado.

Ya en plena Segunda Guerra Mundial, el trabajo precedente de Döenitz dio sus frutos, y los submarinos alemanes serán, de nuevo, el terror de los barcos aliados. No obstante, y despreciando, en el fondo, a los advenedizos del partido, entre los que incluye al propio Hitler y a Göering, Döenizt llegó, a veces, a desobedecer o a rectificar las órdenes que le eran transmitidas por aquéllos. En 1943 alcanzará el cénit de su carrera al ser nombrado Gran Almirante de la Marina de Guerra.

Sucesor del *führer,* el almirante Döenitz será el encargado, el 1 de mayo de 1945, de firmar la rendición incondicional de Alemania.

Su prudencia no le salvará de comparecer ante los jueces de Nuremberg. En las sesiones de aquel gran *ajuste de cuentas* de los vencedores con los vencidos, Döenitz aparecerá inexcrutable, dando la sensación de que aquello no va con él y siendo para el resto de propios y extraños, un rostro impenetrable y misterioso. A la hora de aceptar la presencia de testigos, el gran almirante exigirá que su «declaración sea ajena, por completo objetiva y no roce la persona o la personalidad del acusado». Enseguida, los observadores creyeron descubrir en Döenitz una cierta altura moral con respecto a sus compañeros, y además de repetir, como aquéllos, su obligada sumisión a la obediencia debida de todo soldado, apuntó críticas sinceras al régimen caído. En particular, desautorizó y descalificó el llamado *principio del caudillaje* que había aupado al poder absoluto a Hitler y a otros dictadores.

Por fin finalizó el juicio y les fueron leídas sus sentencias a todos los acusados. Al almirante se le condenó a diez años de prisión. Conducido de inmediato a la cárcel de Spandau, los cumplirá íntegros, hasta el año 1956. En 1959 publicó sus memorias que tituló *Diez años y veinte días.*

SPEER (ALBERT) (1905-1981)

Arquitecto cuya carrera iría unida para siempre al régimen de su amigo Adolfo Hitler. Nació en Mannheimm en el seno de una familia que venía de otra anterior, también dedicados a la arquitectura. Ingresó en el partido en 1931, y en 1933, recién instalado en el poder Hitler, le encargó la construcción de su residencia en Berlín y, a partir de ahí, en 1937, el *führer* le encargará nada menos que la transformación de las ciudades alemanas, según la nueva estética nazi. Comenzó el cumplimiento de las órdenes recibidas con el gran edificio del Partido Nacionalsocialista en Nuremberg, seguido de la Cancillería berlinesa y el Campo de Marte.

Como todos los dictadores, el amo del III Reich creyó oportuno aconsejar en 1937 a su arquitecto, la mejor forma de hacer un «nuevo Berlín». La *firma* de Speer en sus nuevos edificios destacaba por una vuelta al clasicismo debidamente simplificado y acompañado, a la vez, por formas geométricas con aspiraciones monumentales propias de un régimen que aspiraba a durar mil años.

Alejado parcialmente de su profesión al estallar la guerra, Hitler lo nombró ministro de Armamento y Construcción durante el conflicto, puesto en el que, además de acuciar la fabricación masiva de armas mortíferas, impulsó la investigación para la consecución de nuevas armas secretas, hasta el punto de dejar en un segundo plano la fabricación de las convencionales en su afán por conseguir el arma superior que humillara y venciera al enemigo.

Tenía bajo su responsabilidad nada menos que a 15 millones de trabajadores, muchos auténticos siervos secuestrados en los países que Alemania iba ocupando. Naturalmente, esta mano de obra prácticamente gratuita, binefició considerablemente a un régimen que iría conociendo sucesivas dificultades de toda índole.

Dirigió la Organización Todt, y fue responsable de grandes obras como la red de autopistas, la *línea Sigfrido* y las bases de submarinos en Noruega y Francia, además de la barrera del Atlántico.

Testigos presenciales informaron de que Speer se limitó a entornar los ojos cuando el Tribunal de Nuremberg le comunicó que estaba condenado a veinte años de encierro. Fue puesto en libertad en 1966, y durante sus años de cárcel escribió mucho, dando a la imprenta varios tomos de sus memorias.

HESS (RUDOLF) (1894-1987)

El único preso de la cárcel berlinesa de Spandau puso fin a su vida el 17 de agosto de 1987. Llevaba más de cuatro décadas en aquel encierro, y a sus 93 años, aún tenía la fuerza necesaria para ahorcarse en su celda con un cable eléctrico. Con él, desaparecía el último eslabón de los condenados en Nuremberg.

Aunque nacido en Alejandría (Egipto), Rudolf Hess creció en una típica familia alemana de la clase media. Cuando cumplió los doce años fue enviado a Alemania para que estudiara en un estricto internado. Al estallar la Primera Guerra Mundial, el joven

Hess se alistó como voluntario en el arma de infantería y tuvo su bautismo de fuego a través de tres heridas, que le dejarían alguna secuela para toda su vida, como un asma crónica. Apasionado por la entonces joven arma aérea, quiso ser piloto, pero la llegada de la paz lo eliminó de aquella carrera militar aérea. En la convulsa posguerra de su país, Hess se descubrió a sí mismo como un hombre curtido por las batallas y, a su manera, un espíritu puro que detestaba las glorias y pasatiempos mundanos, como el baile, y que alejaba de sí casi todos los vicios, como la bebida o el tabaco.

En los primeros tiempos de la posguerra se alistó a un partido de derechas llamado Fuerzas Libres, que tenía como norte la eliminación física de los bolcheviques y de todos aquellos individuos que se acercaran a los ideales izquierdistas. En una de las escaramuzas con los comunistas, el violento Hess sufrió una herida en una pierna en una calle de Munich, y de aquella agresión guardó un vivo recuerdo que le hizo odiar aún más todo lo que tuviera algún tinte revolucionario. Estudiante en la capital bávara, vio publicado en la prensa un sesudo ensayo del que era autor en el que preconizaba la salvación de Alemania, que sólo podía llegar –enfatizaba– de la mano de un hombre salido del pueblo y que impusiera violentamente su política. No excluyó del camino hacia esta victoria el derramamiento de sangre ya que, afirmaba, «las grandes cuestiones se deciden a sangre y hierro».

Con el resto de camaradas de aquel primer grupo en el que se había integrado, Hess entró a formar parte del Partido Obrero de Hitler. Como éste, Hess se sintió subyugado por las teorías racistas del profesor Karl Haushofer y su peligrosa teoría de que la grandeza de Alemania no se desarrollaba totalmente por culpa de su escaso y asfixiante espacio vital. Curiosamente, y siguiendo a Haushofer, Hess estaba convencido de que Alemania e Inglaterra acabarían –y deberían– unirse, puesto que ambas naciones estaban pobladas por la raza anglosajona. Convencido de estar en el buen camino, se entregó de lleno a la actividad de los *camisas pardas* hitlerianos.

Participó en 1923 con su *führer* en el fracasado *putch* de Munich, aunque logró escapar en un primer momento al huir hacia Austria. Sin embargo, tras saber del encierro de su jefe, se entregó voluntariamente a las autoridades, y fue encerrado en la cárcel de Landberg donde aquél purgaba, bastante confortablemente, su delito de sedición. Juntos en la misma celda, Hitler dictando y Hess mecanografiando, dieron punto y final al mamotreto ideológico del nazismo a través de la autobiografía de Adolfo Hitler, *Meim Kampf (Mi Lucha)*. En realidad, de aquel corto encierro, y de su consecuencia, el libro citado, saldría gran parte de la parafernalia futura del nazismo, ya que Hess fue el que popularizó el nombre de «guía» (*führer*), el saludo brazo en alto (aunque se le hubiera adelantado unos meses Mussolini) y, además, hizo germinar en la mente de Hitler el culto a la personalidad y la casi divinización del líder. Por último, Hess será el teórico de las *consignas,* una forma sibilina y práctica para llegar al público y, sobre todo, a las masas, y que estas se entreguen al líder.

Cuando el nacionalsocialismo llegó al poder, en 1933, Rudolf Hess fue bastante más invisible que otros jerarcas y camaradas de la primera hora. Esto no significó que no tuviese preeminencia en las proximidades del dictador: al contrario. Hess sería ya insustituible dentro del círculo más íntimo de su jefe, hasta el punto de ser conocido como la «conciencia del partido». Esta proximidad al dictador se mantuvo una vez que estalló la Segunda Guerra Mundial, hasta el punto de que Hitler creó para él el nuevo puesto de *vicefürher*, inmediatamente segundo en la sucesión tras Göering. Precisamente esta presencia delante de él del mariscal del aire e, incluso, de su subordinado Martin Bormann, hicieron ver a Hess que en las luchas intestinas llevaba las de perder. Pero no era su carácter el de conspirador de despachos, y sí, por el contrario, el de inventor de grandes golpes de efecto, y por ahí –pensó– sí que podría llegar a situarse, de nuevo, junto al gran protector del pueblo alemán.

Más político que militar, su vista estaba fija en el *día después* de la victoria y de la guerra. Deseaba que la conflagración concluyera lo más pronto posible, y en esa dirección encaminó sus trabajos con la idea de ofrecerle al *führer* ese gran regalo. Para ello volvió a sus viejas ideas de la necesidad de unirse a Gran Bretaña para, libres por ese lado, concentrarse en la eliminación del verdadero enemigo, que no era otro que Stalin y la URSS. Aunque por todos lados le hicieron ver que en Inglaterra Hitler y el Diablo eran una misma cosa, y no entendiendo ni admitiendo que tal idea absurda pudiera crecer entre el pueblo británico, decidió seguir adelante con su idea y se embarcó en la aventura que sería su perdición.

Discretamente, a finales de 1940, se dedicó a efectuar vuelos de entrenamiento y de prácticas en las pistas de pruebas de la fábrica Messerschmidtt de Augsburgo, en el mismo lugar en el que, antes de la guerra, había tenido la oportunidad de participar en algunas pruebas aéreas. Ahora, como un niño que disfruta con su juguete, pilotaba el modelo 110, capaz de alcanzar una gran velocidad y, sobre todo, una autonomía de casi 2.000 kilómetros. En 1941, con su decisión tomada, voló dos veces hasta las islas, pero hubo de regresar por el mal tiempo. Por fin, al tercer intento, el día 10 de mayo y vistiendo el uniforme de piloto de la *Luftwaffe*, se dirigió hacia el oeste, para una vez sobre las Islas Británicas, dirigirse hacia Escocia. Tras multitud de peripecias (persecución de los aviones de la RAF, huida del fuego antiaéreo o el espanto de los que, desde tierra, lo veían cruzar), Hess saltó en paracaídas y dejó que su aparato se estrellara en tierras que él creía muy próximas a la mansión de su amigo, el duque de Hamilton, aquel inglés que había participado en las Olimpiadas de 1936 en Berlín, y que fue su huésped en aquella ocasión.

Pero no fue este noble británico el que fue a recibirle, sino unos agentes de la policía que, de inmediato, lo entregaron al Ejército británico. Sin embargo, después sí que llegaría el Duque que, contra lo que él esperaba, trató muy fríamente al dirigente nazi. Éste, olvidándose ya de su *amigo* fallido, exigió hablar con Churchill para exponerle su plan de paz entre las dos potencias, deseo que no le fue concedido pues, incluso, algunos creían habérselas con un impostor. En consecuencia, y mientras Hitler recibía una carta de su amigo y *vicefürher* en la que le decía que, cuando la leyera, ya estaría volando sobre las islas, en esos momentos, él, Hess, quedaba detenido y sería encerrado durante cuatro años en una mísera cárcel de pueblo. A partir de ese momento, para los ingleses, Hess dejó de existir oficialmente, y los dirigentes de todo el mundo no dejaron de hacer cábalas en las que, prescindiendo de las propias explicaciones del detenido, especulaban y se echaban en cara, unos a otros, toda clase de ayudas, confabulaciones y mil ideas contrapuestas sobre el fin último de aquella escapada de un hombre tan alto en la jerarquía nazi sobre el país que encabezaba, precisamente, la lucha contra los alemanes.

Su estancia en Gran Bretaña terminó cuando, procesado en Nuremberg, hubo de acudir a las sesiones del Tribunal Internacional. Durante los interrogatorios, no dejó de confundir a sus jueces, bien afirmando que tenía un gran plan para cuando saliera de la cárcel, o que en realidad, su pretendida amnesia había sido un truco. Lo que sí distinguió a Hess de sus camaradas juzgados fue el cargo por el que se le condenó. Al contrario que a los demás, que lo fueron por «crímenes contra la Humanidad», él lo fue por uno nuevo denominado «crímenes contra la paz». Sus respuestas al tribunal serían las últimas palabras que se le permitieron pronunciar hasta su, todavía, lejana muerte. Condenado en firme, Rudolf Hess ingresó en la cárcel de Spandau. Durante cuarenta años, aquella vieja cárcel berlinesa sería su casa, donde se agravarían sus enfermedades o adquiriría otras nuevas, con especial énfasis en una peligrosa y recurrente hipocondría, que se reflejaría en problemas de gastritis y otros trastornos estomacales. Colaboraba poco con los médicos de la prisión, pues su vegetarismo absoluto resultaba incompatible con la medicina moderna, sobre todo frente a la que él practicaba o admitía, que era la homeopática.

El 17 de agosto de 1987, cuando fue descubierto el cuerpo de Hess, muchos pudieron ver por primera vez la celda del fallecido. Se trataba de un habitáculo de 2,7 m de largo por 2,25 de ancho. Sólo había un ventanuco elevado a 1,5 m del suelo y los muros eran de un espesor de 60 cm. Estos muros estaban coronados por cinco torres, que se reforzaban con barras electrificadas y alambres de espino de tres metros de altura. Su aislamiento en todos aquellos años fue total en, al menos, dos direcciones: desde dentro, por parte de sus carceleros rusos, y por él mismo, huraño, y sin querer ver a nadie. Todos sus correligionarios sobrevivientes habían sido liberados en 1966. Pero para él no hubo perdón. Los rusos, al contrario que los occidentales, que deseaban liberarlo o, al menos, suavizar sus condiciones, pensaban que no era un anciano desvalido cualquiera, y sí, por el contrario, el delfín de Hitler y el responsable de millones de rusos muertos en la guerra. Así finalizaba, aquel agosto de 1987, la última brizna del nazismo abatido en Nuremberg cuarenta años atrás. Y, con él, la presencia viva y física de los causantes directos y de primera línea, de la gran hecatombe de la Segunda Guerra Mundial.

El terror moderno

Capítulo LII

Stalin
(1879-1953)

Dirigente comunista ruso nacido en Gori (Georgia). Adoptó el sobrenombre de Stalin, de *stal,* en ruso «acero» (o «voluntad de acero»).

De familia muy humilde compuesta por siervos emancipados, su padre se llamaba Vissarion Dzhugashvili (aunque era conocido como *Beso*) y era zapatero, mientras su madre Ekaterina (llamada *Keke*), era una criada por horas. El padre distinguía a su amado hijo con violentas y continuas palizas que fueron dejando en el niño un poso de insensibilidad y de odio cada vez más indisimulable. A su vez, Keke (la madre), como su hijo, sufría las mismas violentas y constantes palizas de un esposo alcohólico.

Contaba diez años cuando un carro lo atropelló, provocándole una rigidez en el codo izquierdo de la que nunca se repondría. Un año antes Jósif había ingresado en una institución religiosa de Gori, y ya mayorcito, a los quince años, ingresó en el seminario de Tiflis, donde permanecería hasta el año 1899. Curiosamente, en un lugar tan pío, circulaban clandestinamente toda clase de proclamas y panfletos revolucionarios, los cuales atrajeron enseguida la atención y el interés de aquel alumno poco o nada interesado en el dogma y en los asuntos de sacristía. En un momento dado, y todavía entre las paredes de aquella institución sacerdotal, decidió hacerse socialista y ateo, convirtiéndose en un alevín de líder dentro de las aulas en las que, teóricamente, aprendía Teología. Por supuesto, y tras duras reprimendas y castigos, sería expulsado por sus proclamas subversivas y sus invitaciones a los compañeros a rebelarse contra sus superiores.

Ya en la calle, ingresó en el partido de los bolcheviques en 1903, participando en todas las intentonas revolucionarias que se le ponían a tiro, por las que sufrió su primera deportación a Siberia el año 1904. Aquel mismo año conoció a una guapa mujer llamada Catalina Svanidza, muy religiosa y una creyente practicante de la que, a pesar de ello, se enamoró hasta el punto de casarse con ella. No obstante, la hiperactividad del joven líder y sus continuas detenciones y escondrijos apenas permitían a la pareja estar juntos. Al año siguiente de su boda, en noviembre de 1905, Josif pudo conocer en persona por primera vez a Vladimir Illich, *Lenin*, en el que será su primer viaje fuera de Georgia.

En efecto, en San Petersburgo tuvo lugar el breve saludo de dos personajes llamados a entenderse y a odiarse más allá de la vida de uno de ellos. No será hasta 1907 que, de nuevo, sus vidas se cruzarán entonces en Londres, ciudad en la que se celebraba el V Congreso del partido. En 1907 también muere su amada Catalina, su primera esposa. El dirigente revolucionario que estaba realmente enamorado de ella acusó el golpe. Puede que la soledad en que le había dejado Catalina le empujara a entregarse a una actividad nimbada por la compulsiva lucha política, pues ese mismo trágico año para él se encargó de dirigir el asalto al Tesoro Público de Tiflis, en el que se hizo con 340.000 rublos, numerosas acciones y no menos numerosos bonos del tesoro. Las magras reservas del partido agradecieron este *aguinaldo* conseguido gracias a la audacia del georgiano.

Los años inmediatos lo fueron de luchas constantes, deportaciones a Siberia, huidas y nuevas deportaciones. Entre una deportación y otra, fue destinado por el partido a Bakú para agilizar y extender la agitación revolucionaria entre los obreros del petróleo. Liberado en 1911, Koba (uno de sus alias) empezó a escribir cartas a la prensa del partido que, después, reunirá en un libro titulado *Correspondencia a San Petersburgo*. En todas ellas alababa y mitificaba ya a Lenin, máximo líder de los bolcheviques. Sin duda estas alabanzas al jefe le iban allanando el camino para, en 1912, resultar elegido, con otros cuatro, miembro de la minoría dirigente del Comité Central del partido. Poco después apareció el primer número del *Pravda*, diario que dirigió Koba por unas horas, pues el mismo día (22 de abril) en que salía a la calle el primer número del rotativo, fue deportado de nuevo, aunque también logrará evadirse, y volverá a su febril actividad. Una actividad física, real, pero también intelectual a través de las páginas de *su* periódico, en el que, por primera vez, firmará con su nuevo seudónimo de «J. Stalin», un sobrenombre que le sugirió el mismo Lenin.

En febrero de 1914, y mientras asistía a un concierto en un teatro, fue detenido por la temible *Okhrana* (policía política). Considerado y tenido como muy peligroso por ésta, será enviado al lugar al que eran mandados los que, como él, el zarismo consideraba reos de eliminación. Nada menos que a un lugar perdido del Círculo Polar sería conducido Stalin, probablemente en su viaje menos turístico. Durante su ausencia, estalló la Primera Guerra Mundial y se caldeó de tal forma el ambiente del país, que desembocará en la revolución burguesa de Kerenski en 1917. Ese año Stalin fue liberado en Krasnoiarsk y de ahí se trasladó a San Petersburgo (ciudad que ahora se llama Petrogrado por las connotaciones germánicas del nombre anterior). El 3 de julio tuvo lugar una gran manifestación que acabó con una durísima represión y la huida de Lenin y Trotski a Finlandia. Sin buscarlo, Stalin se encontró con sus manos llevando las riendas del partido, unas riendas que, de una forma u otra, ya nunca soltará. No obstante tenía los pies en la tierra y, aparentemente, usaba del poder omnímodo dentro del partido con bastante prudencia y admitiendo su provisionalidad. Poco después preparará el ambiente propicio previo a la llegada de Lenin desde las páginas de *Pravda*, que había vuelto a dirigir.

En el mes de octubre la república burguesa de Kerenski tuvo que dejar paso a la revolucionaria y socialista de Lenin. Éste formó el *Comité de los Siete,* un reducido círculo dirigente compuesto por el propio Lenin, Trotski, Zinoviev, Kamenev, Sokolkinov, Bubnov y Stalin. Sin prisa, pero sin un momento de respiro, el antiguo seminarista georgiano iba ascendiendo tranquilamente, y sin llamar mucho la atención, los peldaños de la singularidad que le empujará al poder (se diría más tarde que esa presencia gris era una táctica más para auparse a lo más alto). En medio de esta existencia agitada aún sacó tiempo para volver a casarse con una joven veintiún años más joven que él llamada Nadcjda, hija de Alliluiev, un gran amigo de Lenin. La boda se celebró en mayo de 1919. Sin embargo para los grandes hombres hasta el amor es un problema menor y, tras el enlace, el georgiano prosiguió su carrera imparable, y en los diversos congresos del partido fue haciéndose un hueco cada vez mayor. Así, en el II Congreso de los Soviets, fue nombrado ministro de las Nacionalidades. En el VIII (llamado ya del Partido Comunista) se creó el *buró* político a la medida de Josif. Y en el XI, celebrado en 1922, también se creó el nuevo, e importante, cargo de Secretario General a la medida de José Stalin, que ocupó, otra vez, otra flamante cartera.

A partir de ese último año, y ya hasta su muerte, Lenin desaparece de la circulación y de la toma de decisiones, debido una enfermedad progresiva. Poco a poco irá dejando en manos de Stalin la gobernación de la nueva URSS (en la que aún colea la sangrienta guerra civil entre *rojos* y *blancos*), un poder que acaparará de hecho en su totalidad cuando un muy enfermo Lenin abandonará Moscú y se trasladará a Gorki. De hecho, en todo este tiempo será Stalin quien mande y quien, muy sibilinamente y sabiendo que no goza de las simpatías del líder máximo, intentará en un último esfuerzo congraciarse con un Lenin muy disminuido que, no obstante, en su testamento político ordenará expresamente que Stalin sea apartado de su sucesión.

Por entonces Stalin ya dividía a sus camaradas y amigos en razón de lo que opinaran sobre él, y estos mismos por opinar de manera contrapuesta en relación a su liderazgo. Por ejemplo, el escritor Máximo Gorki dijo de él que era «un georgiano magnífico», mientras que su futuro gran enemigo, León Trotsky, lo definió afirmando, hiriente, que gozaba de «una destacada mediocridad». Por fin, el fundador de la Rusia Soviética, Vladimir Ilich (Lenin) murió y Stalin, escamoteando su testamento, que guardó en la caja fuerte de su despacho del Kremlim, consiguió que sus camaradas lo elevaran a la máxima jerarquía soviética en 1924. En algo, sin embargo, estaban todos de acuerdo, y era en que el sucesor de Lenin era un hombre introvertido, solitario, absolutamente impenetrable, y nada amigo de confidencias. De hecho, desesperaba a sus interlocutores a los que escuchaba horas y horas sin hacer apenas preguntas, como mucho alguna puntualización. Era, en fin, el reptil que, impávido, espera su momento para lanzarse sobre su presa.

A partir de ese momento gobernó con mano de hierro, acabando o sometiendo a los que pudieran hacerle sombra. Esta primera tímida obsesión por considerarse rodeado de enemigos iría en peligroso *crescendo*. En 1925 inició la destrucción del trotskismo, aunque todavía no del propio Trotsky (a quien vetó, sin embargo, para el *Politburó,* el Comité Central y el propio Partido Comunista). En las sesiones del XV Congreso (1926) dio nuevos pasos en pos del poder absoluto haciéndose con el control del Ejército Rojo, de la Policía secreta (GPU) y de los más de 700.000 partidarios insobornables que estaban dispuestos a morir –y a matar– por su jefe. Era la desaparición de toda oposición que, poco a poco, irá perdiendo a sus cabezas hasta entonces visibles: Zinoniev y Kamenev por su izquierda, y Bujarin, Tomski y Rikov por la derecha. A partir del año 1929 iniciará su dictadura personal, sólo concluida con su muerte. A partir de aquel año empiezan a ser calificados como *ciudadanos innobles* todos los que se atrevan a hacer alguna objeción al poder stalinista, y los contestatarios son detenidos y trasladados a campos de concentración o a cualquiera de las miles de cárceles que se extienden por todo el territorio soviético.

Antes de seguir, y una vez llegados al ecuador de su vida y de su poder, debemos preguntarnos: ¿Cómo era, realmente, este hombre? ¿Tan terrible como lo pintan sus enemigos –incluidos o, sobre todo, los que fueron sus camaradas– o tan bondadoso como nos lo describin sus partidarios? Si nos limitamos a describir los hechos, éstos eran que, una vez en sus manos todos los resortes del Estado, el dictador se lanzó a promocionar el culto a la personalidad, de tal forma que hizo colocar en todas las células del partido un busto suyo que habían fabricado siguiendo sus instrucciones. Asimismo, muy pronto los ciudadanos de la URSS se familiarizaron con los enormes retratos del líder repartidos por todas las calles de la capital rusa. De aquí a la divinización, apenas había un paso. Curiosamente esto sucedía en plena ofensiva antirreligiosa, cuando Stalin afirmaba que no había más dios que el Socialismo y hasta se institucionalizaba el ateísmo. Pero este mismo dios vivo, no obstante, vivía pobremente, y hacía de sus estancias un dechado de sencillez, ocupando del inmenso Kremlin exclusivamente un sobrio departamento similar al de los criados, y en su despacho, como todo mobiliario, tan sólo una mesa, un armario y un sofá de color carmesí. Luego, en su trabajo, era duro e intransigente, y hacía temblar a los más valientes que no tenían más remedio que hablar o presentarse ante él. Sin embargo, de nuevo predicaba con el ejemplo, y la dureza también la utilizaba contra él mismo, laborando sin descanso y queriendo estar atento a todos los problemas del país, sin que los intermediarios se los escamotearan.

Pero, claro, un dios, por muy sencillo que sea, es un dios, y Stalin, convencido de la ortodoxia de sus palabras y de sus decisiones, no permitía la más mínima objeción. Si ésta no se producía, el interlocutor podía respirar tranquilo; si por el contrario, alguien intentaba hacer alguna observación, seguro que se sumaba a la larga lista de los enemigos del socialismo. Puede que en el agravamiento de su carácter huraño e intransigente participara en alguna medida su esposa, aquella jovencísima Nadejda que, parece ser, le salió respondona. En una ocasión tan especial como la fiesta del aniversario de la Revolución, la esposa del dictador, como miembro del partido, objetó varios aspectos de la política seguida en varios campos por su marido y, sobre todo, intentó que se abriera una discusión sobre las persecuciones a las que se sometía a viejos revolucionarios de la primera hora. Ante la verborrea de Nadejda, su amado esposo parecía prestarle cierta atención, aunque en realidad su rostro no se inmutaba aparentemente, y cuando ella se fue, desahogó toda su ira con la ausente, apareciendo ante quienes le rodeaban dueño de un furor que ninguno le conocía de forma tan evidente en temas menores y domésticos. Poco después, en noviembre de 1932, Nadejda aparecería muerta en su cama, junto a un revólver humeante. ¿Suicidio? ¿Asesinato? Y si era lo último, ¿quién dio la orden? Naturalmente muchos ojos miraron al dictador rojo como el autor del *impulso soberano* del que habría partido la orden. Sin embargo esto nunca pudo probarse, y lo cierto fue que el hombre más poderoso de Rusia apareció, a partir del entierro de su segunda esposa, sinceramente apesadumbrado y melancólico.

En cuanto a la marcha propiamente dicha de la Revolución, Stalin propició la colectivización del campo ruso (a través de los *koljoses* y los *sovjoses*). Así, nada más empezar el año 1930, declaró de propiedad colectiva (o sea, del pueblo ruso) todas las tierras del país, creando inmensos latifundios estatales agrícolas por la fusión de millones de pequeños minifundios cuyos propietarios hasta entonces, dejaban de serlo para pasar a ser asalariados del Estado. Potenció, al mismo tiempo, los planes quinquenales de esas mismas explotaciones agrícolas y, sobre todo, de la industria, con objeto de convertir a la URSS en una primera potencia industrial, que de hecho consiguió, haciendo posible el que salieran de las factorías soviéticas miles de tractores, millones de latas de conservas, numerosos altos hornos al servicio de la siderurgia, refinerías de petróleo y, muy tímidamente al principio, se potenció la fabricación creciente de armamento para el Ejército Rojo. Por último, revolucionó la enseñanza imponiendo la educación obligatoria y gratuita de ocho cursos, lo que desembocó en la desaparición total del analfabetismo en la URSS en vísperas de la guerra.

Pero si todo lo anterior hay que cargárselo en su haber, en su debe la cosecha no era menos abundante. Por ejemplo, declaró a los terroristas reos sin derecho a defensa, ordenando a la NKVD (que había sustituido a la GPU) que *inventara* graves delitos para justificar la eliminación de sus antiguos camaradas, y ahora enemigos mortales, Zinoviev y Kamenev. En 1935 creó, a través de las marionetas del Comité Central, las *comisiones de seguridad*, cuyo cometido único era el de favorecer el ambiente adecuado que desembocara en la eliminación de todos los enemigos del socialismo.

Desde que entraron en tromba en la sociedad soviética estos comités, empezaron las miles de deportaciones, ejecuciones y desapariciones masivas. En el paroxismo de su terror a ser apeado del poder, el dictador rojo exigía a su pueblo que denunciara a sus vecinos y conocidos sospechosos, pudiendo ser acusados de desleales los que no cumplieran con este sucio trabajo. La psicosis colectiva invadió a buena parte de un país aterrorizado y que ignoraba por dónde le podía llegar una denuncia. En vísperas de la guerra (1936 a 1938) tuvieron lugar las grandes depuraciones de enemigos más o menos reales, con especial insania para con sus antiguos camaradas revolucionarios. Iniciados a últimos de 1934 con la excusa (o la enorme rabieta) del asesinato de Sergéi Kirov (a la sazón, secretario del partido), los juicios secretos proliferaron por todas partes contra aquellos que eran considerados como desviacionistas. Ya no se interrumpirían las detenciones, interrogatorios y asesinatos, que corrían a cargo de la NKVD (Comisariado del Pueblo para Asuntos Interiores), dirigida por Beria desde 1938.

Pero, en realidad, los grandes procesos habían dado comienzo antes: el primero, celebrado en agosto de 1936, duró cinco días y estaba dirigido contra dieciséis de los antiguos compañeros de Lenin, a la cabeza Zinoviev y Kamenev quienes, sorprendentemente, pidieron para ellos mismos la máxima pena por sus horribles delitos, exigiendo además que no se les aplicara ninguna medida de gracia. Se les hizo caso y fueron ejecutados de inmediato. El segundo se celebró en enero de 1937, y fue conocido como *el de los 17*, durante el cual los acusados siguieron el camino de los ya eliminados Zinoviev y Kamenev. Fueron ejecutados trece. El tercer proceso lo fue contra una institución hasta entonces intocable: el Ejército Rojo. El principal acusado era el mariscal Tukhachevsi, pero le acompañaron en el juicio otros tres mariscales, 27 generales y más de 10.000 oficiales, siendo muchos de ellos ejecutados y otros depurados y desterrados. El que parecía ser el último de aquellos temibles procesos (en marzo de 1938) sentó en el banquillo a 21 acusados, y fue el último porque, prácticamente, se agotaron los enemigos, excepto uno, el más peligroso según Stlain: León Trotsky. Pero para entonces el más crítico de la política stalinista ya había huido de la URSS, aunque el paciente dictador no cejaría de perseguirlo allá donde se encontrara, hasta conseguir asesinarlo en su exilio mexicano, poco después. Al iniciarse la Segunda Guerra Mundial, los juzgadores se tomaron un respiro...

Todo este ambiente denso y terrible se desarrollaba en paralelo a la puesta de largo de la nueva Constitución Soviética que, paradójicamente, en su articulado, exhalaba un aire liberal ilusionante. Incluso algunos observadores la juzgaron como más garantista y progresista que muchas occidentales. Pero aquello no salió del papel, y también por el estallido de la guerra, los rusos no pudieron gozar de sus nuevos derechos. En resumen, que aquellos procesos se montaron contra un enemigo interior invisible a veces, pocas veces real, y muchas fantasmal. Durante todo ese tiempo –ya se ha dicho– consiguió la autoinculpación de Nikolai Bujarin, Grigory Zinoviev y otros cientos de miles (algunos historiadores hablan de 800.000 trotskistas –o considerados como tales– procesados). Muchos murieron, otros sufrieron cárcel y algunos fueron enviados al terrible destierro del Gran Norte (Siberia). El pánico fue tanto que todos denunciaban a todos en un intento, muchas veces baldío, por salvarse. La miseria moral llegaría hasta la delación de miembros de la propia familia del acusado, que sin rubor, añadían nuevos delitos a sumar a los que la acusación había señalado previamente.

Al estallar la Segunda Guerra Mundial, y tras un tiempo de mutismo y de desentendimiento frente a las batallas que tenían lugar en Europa, en junio de 1941 saltó por los aires la atípica alianza con Hitler, con quien Stalin había firmado un pacto mutuo de no agresión en vísperas de la guerra (increíblemente, el jefe nazi era un admirador del *zar rojo*, al tiempo que despreciaba al resto de los dirigentes mundiales del momento). Al iniciar las tropas nazis la invasión de la URSS, creyeron coger por sorpresa al georgiano, dados los antecedentes de mutua –y extraña– simpatía entre ambos, pero exactamente no sería así pues Stalin había ganado tiempo durante la vigencia del pacto poniendo a toda marcha sus fábricas de armas. La invasión de Rusia por Hitler, bautizada como *Operación Barbarroja* en nombre clave, pretendía ser, según las ensoñaciones del dictador alemán, una guerra relámpago al igual que otras anteriores finalizadas con éxito por las divisiones nazis en otros países. Durante el conflicto, Stalin fue nombrado mariscal, y dirigió enérgicamente la guerra contra los invasores germanos. El punto álgido de la guerra fue la batalla de Stalingrado, la nueva ciudad industrial nacida al calor de la actividad fabril de los años treinta. Un ejército alemán desmoralizado sufriría aquí una de sus más humillantes derrotas al perecer más de 250.000 soldados de la Wermacht. El hundimiento y la rendición de las divisiones alemanas coincidió con la apoteosis del líder soviético, proclamado *generalísimo* y líder indiscutible de la Victoria de la Gran Guerra Patria.

Para alejar cierta desconfianza latente en sus circunstanciales aliados, los estados capitalistas occidentales, y como prueba de buena voluntad con los mismos, Stalin disolvió el Kommitern en 1943 (el organismo que cohesionaba a todos los partidos comunistas del mundo). En ese mismo año, y en el mes de noviembre, Stalin tuvo su momento de gloria al reunirse con Roosevelt y Churchill en Teherán, con vistas a futuras acciones coordinadas tras la derrota de las potencias del Eje. Reunión que se repetiría en el mes de febrero del año 1945 con los mismos protagonistas, pero en Yalta (Ucrania), en esta nueva ocasión con la idea de perfilar mejor el que ya se percibía como el mundo de la posguerra.

Tras la carnicería de la Segunda Guerra Mundial durante la cual la URSS perdió 20 millones de vidas y el desplazamiento de otros 25 millones de personas de sus hogares, el dirigente soviético acentuó, si cabe, su anterior poder personal. Bajo su mano de hierro se inició entonces la reconstrucción de un país convertido en ruinas y con una economía en bancarrota. Pero, el *zar rojo*, como si nada hubiera ocurrido nuevamente ordenó condenas, persecuciones y destierros de los que –se justificaba– eran contrarios al culto personal del líder indiscutible. En sus últimos años en el poder tuvo que hacer frente a una enésima revuelta, como otras, prácticamente un invento de su camarilla. Fue conocida como el *complot de las camisas blancas*, y no por ser un bulo, evitó nuevas muertes y deportaciones. En aquella etapa de su vida ni siquiera la familia formaba parte ya de su existencia. Sus tres hijos campaban por sus respetos, cada uno a su aire: Svetlana era la única que lo visitaba más a menudo; no así Vassili (nacido de su segunda esposa Najdesda Alishieva, y un alcohólico que había llegado a ser general de aviación); y Yakov (de su primera esposa Ekaterina Sbanidze), que murió en un campo de concentración alemán sin que su poderoso progenitor hiciera nada para salvarlo. Era ya una persona totalmente insensibilizada y cerrado para sentir cualquier clase de emoción. Tanto, que alguien próximo a él habló de que, realmente, Stalin sentía fobia por los hombres.

Como tantos otros tiranos, tan sólo la muerte acabaría con su paranoia. Ya en 1945 había sufrido tres infartos en cinco meses. De ellos salió un *zar rojo* mucho más peligroso, más temible también, ya que, por ejemplo, prohibiría absolutamente todo signo de buen humor, como las caricaturas, o las sátiras de los humoristas. Pero la muerte le llegó el 5 de marzo de 1953 a José Stalin a consecuencia de una hemorragia cerebral, posterior a su aguda arterioesclerosis. Ya en el XIX Congreso del Partido (octubre de 1952), se le pudo ver semiparalizado, sin poder dirigirse a los congresistas y sufriendo un paulatino agravamiento de su delicado corazón. No obstante, en los meses que aún vivió, pudo alegrarse del poderío de la URSS, que ya poseía la bomba A (atómica) y que ensayaba la H (hidrógeno). Pero poco a poco su estado de salud se agravó, con asaltos de la enfermedad tan dolorosos que obligaban al enfermo a encerrarse en sus habitaciones del Kremlin. Por cierto, en la línea de su paranoia, ordenó rodear absolutamente éste de una numerosa guardia, pues temía que entraran y lo envenenaran los propios doctores que le cuidaban. No era broma, pues aquellos médicos, tras ser torturados, fueron asesinados por orden de su ilustre enfermo. La noche del 28 de febrero estaban reunidos en la *dacha* del dictador sus íntimos Jruschev, Malenkof, Bulganin y Beria. Estas visitas se repitieron en las jornadas siguientes, permaneciendo todos ellos hasta altas horas de la madrugada junto al moribundo. En la del día 5 de marzo, y mientras su hija Svetlana apretaba su mano, moría José Stalin. En una habitación contigua, alguien oyó gritar a su hijo Vassili: «¡Han matado a mi padre!».

El cadáver del *zar rojo* se instaló en el gran salón de columnas de la Casa de los Sindicatos, y ante sus restos desfilaron cinco millones de personas durante los tres días que permaneció expuesto *córpore insepulto*. Sólo a partir de entonces empezó a ser cuestionado en la URSS, en lo que se llamó la *desestalinización,* y que dirigió Nikita Jruschev desde la tribuna del XX Congreso del PCUS. Allí, en marzo de 1956, Kruschev aludió a Stalin como un brutal asesino al que había que desterrar y que no podía tener cabida en los nuevos tiempos. Kruschev no sólo lo anunció, sino que lo llevó a cabo. Y lo hizo nada menos que frente a los mandatarios del Partido Comunista de la URSS. Daba comienzo una destrucción sistemática del *héroe* y su imparable denigración por sus sucesores, hasta llegar a la gran puesta en escena de noviembre de 1961, con la retirada del cuerpo momificado del dictador del mausoleo de la Plaza Roja –en el que quedaba únicamente el cuerpo embalsamado del fundador del estado socialista, Vladimir Illich, Lenin– y su traslado a la muralla del Kremlin (junto al resto de héroes de la Unión Soviética).

Atrás quedaban más de tres décadas de poder absoluto, desde que un enfermo Lenin dijera del que sería su sucesor que era «grosero e insolidario», hasta el momento de la muerte del *tío José*, apelativo del pueblo ruso para con su *padrecito,* un pueblo ajeno a las intrigas y asesinatos de su líder al que sólo recordaría como el *hombre de acero* que había conseguido ganar la guerra al imperio nazi pero que, también (y esto no trascendió hasta después de su muerte), fue responsable durante su dictadura de la muerte de millones de campesinos, incluso se habló de que su segunda esposa se había quitado la vida incapaz de soportar sus crueldades (por el contrario, en la magra vida sentimental del dictador siempre permaneció el recuerdo de la primera, de la que sí que estuvo locamente enamorado y que, como se sabe, perdió muy pronto. De su ausencia y su huella en su vida, comentó en alguna ocasión: «con ella se fue mi último sentimiento»). Palabras textuales que se demostraron certeras y reales a partir de entonces, sin que aquel hombre incluyera ya para siempre en sus relaciones con los demás algo tan binéfico como el afecto humano. Pero del mismo hombre que justificó sus crímenes con la lapidaria frase «una muerte es una tragedia, mil muertes una estadística», sorprendió, como en tantos tiranos, con algún detalle que lo humanizara, en el caso del georgiano su amor, su pasión, su afición inacabable por visionar, una y otra vez, las películas de Charles Chaplin, sobre todo aquellas ingenuas imágenes del gran comediante de sus primeros tiempos del cine mudo.

Nada de esto sirvió para salvarle del juicio de la Historia. En la vorágine de su defenestración posterior, el gobernante y *padrecito* fue acusado de toda clase de bajezas, como la de una noche en que asistía a una representación en el legendario Teatro Bolshoi. En el entreacto abandonó el local y se acercó a la prisión Lubyanka, donde sufrían cautiverio viejos camaradas. Una vez allí desenfundó su pistola y disparó sobre alguno de ellos, matándolo. Inmediatamente regresó al palco justamente cuando empezaba la segunda parte. Por lo demás, con su desaparición se iniciaba un nuevo *ajuste de cuentas* entre sus propios camaradas y, en el exterior, se aireaban las encontradas cifras espeluznantes que hablaban de muchos: 30 millones de ejecutados, otros tantos esclavizados y deportados, y algunos directamente desaparecidos.

Capítulo LIII

Nicolae Ceaucescu

(1918-1989)

El fin trágico de Ceaucescu y su *lady Mabceth* (su esposa, Elena) fue uno de los más espantables *reality show* de una carrera hacia la muerte filmada en directo y servida a las televisiones de todo el mundo en tiempo real. Desde ese momento, la Historia iba a escribirse en imágenes incontestables, a pesar de la manipulación. Acababa también con el ajusticiamiento del dictador rumano, no sólo el marxismo soviético, sino una imposible *tercera vía* preconizada desde líderes como Ceaucescu que, curiosamente, provenían de un descafeinado maoísmo aguado ya desde décadas anteriores.

Nicolae Ceaucescu había nacido en Scornicesti, en la zona de los Cárpatos. Perteneciente a una humilde familia campesina, ingresó en el Partido Comunista en 1933, a los 15 años de edad. En la clandestinidad, luchó contra el régimen fascista rumano de Antonescu, y fue encarcelado en varias ocasiones. Dotado de una gran capacidad organizativa, el joven Nicolae colaboró activamente en la organización de la resistencia al dictador.

Tras el final de la Segunda Guerra Mundial, y al establecerse el régimen comunista en Rumanía, daría inicio a su carrera imparable política, al ser nombrado, sucesivamente, dirigente de la Juventud Comunista, miembro del Comité Central, diputado, y viceministro de Agricultura y de las Fuerzas Armadas, dentro de las cuales alcanzó el grado de general de división.

Secretario General en 1954 y miembro del Politburó al año siguiente, hasta sustituir a Gheorgiu-Dej en la secretaría general del partido el año 1965. Desde ese puesto impulsó una difusa *independencia nacional* respecto al bloque soviético, dando a la política de su país una pretendida singularidad y cierto distanciamiento del dogmatismo soviético, aspectos muy en boga entonces que, más que una política independiente, seguía la senda del maoísmo.

En 1967 fue elegido presidente del Consejo de Estado y, en 1974, por aclamación de la Gran Asamblea, presidente de la República Socialista de Rumania, para lo cual no dudó en cambiar la Constitución vigente entonces en el país. Antes, las potencias occidentales creyeron encontrar en este hombre la cuña que haría saltar el bloque del Este, por lo que sería invitado a visitar los Estados Unidos en 1968, y, poco después, también Gran Bretaña. Allí será invitado de honor en Buckingham Palace y recibido por la reina Isabel II.

Ceaucescu fue magnificado (desde diferentes parámetros y según qué intereses) tanto por algunos de sus aliados en el bloque comunista, como por sus enemigos naturales, los países capitalistas (que creyeron haber encontrado un *quintacolumnista* tras el telón de acero), e incluso por partidos *hermanos* de estos países, sobre todo a partir del poststalinismo por su pretendida independencia de la URSS, queriendo ver en el *conducator* rumano una buena arma que lanzar contra la Unión Soviética, incluso hasta fechas tan avanzadas como el año 1986. Sin embargo, muy pronto practicó absolutamente el nepotismo, paradigma del cual fue su propia esposa Elena, encargada de la dictadura cultural de Rumanía.

Con la llegada al poder en la URSS de la *perestroika* encabezada por Gorbachov, la estrella de Ceaucescu empezó a declinar, aislado y apartado de las corrientes democratizadoras de otros países de la órbita soviética. A partir de entonces, ese mismo Occidente que le aplaudía poco antes, lo convirtió en un tirano despiadado, síntesis de todos los males del sistema comunista. Negado desde su propio país, en diciembre de 1989 impuso la Ley Marcial e intentó evitar las grandes manifestaciones de descontento que empezaron a producirse en todo el país.

El día 21 de ese mismo mes, y para contrarrestar a los que protestaban, convocó a los suyos a otra magna contramanifestación en Timisoara que, sin embargo, y para terror de su organizador, también acabó con protestas y gritos contra el dictador. Siguió un breve pero violento enfrentamiento civil que dio al traste con el tirano y su esposa, que fueron juzgados por un Consejo de Guerra sumarísimo y acusados de genocidio contra el pueblo. Ceaucescu y su esposa, Elena, fueron ejecutados en Bucarest, el día de Navidad del mismo año 1989. Se les acusaba de «crímenes contra el pueblo» y de la muerte de entre 30.000 y 60.000 personas desde el inicio de las revueltas populares en su contra.

Capítulo LIV

℘ol-℘ot
(1928-2000)

La terrible guerra de Viernam (incluida su primera parte, la conocida como guerra de Indochina, ésta hecha y sufrida –e impuesta también violentamente– por Francia) además de destruir vidas y haciendas y paisajes y vestigios de vida en la península de Indochina, creó toda una serie de monstruos que, alternativamente, estuvieron al servicio de las potencias occidentales (Francia o Estados Unidos), o de las comunistas (URSS o China). Tal fue el caso de este Pol Pot que pasó, con todos los honores, a la abundante nómina de indeseables del pasado siglo XX.

Nació en Memot, al norte de la provincia de Kompong Thom, Kampuchea (Camboya), su verdadero nombre era Saloth Sar. Estudió en Pnom Penh. Ingresó en el Partico Comunista en 1946. Vivió en la metrópoli de la entonces potencia colonial, París, entre 1949 y 1953, ejerciendo su profesión de técnico en electrónica. Durante las guerras coloniales francesas en Indochina ya luchó junto a Ho Chi Min.

Fue miembro de la Asamblea del Pueblo en representación de los trabajadores del caucho. Desde 1963 era el jefe de los Jemeres Rojos, y ocupó el poder en la debacle final de la guerra de Vietnam. Implantó en Camboya un régimen de terror en el que impuso gratuitas, y no por ello, menos draconianas leyes y usos como, por ejemplo, la de que todo el mundo vistiese igual, la prohibición de la exteriorización de cualquier religión, además de eliminar a miles de personas, humillar a los que el dictador consideraba personas con estudios y una aceptable cultura, a los que enviaba a trabajar en las faenas más duras en el campo, una forma de eliminarlos físicamente ya que tenían que sobrevivir a tan insoportables –para ellos– condiciones con sólo una taza de arroz por jornada.

A la caída del Príncipe Norodon Sihanuk, ocupó el puesto de Primer Ministro de su país, cargo en el que se mantuvo entre 1975 y 1979. En tan poco tiempo su régimen fue tan sanguinario, que se calculan en un millón los muertos entre asesinados, fallecidos en prisiones, o sencillamente a causa de la hambruna.

Depuesto en 1979, tuvo que huir ante la invasión de su país por las fuerzas vietnamitas, y abandonar Camboya y dejar atrás una nación en la más absoluta ruina. Desde ese momento, una vez invadida Camboya por los vietnamitas, dirigió la guerra de guerrillas contra Semrin. Mientras tanto eran halladas en el noreste enormes fosas comunes con miles de restos humanos. Así, la encontrada cerca de un lago, con más de 2.000 cuerpos. No obstante, las conveniencias estratégicas y geopolíticas de los Estados Unidos y de China, permitieron la supervivencia de este nacionalista xenófobo en el sureste asiático, y se desinteresaron poco a poco de su existencia.

Pol Pot decía de sí mismo que era «un Hitler con más suerte» que el original, y no le faltaba razón. Fue conocido también como *el ángel exterminador*. Lo de compararse con el jefe nazi se lo había ganado a pulso, ya que él y sus *jemeres* fueron responsables, entre 1975 y 1979, como ya se ha apuntado, de la muerte y desaparición de casi dos millones de camboyanos. A él se debieron asimismo los llamados *campos de reeducación,* copiados de los de Mao en China, pero a los que superó en inhumanidad.

También quiso, de forma radical y sin concesiones, volver atrás en el tiempo y recuperar las glorias del legendario reino de Angkor, que floreció durante nuestra Edad Media. Tras implantarse el comunismo en 1975, Pol Pot se quitó de encima a sus antiguos aliados, repobló (previo vaciamiento) las ciudades del país, y proclamó un régimen colectivista absoluto. Tras abandonar el poder, la nueva República de Kampuchea condenó a Pol Pot *in absentia* por genocidio. Este gran genocida, sin embargo, nunca comparecería ante un tribunal, muriendo por enfermedad a los 73 años de edad.

Capítulo LV

Idi Amin-Dada
(1925-)

La llamada descolonización, puesta en marcha tras el final de la Segunda Guerra Mundial, pretendía, sobre el papel, la liberación de las colonias europeas y su entrada, con todos los honores, en lo que entonces se llamaba *el concierto de las naciones*. Pero, muy pronto, se pudo advertir que aquel *concierto* desafinaba y, a veces, se convertía en un auténtico pandemonium de ruidos sin sentido. Además, la retirada de las potencias colonizadoras no fue total y, en ocasiones, tan sólo se alejaron del foco, permaneciendo entre bastidores. De cualquier forma, la descolonización costaría mucha sangre y, tras conseguir la ansiada libertad, en la mayoría de los casos ésta nueva época estuvo dirigida por indeseables y sinvergüenzas que se limitaron a sustituir al gobernador del país anterior por alguien cualquiera de sus pueblos, sólo que mucho más sanguinarios y despóticos. Ejemplos deprimentes de esto fueron, por ejemplo, aquel absurdo *emperador* Bokassa y este no menos increíble Idi Amin Dadá.

Idi Amín, a tenor de lo anterior, se convirtió en dictador de una Uganda independiente durante ocho años, entre 1971 y 1979.

Nacido en Kobobo, West Nile, entre Sudán y Uganda, llegó al hogar de una familia de campesinos kakwa. Luchó, vistiendo el uniforme británico, en Birmania y Kenya durante la Segunda Guerra Mundial. Después fue el primer ugandés que consiguió un grado de oficial (Segundo Comandante en Jefe del Ejército) en 1961. Cuando aún vestía uniforme del ejército inglés, se coronó campeón de boxeo.

En el año 1966 dirigió el asalto al Palacio Real e hizo caer la monarquía. En 1970, el presidente Obote, lo nombró Comandante en Jefe de las Fuerzas Armadas Ugandesas, aunque muy pronto tuvo que destituirlo al ser acusado de asesinato y dilapidación.

Desde su puesto de Comandante en Jefe, alcanzó el poder tras un golpe contra su antiguo compañero, Milton Obote, en el año 1971, e inició desde ese momento un régimen sanguinario y cruel, disimulado entre las bambalinas de africanismo y tercermundismo.

Apodado *Big Daddy* (Gran Papá), ofrecía una imagen inefable y bufonesca tras la cual había un monstruo, que durante su mandato, y según Amnistía Internacional, provocó la muerte de más de 300.000 ugandeses, y diezmó tribus enteras como los *longi, acholi o lugbara.*

Al principio el dictador tuvo el respaldo de Occidente, que veía en él un dique más contra el comunismo, tan extendido en los países que accedían a la descolonización. Pero muy pronto pudieron ser testigos de una conducta inexplicable y peligrosa (si no absurda) de su protegido, como la expulsión en 1972 de más de 70.000 personas de origen asiático, tradicionalmente asentadas en Uganda desde muchos años atrás, además de un número también elevado de británicos. La guinda fue la ruptura de relaciones con Israel.

Rotas las relaciones diplomáticas con Gran Bretaña a partir de 1976, Idi Amín se proclamó «vencedor del Imperio Británico», aumentando de manera alarmante sus desafueros y payasadas sangrientas. Abandonado por sus antiguos valedores, desde ese momento Idi Amín se echa en brazos de un país singular de África en aquel momento: Libia, con cuyo líder decidió aliarse. Todavía en 1975 pudo sentarse en el sillón presidencial de la OUA (Organización para la Unidad Africana), aunque no llegará a cumplir el tiempo de su mandato por propia voluntad.

Embarcado en una absurda guerra con Tanzania, resultó vencido por este país y por los ugandeses emigrados en el año 1979. En ese mismo año será derrocado por otros golpistas que sentaron, de nuevo, en el sillón presidencial del país al defenestrado Obote. Idi Amín se refugió entonces en Libia, y al ser expulsado también de este país, buscó cobijo en Jeddah, donde vivió modestamente sufragando sus gastos el gobierno de Arabia Saudí.

Capítulo LVI

Slobodan Milosevic
(1941-)

Aunque famoso por otras muchas *hazañas,* Slobodan Milosevic tendrá ya su puesto en la Historia por haber sido el primer acusado, detenido y juzgado como responsable de crímenes contra la Humanidad, compareciendo ante los jueces del Tribunal Penal Internacional, un loable intento (que puede que no prospere) de abortar cualquier escapatoria a la acción punible de la justicia internacional, de dictadorzuelos, sátrapas, xenófobos y cualquier jerifalte que haya sojuzgado a sus pueblos y pretenda quedar impune. Milosevic es, por ahora, el único rostro visible de este tribunal, en muchos de sus aspectos, continuador de aquel de Nuremberg de 1946 contra los criminales de guerra nazis.

Este político y estadista yugoslavo nació en Pozarevac. Su padre, monje ortodoxo, se suicidó, decisión definitiva que también tomarían su madre y una tía materna.

Cuando era joven viajó a los Estados Unidos, ejerciendo allí de hábil ejecutivo de la banca. Esta experiencia le serviría para, al regreso a su país, dirigir el Banco de Belgrado.

Desde 1959 pertenece a la Liga de los Comunistas de Yugoslavia, y dirige la de Serbia entre 1986 y1988. Fue muy importante para su ascenso hacia el poder la protección del dirigente comunista y presidente de Serbia, Iván Stambolic. Ese mismo año de 1988 llegaría a la Presidencia de la República de Serbia, la más extensa de las seis repúblicas que formaban la Federación Yugoslava.

Nacionalista acérrimo, disolvió las autonomías de Kosovo y Vojvodina. En 1990, y tras convertir a la Liga en un partido socialista, se presentó a unas elecciones que ganó en diciembre de ese año. En junio del año siguiente, se desgajaron de Yugoslavia las repúblicas de Eslovenia y Croacia, origen de la primavera sangrienta de 1992 al resultar ganador frente a Milan Pavic, en Bosnia-Herzegovina por medio de una cruzada sin cuartel contra los pobladores musulmanes de esta ex república yugoslava. En aquellos enfrentamientos llegarían a morir más de 250.000 personas. Antes del verano de 1995, en el currículo de Milosevic habría una página negra más: la eliminación en Sbrenica, durante tres inacabables jornadas, de 8.000 civiles desarmados. A partir de ese momento, la comunidad internacional perdió toda esperanza de un cambio real en Serbia, así como en el final de la guerra en Bosnia-Herzegovina.

En 1996, tras ganar las elecciones municipales los opositores, Milosevic las anuló. Esto provocó un enorme malestar que se tradujo en violentas manifestaciones disueltas por la fuerza y que pagaron el tributo de un muerto y varios heridos entre los que protestaban. Presidente de una Yugoslavia disminuida (Serbia y Montenegro), poco después llegaría la crisis de Kósovo, con el nacimiento del Ejército de Liberación Kosovar y la imposición de un protectorado internacional encabezado por la OTAN, tras 78 días de masivos bombardeos.

Por fin, el 6 de octubre de 2000, Slobodan Milosevic dejaba el poder tras una derrota electoral que, por fin, ganaron sus enemigos encabezados por Vojislav Kostunica. Finalizaba así un período de poder personal de 13 años, y lo hacía porque había perdido unas elecciones libres ante cuyo resultado ya no cabían medias tintas. En un mensaje televisado, y a modo de despedida, Milosevic dijo: «Suerte a todos los ciudadanos de Yugoslavia». A esas horas, más de medio millón de manifestantes ocupaban las calles de Belgrado y tomaban el Parlamento.

Capítulo LVII

Osama Bin Laden
(1957-)

Aunque haya sido un hombre del siglo XX su inspirador, en el futuro el siglo XXI se estudiará abriendo el capítulo del atentado de las Torres Gemelas de Nueva York, en el primer año de este nuevo siglo, exactamente un negrísimo 11 de septiembre de 2001. Pero este hombre, Osama Bin Laden, no sólo será recordado como el inductor de tan sangriento suceso, sino como responsable de toda una vuelta atrás de los, hasta aquella fecha siniestra, continuos avances de libertad y progreso en el llamado primer mundo. Prácticamente invisible, la primera potencia mundial ha sido incapaz de dar con él y de destruir su organización, por más que machacó a todo un país, Afganistán, con el único objetivo de capturarlo. Los aviones y sus suicidas, a su vez asesinos masivos, al destruir las dos torres de Manhattan, daban oportunidad a las fuerzas regresivas para imponer su mano dura por doquier, además de iniciar una nueva clase de guerra en la que el enemigo es invisible pero no inocuo, ya que su mensaje mortal puede llegar por cualquier medio, a cualquier hora y en cualquier lugar. No es poco *mérito* el de este multimillonario despreciable que, con todos los honores, cierra por el momento, esta terrible galería de *monstruos* presentes en este libro.

Osama Bin Laden nació en Arabia Saudí el año 1957, en el seno de una familia numerosa acomodada. De niño, era ya patente su espíritu reflexivo y, al mismo tiempo, impulsivo, y los que le conocían, también afirmaban que el niño Osama era muy ensimismado y volcado hacia sí mismo. El padre era de origen yemení y perteneciente a una familia campesina que, gran negociante, logró hacerse rico con sus empresas de construcción. Sobre todo, gracias al empujón modernizador de la Arabia Saudí de los sesenta, fue agraciado con las obras que, cada una de las más de 30.000 personas del entorno del Rey, –incluido el propio monarca saudí– le encargaron para que mejorara o levantara palacios y mansiones. Obviamente, se hizo inmensamente rico. Por su parte, la madre era una mujer de una gran belleza nacida en Siria.

En plena preparación para heredar tan grandes negocios empresariales, el joven Bin Laden viajó a Gran Bretaña y después por toda Europa, incluida la Marbella que empezaba a ser señuelo de los *petrodólares*. Estudió Ciencias Económicas en Riad, y muy pronto se integró en los negocios familiares. Poco después, el joven heredero podía presumir de tener una fortuna personal de 250 millones de dólares. Nada hacía presagiar, desde luego, una evolución tan drástica y, sobre todo, en dirección tan opuesta como la que, efectivamente, eligió.

Todo empezó en 1979. En ese año iniciará una muy continuada colaboración con el gobierno saudí que le llevará al apoyo financiero y militar a Pakistán; y desde este mismo año y hasta 1988, también será un inteligente colaborador de los servicios secretos saudíes, en tupida tela de araña que los unía a los de Pakistán, primero, y a la CIA en la última etapa. Antes, en 1982, la Agencia norteamericana le había prestado ayuda económica y técnica para financiar a los *luchadores de la libertad* en Afganistán contra los soviéticos, y, merced a esa ayuda, abatir 200 aviones y helicópteros rusos con los misiles *Stinger* conseguidos por Bin Laden del presidente norteamericano. En esos momentos, Osama Bin Laden es un joven de tez aceitunada, mirada directa y fría, y cabellera y barba ensortijada. Su figura de más de 1,80 de estatura empieza a ser familiar y popular.

Tras ganarse la confianza de los servicios secretos americanos, dio un paso más y, a través de la embajada de los Estados Unidos en Ankara, decidió ayudar a los americanos a echar a los rusos de Afganistán. Sin embargo, cuando el último soviético sale de Afganistán, y creyendo hechos sus deberes, Osama Bin Laden regresó a su país, Arabia, reanudando sus contactos con la familia real, en especial con su amigo el príncipe Turki al Faisal. Será a éste a quien exponga su malestar por la llegada masiva de fuerzas norteamericanas al país, hecho que cree todo un sacrilegio, ya que aquella es tierra sagrada del islam. Por aquellos días pronunciará unas palabras que, de cara al futuro, tendrían una gran carga significativa: «He combatido contra los comunistas –confesará– sin olvidar el peligro que viene de Occidente».

Pero, de nuevo en Afganistán, su estancia en aquel país y el contacto con radicales islámicos, como los talibanes (o *estudiantes*), provocará en él la gran conversión, que ya para siempre, decidirá su existencia en función de una pretendida restauración de la figura de Mahoma, de cuyo recuerdo se promoverá como, en cierta forma, heredero, y se erigirá también en cabeza de los desheredados. La idea se concretará en 1989, año en el que da un giro copernicano a su existencia al fundar Al Qaeda (La Base), una organización ultrasecreta estructurada en forma de círculos concéntricos y muy jerarquizada. En realidad, los pocos que llegan a saber algo de ella la tildarán de secta apocalíptica que se nutrirá de militantes provenientes de todos los países musulmanes. Precisamente el nombre, La Base, se refiere a una *base* de datos que contiene los nombres de estos miles de combatientes de una especie de *internacional islámica* pagados por el gobierno de Arabia Saudí. Luego de quebrar el clima de confianza en los Estados Unidos, lanzará la *yihad,* su particular guerra santa contra los enemigos del islam.

Cabeza indiscutible de Al Qaeda, nombró enseguida a dos lugartenientes de la máxima confianza: Abdulaziz Abu Sitta (conocido como Mohamed Atif) y Aiman Zawairi, médico egipcio, y auténtico ideólogo de la campaña anti-USA que daba comienzo. No es aconsejable hacer futurismo, pero quizá de no haberse producido la Guerra del Golfo de 1990-1991, el fenómeno Bin Laden no habría llegado a donde llegó, pues en aquella guerra sitúan algunos el origen de la *ferocidad* de Bin Laden. Después, Osama Bin Laden se casará con una hija de Mohamed Atif, y en 1992 será expulsado de su país natal, con cuyo régimen rompe definitivamente en 1994. Su primer refugio será Sudán, a donde se dirigirá con 500 veteranos de la guerra de Afganistán, país éste, por cierto, al que vuelve, de nuevo, en 1996.

Dos años más tarde fundará el Frente Islámico Internacional para la Guerra Santa contra los Judíos y los Cruzados (sic). En aquel año, 1998, será acusado por primera vez de ataques terroristas masivos, como los que tuvieron lugar en las embajadas estadounidenses de Kenia y Tanzania, atentados en los que murieron 200 personas y resultaron heridas 4.000. Pero, hombre desconcertante, se llegará a decir que, en fecha tan próxima como el año 2000, y dueño de una fortuna de 5.000 millones de dólares, estará entre los constructores que continúan levantando edificios religiosos y hasta pabellones para el alojamiento de las tropas estadounidenses en Arabia. Todo, sin embargo, conducía a una fecha trágica: el 11-S. Y, sin embargo, ya antes del gran atentado, el FBI sabía que se las veía con uno de los terroristas más peligrosos, lo que, *a posteriori* hace inexplicable sus fallos a la hora de impedir los sabotajes de esa fecha y, sobre todo, la no desarticulación de las *células dormidas* de Al Queda en el país. Dos años antes del 11 de septiembre de 2001, el saudí ya había dicho: «Si liberar mi patria es terrorismo, es un gran honor para mí». El aviso, la amenaza, estaba en marcha.

Antes, y como en otras ocasiones, los americanos se habían desentendido de lo que pudiera sustituir a los ex satélites de Moscú (en este caso, al régimen pro-soviético) y, tras la derrota de los rusos en Afganistán, se marcharon a casa. No sabían que habían dejado al sol de justicia de Afganistán el huevo de la serpiente del fundamentalismo religioso, que pasado el tiempo, se convertiría en el nuevo *eje del mal* que sustituiría al ya, para entonces, defenestrado comunismo. Así, al cabo de unos años, el antiguo colaborador de la CIA y sus talibanes, se presentaron con todo su horror y plantaron cara a los nuevos enemigos, hasta ayer mismo aliados y colegas. Y, desde su nunca encontrada residencia, Osama Bin Laden empezó la prédica de su *guerra santa* contra Occidente en general y contra su más poderosa cabeza, los Estados Unidos, en particular. Éstos eran ahora para Laden los representantes del ateísmo, el materialismo y la corrupción, tres males absolutos a los que había que abatir como fuera.

El 11 de septiembre de 2001 se descubrió demasiado tarde cómo iba a ser esa nueva guerra sin frentes ni ejércitos. Su caudillo, aquel apátrida cargado de millones que no tenía empacho en entregarlos para la causa binéfica de los desheredados del islam en un primer momento, y a la destrucción de la propia gran potencia norteamericana, después. Bin Laden se convirtió desde ese momento en el hombre más buscado del planeta, y sus enemigos incapaces de dar con él, incluso en ridículo tras vencer en Afganistán y expulsar a los talibanes. Y es que las huellas del último *malvado* se habían perdido ¿para siempre?

En el futuro, sólo su imagen difusa o sus palabras grabadas, volverían a despertar el horror proveniente de aquel mítico y sangriento 11-S, fecha maldita en la que encontraron una muerte espeluznante varios miles de inocentes y que serviría para la inauguración de una *nueva época* marcada por el conservadurismo y la desconfianza más absoluta entre todas las naciones del planeta. Como triunfo no está mal, y de hecho, hubo que admitir que el pequeño y sangriento *David*-Laden, había vencido al *Goliat*-Bush. La reacción, la venganza y el ajuste de cuentas de los agredidos, se produjo mal y tarde. Y en esas estamos...

* * *

Finaliza aquí un dantesco paseo por los individuos más impresentables de la Historia, con ser la ciencia de la musa Clío, refugio de todos los malvados que son expulsados de otras disciplinas, y que logran en esta otra, cobijo e impunidad. Ni están todos los que fueron, ni están todos los que deberían. Pero, al ser un terreno tan resbaladizo el del aplicar el bien y el mal de forma aleatoria, teniendo en cuenta la relatividad de los juicios y, sobre todo, la persistencia de los prejuicios, ha habido que empezar y terminar en un momento cualquiera y sabiendo que el lector echará en falta a muchos y, al contrario, le molestará que en estas páginas se hayan descrito las crueldades de algunos, según estos, injustamente tratados por el pasado.

De algo sí que deberíamos estar seguros al pasar las últimas páginas de este volumen: que al menos, ninguno de los aquí reflejados quiso hacer el bien sobre todas las cosas, ni se les pasó por sus cabezas el haberse retirado a la clandestinidad y al anonimato con lo que, es seguro, la humanidad hubiera sido mucho más feliz.

Por último, el hecho de que algunos tengan la suerte de que se les dedique muchas más páginas que a otros, muchas veces no es el resultado de una mayor o menor importancia en la maldad (rabieta, por otra parte, absurda en este apartado), y sí el de que, algunos, generaron una bibliografía extraordinaria, y otros, ¡pobrecitos!, apenas si recibieron unas líneas en las enciclopedias. Nada más. Estamos seguros de que, en estos momentos, están naciendo, o creciendo, o a punto de ser nombrados como tales, los malvados del futuro. Porque, lectores, estas camadas jamás acaban, y sólo hay que esperar y observar para verlos llegar en lontananza. Que ustedes, y nosotros, no los veamos.

Bibliografía

ABATE LAFONT. *Napoleón cornudo.* Imprenta Costa. Barcelona, 1934.

Curiosidades Históricas. Biblioteca Universal. Madrid, 1922.

CHAMBERLIN, E. R. *Los malos papas.* Aymá, S.A. Editora. Barcelona, 1975.

De Oteyza, LUIS. *En tal día...* Editorial Pueyo. Madrid, 1919.

DE OTEYZA, LUIS. *La Historia en anécdotas.* Editoriales Reunidas, S.A. Buenos Aires, 1957.

DÍAZ-PLAJA, FERNANDO. *Mitología para mayores.* Plaza & Janés, S.A. Barcelona, 1979.

FAGUET, OCTAVIO. *Paulina Bonaparte, la sensual.* R. Caro Raggio, editor. Madrid, 1921.

G. GAVALDÁ, ANTONIO. *Dioses, héroes y monstruos.* Editorial Mateu. Barcelona, 1962.

HOWE, CLIFF. *Amantes y libertinos.* Plaza & Janés, S.A. Barcelona, 1958.

JEAN, RAYMOND. *Un retrato del Marqués de Sade.* Editorial Gedisa. Barcelona, 1990.

MAGRE, MAURICE. *La vida amorosa de Mesalina.* Editorial Ibero-Africano-Americana. Mdrid, 1926.

MAQUIAVELO, NICOLÁS. *El Príncipe (Comentado por Napoleón Bonaparte).* Ediciones Ibéricas. Madrid, s/f.

MAQUIAVELO, NICOLÁS. *Obras escabrosas.* Editorial Mundo Latino. Madrid s/f.

NEKRASOF, DEMETRIO. *Catalina de Rusia, la insaciable.* Editorial Caro Raggio. Madrid, s/f.

PETIT, PASTOR. *El bandolerismo en España.* Editorial Plaza & Janés. Barcelona, 1979.

PIERRE ACCOCE-DR. PIERRE RENTCHNICK. *Aquellos enfermos que nos gobernaron.* Plaza & Janés, S.A. Barcelona, 1978.

PROFESOR MALHERMAN. *El placer y el dolor.* Ediciones Jasón. Barcelona, s/f.

RELGIS, EUGEN. *Historia sexual de la Humanidad.* Editorial Americale. Buenos Aires, 1953.

RIRRIOLI, ARMANDO. *De Julio César a Heliogábalo.* Editorial Caro Raggio. Madrid, s/f.

SADOUL, GEORGES. *Historia del cine mundial.* Siglo Veintiuno, editores. México, 1976.

SCHREIBER, HERMANN. *Los Diez Mandamientos.* Luis de Caralt, editor. Barcelona, 1973.

SÉNECA, L. A. *El libro de oro.* Librería Bergua. Madrid, 1936.

SEÑOR DE HANCARVILLE. *Las delicias de los Césares.* Akal Editor (Facsímil de «Curiosos y exquisitos», 192?). Madrid, 1978.

SOREL, JULIÁN. *La corte de Napoleón.* Colección de libros modernos. Barcelona, 1906.

SUETONIO. *Vida de los doce Césares.* Editorial Juventud, S.A. Barcelona, 1977.

TAYLOR, JEREMY. *Eingmas de la Historia.* M. E. Editores. Madrid, 1995.

THORWALD, JÜRGEN. *Sangre de reyes.* Plaza & Janés, S.A. Barcelona, 1976.

TOURLY, ROBERT y LVOVSKY, Z. *Hitler.* Editorial Fénix. Madrid, 1933.

VOLTES, PEDRO. *Historia de la estupidez humana.* Espasa Calpe, S.A. Madrid, 1999.

WORSKI, I. y RIERA, A. *La emperatriz sangrienta.* Ediciones y Publicaciones Iberia. Barcelona, 1930.